धर्मानन्द कोसम्बी

धर्मानन्द कोसम्बी का जन्म 9 अक्टूबर, 1876 को गोवा के एक छोटे-से गाँव में हुआ था। गोवा में सरकार की ओर से शिक्षा का प्रबन्ध कुछ भी नहीं था। इसलिए उन्होंने खानगी तौर पर कुछ मराठी और संस्कृत सीख ली। इसी अरसे में उन्होंने बच्चों के मराठी मासिक 'बालबोध' में बुद्ध भगवान का जीवन-चरित्र पढ़ा। उससे वे इतने प्रभावित हुए कि उन्होंने और सब बातें छोड़कर बौद्ध धर्म का ज्ञान सम्पादित करने का निश्चय किया। 22 वर्ष की उम्र में उन्होंने घर छोड़ दिया। बम्बई में प्रार्थना-समाज के दफ्तर में रहकर उन्होंने कुछ अध्ययन किया। पूना जाकर महापंडित डॉक्टर भांडारकर से मिले। ग्वालियर और बनारस जाकर संस्कृत का गहन अध्ययन किया। इस सबके बाद, असली संकल्प के अनुसार, वे बौद्ध धर्म का परिचय पाने के लिए पहले नेपाल गये, क्योंकि वह महात्मा बुद्ध की जन्मभूमि है, वहाँ से बोधि-गया गये। बोधि-गया में उन्हें पता चला कि बौद्ध शास्त्रों का त्रिपिटक ग्रन्थों का अध्ययन तो लंका में ही हो सकेगा। वहाँ दीक्षा लेकर महास्थविर सुमंगलाचार्य के पास रहकर पालि-ग्रन्थों का अध्ययन किया। उसके बाद ब्रह्मदेश जाकर वहाँ ध्यान मार्ग का अध्ययन किया और भारत लौटे। सन् 1921 में पालि के रशियन पण्डित प्रो. शेरबेट्स्की के आमन्त्रण पर वे रशिया हो आए। सन् 1930 में जब वे रशिया से लौटे तब भारत में स्वातन्त्र्य-आन्दोलन जोरों से चल रहा था। धर्मानन्द जी ने उसमें पूरे उत्साह से हिस्सा लिया।

4 जून, 1947 को सेवग्राम में उनका निधन हुआ।

भगवान बुद्ध

जीवन और दर्शन

धर्मानन्द कोसम्बी

अनुवाद

श्रीपाद जोशी

साहित्य अकादेमी की ओर से

लोकभारती पेपरबैक्स

Bhagwan Buddh : Jeevan Aur Darshan by Dharmanand Kosambi published by Lokbharti Prakashan, Allahabad on behalf of Sahitya Akademi, New Delhi. Translated by Shripal Joshi

साहित्य अकादेमी की ओर से
पहला पेपरबैक संस्करण : 2008
आठवाँ पेपरबैक संस्करण : 2026

अनुवाद : श्रीपाद जोशी

लोकभारती पेपरबैक्स : उत्कृष्ट साहित्य के लोकप्रिय संस्करण

लोकभारती प्रकाशन
पहली मंजिल, दरबारी बिल्डिंग, महात्मा गांधी मार्ग
प्रयागराज-211 001
द्वारा प्रकाशित

शाखाएँ : 1-बी, नेताजी सुभाष मार्ग, दरियागंज, नई दिल्ली-110 002
अशोक राजपथ, साइंस कॉलेज के सामने, पटना-800 006
1, अनमोल सोराबजी सन्तुक लेन, धोबी तलाव, मरीन लाइंस, मुम्बई-400 002

वेबसाइट : www.lokbhartiprakashan.com
ई-मेल : info@lokbhartiprakashan.com

बी.के. ऑफसेट
नवीन शाहदरा, दिल्ली-110 032
द्वारा मुद्रित

मूल्य : ₹350

BHAGWAN BUDDH
JEEVAN AUR DARSHAN
by Dharmanand Kosambi
Translated by Shripad Joshi

ISBN : 978-81-8031-243-4

भक्त पण्डित धर्मानन्द कोसम्बी

इस ग्रन्थ के मूल लेखक धर्मानन्द कोसम्बी पालि भाषा और साहित्य के प्रकाण्ड पण्डित थे। बौद्ध-धर्म-सम्बन्धी तमाम मौलिक साहित्य का गहरा अध्ययन करके वे अन्तर्राष्ट्रीय ख्याति के विद्वान् बने। लेकिन उनका सारा प्रयास केवल विद्वत्ता पाने के लिए नहीं था। वे बुद्ध भगवान् के अनन्य भक्त थे। इसीलिए उन्होंने जो कुछ पाया, जो कुछ किया और साहित्य-प्रवृत्ति द्वारा जो कुछ दिया, वह सब-का-सब **'बहुजन हिताय, बहुजन सुखाय'** था।

उनका लिखा हुआ भगवान् बुद्ध का यह चरित्र अनेक दृष्टि से मौलिक है। इसे पढ़कर बुद्ध भगवान् के बारे में हम सच्ची, आधारभूत, प्रामाणिक जानकारी पाते हैं।

आजकल भगवान् बुद्ध के बारे में हम जो-कुछ भी पढ़ पाते हैं, वह अंग्रेजी लेखकों के लिखे हुए चरित्रों का कमोबेश सार-संकलन ही होता है। सर एडविन आरनोल्ड ने 'लाइट ऑफ एशिया' नामक काव्य लिखा और उसमें भगवान् बुद्ध की पौराणिक कथा दुनिया के सामने पेश की। वह इतनी रोचक सिद्ध हुई कि उसका असर पूर्व और पश्चिम दोनों दिशाओं के पढ़े-लिखे लोगों पर बहुत ही गहरा पड़ा। 'लाइट ऑफ एशिया' में दिये हुए बुद्ध भगवान् के चित्र के लिए सारी दुनिया एडविन आरनोल्ड की चिर कृतज्ञ रहेगी। लेकिन वह था एक काव्यमय चित्र ही। पॉल कॅरस् ने भी ऐसा ही एक रोचक चित्र अंग्रेजी गद्य में दिया। इनके बाद कई विद्वानों ने बड़ी गवेषणा करके बुद्ध-चरित्र लिखे हैं। धर्मानन्द कोसम्बी द्वारा लिखित यह चरित्र शायद पहला ही चरित्र ग्रन्थ है, जो किसी भारतीय व्यक्ति ने मूल पालि बौद्ध ग्रन्थ 'त्रिपिटक' तथा अन्य आधार-ग्रन्थों का चिकित्सापूर्ण दोहन करके, उसी के आधार पर लिखा हो। इस प्राचीन मसाले में भी जितना हिस्सा बुद्धि-ग्राह्य था उतना ही उन्होंने लिया। पौराणिक चमत्कार, असंभाव्य वस्तु सब छोड़ दी; और जो कुछ भी लिखा उसके लिए जगह-जगह मूल प्रमाण भी दिये। इसी तरह बौद्ध-साहित्य और जैन-साहित्य में उनके काल की सामाजिक, धार्मिक और राजनीतिक जो कुछ भी जानकारी मिल सकती थी, उससे लाभ उठाकर इस ग्रन्थ में बुद्ध भगवान् के काल की परिस्थिति पर नया ही प्रकाश डाला गया है।

बुद्ध भगवान् के प्रति अनन्य निष्ठा होते हुए भी धर्मानन्द जी ने असाधारण सत्यनिष्ठा से निर्भय होकर, जो कुछ सही मालूम हुआ वही इसमें लिखा है। और चूँकि बहुजन के कल्याण के लिए उन्हें लिखना था, इसलिये धर्मानन्द जी ने यह चरित्र और अपनी दूसरी किताबें भी, सामान्य मनुष्य के समझने लायक सीधी सरल भाषा में लिखीं।

पालि भाषा पर उनका इतना प्रभुत्व था कि वे उसे ऐसी सरलता से लिखते थे कि मानो वह उनकी जन्म-भाषा ही हो। उन्होंने बौद्ध-ग्रन्थों पर जो पालि टीकाएँ लिखी हैं; उनमें उन्होंने

अपनी विद्वत्ता का उपयोग सीधी बातें जटिल बनाने में, और जटिल बातें जटिलतर बनाने में नहीं किया।

भारतवर्ष के लोग भगवान् बुद्ध को भूल गये हैं, उनके कल्याणमय धर्म के बारे में पण्डितों के ख्याल भी विकृत हैं, ऐसा देखकर धर्मानन्द जी ने अपने सारे अध्ययन का निचोड़ लोक-सुलभ शैली को मराठी भाषा में दे दिया है। उसी का गुजराती अनुवाद महात्मा जी की गुजरात विद्यापीठ ने प्रकाशित करवाया था।

धर्मानन्द कोसम्बी सन् १८७६ में गोवा के एक छोटे-से गाँव में पैदा हुए थे। गोवा में सरकार की ओर से शिक्षा का प्रबन्ध कुछ भी नहीं था। इसलिए उन्होंने खानगी तौर पर कुछ मराठी और संस्कृत सीख ली, और वे अपना ज्यादातर समय अपने बगीचे के नारियल के पेड़ों को पानी पिलाने में व्यतीत करने लगे। इसी अरसे में उन्होंने 'बालबोध' नामक एक बच्चों के मराठी मासिक में बुद्ध भगवान् का जीवन-चरित्र पढ़ा, उससे वे इतने प्रभावित हुए कि उन्होंने और सब बातें छोड़कर बौद्ध धर्म का ज्ञान सम्पादित करने का निश्चय किया। अपने जीवन-चरित्र में वे लिखते हैं, ''मुझे ऐसा लगने लगा कि कितने ही संकट क्यों न आयें, कितनी ही विपत्तियाँ क्यों न झेलनी पड़ें, लेकिन मुझे बुद्धोपदेश का ज्ञान हो जाय तो मेरा जीवन सफल हो जायेगा।''

कौटुम्बिक आपत्तियों के कारण धर्मानन्द जी के मन में गृहस्थी के प्रति उपरति पैदा हो गई और २२ वर्ष की उम्र में उन्होंने घर छोड़ दिया। बम्बई में प्रार्थना-समाज के दफ्तर में रहकर उन्होंने कुछ अध्ययन किया। पूना में जाकर महापण्डित डॉक्टर भांडारकर से मिले। ग्वालियर और बनारस जाकर संस्कृत का गहरा अध्ययन किया। इस सबके बाद, असली संकल्प के अनुसार, वे बौद्ध धर्म का परिचय पाने के लिए पहले नेपाल गये; क्योंकि वह बुद्ध भगवान् की जन्मभूमि है, वहाँ से बोधि-गया गये। बोधि-गया में उन्हें पता चला कि बौद्ध शास्त्रों का—त्रिपिटक-ग्रन्थों का अध्ययन तो लंका में ही हो सकेगा।

युवक धर्मानन्द हर तरह से असहाय होते हुए भी कष्ट झेलते-झेलते लंका पहुँचे। वहाँ उन्होंने दीक्षा लेकर महास्थविर सुमंगलाचार्य के पास रहकर पालि-ग्रन्थों का गहरा अध्ययन किया। उसके बाद ब्रह्मदेश जाकर वहाँ ध्यान-मार्ग का अध्ययन किया और भारत लौटे। धर्म-जिज्ञासा से प्रेरित होकर उन्होंने यह जो देश-देशान्तर की दीर्घ-यात्रा की उसका इतिहास रोमांचकारी है।

सनातन धर्म और बौद्ध धर्म में एक बड़ा फर्क यह है कि सनातन धर्म में ब्रह्मचर्य, गृहस्थ, वानप्रस्थ और संन्यास का सिलसिला क्रमश: रखा गया है। एक आश्रम से आगे बढ़कर दूसरे आश्रम में जाया जाता है। वापस लौटने की इजाजत नहीं है। यही कारण है कि गुरु किसी को संन्यास की दीक्षा, जहाँ तक हो सके, आसानी से नहीं देते।

बौद्ध धर्म की दृष्टि अलग है। यहाँ माता-पिता मानते हैं कि पुत्र के सयाने होते ही उसे सर्वश्रेष्ठ भिक्खु-धर्म की दीक्षा देना उनका कर्तव्य है। बाद में अगर पुत्र को अनुभव हो कि वह ऊँची चीज उसके लिए अनुकूल नहीं है तो वह स्वेच्छा से नीचे उतर सकता है। बौद्ध धर्म का रिवाज है कि भिक्षु-व्रत ग्रहण करने के बाद अगर किसी को गृहस्थाश्रम में प्रवेश करने की

इच्छा हो तो वह अपने गुरु की अनुज्ञा लेकर वैसा कर सकता है। धर्मानन्द जी ने वैसा ही किया।

भारत लौटने के बाद धर्मानन्द जी ने बौद्ध धर्म के ज्ञान का अपने लोगों में प्रचार करने के लिए कलकत्ता-यूनिवर्सिटी में स्थान ले लिया। वहाँ कुछ काम करने के बाद महाराष्ट्र में जाकर बड़ौदा-नरेश श्री सयाजीराव गायकवाड़ से मिले। उन्होंने धर्मानन्द कोसम्बी के लिए खाने-पीने के बारे में निश्चिन्त होकर स्वतन्त्र रूप से चाहे जो काम करने का प्रबन्ध कर दिया। पूना आते ही धर्मानन्द जी ने डॉ० भांडारकर की मदद से बम्बई-यूनिवर्सिटी में पालि-भाषा के अध्ययन को स्थान दिलाया।

इसी अरसे में अमेरिका की हार्वर्ड यूनिवर्सिटी के डॉ० जेम्स वुड्स भारत आये थे। उनकी खास इच्छा थी कि किसी योग्य पालि-पण्डित के द्वारा 'विसुद्धिमग्ग'—जैसे जटिल ग्रन्थ का सम्पादन हार्वर्ड में कराया जाय। प्रोफेसर वुड्स के आग्रह से धर्मानन्द जी अमेरिका गये। वहाँ की कई कठिनाइयों के कारण वह काम उन्होंने छोड़ दिया और स्वमान को सँभालकर स्वदेश लौट आए। भारत आकर उन्होंने फर्ग्यूसन कॉलेज में पालि पढ़ाने का काम लिया और अच्छे-अच्छे विद्यार्थियों को पालि-साहित्य में प्रवीण बनाया। छः वर्ष बाद वे फिर से अमेरिका गये और उन्होंने **'विसुद्धिमग्ग'** का काम पूरा किया।

भारत में कलकत्ता, बड़ौदा, अहमदाबाद, पूना, बनारस आदि स्थानों में रहकर उन्होंने अनेक विद्यार्थियों को तैयार किया, जो आज पालि-साहित्य के निष्णात के रूप में विख्यात हो गये हैं। महात्मा गांधी की गुजराज-विद्यापीठ से बुलावा आने पर उन्होंने वहाँ जाकर कई ग्रन्थ लिखे और पण्डित सुखलाल जी, मुनि जिनविजय जी, श्री बेचरदास जी और रसिकलाल परीख—जैसे जैन विद्वानों के साथ सहयोग करके जैन और बौद्ध साहित्य का तुलनात्मक अभ्यास कराने में बड़ी सहायता की।

सन् १९२१ में पालि के रशियन पण्डित प्रो० शेरबेट्स्की के आमन्त्रण पर वे रशिया हो आए।

जब धर्मानन्द जी अमेरिका में थे तब पंजाब के क्रान्तिकारी नेता लाला हरदयाल से उनका विशेष परिचय हुआ और उनके विचार समाजवाद की ओर झुके। रशिया में उन्हें साम्यवाद का प्रयोग प्रत्यक्ष देखने को मिला। अपनी तत्वनिष्ठ दृष्टि से उन्होंने साम्यवाद के गुण-दोष देख लिए।

'बहुजन हिताय बहुजन सुखाय' जिनका अवतार-कार्य था, ऐसे बुद्ध भगवान् के भक्त का स्वराज-आन्दोलन से अलिप्त रहना नामुमकिन था। सन् १९३० में जब वे रशिया से लौटे तब भारत में स्वातन्त्र्य-आन्दोलन जोरों से चल रहा था। धर्मानन्द जी ने उसमें पूरे उत्साह से हिस्सा लिया। नमक-सत्याग्रह में शरीक होकर स्वयं सेवकों को तैयार करने का काम अपने सिर पर लिया और कारावास का भी अनुभव लिया। इसके बाद वे चौथी बार अमेरिका गये। वहाँ से लौटने पर बनारस में रहकर उन्होंने 'हिन्दी संस्कृत आणि अहिंसा' नाम की किताब लिखी। धर्म-चिन्तन और धर्म-चर्चा के फलस्वरूप भारतीय इतिहास और संस्कृति के बारे में वे जिस निर्णय पर पहुँचे थे उसका सार उन्होंने इस ग्रन्थ में निर्भीकता और स्पष्टता के साथ

दिया है। स्वाभाविकतया उनके निर्णय काफी विवादास्पद हैं।

इसके बाद बम्बई में जाकर वे मजदूरों के बीच एक आश्रम खोलकर रहे। उनका वह बहुजन-विहार आज अनेक परदेशी बौद्ध साधुओं को प्रश्रय देता है।

बम्बई का काम छोड़कर धर्मानन्द जी सारनाथ में जाकर बसे और वहाँ जगदीश कश्यप-जैसे चुनिन्द पालि-पण्डितों को आवश्यक मदद देते रहे।

जैन धर्म के २३वें तीर्थंकर पार्श्वनाथ के 'चातुर्याम धर्म' का उनके मन पर गहरा असर पड़ा था। उसी में वे आध्यात्मिक समाजवाद देख सके। पार्श्वनाथ के चातुर्याम-धर्म पर उन्होंने इस दृष्टि से एक छोटी-सी किताब भी लिखी, जो उनके देहान्त के बाद 'धर्मानन्द-स्मारक-ट्रस्ट' ने प्रकाशित की है।

पार्श्वनाथ के धर्मोपदेश का उन पर इतना गहरा असर हुआ कि वे भी मानने लगे कि "शरीर के क्षीण होकर आप-ही आप गिर पड़ने तक मनुष्य मृत्यु की राह देखता रहे यह उसे शोभा नहीं देता। जब तक शरीर की उपयोगिता है, तब तक ही उसे चलाना चाहिए। जब शरीर से विशेष सेवा होने की सम्भावना न रहे तब मनुष्य को चाहिये कि वह खाना-पीना छोड़कर स्वयं ही शरीर को—इस चोले को—फेंक दे।"

पार्श्वनाथ की यह जीवन-दृष्टि कोसम्बी जी को इतनी जँच गई कि उन्होंने शरीर-त्याग के हेतु प्रायोपवेशन शुरू किया। जब गाँधीजी को इस बात का पता चला तब उन्होंने कोसम्बी जी को मना किया। धर्मानन्द जी ने महात्मा जी की आज्ञा सिर पर चढ़ाई और उपवास छोड़ा सही, लेकिन जिस मानव-सहज जीने की इच्छा को उन्होंने सफलतापूर्वक पीछे खींच लिया था, उसकी पुन:स्थापना नहीं हो सकी। वे कुछ दिन बनारस रहे, फिर बम्बई रहे, अन्त में उन्होंने गाँधी जी के सेवाग्राम आश्रम में रहना पसंद किया। वहीं पर ५ जून, १९४७ को उनका देह क्षीण होकर छूट गया।

उनके देहावसान का समाचार पाकर महात्मा गाँधी ने अपनी दिल्ली की प्रार्थना-सभा में कहा था, "हम लोग ऐसे बन गए हैं जो अपने काम की डुग्गी पिटवाता फिरता है और राज-कारण में उछालें भरता है उसको तो हम आसमान पर चढ़ा देते हैं, लेकिन मूक काम करने वालों को नहीं पूछते। कोसम्बी जी ऐसे ही एक मूक कार्यकर्ता थे।"

गाँधीजी ने धर्मानन्द जी के स्मारक के तौर पर एक योजना बनाने का आदेश दिया और बौद्ध धर्म तथा साहित्य का श्रद्धापूर्ण अध्ययन करने के लिए चन्द विद्यार्थियों को लंका भेजने का प्रबन्ध किया—धर्मानन्द के सब ग्रन्थों का प्रकाशन सुलभ हो इसकी भी व्यवस्था करवाई।

सनातन धर्म हो, जैन धर्म हो, या बौद्ध धर्म, किसी भी धर्म के प्रति उनके मन में अभिनिवेश नहीं था। मित्रों का कहना है कि जन्म से ब्राह्मण धर्म में पले होने के कारण उस धर्म के रस्म-रिवाजों के प्रति और ब्राह्मणों के सामाजिक दृष्टिकोण के प्रति उनमें कुछ कटुता आई थी। जो हो, उन्होंने अपने ग्रन्थों द्वारा उपदेशों द्वारा और खास करके अपने बड़े शिष्य-समूह द्वारा बुद्ध भगवान् के जीवन, व्यक्तित्व और उनके उपदेश के बारे में यथार्थ ज्ञान फैलाने

का समर्थ प्रयत्न किया। बुद्ध भगवान् का उपदेश आज के समाजवाद द्वारा कैसे चरितार्थ किया जा सकता है, सो भी बताया।

महात्माजी के प्रति असीम आदर और श्रद्धा रखते हुए भी जहाँ गाँधीजी की बातें उनकी समझ में नहीं आईं वहाँ उनकी टीका-टिप्पणी करने में उन्होंने कभी संकोच नहीं किया।

धर्मानन्द जी इस निर्णय पर पहुँचे थे कि पार्श्वनाथ के चातुर्याम धर्म में से ही बौद्ध और जैन ये दो धाराएँ निकली हैं। उनका यह भी अभिप्राय था कि बौद्ध और जैन-विचार-पद्धति की बुनियाद में जो दार्शनिक जीवन-दृष्टि है उसके स्वीकारने से ही समाजवाद और साम्यवाद कृतार्थ हो सकेंगे और मानव-जाति का कल्याण करने की साधना आज के मानव के हाथ में आयेगी।

यही कारण था कि महात्माजी के विचारों का धर्मानन्द जी के हृदय पर गहरा प्रभाव पड़ा था और उनके हृदय में ऐसी श्रद्धा बैठ गई थी कि अपना जीवन गाँधी-कार्य में व्यतीत करने में ही सच्ची कृतार्थता है।

गोवा में उनका जन्म हुआ था, इसलिए आखिर के दिनों में वे कहते थे कि "आज शरीर अच्छा होता तो गोवा के स्वातंत्र्य-संग्राम में अवश्य कुछ-न-कुछ हिस्सा बँटाता।" शरीर क्षीण होने पर भी जब उन्होंने महात्मा जी को नोआखाली में काम करते देखा तब बड़े ही विषाद के साथ कहा कि, "काश मैं इसी तरह गोवा में जाकर अपनी जन्म-भूमि के स्वातंत्र्य के लिए लड़ने में अपनी देह छोड़ सकता।"

धर्मानन्द जी की बुद्ध-भक्ति की सच्ची स्फूर्ति पांडित्य में नहीं, शील में, चारित्र्य में थी। वे सब प्रकार की कठिन-से-कठिन और विपरीत-से-विपरीत परिस्थितियों में रहे और घूमे, फिर भी सर्वथा निष्पाप और धुले हुए चावलों के समान निर्मल रहे। शील का इतना दृढ़ आग्रह होने के कारण ही उन्हें शान्तिदेवाचार्य की पुस्तक 'बोधिचर्यावतार' इतनी अच्छी लगी कि उन्होंने उसका मराठी और गुजराती में भाषान्तर कर दिया। अपने ही मन को सुवासित करने के लिए शान्तिदेवाचार्य ने जो यह पुस्तक लिखी थी, उसमें सर्वत्र शील की सुगंध समाई हुई है, इसलिए धर्मानन्द जी इस पर मुग्ध हो गए थे।

उनके निर्भय शील का एक सुन्दर उदाहरण स्मरणीय है। एक बार धर्मानन्द जी बड़ौदा में सम्राट् अशोक के सम्बन्ध में भाषण करने वाले थे और सभा के अध्यक्ष स्वयं बड़ौदा नरेश श्री सयाजीराव थे। भाषण के पूर्ण धर्मानन्द जी को मालूम हुआ कि राज्य के किसी विभाग की जनता ने महाराजा से अनुरोध किया था कि उस विभाग की शराब की दूकानें बन्द करा दी जायें। इसके उत्तर में महाराजा ने कहा था कि उन दूकानों से सरकार को जो आय होती है वह दूसरे प्रकार से पूरी कर दी जाय तो दूकानें बन्द कर दी जायेंगी। धर्मानन्द जी ने अपने भाषण में कहा कि "अशोक ने अपने राज्य में शराबबन्दी कर दी थी। उसने यह नहीं कहा था शराबबन्दी से होने वाली आय की कमी को दूसरे जरियों से पूरा कर दिया जाय तभी मैं शराबबन्दी करूँगा।" महाराजा भाषण के अन्त में केवल इतना कहकर चले गए कि "धर्मानन्द, आज आपने हमें अच्छा पाठ सिखाया।"

और सब लोगों ने मान लिया कि महाराजा का मिजाज बिगड़ गया है, वे धर्मानन्द जी को दी जाने वाली सहायता बन्द कर देंगे। लेकिन नतीजा दूसरा ही आया। दूसरे दिन फरमान निकला कि शराब की उक्त सब दूकानें बन्द कर दी जायँ।

कोसंबी जी का साहित्य

बौद्ध लोग अपनी दीक्षा के प्रारम्भ में 'शरण-त्रय' की घोषणा करते हैं। उसी को लेकर धर्मानन्द जी ने सबसे पहले बुद्ध, धर्म और संघ तीनों के बारे में कुछ व्याख्यान दिये और उनकी एक छोटी-सी किताब सबसे पहले प्रकाशित की।

इसके बाद पालि-परम्परा के अनुसार उन्होंने बुद्ध भगवान् के पूर्वजन्मों की कुछ कथाएँ, गौतम बुद्ध की विस्तृत जीवनी और उनके धर्मोपदेश का सार तीनों एकत्र करके 'बुद्धलीलासारसंग्रह' नामक अत्यन्त रोचक और सुबोध ग्रन्थ दिया। इस ग्रन्थ ने घर-घर में पहुँचकर लोगों को बौद्ध धर्म के बारे में उत्साह के साथ काफी जानकारी प्रदान की।

बुद्ध भगवान् ने अपने हजारों अनुयायी भिक्षुओं का संगठन करने के लिए और उनके जीवन को साधना-पूत बनाने के लिए जो नियम बनाये वे 'विनयपिटक' में आते हैं। मैंने उनका सारांश धर्मानन्द जी से माँगा, फलस्वरूप उन्होंने 'बौद्ध-संघाचा परिचय' नामक ग्रन्थ हमें दे दिया।

पालि-साहित्य में बुद्ध भगवान् का उपदेश 'धम्मपद' और 'सुत्तनिपात' इन दो ग्रन्थों में सुन्दर रूप से आया है। इसलिए इन दोनों का अनुवाद धर्मानन्द जी ने दिया और नित्य पाठ के लिए मराठी भाषान्तर के साथ एक पालि 'लघुपाठ' भी तैयार कर दिया। महायान पन्थ के सन्तों में शान्तिदेवाचार्य का स्थान बहुत ऊँचा है। उनके ग्रन्थों में 'बोधिचर्यावतार सबसे श्रेष्ठ माना जाता है। उसका भी अनुवाद धर्मानन्द जी ने कर रखा है।

बौद्ध साधना समझाने वाला सबसे महत्व का ग्रन्थ है 'विसुद्धिमग्ग', इसी का संशोधन करने के लिए धर्मानन्द जी को अमेरिका में चार बार बुलाया गया था। इस ग्रन्थ पर उन्होंने पालि भाषा में 'दीपिका' टीका लिखी है और इसका सार मराठी तथा गुजराती में 'समाधिमार्ग' के नाम से दिया गया है।

बौद्ध साहित्य में अत्यन्त रोचक होती हैं—जातक-कथाएँ; जिनमें बुद्ध के पूर्वजन्मों की बातें आती हैं। इनका संग्रह करके उसका गुजराती अनुवाद कब का प्रकाशित हो चुका है।

बुद्ध के गृह-त्याग की जो यह काव्यमय मीमांसा लोगों में प्रचलित है कि व्याधि, जरा और मृत्यु का दर्शन करके आश्चर्यचकित राजपुत्र सिद्धार्थ गुप्त रूप से घर छोड़कर भाग गए,केवल काल्पनिक कथा है। बुद्ध भगवान् ने गृह-त्याग क्यों किया, इसकी अपनी मीमांसा और उसके प्रमाण व्यवस्थित ढंग से लोगों के सामने रखने के लिए धर्मानन्द जी ने एक छोटा-सा नाटक लिखा, जो 'बोधिसत्व नाटक' के नाम से मराठी में प्रकाशित हुआ है। 'अभिधम्म' पर भी उन्होंने एक 'नवनीत टीका' लिखी है और उस विषय पर गुजराती में लिखवाया है।

गुजरात विद्यापीठ में रहकर जिस तरह उन्होंने अध्यापन का कार्य किया उसी तरह जैन धर्म और साहित्य का अध्ययन भी किया। अमेरिका में रहकर और ला० हरदयाल के

सहवास के कारण उन्होंने समाजसत्तावाद का अध्ययन किया ही था। इस सारे अध्ययन के परिपाक के रूप में उन्होंने दो ग्रन्थ लिखे—(१) 'हिन्दी संस्कृति आणि अहिंसा' और (२) 'पार्श्वनाथ का चातुर्याम धर्म'।

आत्म-चरित्र पर उन्होंने 'निवेदन' और 'खुलासा' नाम के दो ग्रन्थ लिखे। 'निवेदन' मराठी और गुजराती में प्रकाशित है। 'खुलासा' अप्रकाशित है।

—काकासाहब कालेलकर

क्रम

परिशिष्ट

भगवान् बुद्ध

जीवन और दर्शन

भूमिका

पालि-वाङ्मय में तिपिटक (त्रिपिटक) नाम का जो ग्रन्थ-समुदाय प्रमुख है, उसके तीन भेद हैं—'सुत्तपिटक', 'विनयपिटक' और 'अभिधम्मपिटक'। 'सुत्तपिटक' में प्रधानतया बुद्ध और उनके अग्रशिष्यों के उपदेशों का संग्रह है। 'विनयपिटक' में भिक्षुओं के आचरण के सम्बन्ध में बुद्ध द्वारा बनाये गए नियमों, उनके बनाने के कारणों, समय-समय पर उनमें किये गये परिवर्तनों और उनकी टीकाओं का संग्रह है। 'अभिधम्मपिटक' में सात अध्याय हैं। उनमें बुद्ध के उपदेश में आई हुई बातों का सम्यक् विवेचन किया गया है।

'सुत्तपिटक' के दीघनिकाय, मज्झिमनिकाय, संयुत्तनिकाय, अंगुत्तरनिकाय और खुद्दकनिकाय नामक पाँच बड़े विभाग हैं। 'दीघनिकाय' में चौंतीस बृहत् सुत्तों का संग्रह किया गया है। दीर्घ का अर्थ है बृहत् (सुत्त)। उनका संग्रह इसमें होने के कारण इसे 'दीघनिकाय' कहते हैं।

'मज्झिमनिकाय' में मध्यम आकार के सुत्त संगृहीत किये गए हैं, अतः उसे 'मज्झिम-(मध्यम)-निकाय' नाम दिया गया। 'संयुत्तनिकाय' के पहले विभाग में गाथा-मिश्रित सुत्त आए हैं और पीछे के भागों में अलग-अलग विषयों से सम्बन्ध रखने वाले सुत्त संगृहीत हैं। इसीलिए इसे 'संयुत्तनिकाय' अर्थात् 'मिश्रनिकाय' कहा गया है। अंगुत्तर का अर्थ है वह विभाग, जिसमें एक-एक अंग का विकास होता गया है, उसमें एकक निपात से लेकर एकादसक निपात तक ग्यारह निपातों का संग्रह है। एकक निपात वह भाग है, जिसमें एक ही वस्तु के सम्बन्ध में बुद्ध द्वारा कहे गए सुत्त संगृहीत हैं। इसी प्रकार दुक-तिक-निपात आदि समझने चाहिए। 'खुद्दकनिकाय' का अर्थ है छोटे प्रकरणों का संग्रह। जिसमें निम्नलिखित पन्द्रह प्रकरण आते हैं—

खुद्दक पाठ, धम्मपद, उदान, इतिवुत्तक, सुत्तनिपात, विमानवत्थु, पेतवत्थु, थेरगाथा, थेरीगाथा, जातक, निद्देस, पटिसंभिदामग्ग, अपदान, बुद्धवंस और चरियापिटक। यह 'सुत्तपिटक' का विस्तार है। 'विनयपिटक' के पाराजिका, पाचित्तियादि, महावग्ग, चुल्लवग्ग और परिवारपाठ नामक पाँच विभाग हैं।

तीसरा है 'अभिधम्मपिटक'। इसके सात प्रकरण हैं—धम्मसंगणि, विभंग, धातुकथा, पुग्गलपञ्ञत्ति, कथावत्थु, यमक और पट्ठान।

बुद्धघोष के समकाल में अर्थात् ईसा की लगभग चौथी शताब्दी में इस सारे ग्रन्थ-समुदाय के वाक्यों या अंशों को **'पालि'** कहते थे। बुद्धघोष के ग्रन्थों में 'तिपिटक' के वचनों का निर्देश इन शब्दों में किया गया है—'अयमेत्थ पालि' (यह यहाँ पालि है।) अथवा 'पालियं वुत्तं' (पालि में कहा है)। जिस प्रकार पाणिनि 'छंदसि' शब्द से वेदों का और 'भाषायाम्' शब्द से स्वसमकालीन संस्कृत भाषा का उल्लेख करता है, उसी प्रकार बुद्धघोषाचार्य 'पालियं' शब्द से

'तिपिटक' के वचनों का और 'अट्ठकथायं' वचन से उस समय सिंहली भाषा में प्रचलित 'अट्ठकथाओं' के वाक्यों का उल्लेख करता है।

'अट्ठकथा' के मानी हैं अर्थ सहित कथा। सिंहल द्वीप में यह परिपाटी थी कि पहले 'त्रिपिटक' के वाक्यों का अर्थ बताया जाता था और जहाँ आवश्यकता होती वहाँ कथा दे दी जाती थी। आगे चलकर ये अट्ठकथाएँ लिख ली गईं। परन्तु बहुत-से पुनरुक्ति-दोष होने के कारण वे सिंहल द्वीप से बाहर के लोगों के लिए विशेष उपयोगी नहीं हो सकती थीं, अत: बुद्धघोषाचार्य ने उनमें से प्रमुख अट्उकथाओं का संक्षिप्त रूपान्तर 'त्रिपिटक' की भाषा में किया। वह इतना अच्छा हो गया कि उसका सम्मान भी 'त्रिपिटक' ग्रन्थ के समान ही होने लगा। ('पालिं वियतमग्गहुँ')। अत: इन अट्ठकथाओं को भी पालि ही कहा जाने लगा। वास्तव में 'पालि' तो किसी भाषा का नाम नहीं है। इस भाषा का मूल नाम मागधी है, पर इस प्रकार उसे यह नया नाम प्राप्त हो गया।

बुद्धघोषाचार्य का कहना है कि 'त्रिपिटक' के उपर्युक्त विभाग राजगृह की पहली सभा में निश्चित किये गये थे। भगवान् बुद्ध के परिनिर्वाण के पश्चात् भिक्षु शोकाकुल हो गए। तब सुभद्र नाम का एक वृद्ध भिक्षु बोला, ''यह अच्छा हुआ कि हमारे शास्ता का परिनिर्वाण हो गया। वह यह कहकर हमें बन्धन में रखता था कि तुम्हें अमुक करना चाहिए और अमुक नहीं करना चाहिए। अब चाहे-जैसे आचरण रखने को हम स्वतन्त्र हो गए।'' यह सुनकर महाकाश्यप ने विचार किया कि यदि धर्म-विनय का संग्रह न किया गया तो सुभद्र-जैसे भिक्षुओं को स्वैराचार करने की स्वतन्त्रता मिल जायेगी, अत: तुरन्त भिक्षु-संघ की सभा बुलाकर धर्म एवं विनय का संग्रह करके रखना चाहिए। इसके अनुसार महाकाश्यप ने उस चातुर्मास में पाँच सौ भिक्षुओं को राजगृह में इकट्ठा किया। उस सभा में प्रथमत: उपालि से पूछकर विनय का संग्रह किया गया और फिर आनन्द से प्रश्न करके 'सुत्त' एवं 'अभिधम्म' इन दो पिटकों का संग्रह किया गया। कई लोगों के मन में 'खुद्दनिकाय' का अन्तर्भाव 'अभिधम्मपिटक' में ही किया गया था, पर अन्य लोग कहते थे कि उसका अन्तर्भाव 'सुत्तपिटक' में ही किया जाना चाहिए।

यह है 'सुमंगलविलासिनी' की निदान-कथा में आई हुई बातों का सारांश। ये बातें समन्तपासादिका नामक विनय-अट्ठकथा की निदान-कथा में भी मिलती हैं। पर तिपिटक-ग्रन्थों में उनका आधार कहीं नहीं पाया जाता। बुद्ध भगवान् के परिनिर्वाण के अनन्तर राजगृह में भिक्षु-संघ की पहली सभा हुई होगी, पर ऐसा नहीं लगता कि उसमें वर्तमान पिटक के विभाग या पिटक का नाम भी आया हो। अशोक के काल तक बुद्ध के उपदेश के 'धर्म' एवं 'विनय' नाम से दो विभाग किये जाते थे। इनमें से धर्म के नौ अंग समझे जाते थे जो इस प्रकार थे—सुत्त गेय्य, वेय्याकरण, गाथा, उदान, इतिवुत्तक, जातक, अब्भुतधम्म और वेदल्ल। इन अंगों का उल्लेख 'मज्झिमनिकाय' के अलगद्दूपमसुत्त में और 'अंगुत्तरनिकाय' में सात स्थानों पर मिलता है।

सुत्त शब्द पालि का है। वह संस्कृत के 'सूक्त' या 'सूत्र' शब्द के लिए आया हो, यह सम्भव है। कई लोगों का कहना है कि वेदों में जैसे सूक्त हैं वैसे ही ये पालि-सूक्त हैं। परन्तु महायान-सम्प्रदाय के ग्रन्थों में इन्हें सूत्र कहा गया है और यही अर्थ ठीक होगा। आजकल

सूत्र शब्द से वही अर्थ लिया जाता है जो पाणिनि के या उसी प्रकार के अन्य सूत्रों से निकलता है। परन्तु 'आश्वलायन गृह्यसूत्र' आदि सूत्र इन संक्षिप्त सूत्रों से कुछ विस्तृत हैं और इसी अर्थ में पालि भाषा के सूत्र प्रारम्भ में रचे गए होंगे। यहाँ इस चर्चा में जाने की आवश्यकता नहीं है कि इन सूत्रों से आश्वलायन आदि लोगों ने अपने सूत्रों की रचना की या बौद्धों ने उनके सूत्रों के अनुसार अपने सूत्रों की रचना की थी। इतनी बात स्पष्ट है कि अशोक के काल से पहले बुद्ध के उपदेशपरक वचनों को 'सुत्त' कहते थे और वे बहुत बड़े नहीं थे।

'अलगद्दसुत्त' की अट्ठकथा में कहा गया है कि गाथायुक्त सूत्रों को गेय्य कहते हैं, और उदाहरण के लिए 'संयुत्तनिकाय' का प्रथम विभाग दिया गया है। परन्तु सभी गाथाओं का संग्रह 'गेय्य' में होता है, अत: यह कहना कठिन है कि 'गाथा' नाम से अलग विभाग क्यों किया गया। हो सकता है कि 'गेय्य' में अमुक प्रकार की गाथाओं का ही समावेश उचित समझा जाता हो।

वेय्याकरण का अर्थ है व्याख्या। कोई सूत्र लेकर उसका अर्थ थोड़े में या विस्तार के साथ बताना ही 'वेय्याकरण' है।[१]

बुद्धघोषाचार्य का कहना है कि गाथा-विभाग में 'धम्मपद', 'थेर गाथा' और 'थेरी गाथा' इन तीन ग्रन्थों का समावेश होता है। परन्तु ऐसा लगता है कि थेर और थेरी गाथाओं का निर्माण बुद्ध के परिनिर्वाण के पश्चात् तीन चार शताब्दियों तक हुआ ही नहीं था और 'धम्मपद' तो बिलकुल छोटा-सा ग्रन्थ है। अत: यह कहना कठिन है कि गाथा-विभाग में केवल यही एक ग्रन्थ था या अन्य कुछ गाथाओं का समावेश होता था।

ऊपर दी हुई 'खुद्दकनिकाय' की सूची में उदान का उल्लेख आया ही है। उन उदानों और उसी प्रकार के सुत्तपिटकों या अन्य स्थानों में आये हुए वचनों को उदान कहते थे, ऐसा बुद्धघोषाचार्य का कथन है; परन्तु यह कहना असम्भव है कि उनमें से कितने उदान अशोक के समय में विद्यमान थे। इसमें शंका नहीं कि पीछे से उनमें वृद्धि होती गई।

इतिवुत्तक-प्रकरण में ११२ इतिवुत्तकों का संग्रह है। इनमें से कुछ इतिवुत्तक अशोक के समय में या उसके पश्चात् एकाध शताब्दी में विद्यमान थे, पीछे से सम्भवत: उनकी संख्या बढ़ती गई।

जातक नाम की कथाएँ सुप्रसिद्ध हैं। उनमें से कुछ कथाओं के दृश्य साँची और भरहुत के स्तूपों के आस-पास खुदे हुए पाए जाते हैं। इससे यह अनुमान लगाया जा सकता है कि अशोक के समय में जातक की बहुत-सी कथाओं का प्रवेश बौद्ध-साहित्य में हो चुका था।

अब्भुत धम्म का अर्थ है अद्‌भुत चमत्कार। ऐसा लगता है कि उस समय कोई ऐसा ग्रन्थ विद्यमान था, जिसमें बुद्ध भगवान् और उनके प्रमुख श्रावकों द्वारा किये गये अद्‌भुत चमत्कारों का वर्णन हो। परन्तु अब इस अद्‌भुत धर्म का कोई नाम-निशान नहीं रहा है। सम्भवत: इसके सारे भाग वर्तमान 'सुत्तपिटक' में मिल गये हों। बुद्धघोषाचार्य के लिए भी अद्‌भुत धर्म के बारे में कुछ कहना कठिन हो गया था। वह कहता है: ''चतारो में भिक्खवे अच्छरिया अब्भुता

---

१. **संस्कृत-व्याकरण के साथ इस शब्द का कोई सम्बन्ध नहीं।**

धम्मा आनन्दे ति आदिनयपवत्ता सब्बे पि अच्छारियब्भुत धम्म पटिसंयुत्ता सुत्तन्ता अब्भुत धम्मं ति वेदितब्बा।" अर्थात् "हे भिक्षुओ, ये चार आश्चर्य अद्‌भुत धर्म आनन्द में निवास करते हैं—आदि प्रकार से, अद्‌भुत धर्म से प्रारम्भ होने वाले आश्चर्य अद्‌भुत धर्मों से युक्त सारे सुत्त 'अब्भुत धम्म' समझे जायँ। परन्तु इन अद्‌भुत धर्मों के साथ मूल के अब्भुत धम्म ग्रंथ का कोई सम्बन्ध दिखाई नहीं देता।

महावेदल्ल और चूलवेदल्ल नाम के दो सूत्र 'मज्झिमनिकाय' में हैं, उनसे यह अनुमान लगाया जा सकता है कि वेदल्ल प्रकरण कैसा होगा। इनमें से पहले सुत्त में महाकोट्ठित सारिपुत्त से प्रश्न करता है और सारिपुत्त उन प्रश्नों के यथोचित उत्तर देता है। दूसरे में धम्मदिन्ना भिक्षुणी और उसके पूर्वाश्रम के पति विशाख का ऐसा ही प्रश्नोत्तर रूप में संवाद है। ये दोनों सुत्त बुद्धभाषित नहीं हैं, परन्तु ऐसे ही संवादों को 'वेदल्ल' कहा जाता था। ऐसा लगता है कि श्रमणों, ब्राह्मणों और अन्य लोगों के साथ बुद्ध भगवान् के जो संवाद हुए थे उनका एक अलग संग्रह किया गया था और उसे 'वेदल्ल' नाम दिया गया था।

'महासुञ्ञतासुत्त' के इस उद्धरण से यह स्पष्ट होता है कि ये नौ विभाग बन जाने से पहले सुत्त और गेय्य इन दो विभागों में ही शेष विभागों का समावेश किया जाता था—

बुद्ध भगवान् आनन्द से कहते हैं:

"न खो आनन्द अरहति सावको सत्थारं अनुबन्धितुं यदिदं सुत्तं गेय्यं वेय्याकरणस्य हेतु। तं किस्स हेतु। दीघरत्तं हि वो आनन्द धम्मा सुता धाता वचसा परिचिता·····।"

अर्थात् हे आनन्द, सुत्त और गेय्यों के वेय्याकरण (स्पष्टीकरण) के लिए श्रावक का शास्ता (गुरु) के साथ घूमना उचित नहीं है, क्योंकि तुमने ये बातें सुनी ही हैं और तुम उनसे परिचित हो।"

अर्थात् सुत्तों और गेय्यों में ही बुद्धोपदेश या और वेय्याकरण अथवा स्पष्टीकरण श्रावकों पर सौंपा गया था। आगे चलकर उनमें और छः विभागों की वृद्धि हुई और फिर उनमें से कुछ विभागों का निश्चय करके बहुत-से सुत्त बनाये गए, जो इस समय विद्यमान हैं। अतः यह कहना कठिन है कि इनमें से बुद्ध का वास्तविक उपदेश कौन-सा है और बनावटी कौन-सा। फिर भी अशोक के भाबरा या भाबरू वाले लेखों के आधार से इसका अनुमान लगाया जा सकता है कि पिटकों के प्राचीन भाग कौन-से होंगे।

अशोक के भाबरू वाले शिला-लेख में यह बताया गया है कि निम्नलिखित सात बुद्धोपदेश भिक्षुओं, भिक्षुणियों, उपासकों और उपासिकाओं को बार-बार सुनने और कंठस्थ करने चाहिये—

(१) विनयसमुकसे, (२) अलियवसानि, (३) अनागतभयानि (४) मुनिगाथा, (५) मोनेयसूते, (६) उपतिसपसिने, (७) लाघुलोवादे, मुसावादं अधिगिच्य भगवता बुद्धेन भासिते।

ओलेनबर्ग और सेनार नामक दो पश्चिमी विद्वानों ने यह दिखा दिया है कि इनमें से ७वाँ उपदेश 'मज्झिमनिकाय' का राहुलोवाद सुत्त (नं० ६१) है। शेष उपदेशों की जानकारी देने का प्रयत्न प्रो० ह्रिस डेविड्स ने किया है। परन्तु 'सुत्तनिपात' के मुनिसुत्त को छोड़कर उनके बताये हुए अन्य सारे सुत्त गलत थे। नं० २, ३, ५ और ६ के सुत्तों के सम्बन्ध में मैंने फरवरी

१९१२ की 'इण्डियन ऐंटिक्वेरी' पत्रिका में छान-बीन की है, उसमें बताए गये सुत्त अब सर्वत्र ग्राह्य हो चुके हैं। केवल पहले सुत्त का पता मुझे उस समय नहीं लग सका था। मुझे ऐसा लगा कि 'विनयसमुकसे' (विनयसमुत्कर्ष) का सम्बन्ध विनय-ग्रंथ से कुछ-न-कुछ अवश्य होगा, पर उस प्रकार का उपदेश मुझे कहीं नहीं मिला। अत: मैं नहीं बता सका कि वह सूत्र कौन-सा है।

परन्तु 'विनय' शब्द का अर्थ 'विनय-ग्रन्थ' लगाने का कोई कारण नहीं है। 'अहं खो केसि पुरिसदम्मं सण्हेन पि विनेमि फरुसेन पि विनेमि।' (अंगुत्तर चतुक्क निपात, सुत्त नं० १११), तमेनं तथागतो उत्तरिं विनेति। (मज्झिम, सुत्त नं० १४७), 'यन्नूनाहं राहुलं उत्तरिं आसवानं खये विनेय्यं ति।' (मज्झिम, सुत्त नं० १०७), आदि स्थानों पर 'वि' पूर्वक 'नी' धातु का अर्थ है 'सिखाना' और इसी से आगे चलकर विनय के नियमों को 'विनयपिटक' कहा जाने लगा। बुद्ध ने जब भिक्षुओं का संग्रह शुरू किया तब विनय-ग्रन्थ का अस्तित्व भी नहीं था। जो भी शिक्षा थी, सुत्त के रूप में थी। सबसे प्रथम 'धम्मचक्क पवत्तनसुत्त' कहकर बुद्ध ने पंचवर्गीय भिक्षुओं को अपना शिष्य बनाया। अत: 'विनय' शब्द का मूल अर्थ 'शिक्षा' या 'सिखावन' ही समझना चाहिए और उस विनय का समुत्कर्ष ही बुद्ध का उत्कृष्ट धर्मोपदेश है। यद्यपि 'समुक्कंस' शब्द पालि-वाङ्मय में 'बुद्धोपदेश' के अर्थ में नहीं मिलता, तथापि 'सामुक्कंसिका धम्मदेसना'—यह वाक्य अनेक स्थानों में मिलता है। उदाहरण के लिए 'दीघनिकाय' के अम्बट्ठसुत्त के अन्त में आया हुआ यह अंश देखिये :

''यदा भगवा अंचासि ब्राह्मणं पोक्खरसातिं कल्लचित्तं मृदुचित्तं विनीवरणचित्तं, उदग्गचित्तं, पसन्नचित्तं, अथ या बुद्धानं सामुक्कंसिका धम्मदेसना तं पकासेसि दुक्खं समुदयं निरोधं मग्ग।''

अर्थात्, जब भगवान् ने जाना कि पौष्करसादि ब्राह्मण का चित्त प्रसंगोचित मृदु आवरणों से विमुक्त, उदग्र और प्रसन्न हुआ है, तब उन्होंने बुद्ध की सामुत्कर्षिक धर्मदेशना प्रकट की। वह कौन-सी? वह है—दु:ख, दु:ख-समुदय, दु:ख-निरोध और दु:ख-निरोध का मार्ग।''

केवल इसी सुत्त में नहीं, बल्कि 'मज्झिमनिकाय' के उपालिसुत्त-जैसे दूसरे सुत्तों में और 'विनयपिटक' में अनेक स्थानों पर यही वाक्य आया है। अन्तर इतना ही है कि यहाँ पोक्खरसाति ब्राह्मण को सम्बोधित किया गया है और वहाँ उपालि आदि गृहस्थों को। इससे विनय समुत्कर्ष का अर्थ यह होता है—विनय अर्थात् उपदेश और उसका समुत्कर्ष अर्थात् यह सामुत्कर्षिका धर्मदेशना। अत: इसमें शंका नहीं कि किसी समय इन चार आर्य सत्यों के उपदेश को विनयसमुक्कस कहा जाता था। 'धम्मचक्कपवत्तनसुत्त' का नाम अशोक के पश्चात् बहुत काल के अनन्तर प्रचलित हुआ होगा। चक्रवर्ती राजाओं की कथाएँ जब लोकप्रिय हो गईं तब युद्ध के इस उपदेश को यह शानदार नाम दिया गया।

यदि हम मान लें कि 'विनयसमुकसे' ही 'धम्मचक्कपवत्तनसुत्त' है, तो भाबरू के शिला-लेख में निर्देशित सात उपदेश बौद्ध-वाङ्मय में इस प्रकार पाये जाते हैं—

१. विनयसमुकसे = धम्मचक्कपवत्तनसुत्त

२. अलियवसानि = अरियवंसा (अंगुत्तरचतुक्कनिपात)

३. अनागतभयानि = अनागतभयानि (अंगुत्तर पंचकनिपात)

४. मुनिगाथा = मुनिसुत्त (सुत्तनिपात)

५. मोनेयसूते = नाल्लकसुत्त (सुत्तनिपात)

६. उपतिसपसिने = सारिपुत्तसुत्त (सुत्तनिपात)

७. लाघुलोवाद = राहुलोवाद मज्झिमसुत्त (नं० ६१)

इन सातों में से 'धम्मचक्कपवत्तनसुत्त' सर्वत्न पाया जाता है, अत: यह कहने की आवश्यकता नहीं है कि उसका महत्व विशेष है। इसीलिए अशोक ने इसे सर्वप्रथम स्थान दिया है। शेष छ: में से तीन एक छोटे-से सुत्तनिपात में हैं। इससे सुत्तनिपात का प्राचीनत्व सिद्ध होता है, उसके अन्तिम दो वग्गों पर तथा 'खग्गविसाणसुत्त' पर निद्देस नाम की विस्तृत टीका है, जिसका समावेश इसी 'खुद्दकनिकाय' में किया गया है। ऐसा समझना चाहिए कि सुत्तनिपात के ये भाग निद्देस से पहले कम-से-कम एक-दो शताब्दियों से विद्यमान थे। इससे भी सुत्तनिपात का प्राचीनत्व सिद्ध होता है। हो सकता है कि उसके सारे सुत्त प्राचीन न हों, फिर भी उसके बहुतांश सुत्त निस्सन्देह बहुत प्राचीन हैं। हमारे इस ग्रंथ में बुद्ध-चरित्न या बुद्ध के उपदेश के सम्बन्ध में जो चर्चा की गई है वह ऐसे ही प्राचीन सुत्तों के आधार पर की गई है।

अब हम खास बुद्ध-चरित्न का विचार करें। 'त्निपिटक' में एक ही स्थान पर सम्पूर्ण बुद्ध-चरित्न नहीं है। वह जातकट्ठ कथा की निदान-कथा में मिलता है। यह अट्ठकथा संभवत: बुद्धिघोष के समकाल में अर्थात् ईसा की पाँचवीं शताब्दी में लिखी गई थी। उससे पहले की सिंहली अट्ठकथाओं से बहुत-सी बातें इस अट्ठकथा में आई हैं। यह बुद्ध-चरित्न प्रधानतया 'ललितविस्तर' के आधार पर लिखा गया है। 'ललितविस्तर' ग्रंथ संभवत: ईसा की प्रथम शताब्दी में या उससे कुछ वर्ष पहले लिखा गया था। वह महायान का ग्रंथ है और उसी पर से जातकट्ठ-कथाकार ने अपनी बुद्ध-चरित्न-कथा की रचना की है। 'ललितविस्तर' की रचना भी 'दीघनिकाय' के महापदानसुत्त के आधार पर की गई है। उस सुत्त में विपस्सी बुद्ध की जीवनी बहुत विस्तार के साथ दी गई, और उस जीवन पर से ललितविस्तरकार ने अपने पुराण की रचना की है। इस प्रकार गौतम बुद्ध के जीवन-चरित्न में बहुत-सी असंगत या ऊटपटाँग बातें घुस गईं।

महापदानसुत्त से कुछ भाग अलग निकालकर उन्हें सुत्तपिटक में ही गौतम बुद्ध के चरित्न के साथ छोड़ दिया गया है, उदाहरण के लिए तीन प्रासादों की बात ले लीजिए। विपस्सी राजकुमार के रहने के लिए तीन प्रासाद थे। इस कथा से यह कल्पना की गई कि गौतम बुद्ध के रहने के लिए वैसे ही प्रासाद होने चाहिए, और फिर गौतम बुद्ध के मुँह से ही ये वाक्य निकलवाये हैं कि उनके निवास के लिए तीन प्रासाद थे और वे उन प्रासादों में अत्यन्त विलास से रहते थे। इस कथा की असंभाव्यता मैंने आगे चौथे अध्याय में बता ही दी है। परन्तु वह कथा 'अंगुत्तरनिकाय' में आई है और उसी निकाय में अशोक के भाबरू वाले शिला-लेख के दो सुत्त आते हैं, इसलिए किसी समय मुझे वह कथा ऐतिहासिक लगी थी। परन्तु विचार करने पर स्पष्ट हुआ कि 'अंगुत्तरनिकाय' में बहुत-से भाग पीछे से जोड़ दिये गये हैं। तीन वस्तुओं से सम्बन्ध रखने वाली बातों का संग्रह तिकनिपात में है, उसमें ऐसा नहीं लगता कि

अर्वाचीनता और प्राचीनता का विचार किया हो।[१]

ऐसी कथाओं में से बुद्ध-चरित्र के लिए विश्वसनीय बातें कैसे निकाली जा सकती हैं, यही दिखाने के उद्देश्य से ही मैंने यह पुस्तक लिखी है। हो सकता है कि ऐसी कुछ उपयुक्त बातें मेरे ध्यान में न आई हों और ऐसी कुछ बातों को मेरे द्वारा महत्व किया गया हो जिन्हें वह नहीं देना चाहिए। परन्तु मुझे ऐसा नहीं लगता कि मेरी अनुसन्धान की पद्धति में कोई गलती होगी। मुझे पूरा विश्वास है कि इस पद्धति का प्रयोग करने से बुद्ध-चरित्र एवं उस काल के इतिहास पर विशेष प्रकाश पड़ सकेगा और इसी उद्देश्य से मैंने यह पुस्तक लिखी है। इसमें से कुछ वर्ष पहले 'पुरातत्त्व' नामक गुजराती त्रैमासिक पत्रिका और 'विविध ज्ञान विस्तार' नामक मराठी पत्रिका में प्रकाशित हुए थे। पर उन्हें उसी रूप में इस पुस्तक में नहीं लिया गया है। उनमें बहुत परिवर्तन किये गए हैं। उन लेखों के कई अंश इस पुस्तक में अवश्य ले लिये गये हैं, फिर भी ऐसा कहने में कोई आपत्ति नहीं होगी कि यह पुस्तक सर्वथा मौलिक है।

इस ग्रंथ की (मराठी) पाण्डुलिपि जब नवभारत-ग्रंथमाला के संपादक महोदय ने पढ़ी तब उन्होंने कुछ ऐसी बातों की ओर मेरा ध्यान आकर्षित किया, जिनका विशेष विवेचन इस ग्रंथ में नहीं किया गया है। मुझे ऐसा लगा कि इन बातों पर यहीं विचार करना उचित होगा, अत: थोड़े से उनका विवेचन यहाँ कर रहा हूँ—

(१) बुद्ध की जन्म-तिथि के सम्बन्ध में विभिन्न मत देकर क्या उचित प्रमाणों के साथ उनका ऊहापोह इस ग्रन्थ में नहीं करना चाहिए था? हमारे प्राचीन अथवा मध्ययुगीन इतिहास के राज्यकर्त्ता धर्मगुरु, ग्रंथकार आदि लोगों की जीवनियाँ लिखने से पहले उनका काल निश्चित करने के लिए विद्वानों को बहुत-से पृष्ठ खर्च करने पड़ते हैं, इस ग्रंथ में वैसा कुछ दिखाई नहीं देता।

इस सम्बन्ध में मेरा यह कहना है कि मध्ययुगीन कवि और ग्रंथकार शककर्त्ता (अपने सम्वत् चलाने वाले) नहीं थे उनकी जन्म तिथियों के सम्बन्ध में चाहे जितना वाद-विवाद किया जाय तो भी ऐसा नहीं लगता कि उन्हें निश्चित रूप से निर्णीत किया जा सकेगा। बुद्ध की बात ऐसी नहीं है। उनके परिनिर्वाण से लेकर आज तक उनके नाम का शक (सम्वत्) चला आ रहा है। कुछ समय पहले पश्चिमी पंडितों ने वाद-विवाद करके इस तिथि में ५६ से लेकर ६५ वर्ष तक का अन्तर सिद्ध करने की चेष्टा की थी परन्तु अन्त में वही परम्परा सही प्रमाणित हुई, जो सिंहल द्वीप में चल रही है। पर मान लीजिए कि बुद्ध की जन्म-तिथि में कुछ कम या अधिक अन्तर पड़ जाता है, तो भी उससे उनके जीवन-चरित्र में किसी प्रकार का गौणत्व नहीं आ सकता। महत्व की बात बुद्ध की जन्म-तिथि नहीं, बल्कि यह है कि उनके जन्म से पहले क्या परिस्थिति थी और उसमें से उन्होंने नवीन धर्म-मार्ग कैसे खोज निकाला। यदि उस परिस्थिति का विश्लेषण अच्छी तरह किया जा सके तो आजकल बुद्ध के

---

१. 'महापदानसुत्त' में दी हुई विपस्सी बुद्ध की दन्तकथाएँ गौतम बुद्ध के चरित्र में खण्डशः कैसे प्रविष्ट हुईं और उनमें से सुत्तपिटक में कौन-सी पाई जाती हैं, इसका स्पष्टीकरण हमने इस ग्रन्थ के प्रथम परिशिष्ट में किया है।

सम्बन्ध में जो अनेक भ्रामक कल्पनाएँ प्रचलित हैं वे नष्ट होंगी और उस काल का इतिहास हमारी समझ में भली भाँति आ सकेगा। इसलिए तिथि पर बहुत-से पृष्ठ खर्च न करके मैंने ऐसी बातों पर विशेष ध्यान दिया है जिनसे बुद्ध के चरित्र पर प्रकाश पड़ सके।

(२) यह मत अनेक लोगों द्वारा प्रतिपादित किया जाता है कि बुद्ध के द्वारा सिखाई गई अहिंसा से भारतीय समाज नास्तिक बन गया और इसीलिए उसे विदेशियों से हार खानी पड़ी। इस ग्रंथ में इस मत का कोई उत्तर होना चाहिए था।

उत्तर—मुझे ऐसा नहीं लगा कि बुद्ध के चरित्र के साथ इस मत का कोई सम्बन्ध है। बुद्ध का परिनिर्वाण ई० पू० ५४३ वें वर्ष में हुआ था। उसके अनन्तर दो शताब्दियों के पश्चात् चन्द्रगुप्त ने साम्राज्य की प्रस्थापना की थी। कहते हैं कि स्वयं चन्द्रगुप्त जैनधर्मी था, परंतु ग्रीक लोगों को इस देश से निकाल बाहर करने में उसका अहिंसा धर्म उसके लिए बाधक न बन सका। उसका पोता अशोक पूर्णतया बौद्ध बन गया था, फिर भी वह एक बड़ा साम्राज्य चलाता था।

मुहम्मद बिन कासिम ने सन् ७१२ ईस्वी में सिंध देश पर आक्रमण किया, उस समय बौद्ध धर्म पश्चिमी भारत में से लुप्त हो गया था और ब्राह्मण धर्म का महत्व बढ़ गया था। ऐसा होते हुए भी खलीफा के इस अल्पवयस्क सरदार ने देखते-देखते सिन्ध देश को पादाक्रान्त कर दिया और वहाँ के हिन्दू राजा को 'कत्ल' करके उसकी लड़कियों को नजराने के तौर पर अपने खलीफा के पास भिजवा दिया।

मुसलमानों द्वारा सिन्ध और पंजाब के कुछ हिस्से पर कब्जा हो जाने के सौ बरस पीछे शंकराचार्य का उदय हुआ। उनके वेदान्त का सारा लक्ष्य यही था कि शूद्र लोग वेदाध्ययन न करें। यदि कोई शूद्र वेद-वाक्य सुने तो उसके कान (गरम) सीसे या लाख से भर दिए जाएँ, यदि वह वेद वाक्य का उच्चारण करे तो उसकी जीभ काट ली जाय, और यदि वह वेद-मंत्र को धारण करे तो उसे मार डाला जाय—यह था उनका वेदान्त। मुसलमान विजेताओं से भी हमारे इन सनातनी बन्धुओं ने कोई पाठ नहीं सीखा। बुद्ध तो उनका शत्रु ही ठहरा। अत: उससे वे क्या सीखते?

राजपूत लोग बड़े कट्टर सनातनी थे। वे अहिंसा में किंचित् भी विश्वास नहीं रखते थे। समय आने पर आपस में लड़ मरते थे। फिर हिंसा के इन शूर भक्तों को महमूद गजनवी ने घोड़ों की टापों के नीचे की धूल के समान कैसे विध्वस्त कर दिया? क्या इसीलिए कि वे बुद्ध की अहिंसा मानते थे।

हम मराठों की पेशवाई तो खास ब्राह्मणों के ही हाथों में थी। अन्तिम बाजीराव अपनी कर्मठता के लिए प्रसिद्ध है। पेशवाई में हिंसा की तो हद हो गई थी। औरों से तो लड़ाइयाँ ही थीं, पर घर में भी कम लड़ाइयाँ नहीं होती थीं। एक बार दौलतराव शिंदे (सिन्धिया) ने पुणे (पूना) शहर लूट लिया तो दूसरी बार यशवन्तराव होलकर ने उसे लूटा। ऐसे इन नि:सीम हिंसा-भक्तों का साम्राज्य तो सारे हिन्दुस्तान पर हो जाना चाहिए था। उन्हें अपनी अपेक्षा सौगुने अहिंसक अंग्रेजी की शरण क्यों लेनी पड़ी? एक के पीछे एक मराठे सरदार अंग्रेजों के गुलाम क्यों बनते गये? क्या इसीलिए कि वे बुद्ध का उपदेश मानते थे।

जापान देश पिछले हजार-बारह सौ वर्षों से बौद्ध-धर्मी है। सन् १८५३ में जब कमोडोर पेरी ने उन्हें तोपों का निशाना बना दिया तो उसमें अचानक जागृति उत्पन्न होकर एकता कैसे आई? बौद्ध धर्म ने उन्हें नपुंसक क्यों नहीं बनाया?

इन प्रश्नों के उत्तर लब्धप्रतिष्ठित टीकाकार अवश्य दें। 'मिरविसि सुज्ञत्व वृथा अन्याला स्वकृत ताप लावूनि' (अपने किये हुए दोषों को औरों पर थोपकर तुम क्यों व्यर्थ सुज्ञत्व बघारते हो?) यह महाराष्ट्र कवि मोरो पंत की काव्यपंक्ति क्या ऐसे ही लब्धप्रतिष्ठित लोगों को सम्बोधित करके लिखी गई है? उन्होंने और उनके पूर्वजों ने जो पाप किये थे उनका दोष बुद्ध पर डालकर वे अपनी बुद्धिमानी की डींग हाँक रहे हैं।

(३) बुद्ध के सम्बोधि ज्ञान प्राप्त करने के पश्चात् उनके चरित्र का काल-क्रम पूर्वक ढाँचा क्यों नहीं दिया गया?

उत्तर—इस समय उपलब्ध प्राचीन साहित्य के आधार पर ऐसा ढाँचा तैयार नहीं किया जा सकता। बुद्ध के उपदेश काल-क्रम के अनुसार नहीं दिये गये हैं। इतना ही नहीं, बल्कि जो उपदेश हैं उनमें बहुत वृद्धि हो गई है। उसमें से सत्य को खोज निकालना बहुत कठिन होता है। मैंने वह प्रयत्न इस ग्रन्थ में किया है। परन्तु काल-क्रम के अनुसार बुद्ध-चरित्र का ढाँचा तैयार करना संभव न हो सका।

(४) 'वैदिक संस्कृति' आर्यों के भरत-खंड में आगमन होने के बाद उपस्थित हुई, उससे पहले 'दासों की' अर्थात् ब्राह्मणों की संस्कृति थी, इसके लिए क्या प्रमाण हैं?

उत्तर—इसका विचार मैंने अपनी पुस्तक 'हिन्दी संस्कृति आणि अहिंसा' के प्रथम अध्याय में किया है। यदि वह ग्रन्थ इस पुस्तक के साथ पढ़ा जाय तो बहुत-सी बातों का अच्छा स्पष्टीकरण हो जायेगा। मेरा यह आग्रह नहीं है कि सब लोग मेरी बात को स्वीकार ही करें। वह विचारणीय है। अत: मैंने उसे पाठकों के सामने प्रस्तुत किया है। दासों और आर्यों की इस संस्कृति का सम्बन्ध बुद्ध चरित्र के साथ बहुत कम आता है। उन दोनों संस्कृतियों के संघर्ष से उत्पन्न वैदिक संस्कृति बुद्ध के काल में प्रतिष्ठित हो गई थी, इतना दिखाने के लिए ही इस पुस्तक का प्रथम अध्याय लिखा गया है।

(५) इसके लिए क्या आधार हैं कि उपनिषदों और गीता की रचना बुद्ध के पश्चात हुई थी?

उत्तर—इसकी भी विस्तृत चर्चा 'हिन्दी संस्कृति आणि अहिंसा' में की जा चुकी है।[१] इसलिए उस विषय की पुनरुक्ति इस पुस्तक में नहीं की गई है। मैंने प्रबल प्रमाणों के साथ यह दिखा दिया है कि उपनिषद् ही नहीं बल्कि आरण्यक भी बुद्ध के बाद लिखे गए थे, 'शतपथ ब्राह्मण' और 'बृहदारण्यक उपनिषद्' में जो वंशावलि दी गई है, उससे ऐसा ज्ञात होता है कि बुद्ध के पश्चात् ३५ पीढ़ियों तक उनकी परम्परा चलती रही थी। श्री हेमचन्द्र राय चौधरी प्रत्येक पीढ़ी के लिए तीस वर्षों का समय मानते हैं। पर कम-से-कम पच्चीस वर्षों का समय मान लें तो भी कहना पड़ता है कि बुद्ध के पश्चात् ८७५ वर्ष तक यह परंपरा चलती रही थी। अर्थात् समुद्रगुप्त के काल तक परंपरा चालू थी और तब ब्राह्मण एवं उपनिषद् स्थिर हो गये थे।

---

१. देखिये, पृष्ठ ४८-५० और १७०-१७२

हो सकता है कि उनमें पहले यथोचित स्थानों में हेर-फेर हो गये हों। पालि-वाङ्मय की स्थिति भी ऐसी ही हो गई है। बुद्धघोष से लगभग दो सौ बरस पालि वाङ्मय स्थिर हो गया और बुद्धघोष द्वारा अट्ठकथाएँ (टीका) लिखी जाने के बाद उन पर अन्तिम मुहर लग गई। उपनिषदों की टीका तो शंकराचार्य जी ने नौवीं शताब्दी में लिखी। इसके पूर्व गौड़पाद की माण्डूक्य कारिकाएँ लिखी गई थीं। उसमें तो सर्वत्र बुद्ध की स्तुति है। बहुत दूर क्यों जायँ, अकबर के समय में लिखे गये 'अल्लोपनिषद्' का भी समावेश उपनिषदों में किया गया है।

इसमें कोई शंका नहीं कि उपनिषदों ने आत्मवाद और तपश्चर्या श्रमण-सम्प्रदायों से ले ली थी, क्योंकि इन दो बातों का यज्ञ-यागों की संस्कृति से कोई सम्बन्ध नहीं है। जिस प्रकार आजकल के आर्य समाज और ब्रह्म समाज 'बाइबिल' के एकेश्वरवाद को वेदों या उपनिषदों पर थोपना चाहते हैं उसी प्रकार उपनिषदों ने आत्मवाद तथा तपश्चर्या को वेदों पर आरोपित करने की चेष्टा की है। पर उन्होंने श्रमणों की अहिंसा को स्वीकार नहीं किया। इससे वे वैदिक रह गये। ऐसा होते हुए कर्मठ मीमांसक आज भी उपनिषदों को वैदिक कहने के लिए तैयार नहीं हैं।

जो लोग पालि-साहित्य या उनके अंग्रेजी अनुवाद पढ़ सकते हों उन्हें बौद्ध समकालीन इतिहास के अनुसन्धान में इस पुस्तक से सहायता मिल सकेगी, ऐसी मुझे आशा है। पर जिनके पास उतना समय न हो वे कम-से-कम निम्नलिखित पाँच पुस्तकें अवश्य पढ़ें—

१. बुद्ध धर्म आणि संघ, २. बुद्धलीला-सार-संग्रह ३. बौद्ध संघाचा परिचय, ४. समाधि मार्ग, ५. हिन्दी संस्कृति आणि अहिंसा।

यह पुस्तक लोकप्रियता प्राप्त करने के लिए नहीं लिखी गई है, केवल सत्यान्वेषण-बुद्धि ही इसके मूल में है। इसमें शंका है कि वह कहाँ तक लोकप्रिय हो सकेगी। फिर भी प्रकाशकों ने इसे प्रकाशित किया है, जिसके लिए मैं उनका बहुत आभारी हूँ।

—धर्मानन्द कोसम्बी

१

आर्यों की जय

उषा देवी के सूक्त

'ऋग्वेद' में उषा देवी के जो सूक्त पाये जाते हैं उनके आधार पर लोकमान्य बाल गंगाधर तिलक ने अपनी पुस्तक The Arctic Home in the Vedas में यह सिद्ध करने का प्रयत्न किया है कि आर्य लोग उत्तरी ध्रुव की ओर रहते थे। '**सदृशीरद्य सदृशीरिदु श्वो दीर्घं सचन्ते वरुणस्य धाम**'[१] (आज और कल दोनों समान हैं। वे दीर्घ काल तक वरुण के गृह में जाते हैं।)[२] लोकमान्य के मतानुसार यह ऋचा और इसी प्रकार की अन्य ऋचाएँ उत्तरी ध्रुव की ओर के उषा काल को लक्ष्य करके लिखी गई हैं। उषाएँ दीर्घ काल तक वरुण-गृह में जाती हैं, जिसका अर्थ यह होना चाहिए कि वहाँ छ: महीने तक अँधेरा रहता है।

परन्तु इसी सूक्त की बारहवीं ऋचा में उषा देवी के ये विशेषण पाये जाते हैं: '**अश्वावतीर्गोमतीर्विश्ववारा**' अर्थात् 'जिनके पास बहुत घोड़े और गौएँ हैं तथा जो सबके लिए पूजनीय हैं।[३] उत्तरी ध्रुव के आस-पास आजकल भी घोड़े और गौएँ नहीं हैं और इस बात का भी कोई प्रमाण नहीं पाया गया कि हजारों वर्ष पूर्व कभी ये प्राणी वहाँ मौजूद थे। केवल इस एक सूक्त में ही नहीं, बल्कि उषा देवी के अन्य सूक्तों में भी उसके लिए ये विशेषण बड़ी संख्या में पाये जाते हैं कि वह घोड़े तथा गौएँ देने वाली है, गौओं की जन्मदात्री है, आदि। इससे यह सिद्ध होता है कि ये ऋचाएँ अथवा ये सूक्त उत्तरी ध्रुव के आस-पास नहीं रचे गये थे।

इश्तर

तो फिर 'दीर्घ काल तक के लिए उषाएँ पाताल में जाती हैं', इसका क्या अर्थ लगाया जाय? बाबिलोनी लोगों में बहुत प्राचीन काल से प्रचलित इश्तर देवी की दंतकथाओं को स्मरण करने से इसका अर्थ सरलतापूर्वक समझ में आ सकता है। 'तम्मुज' या दमुत्सि' (वैदिक दमूनस्) नामक देवता से इश्तर का प्रेम हो जाता है, मगर वह अचानक मर जाता है। उसे जीवित करने के लिए अमृत लाने की इच्छा से इश्तर पाताल में प्रवेश करती है। वहाँ की रानी अल्लतु इश्तर की बहन है। वह इश्तर को बहुत यन्त्रणाएँ देती है, क्रमश: उसके सारे गहने निकलवाकर उसे रोगी बनाती है और कैद में डाल देती है। इस प्रकार चार या छ:

---

१. 'ऋग्वेद', १।१२३।८

२. The Arctic Home in the Vedas, P. 103.

यहाँ पर 'उषा' बहुवचनान्त है।

महीने तक दुःख एवं कारावास भुगतने पर अल्लतु से इश्तर को अमृत मिल जाता है और वह फिर से पृथ्वी पर आ जाती है। इश्तर की और भी अनेक दन्तकथाएँ हैं, पर उन सबमें यह दन्तकथा सही दिखाई देती है। इसका वर्णन सारे बाबिलोनी साहित्य में पाया जाता है। इसमें कोई सन्देह नहीं कि 'ऋग्वेद' की ऐसी ऋचाओं का सम्बन्ध उस दन्तकथा के साथ है।[१]

इश्तर जिस ऋतु में पाताल से ऊपर आई, उस ऋतु में उसका उत्सव मनाया जाता था; लाल बैलों की गाड़ी में उसकी रथ-यात्रा निकाली जाती थी। घोड़ों की खोज हो जाने पर घोड़े उसका रथ खींचने लगे। '**एषा गोभिररुणेभिर्युजाना**'[२] (यह उषा, जिसके रथ में लाल बैल जोते गए हैं।) **वितद्ययुररुण युग्भिरश्वैः**[३] (अरुण वर्ण घोड़ों के रथ में से उषा देवी आ गईं।)

लड़ाई में घोड़ों का प्रयोग

ईसा से दो हजार वर्ष पूर्व बैबिलोनिया में घोड़ों के उपयोग का बिल्कुल भी पता नहीं मिलता। वहाँ रथों में बैल या गधे जोते जाते थे और घोड़ों को जंगली गधा कहा जाता था। बैबिलोनिया के उत्तर में पहाड़ी प्रदेशों में रहने वाले केशी लोगों ने पहले-पहल माल ढोने के काम में घोड़ों का प्रयोग आरम्भ किया। इन जंगली गधों को वश में करके और उन पर सवार होकर अनाज इकट्ठा करने के समय वे बैबिलोनिया में आते और वहाँ के किसानों की सहायता करके मजदूरी के रूप में मिला हुआ अनाज अपने घोड़े पर लादकर ले जाते थे। केशी लोग युद्धकला से बिल्कुल अनभिज्ञ थे। वह कला उन्होंने बैबिलोनी लोगों से सीखी और सबसे पहले उन्होंने ही लड़ाई में घोड़े का उपयोग किया।[४]

अपनी अश्वारोही सेना के बल पर केशियों के गदश नाम के राजा ने ई० पूर्व १७६० में बैबिलोनिया में सार्वभौम राज्य की स्थापना की और उसके बाद उसके वंशजों की परम्परा शुरू हुई।[५] सारांश यह कि ईसा से अठारह सौ वर्ष पहले घोड़ों का प्रयोग लड़ाई में किये जाने का प्रमाण कहीं नहीं मिलता; और वेदों में तो सर्वत्र ही घोड़ों का महत्व बतलाकर केशियों के साथ उनका निकट सम्बन्ध दिखाया गया है। इससे स्पष्ट होता है कि सप्तसिन्धु पर आर्यों के आक्रमण का काल ई० पू० सत्रह सौ वर्ष से पहले नहीं हो सकता।

दास

आर्यों के आगमन से पहले सप्तसिंधु प्रदेश (सिंधु और पंजाब) में दासों का राज्य था। अब 'दास' शब्द का अर्थ 'गुलाम' हो गया है; मगर वेदों में 'दास' तथा 'दाश्' दोनों धातुओं का प्रयोग 'देना' के अर्थ में होता है और आजकल के शब्दकोषों में भी यही अर्थ दिया गया है। इसका मतलब यह हुआ कि 'दास' शब्द का मूल अर्थ 'दाता', 'उदार' (Noble) होना

---

१. Lewis Spence : Myths and Legends of Babylonia and Assyria (1926), P.P. 125-131.

२. 'ऋग्वेद', ५।८०।३।

३. 'ऋग्वेद', ६।६५।२।

४. L.W. King : A History of Babylon (1915), P. 125.

५. L.W. King : A History of Babylon (1915), P. 214.

चाहिए। आवेस्ता के फर्वदीन यस्त में इन दास देशों के पितरों की पूजा दी गई है। उसमें इन्हें 'दाहि' कहा गया है।[१]

प्राचीन पर्शियन (फ़ारसी) भाषा में संस्कृत 'स' का उच्चारण 'ह' होता था। उदाहरण के लिए, 'सप्तसिंधु' को 'आवेस्ता' में 'हस्तहिंदु' कहा गया है। उसी ढंग से 'दासी' या 'दास' शब्द का रूपान्तर 'दाहि' हो गया है।

आर्य

आर्य शब्द 'ऋ' धातु से बना है और अलग-अलग गणों में जो 'ऋ' धातु पाई जाती है वह प्राय: गत्यर्थक है। अत: आर्य शब्द का अर्थ होता है, घुमक्कड़ या मुसाफिर। ऐसा प्रतीत होता है कि आर्यों को घर-बार बनाकर रहना पसन्द नहीं था। जिस तरह मुगल लोग तंबुओं में रहते थे, उसी तरह आर्य लोग भी शायद तम्बुओं या मंडपों में रहा करते थे। एक बात में उनकी यह परम्परा अब तक कायम है। बैबिलोनिया में यज्ञ-याग के स्थान बड़े-बड़े मंदिरों के अहाते हुआ करते थे। हड़प्पा और मोहनजोदड़ो में जो प्राचीन नगरावशेष या खंडहर पाये गये हैं, उनमें भी, तज्ज्ञों का अनुमान है, दाहि लोगों के मन्दिर ही यज्ञ-याग के स्थान होते थे। यह परम्परा आर्यों ने तोड़ दी। उन्होंने यह प्रथा शुरू कर दी कि यज्ञ-याग मंडप में ही होना चाहिए। आर्यों के वंशज तंबुओं में रहना छोड़कर काल-क्रम से घर बनाकर रहने लगे, लेकिन यज्ञ के लिए मंडप ही चाहिए, यह प्रथा अब तक बनी हुई है।

दासों की हार क्यों हुई?

इन घुमक्कड़ आर्य लोगों ने भला दासों-जैसे उन्नत लोगों को कैसे हरा दिया? इसका उत्तर इतिहास ने—विशेषत: हिन्दुस्तान के इतिहास ने बार-बार दिया है। एक राजसत्ता के अधीन लोग प्रारम्भ में सुखी एवं धनी भले ही हो जाते हों, परन्तु अन्त में सत्ता एक छोटे-से वर्ग के हाथों से केन्द्रित हो जाती है। केवल वही एक वर्ग सुख चैन से रहता है और उसके सदस्य सत्ता के लिए आपस में झगड़ते रहते हैं। इससे लोगों पर करों का बोझ बढ़ता जाता है और वे इन सत्ताधारियों से द्वेष करने लगते हैं। ऐसी अवस्था में पिछड़े हुए लोगों को अच्छा अवसर मिल जाता है। आपस में एक होकर वे उस राजसत्ता पर हमला बोल देते हैं और उसे कुचल डालते हैं। ईसा की तेरहवीं शताब्दी के प्रारम्भ में जंगली मुग़लों का संगठन करके चंगेजख़ाँ ने कितने ही साम्राज्यों को तहस-नहस कर दिया। अत: आपस में झगड़ने वाले दासों को आर्यों ने अनायास ही जीत लिया हो तो इसमें कोई आश्चर्य नहीं।

शहरों को तोड़ने वाला इन्द्र

दास लोग छोटे-छोटे शहरों में रहते थे और ऐसा लगता है कि ये शहर आपस में झगड़ते रहते थे। इन दासों में से एक दिवोदास इंद्र से जा मिला था, उसका उल्लेख 'ऋग्वेद' में अनेक जगह मिलता है। दासों का नेतृत्व वृत्र ब्राह्मण के पास था। उसी का सम्बन्धी था त्वष्टा, जिसने इंद्र को एक प्रकार का यंत्र (वज्र) बनाकर दिया था। उस यंत्र से इंद्र ने दासों के शहरों को तोड़ा

१. We worship the Fravashis of the holy men in the Dahi countries.

और अन्त में वृत्र ब्राह्मण को मार डाला। 'ऋग्वेद' में इंद्र को अनेक स्थानों पर 'पुरन्दर' विशेषण दिया गया है—इसका अर्थ होता है, शहरों को तोड़ने वाला।[१]

इन्द्र की परम्परा

'इन्' और 'द्र' के समास से 'इन्द्र' शब्द बना है। 'इन' यानी योद्धा। उदाहरणार्थ : **'सह इना वर्तते इति सेना'**। 'द्र' शब्द शिखर या प्रमुख के अर्थ में बैबिलोनी भाषाओं में पाया जाता है। अत: इंद्र का अर्थ हुआ सेना का अधिपति या सेनापति। धीरे-धीरे यह शब्द राजवाचक बन गया—जैसे, देवेन्द्र, नागेन्द्र, मनुजेन्द्र आदि। प्रथम इन्द्र का नाम शक्र था। उसके बाद उसकी परम्परा अनेक वर्षों तक चली होगी। नहुष के इन्द्र बनाये जाने की दन्तकथा पुराण में आई है। 'ऋग्वेद' में यह उल्लेख मिलता है : **'अहं सप्तहा नहुषो नहुष्टरः**।[२] इस दंतकथा में जरूर कुछ तथ्य होगा।

इन्द्र-पूजा

सार्वभौम राजाओं को यज्ञ में बुलाकर उन्हें सोम रस देने की विधि बैबिलोनिया में प्रचलित थी। उस अवसर पर उसके स्तुति-स्तोत्र गाये जाते थे। इन्द्र के अधिकतर सूक्त इसी प्रकार के हैं। इन्द्र की संस्था (या संस्थान) के नष्ट हो जाने के बाद भी ये स्तोत्र वैसे ही बने रहे और उनका उल्टा-सीधा अर्थ लगाया जाने लगा। इन्द्र आकाश के देवताओं का राजा है, ऐसी कल्पना रूढ़ हो गई और इन सूक्तों का अर्थ अनेक स्थानों में ऐसा हो गया कि वह किसी की समझ में ही न आता था। तब लोगों ने यह मान लिया कि उन सूक्तों के शब्दों में ही मांत्रिक शक्ति है।

इन्द्र का स्वभाव

सप्त-सिंधु पर स्वामित्व प्रस्थापित करने वाला सेनापति इन्द्र मानव था, इसका पर्याप्त प्रमाण 'ऋग्वेद' में मिलता है। उसके स्वभाव की थोड़ी-सी झाँकी 'कौषीतकी उपनिषद्' में पाई जाती है, जो इस प्रकार है—

दिवोदास का पुत्र प्रतर्दन युद्ध करके और पराक्रम दिखाकर इन्द्र के प्रिय महल में गया। उससे इन्द्र ने कहा, "हे प्रतर्दन, मैं तुम्हें वर देता हूँ।" प्रतर्दन बोला, "मुझे ऐसा वर दो जो मनुष्य के लिए कल्याणकारी हो।" इन्द्र ने कहा, "वर दूसरों के लिए नहीं माँगा जाता; तुम अपने लिये ही माँगो।" प्रतर्दन बोला, "मुझे अपने लिए वर नहीं चाहिए।" तब इन्द्र ने यह बात बताई जो सत्य थी, क्योंकि इन्द्र सत्य है। उसने कहा, "मुझे जानो! मनुष्य के लिए वही हितकारी है कि जिसमें वह मुझे जान जाय! त्वष्टा के पुत्र त्रिशीर्ष को मैंने मार डाला। अरूर्मग नामक यतियों को कुत्तों का भक्ष्य बनाया। अनेक संधियों का अतिक्रमण करके दिव्य लोक में प्रह्लाद के अनुयायियों, अंतरिक्ष में पौलोमों और पृथ्वी पर कालकाशियों को मैंने मार डाला। उस समय मेरा एक बाल भी बाँका नहीं हुआ। इस प्रकार जो मुझे पहचानेगा उसने भले ही मातृ-वध, पितृ-वध, चोरी, भ्रूण-हत्या आदि पाप किये हों, या कर रहा हो, उसे तनिक भी

---

१. विशेष जानकारी के लिए देखिए—'भारतीय संस्कृति आणि अहिंसा', पृष्ठ १७-१९।

२. ७०।४९।८।

हिचकिचाहट नहीं होगी; न उसके चेहरे का भाव ही बदलेगा।''

अपना साम्राज्य प्रस्थापित करते समय इन्द्र ने उक्त उद्धरण में बताए बहुत-से अत्याचार किये थे, जिनका उल्लेख 'ऋग्वेद' में पाया जाता है। मगर इन्द्र ही नहीं बल्कि जिस किसी आदमी को साम्राज्य की स्थापना करनी हो वह अपना-पराया नहीं सोच सकता और न ही दया-माया का भाव रख सकता है। संधियों के टूट जाने का डर भी वह नहीं रख सकता। शिवाजी महाराज ने जब चन्द्रराव मोरे को मार डाला, तब वह बात न्याय थी या अन्याय, इसके बारे में बहस करना बेकार है। शिवाजी महाराज यदि न्याय-अन्याय की सोचने बैठते, तो वे साम्राज्य की स्थापना न कर सकते। साम्राज्य में रहने वाले लोग भी ऐसे मामूली पाप-पुण्यों के बारे में विचार नहीं करते। वे केवल इतना ही देखते हैं कि कुल मिलाकर इस साम्राज्य की प्रस्थापना से साधारण जनता का लाभ हुआ है या हानि।

आर्यों की सत्ता से लाभ

इस दृष्टि से देखा जाय तो पता चलता है कि इन्द्र या आर्यों के साम्राज्य से सप्तसिंधु के लोगों को बहुत बड़ा लाभ पहुँचा होगा। छोटे-छोटे शहरों में बार-बार होने वाले युद्ध बंद हो गए, जिससे लोगों को एक प्रकार का सुख एवं शांति प्राप्त हो गई। मराठों के इतिहास में हम देखते हैं कि खुद पेशवाओं के रिश्तेदारों ने पूना के शनिवारवाड़े पर (यानी पेशवाओं के महल पर) अंग्रेजों का झण्डा फहराया था; और कहते हैं कि, पेशवाओं के शासन का अन्त होने पर अन्य हिंदुओं (अर्थात् अब्राह्मणों) ने बड़ा उत्सव मनाया था। इसी तरह यद्यपि वृत्र ब्राह्मण था, तो भी उसे मारकर इन्द्र ने सप्तसिंधु में फैले हुए अन्त: कलह का अन्त कर दिया था। अत: यह स्वाभाविक था कि वहाँ की प्रजा इन्द्र की जय बोल उठती! इस तरह हम देखते हैं कि दासों और आर्यों के संघर्ष से जो सुपरिणाम निकले उनमें पहला यह था कि सप्तसिंधु में एक प्रकार की शान्ति स्थापित हो गई। दूसरी बात यह हुई कि राजनीति में ब्राह्मणों का महत्व नष्ट हो गया। 'ऋग्वेद' तथा 'यजुर्वेद' में यह उल्लेख पाया जाता है कि इन्द्र ने त्वष्टा के लड़के विश्वरूप को पुरोहित पद दे दिया और कहीं वह विद्रोह न कर बैठे, इस डर से उसे भी मार डाला।[१] फिर भी पुरोहित का पद किसी-न-किसी ब्राह्मण के पास ही रहा। राजनीति से अलिप्त रहने के कारण ब्राह्मण लोग साहित्य की अभिवृद्धि कर सके।

वैदिक भाषा

दासों और आर्यों के उस संघर्ष से एक नई भाषा का निर्माण हुआ। यह वैदिक भाषा है। जिस प्रकार मुसलमानों और हिन्दुओं के संघर्ष से हिन्दुस्तान में उर्दू नाम की एक नई भाषा का जन्म हुआ उसी प्रकार वैदिक भाषा पैदा हुई। मगर वैदिक भाषा-जैसा उच्च स्थान उर्दू को कभी प्राप्त न हो सका, और न होना संभव ही था। वैदिक भाषा केवल देव-वाणी बन गई।

इस वैदिक भाषा का अर्थ अच्छी तरह लगाना हो तो बैबिलोनी भाषाओं के ज्ञान की बड़ी आवश्यकता है। कुछ मूल शब्दों के अर्थ कैसे बदल गए हैं, यह तो 'दास' एवं 'आर्य' शब्दों से भी मालूम हो जाता है। दास शब्द का मूल अर्थ 'दाता' था; मगर अब उसका अर्थ 'गुलाम' हो

---

१. 'हिंदी संस्कृति आणि अहिंसा, पृष्ठ १९-२०।

गया है और आर्य शब्द का मूल अर्थ 'घुमक्कड़' होते हुए भी आज उसका अर्थ 'श्रेष्ठ', 'उदार' और 'महान' हो गया है।

आर्यों की जय से हानि

दासों और आर्यों के संघर्ष से सबसे बड़ी हानि यह हुई कि दासों की भवन और नगर-निर्माण की कला नष्ट-प्राय हो गई। सिन्ध तथा पंजाब में पाए गए प्राचीन नगरों और मकानों की परम्परा हिन्दुस्तान में नहीं रही। दूसरे, जंगलों में रहने वाले यदि कैसे रहते थे, यह जानने का कोई मार्ग ही न रहा। उपर्युक्त उद्धरण में यह उल्लेख आया है कि इन्द्र ने यतियों को कुत्तों का भक्ष्य बनाया। मूल शब्द है 'सालावृक'; इसका अर्थ 'भेड़िये' भी हो सकता है और 'कुत्ते' भी। टीकाकार ने 'सालावृक' का अर्थ 'भेड़िये' ही किया है। परन्तु इन्द्र के पास बहुत से शिकारी कुत्ते थे, अतः यह अधिक सम्भव मालूम होता है कि उसने उन कुत्तों को ही यतियों पर छोड़ दिया हो। इन यतियों का प्रभाव समाज पर बहुत अधिक होगा; अन्यथा इन्द्र को उन्हें मार डालने की आवश्यकता नहीं थी। मगर ये यति लोग कैसे थे, लोग उन्हें क्यों मानते थे आदि बातों की जानकारी का कोई साधन अब हमारे पास नहीं है।

आर्यों की संस्कृति का श्रीकृष्ण द्वारा विरोध

सप्तसिन्धु-प्रदेश पर इन्द्र की पूरी सत्ता स्थापित हो जाने के बाद उसने अपने आक्रमण की दिशा मध्य हिन्दुस्तान की तरफ मोड़ दी हो तो कोई आश्चर्य नहीं। मगर वहाँ उसे एक बड़ा प्रतिस्पर्धी मिल गया। देवकीनन्दन कृष्ण केवल गायों का प्रतिपालक राजा था। इन्द्र की यज्ञ-याग की संस्कृति और उसके महत्व को स्वीकार करने के लिए वह तैयार नहीं था, अतः इन्द्र ने उस पर धावा बोल दिया। कृष्ण के पास अश्वारोही सेना नहीं थी; मगर उसने प्रतिकार के लिए ऐसा बढ़िया स्थान चुन लिया कि उसके आगे इन्द्र की एक न चल सकी। बृहस्पति की सहायता से वह किसी तरह अपनी जान बचाकर पीछे हट गया। 'ऋग्वेद' (८/९६/१३-१५) में पाई जाने वाली कुछ ऋचाओं और भागवत आदि पुराणों में ग्रथित दन्त कथाओं से इस बात की पुष्टि होती है।[१]

यदि कृष्ण यज्ञ-यागों की संस्कृति को मानने के लिए तैयार नहीं था तो फिर वह क्या मानता था? उसे आंगिरस् ऋषि ने यज्ञों की एक सीधी-सादी पद्धति सिखाई थी। इस यज्ञ की दक्षिणाएँ थीं; तपश्चर्या, दान, सीधापन (आर्जव), अहिंसा और सत्य वचन। **'अथ यत्तपो दानमार्जवमहिंसा सत्यवचनमिति ता अस्य दक्षिणाः।'**[२] इससे ऐसा दिखाई देता है कि आर्यों और दासों के संघर्ष में यतियों की जो संस्कृति सप्तसिंधु-प्रदेश में नष्ट हो गई, उसका कुछ अंश गंगा-यमुना के प्रदेश में बाकी रह गया था। उपर्युक्त उद्धरण से मालूम होता है कि इस प्रदेश में कृष्ण-जैसे राजा तपश्चर्या करने वाले अहिंसक मुनियों की पूजा किया करते थे।

---

१. देखिये—'भारतीय संस्कृति आणि अहिंसा', पृष्ठ २१-२५।

२. 'छान्दोग्य उपनिषद्', ३।१७।४-६।

वैदिक संस्कृति का विकास

परन्तु इस अहिंसात्मक संस्कृति की विशेष उन्नति नहीं हुई। ब्राह्मणों ने राजनीति से हट जाने के बाद साहित्य एवं अन्य लोकोपयोगी बातों की ओर विशेष ध्यान दिया। हिन्दुस्तान में सबसे प्राचीन विश्वविद्यालय तक्षशिला में था। वहाँ पर ब्राह्मण लोग वेद तो पढ़ाते ही थे पर साथ ही धनुर्विद्या, वैद्यक आदि शास्त्र भी पढ़ाते थे। सप्तसिंधु से इन्द्र की परम्परा का साम्राज्य यद्यपि नष्ट हो गया, फिर भी उस परम्परा से पैदा हुई नई संस्कृति का राज्य शुरू हुआ और वह बढ़ता गया।

मध्य देश में वैदिक संस्कृति की जय

कृष्ण द्वारा इन्द्र की पराजय के छ:-सात सौ वर्ष के बाद पांडव-कुलोत्पन्न दो राजाओं— परीक्षित और उसके पुत्र जनमेजय ने सप्तसिंधु में बनी आर्य संस्कृति की संस्थापना गंगा-यमुना के प्रदेश में की। वैदिक वाङ्मय में इसका कोई आधार नहीं मिलता कि पांडव लोग आर्य संस्कृति के चाहने वाले थे। कृष्ण और पांडवों के बीच तो कम-से-कम छ: सौ बरस का समय बीत चुका होगा। 'महाभारत' में श्रीकृष्ण की जो कथाएँ आती हैं उन्हें सरसरी तौर पर पढ़ने से भी मालूम हो जाता है कि वे प्रक्षिप्त अर्थात् बाद में जोड़ी हुई होंगी। कम-से-कम इतना तो मानना ही पड़ता है कि इन्द्र के साथ युद्ध करने वाला कृष्ण और 'महाभारत' का कृष्ण दोनों एक नहीं थे अथर्ववेद (काण्ड २०, सूत्र १२७) से यह बात अच्छी तरह सिद्ध हो जाती है कि पांडवों के वंशज परीक्षित और जनमेजय दोनों ने वैदिक संस्कृति को बहुत आश्रय दिया था।[१]

ऊपर दिये हुए 'छांदोग्य उपनिषद्' के उद्धरण और पालि-साहित्य के 'सुत्तनिपात' में पाये जाने वाले 'ब्राह्मण-धाम्मिक' सुत्त से यह स्पष्ट होता है कि यद्यपि सप्तसिंधु में यतियों की संस्कृति पूरी तरह नष्ट हो गयी थी फिर भी वह मध्य हिन्दुस्तान में प्रमुख रूप से विद्यमान थी।[२] सप्तसिंधु का चातुर्वर्ण्य मध्य हिन्दुस्तान में भी स्थिर हो गया था। अंतर इतना ही था कि सप्तसिंधु के ब्राह्मणों ने आर्यों की विजय से उत्पन्न यज्ञ-यागों की पद्धति को पूरी तरह स्वीकार कर लिया। मध्य हिन्दुस्तान में यद्यपि ब्राह्मण अग्नि-पूजा करते थे, फिर उस पूजा में प्राणियों का बलिदान नहीं होता था। चावल-जौ आदि पदार्थों से ही वे अग्नि-देवता की पूजा करते थे। परन्तु परीक्षित और जनमेजय ने जब यज्ञ-याग शुरू किया तब यह पुरानी हिंसात्मक ब्राह्मण-संस्कृति नष्ट-प्राय हो गई और उसके स्थान पर हिंसात्मक यज्ञ-यागों की प्रथा जोरों से फैलने लगी। सप्तसिंधु के बजाय गंगा-यमुना के बीच का प्रदेश ही आर्यावर्त बन गया।

अहिंसा टिकी रही

यह सही है कि पुरानी अहिंसात्मक अग्निहोत्र-पद्धति मृत-प्राय हो गई, परन्तु वह पूरी तरह नष्ट नहीं हुई थी। राजाओं के दरबारों और ऊँची श्रेणी के लोगों पर से उसका प्रभाव कम हो गया, पर वह जंगलों में काफी बच रही। यानी जो लोग अहिंसात्मक संस्कृति से चिपटे रहे, उन्होंने जंगल के फल-फूलों पर निर्वाह करके अपनी तपश्चर्या बनाये रखी। 'जातक-

---

१. 'भारतीय संस्कृति आणि अहिंसा, पृष्ठ ३७-३८।

२. वही, पृष्ठ ३९-४०।

अट्ठकथा' में ऐसे लोगों की अनेक बातें आई हैं। नव प्रस्थापित हिंसात्मक यज्ञ-पद्धति से ऊबकर अनेक ब्राह्मण और अन्य वर्णीय लोग भी जंगलों में जाते थे और आश्रम बनाकर तप: साधन करते थे। साल-भर में कुछ दिन के लिए ये लोग खट्टी नमकीन चीजें खाने के लिए शहरों और गाँवों में आ जाते थे और फिर अपने आश्रमों को लौट जाते थे। सारांश यह कि सप्तसिंधु के यतियों की तरह मध्य हिन्दुस्तान के ऋषि-मुनि नष्ट-प्राय न होकर जंगलों के सहारे तपश्चर्या करते हुए किसी तरह टिके रहे।

आधुनिक उदाहरण

इस बात को समझाने के लिए आधुनिक इतिहास से एक उदाहरण दिया जा सकता है। जब पश्चिमी सिंहल द्वीप पर पोर्तुगीजों ने कब्जा कर लिया और वहाँ के बुद्ध-मंदिरों तथा भिक्षुओं के विहारों का विध्वंस करके सबको जबर्दस्ती रोमन कैथोलिक धर्म की दीक्षा दे दी, उस समय सिंहल का राजा बुद्ध की दन्त-धातु को अपने साथ लेकर क्यांडी के जंगल में भाग गया और वहाँ पहाड़ की ओट में उसने अपनी नई राजधानी बनाई। पश्चिमी सिंहल द्वीप में पोर्तुगीजों के हाथों से बचे हुए भिक्षु, जितने हो सके उतने बौद्ध-ग्रन्थ अपने साथ लेकर उस पहाड़ी प्रदेश में क्यांडी के राजा के आश्रम में चले गए। यही बात कुछ अंशों में गोआ में भी हुई। पोर्तुगीजों ने साष्टी, बारदेश और तिसवाड़ा नाम की तीन तहसीलें सबसे पहले जीतीं और कुछ वर्षों के बाद उनके मंदिरों को धराशायी करके लोगों को जबरन रोमन कैथोलिक बनाना शुरू कर दिया। उस समय कुछ हिन्दू अपनी जायदादों को तिलांजलि देकर और अपने देवताओं को लेकर संवदेकर नामक एक निकटस्थ देशी राज्य के क्षेत्र में भाग गए। आज भी पुराने साष्टी प्रांत के हिंदुओं के सारे देवी-देवता इस संवदेकर रियासत में मौजूद हैं। आगे चलकर पोर्तुगीजों ने इस प्रांत पर भी अपना कब्जा कर लिया; मगर उन्होंने हिन्दुओं के धर्म में फिर से हस्तक्षेप नहीं किया। हम कह सकते हैं कि कुछ अंशों में यही स्थिति मध्य हिन्दुस्तान की अहिंसात्मक संस्कृति की भी हुई।

अहिंसा का प्रभाव

परीक्षित या जनमेजय ने अत्याचार और बल-प्रयोग द्वारा बलिदान-युक्त यज्ञ-यागों की प्रथा लोगों पर नहीं लादी। किन्तु उसको राज्याश्रय मिलते ही ब्राह्मणों ने स्वयं उसे स्वीकार कर लिया और जिन्हें वह पसन्द नहीं आई वे जंगलों में चले गए और वहाँ तपस्या का आश्रय लेकर उन्होंने अपनी प्राचीन परम्परा को बनाए रखा। जिस प्रकार पोर्तुगीजों द्वारा ईसाई बनाये गए बौद्धों और हिन्दुओं पर आज भी बौद्ध एवं हिन्दू संस्कृतियों का असर रह गया है उसी तरह मध्य हिन्दुस्तान की प्राचीन अहिंसात्मक संस्कृति का भी थोड़ा-बहुत प्रभाव वहाँ की साधारण जनता पर शेष रह गया। अरण्यों में रहने वाले ऋषि-मुनि जब गाँवों या शहरों में जाते, तब लोग परम आदर से उनकी पूजा करते थे। लेकिन शेष समय में शहरों में यज्ञ-याग और बलिदान भी चलता था।

यज्ञ-संस्कृति का विकास

ऋषि-मुनियों का मान-सम्मान अवश्य ही बहुत होता था, परन्तु इस युग में उस संस्कृति ने उन्नति बिल्कुल नहीं की। सप्तसिंधु के प्रदेश में तक्षशिला-जैसे जो विश्वविद्यालय स्थापित

हुए, वे ही शिक्षा के केन्द्र बन गए। 'जातक अट्ठकथा' की अनेक कहानियों से मालूम होता है कि ब्राह्मण-कुमार वेदाध्ययन करने और राजकुमार धनुर्विद्या सीखने के लिए सुदूर सप्तसिंधु-प्रदेश के तक्षशिला-जैसे स्थानों पर जाते थे।

सप्तसिंधु के प्रदेश में या मध्य हिन्दुस्तान में भी इन्द्र के जैसा कोई बलशाली साम्राज्य नहीं रहा। परीक्षित या जनमेजय के राज्य की तुलना इन्द्र के साम्राज्य के साथ नहीं की जा सकती। उन्होंने बलिदानयुक्त यज्ञ-यागों को प्रोत्साहन दिया और उनके प्रयत्नों से गंगा-यमुना के बीच का प्रदेश आर्यावर्त बन गया, यही महत्वपूर्ण बात थी। उनके शासनकाल के बाद शायद सप्तसिंधु और मध्य हिन्दुस्तान के छोटे-छोटे टुकड़े हो गए होंगे। फिर भी आर्यों तथा दासों के संघर्ष से उत्पन्न बलिदान-पूर्वक यज्ञ-याग की संस्कृति तो दृढ़ होकर फैलती चली गई।

❑❑❑

२
समकालीन राजनीतिक परिस्थिति

सोलह राष्ट्र

''यो इमेसं सोलसन्नं महाजनपदानं पहूतसत्तरतनानं इस्सराधिपच्चं रज्जं कारेय्य, सेय्यथीदं—(१) अंगानं (२) मगधानं (३) कासीनं (४) कोसलानं (५) वज्जीनं (६) मल्लानं (७) चेतीनं (८) वंसानं (९) कुरूनं (१०) पंचालानं (११) मच्छानं (१२) सूरसेनानं (१३) अस्सकानं (१४) अवंतीनं (१५) गंधारानं (१६) कंबोजानं।''

यह उद्धरण 'अंगुत्तरनिकाय' में चार स्थानों पर मिलता है। 'ललित-विस्तर' के तीसरे अध्याय में भी यह उल्लेख है कि बुद्ध के पैदा होने से पहले जम्बू द्वीप में (हिन्दुस्तान में) अलग-अलग सोलह राज्य थे। पर उनमें से केवल आठ राज्यों के राज-कुलों का वर्णन वहाँ मिलता है। इन सब देशों का उल्लेख बहुवचन में है। इससे ऐसा प्रतीत होता है कि ये देश किसी जमाने में महाजनसत्तायुक्त थे। उनके महाजनों को राजा कहा जाता था और उनका अध्यक्ष महाराजा कहलाता था। बुद्ध के जमाने में यह महाजनसत्तात्मक पद्धति दुर्बल बनकर नष्ट होती जा रही थी और उसके स्थान पर एकसत्तात्मक राज्य-पद्धति तेजी से अमल में आ रही थी, इस घटना के कारणों पर विचार करने के पहले उल्लिखित सोलह देशों के सम्बन्ध में पाई जाने वाली जानकारी यहाँ संक्षेप में दे देना उचित होगा।

१. अंग—अंगों का देश मगधों के पूर्व में था। उसके उत्तरी भाग को 'अंगुत्तराय' कहते थे। मगध देश के राजा ने जब अंग देश को जीत लिया तब वहाँ की महाजनसत्तात्मक शासन-प्रणाली नष्ट हो गई। पहले जमाने के महाजनों या राजाओं के वंशज वहाँ पर मौजूद थे; फिर भी उनकी स्वतन्त्र सत्ता नहीं रही थी; और आगे चलकर 'अंगमगध' के नाम से उस देश का मगध देश के साथ द्वन्द्व समास में उल्लेख होने लगा।

'त्रिपिटक' ग्रन्थ में बहुत-से स्थलों पर ऐसा उल्लेख मिलता है कि बुद्ध भगवान् उस देश में उपदेश किया करते थे और उस देश के मुख्य शहर चम्पा नगरी में गग्गरा रानी के बनवाए हुए तालाब के किनारे चातुर्मास बिताया करते थे। पर यह चम्पा नगर भी कदाचित् किसी पुराने राजा के अधिकार में नहीं था। राजा बिम्बिसार ने इसे सोणदण्ड नाम के ब्राह्मण को इनाम में दे डाला था। इस गाँव के उपहारों से सोणदण्ड ब्राह्मण बीच-बीच में बड़े-बड़े यज्ञ-याग किया करता था।[१]

---

१. देखिये, 'दीघनिकाय', सोणदण्ड सुत्त।

२. मगध—बुद्ध काल के राज्यों में मगध और कोसल देशों का निरन्तर उत्कर्ष होता जा रहा था और ये राष्ट्र पूरी तरह एकसत्तात्मक शासन-प्रणाली के पंजे में फँस गए थे। क्योंकि मगधों के राजा बिम्बिसार और कोसलों के राजा पसेनदि (प्रसेनजित्) अत्यन्त उदार थे, अतः उनकी एकसत्तात्मक शासन-प्रणाली प्रजा के लिए बड़ी सुखकर सिद्ध हुई। यह सही है कि ये दोनों राजा यज्ञ-यागों को प्रोत्साहन देते थे, फिर भी उनके राज्यों में श्रमणों (परिव्राजकों) को अपना धर्मोपदेश करने की पूरी स्वतंत्रता थी। इतना ही नहीं बिम्बिसार राजा श्रमणों के रहने आदि का प्रबन्ध करके उन्हें प्रोत्साहन देता था। गौतम जब पहली बार संन्यास लेकर राजगृह गये, तो बिम्बिसार राजा ने पांडव पर्वत के पास जाकर उनसे अपनी सेना में ऊँचा पद स्वीकार करने की प्रार्थना की। मगर गौतम ने तपश्चर्या करने का अपना निश्चय कायम रखा। गया के पास उरूवेल में जाकर उन्होंने तपस्या शुरू की और अन्त में तत्वबोध का मध्यम मार्ग खोज निकाला। वाराणसी में पहला उपदेश देकर अपने पाँच शिष्यों के साथ जब बुद्ध भगवान् राजगृह पधारे तो बिम्बिसार राजा ने उन्हें और उनके भिक्षु-संघ के रहने के लिए वेलु वन (वेणु वन) नाम का उद्यान दिया। इस उद्यान में किसी विहार के होने का उल्लेख कहीं भी नहीं मिलता। बिम्बिसार राजा ने बुद्ध तथा भिक्षु-संघ को वहाँ निर्भीकता के साथ रहने की अनुज्ञा दे दी, इतना ही इस वेलु वनदान का अर्थ समझना चाहिए। परन्तु इससे भिक्षु-संघ के प्रति बिम्बिसार का आदर स्पष्ट दिखाई देता है।

केवल बुद्ध के भिक्षुओं को ही नहीं, बल्कि उस समय श्रवणों के जो बड़े-बड़े संघ थे उन्हें भी बिम्बिसार राजा ने आश्रय दिया था। एक ही समय में ये श्रमण-संघ राजगृह के आस-पास रहते थे, इस प्रकार का उल्लेख 'दीघनिकाय' के सामञ्ञफलसुत्त में और 'मज्झिमनिकाय' के (नं० ७७) महासकुलुदायिसुत्त में पाया जाता है।

एक बार बिम्बिसार राजा का पुत्र अजातशत्रु अपने अमात्यों के साथ पूर्णिमा की रात में अपने प्रासाद की छत पर बैठा था। उस समय उसके मन में किसी बड़े श्रमण-नायक से भेंट करने की इच्छा पैदा हुई। तब उसके अमात्यों में से हर एक ने बारी-बारी से एक-एक श्रमण-संघ के नायक की स्तुति की और उसके पास जाने के लिए राजा से प्रार्थना की। उसका गृह-वैद्य चुपचाप बैठा था। उससे अजातशत्रु ने प्रश्न किया तो उसने (जीवक ने) बुद्ध भगवान् की स्तुति करके उनसे मुलाकात करने के लिए राजा को राजी कर लिया। हालाँकि इन श्रवण-संघों के नेताओं में बुद्ध आयु की दृष्टि से सबसे छोटे थे और उनके संघ की स्थापना हुए थोड़े ही दिन हुए थे, फिर भी अजातशत्रु ने उन्हीं से भेंट करने का निर्णय किया और वह सपरिवार बुद्ध के दर्शनों के लिये जीवक के आम्र-वन में चला गया।

अजातशत्रु ने अपने पिता को कैद करके मार डाला और स्वयं गद्दी पर बैठ गया। मगर उसके पिता ने श्रमणों का जो आदर किया था उसमें उसने किसी प्रकार की कमी नहीं आ दी। बिम्बिसार राजा की मृत्यु के बाद बुद्ध भगवान् प्रायः राजगृह नहीं जाते थे। उल्लिखित प्रसंग ऐसा ही एक था। राजा बनने से पहले अजातशत्रु को अपनी ओर मिलाकर देवदत्त ने बुद्ध भगवान् पर नीलगिरि नाम का उन्मत्त हाथी छोड़ने का षड़यन्त्र रचा था, आदि बातें 'विनयपिटक' में बताई गई हैं। पर उनमें कहाँ तक सचाई होगी, यह कहना कठिन है। फिर भी यह बात सही मालूम होती है कि देवदत्त को अजातशत्रु का समर्थन प्राप्त था और शायद

इसीलिए बुद्ध भगवान् राजगृह से दूर रहते थे। मगर जब वे राजगृह पधारे तो उनसे भेंट करने में अजातशत्रु को हिचकिचाहट नहीं हुई। उसी समय राजगृह के आस-पास बड़े-बड़े श्रमण-संघों के छः नेता रहते थे। इस बात को ध्यान में रखा जाय तो यह स्पष्ट दिखाई देता है कि अजातशत्रु अपने पिता से भी अधिक श्रमणों का आदर-सत्कार करता था। इतना ही नहीं, उसके शासनकाल में मगध देश में से यज्ञ-याग नष्ट-प्राय होते गए और धीरे-धीरे श्रमण-संघों का उत्कर्ष होता रहा।

मगधों की राजधानी थी राजगृह। यह स्थान बिहार प्रदेश में तिलय्या स्टेशन से सोलह मील दूर है। इसके चारों ओर पहाड़ हैं और बीच में यह शहर बसा हुआ है। शहर में जाने के लिए पहाड़ों की घाटी में से दो रास्ते होने के कारण शत्रुओं से शहर की रक्षा करना आसान था और कदाचित् इसी दृष्टि से यह शहर वहाँ बनाया गया था। मगर अजातशत्रु की शक्ति इतनी बढ़ गई थी कि उसे अपनी रक्षा के लिए इस पहाड़ी गोठ (गिरिव्रज) में रहने की कोई आवश्यकता प्रतीत नहीं हुई। बुद्ध के परिनिर्वाण से पहले अजातशत्रु एक नया नगर बसा रहा था और आगे चलकर वहीं पर उसने अपनी राजधानी बनाई होगी।

अजातशत्रु को 'वैदेही-पुत्र' भी कहा गया है। इससे ऊपरी तौर पर देखने से ऐसा लगता है कि उसकी माता विदेह राष्ट्र की होगी और जैनों के 'आचारांग' सूत्रादि में भी ऐसा उल्लेख पाया जाता है कि उसकी माता वज्जी राजाओं में से एक राजा की कन्या थी। परन्तु 'कोसल-संयुत्त' के दूसरे वग्ग के चौथे सुत्त की अट्ठकथा में उसे पसेनदि का भानजा कहा गया है और वैदेही शब्द का अर्थ '**पंडिताधिवचनमेतं पंडितित्थिया पुत्तो ति अत्थो**' किया गया है। 'ललितविस्तर' में मगध देश के राजकुल को वैदेही-कुल ही कहा गया है। इससे ऐसा दिखाई देता है कि यह कुल पितृ-परंपरा से अप्रसिद्ध था और आगे चलकर उसके किसी राजा का सम्बन्ध विदेह देश की राज-कन्या के साथ हो जाने से उसे ख्याति प्राप्त हो गई और कुछ राजपुत्र अपने को वैदेही-पुत्र कहलाने लगे।

अजातशत्रु द्वारा बिंबिसार के मारे जाने की खबर सुनते ही अवंती का राजा चंडप्रद्योत बहुत नाराज हो गया और उसने अजातशत्रु पर धावा बोलने की तैयारी शुरू कर दी। उसके डर से अजातशत्रु ने राजगृह की चहारदीवारी की मरम्मत की। बाद में शायद चंडप्रद्योत ने आक्रमण का विचार छोड़ दिया। चंडप्रद्योत-जैसा पराया राजा अजातशत्रु से नाराज हो गया मगर अपने राजा की हत्या से स्वयं मगध की प्रजा को बिल्कुल प्रक्षोभ नहीं हुआ, इसी से यह बात अच्छी तरह ज्ञात हो जाती है कि इस देश में एकसत्तात्मक शासन-प्रणाली कैसी दृढ़ थी।[१]

३. कासी—कासी अथवा काशी की राजधानी वाराणसी थी। 'जातक-अट्ठकथा' से यह पता चलता है कि वहाँ के अधिकांश राजाओं को ब्रह्मदत्त कहा जाता था। यद्यपि उनकी शासन-प्रणाली के विषय में अधिक जानकारी नहीं पाई जाती, फिर भी इतना तो पता चलता है कि काशी के राजा (महाजन) बहुत ही अधिक उदार थे। उनके राज्य में कला-कौशल का अच्छा विकास हुआ था। बुद्ध के समय में भी उत्कृष्ट वस्तुओं को 'कासिक' (काशी की बनी हुई) कहा जाता था। कासिक वस्त्र, कासिक चन्दन आदि शब्द त्रिपिटिक-साहित्य में अनेक

---

१. देखिये 'मज्झिमनिकाय' में से गोपकमोग्गल्लानसुत्त की अट्ठकथा।

स्थानों पर मिलते हैं। वाराणसी अश्वसेन राजा की वामा रानी के पेट से जैन के तेईसवें तीर्थंकर ने जन्म लिया था। उन्होंने अपने उपदेश का प्रारम्भ गौतम बुद्ध के जन्म से पहले लगभग २३वें बरस में किया था। इससे हम यह कह सकते हैं कि काशी के महाजन केवल कला-कौशल में ही नहीं बल्कि धार्मिक विचारों में भी अग्रणी थे। परन्तु बुद्ध के समय में इस देश की स्वतंत्रता पूरी तरह नष्ट होकर उसका समावेश कोसल देश में हो गया था और 'अंगमगध' के समास की तरह ही 'कासी-कोसल' का सामासिक शब्द भी प्रचार में आ गया था।

४. **कोसल**—कोसल देश की राजधानी थी श्रावस्ती; यह अचिरवती (वर्तमान राप्ती) नदी के किनारे थी और वहाँ पसेनदि (प्रसेनजित्) राजा राज करता था। कोसलसुत्त के एक सुत्त से यह सिद्ध होता है कि पसेनदि वैदिक धर्म का पूरा अनुयायी था और बड़े-बड़े यज्ञ करता रहता था। फिर भी उसके राज में श्रमणों का सम्मान किया जाता था। अनाथपिंडिक[१] नाम के एक ख्यातिप्राप्त बड़े सेठ ने बुद्ध के भिक्षु-संघ के लिए श्रावस्ती में जेतवन नाम का एक विहार बनाया था। विशाखा नाम की प्रसिद्ध उपासिका ने भी पूर्वाराम नाम का एक बड़ा प्रासाद भिक्षुओं के लिए बनवाकर दिया था। इन दोनों स्थानों पर बुद्ध भगवान् भिक्षु-संघ के साथ कभी-कभी रहते थे। उनके बहुत-से चातुर्मास्य (चौमासे) यहीं बीते होंगे। क्योंकि बुद्ध द्वारा सबसे अधिक उपदेश अनाथपिंडिक के आराम में ही दिये जाने का उल्लेख त्रिपिटिक-साहित्य में पाया जाता है। यद्यपि पसेनदि राजा यज्ञ-यागों का समर्थक था, फिर भी वह कभी-कभी बुद्ध के दर्शनों के लिए अनाथपिंडिक के आराम में जाता था। परोनदि को बुद्ध द्वारा दिए गए उपदेशों का संग्रह 'कोसलसुत्त' में मिलता है।[२]

'ललितविस्तर' में आये हुए इस राज-वंश के वर्णन से ऐसा प्रतीत होता है कि ये राजा मातंगों की हीन जाति से पैदा हुए थे। 'धम्मपद-अट्ठकथा' में मिलने वाली विडूडभ (विदुर्दभ) की कहानी से भी 'ललितविस्तर' की इस बात की पुष्टि होती है।

पसेनदि राजा बुद्ध को बहुत मानता था। उसके शाक्य-कुल की किसी राज-कन्या से विवाह करने का विचार पसेनदि ने किया। परन्तु शाक्य राजा कोसल राज-कुल को नीच मानते थे, अतः अपनी कन्या कोसलराज को देना उन्होंने उचित न समझा। फिर भी शाक्यों पर कोसल राजा का दबदबा था इसलिए उसकी माँग को अस्वीकार करना भी उनके लिए संभव न था। अन्त में उन्होंने यह उपाय सोचा कि महानाम शाक्य अपनी दासी-कन्या-वासभरवत्तिया को अपनी निजी कन्या के रूप में कोसल राजा को दे। कोसल राजा के अमात्यों ने इस कन्या को पसन्द किया। जब महानाम को उसके साथ बैठकर भोजन करते हुए उन्होंने देखा तो उन्हें यह विश्वास हो गया कि वह उसी की पुत्री है। फलतः शुभ मुहूर्त पर कोसल राजा के साथ वासभरवत्तिया का विवाह हो गया। राजा ने उसे अपनी पटरानी बनाया। उसका

---

१. इसका असली नाम सुदत्त था। वह अनाथों को भोजन (पिंड) देता था, इसीलिए उसे अनाथपिंडिक कहा जाता था।

२. इस संयुत्त के पहले ही सुत्त में पसेनदि के बुद्ध का उपासक बनने की कथा है; पर नौवें सुत्त में पसेनदि के महायज्ञ का वर्णन आता है। अतः यह नहीं कहा जा सकता कि पसेनदि राजा सच्चा बुद्धोपासक था।

लड़का विडूडभ सोलह बरस की उम्र हो जाने पर अपनी ननिहाल (यानी शाक्यों के यहाँ) गया। शाक्य ने अपने संस्थागार (नगर-मंदिर) में उसका उचित सम्मान किया। लेकिन उसके चले जाने के बाद उसका आसन पानी से धो डाला गया। यह बात विडूडभ के कानों तक जा पहुँची और उसे अपने दासी-पुत्र होने का पता चल गया। बड़ा होते ही विडूडभ ने कोशल देश का राज बलपूर्वक अपने अधिकार में कर लिया और अपने वृद्ध पिता पसेनदि को श्रावस्ती से बाहर निकाल दिया। पसेनदि अपने भानजे अजातशत्रु के आश्रय में जाने के लिए गुप्त वेश में राजगृह की ओर चला, मगर रास्ते में बहुत कष्ट पाकर वह राजगृह से बाहर एक धर्मशाला में मर गया।

अपने पिता की मृत्यु के बाद विडूडभ ने शाक्यों पर धावा बोलने का निश्चय किया; परन्तु भगवान् बुद्ध ने उपदेश देकर उसे दो बार इस इरादे से दूर रखा। मगर तीसरी बार बुद्ध को कुछ कहने का मौका न मिला और विडूडभ ने अपने विचार को कार्यान्वित करने में सफलता प्राप्त की। उसने शाक्यों पर धावा बोल दिया और उन्हें पूरी तरह से हटा दिया। जो शरण में आए या जो भाग गये उनके अलावा अन्य सबको उनके बाल-बच्चों सहित विडूडभ ने कत्ल कर दिया और उनके खून से अपना आसन धुलवाया।

शाक्यों का नाश करके विडूडभ ने श्रावस्ती आकर अचिरवती नदी के किनारे अपनी सेना का पड़ाव डाला। उस समय आस-पास के इलाके में अकाल मेघ की भयंकर वर्षा हुई और अचिरवती में भयंकर बाढ़ आ गई; जिसमें विडूडभ अपनी सेना के साथ बह गया।

विडूडभ की कथा से यह बात स्पष्ट हो जाती है कि मगध देश की तरह कोसल देश में भी एकसत्तात्मक शासन-प्रणाली दृढ़ से दृढ़तर होती जा रही थी। विडूडभ ने अपनी लोकप्रिय पिता की गद्दी पर कब्जा कर लिया तो भी कोसलों ने उसके विरोध में एक शब्द भी नहीं कहा।

५. वज्जी—महाजनसत्तात्मक राज्यों में केवल तीन राज्य स्वतंत्र रह गए थे—एक था वज्जियों का और दो थे पावा एवं कुशिनारा के मल्लों के। इन तीनों में वज्जियों का राज्य सबल और सम्पन्न था मगर उसका नाश भी जल्दी ही होने वाला था। फिर भी वह प्रातःकालीन शुक्र के तारे की तरह चमक रहा था। बुद्ध भगवान् ऐसे महाजनसत्तात्मक राज्य में पैदा हुए। मगर शाक्यों की स्वतंत्रता पहले ही नष्ट हो चुकी थी। वज्जी लोग अपनी एकता और पराक्रम के बल पर बुद्ध के जीवन-काल में अपनी स्वतंत्रता कायम रख सके थे, इससे उनके मन में वज्जियों के प्रति आदर होना स्वाभाविक था। 'महापरिनिब्बानसुत्त' में भगवान् बुद्ध दूर से आने वाले लिच्छवियों को देखकर भिक्षुओं से कहते हैं—"हे भिक्षुओ, जिन्होंने तावत् त्रिंशत् देवता न देखे हों वे इन लिच्छवियों के समूह को देखें!"

वज्जियों की राजधानी वैशाली नगरी थी, उसके आस-पास रहने वाले वज्जियों को लिच्छवि कहते थे। उनके पूरब में पहले विदेहों का राज्य था जहाँ जनक-जैसे उदार राजा हुए थे। 'ललितविस्तर' से पता चलता है कि विदेहों का आखिरी राजा सुमित्र मिथिला नगरी में राज करता था। उसके बाद विदेहों का राज्य वज्जियों के राज्य में जोड़ दिया गया होगा।

बुद्ध भगवान् द्वारा वज्जियों की अभिवृद्धि के सात नियमों का उपदेश दिये जाने का वर्णन 'महापरिनिब्बानसुत्त' के प्रारम्भ में तथा 'अंगुत्तरनिकाय' के सत्तकनिपात में पाया जाता है।

'महापरिनिब्बानसुत्त' की अट्ठकथा में इन नियमों की विस्तृत टीका की गई है। उससे यह अनुमान लगाया जा सकता है कि वज्जियों के राज्य में एक प्रकार के ज्यूरियों (पंचों) की प्रणाली थी और प्राय: निरपराध व्यक्तियों को सज़ा नहीं दी जाती थी। उनके कानून लिपि बद्ध होते थे और वे उनके अनुसार चलने की पूरी कोशिश करते थे।

६. **मल्ल**—मल्लों का राज्य वज्जियों के पूरब में और कोसल देश के पश्चिम में था। वहाँ वज्जियों की ही तरह गणसत्तात्मक प्रणाली प्रचलित थी। परन्तु मल्लों में फूट पड़ गई और पावा के मल्ल तथा कुशिनारा के मल्ल नाम से उनके दो विभाग हो गए थे।

मगध देश से कोसल देश की ओर जाने का रास्ता मल्लों के राज्यों से होकर गुज़रता था, इसलिए बुद्ध भगवान् वहाँ से बार-बार आते जाते थे। बुद्ध भगवान् ने पावा में रहने वाले चुन्द लुहार के यहाँ अन्न ग्रहण किया और वे बीमार पड़ गए। वहाँ से कुसिनारा जाने पर उसी रात को वे परिनिर्वाण को प्राप्त कर गए। आज वहाँ पर एक छोटा-सा स्तूप एवं मन्दिर है, जिनके दर्शनों के लिए बौद्ध यात्री वहाँ जाते रहते हैं। पावा या पडवणा गाँव भी वहाँ से नज़दीक ही है। इससे ऐसा लगता है कि पावा के मल्ल और कुसिनारा के मल्ल पास-पास ही रहते थे। इन दोनों राज्यों में बुद्ध के बहुत-से शिष्य रहते थे। ये राज्य स्वतन्त्र तो थे, पर उनका प्रभाव वज्जियों के गणसत्तात्मक राज्य जैसा नहीं था। बल्कि यह भी हो सकता है कि वज्जियों के बलवान् राज्य के कारण ही उनकी सत्ता कायम रही हो।

७. **चेती**—इस राष्ट्र की जानकारी 'चेतिय' और 'वेस्सन्तर' नामक दो जातकों में मिलती है। इसकी राजधानी सोत्थिवती (स्वस्तिवती) थी, ऐसा 'चेतिय जातक' (नं० ४२२) में कहा गया है और वहाँ के राजाओं की तालिका दे दी गई है। अंतिम राजा उपचर या अपचर ने झूठ बोला और वह अपने पुरोहित के शाप से नरक चला गया। उसके पाँच लड़के पुरोहित की शरण में गए तो पुरोहित ने उन्हें वह राज्य छोड़कर चले जाने को कहा और उसकी आज्ञा मानकर उन्होंने बाहर जाकर अलग-अलग पाँच नगर बसाये, ऐसा वर्णन भी इस जातक में मिलता है।

वेस्सन्तर की पत्नी मद्दी (माद्री) मद्द (मद्र) राष्ट्र की राज-कन्या थी। 'वेस्सन्तर जातक' की कथा से मालूम होता है कि इसी राष्ट्र को चेतिय राष्ट्र भी कहते थे। स्वयं वेस्सन्तर का देश शिवि, इस चेतिय राष्ट्र के पास ही था। वहाँ के शिवि राजा द्वारा अपनी आँखें ब्राह्मण को दिये जाने की कहानी जातक में प्रसिद्ध है।[१] वेस्सन्तर जातक के अनुसार वेस्सन्तर राजकुमार ने भी अपना मंगल हाथी, अपनी स्त्री तथा दोनों बच्चे ब्राह्मण को दान में दे दिये थे। इसकी कथा 'वेस्सन्तर जातक' में आ गई है। इससे केवल इतना ही सिद्ध होता है कि शिवियों और चेतियों (चैद्यों) के राष्ट्रों में ब्राह्मणों का महत्व बहुत था और इसलिए यह राज्य कहीं पश्चिम की ओर रहे होंगे। बुद्ध के समय में शिवियों और चेतियों के नाम वर्तमान थे; मगर ऐसा प्रतीत नहीं होता कि बुद्ध भगवान् उनके राज्यों में गए हों या जैसे मगधों के राज्य में अंग का समावेश हो गया था वैसे ही किसी दूसरे राज्य में इन राज्यों का समावेश हो गया हो। जो हो, इतना तो अवश्य कहा जा सकता है कि बुद्ध भगवान् की जीवनी के साथ इन राज्यों का किसी भी प्रकार

---

१. देखिये, 'सिविजातक', नं० ४९९।

का सम्बन्ध नहीं था।

८. वंस (वत्स)—वंस की राजधानी कोसम्बी (कौशाम्बी) थी। बुद्ध के समय में यहाँ की गणसत्तात्मक शासन-प्रणाली नष्ट हो गयी थी और ऐसा लगता है कि वहाँ उदयन नाम का बड़ा विलासी राजा एकच्छत्र शासक बन गया था। 'धम्मपद अट्ठकथा' में इस राजा की एक कहानी आई है वह इस प्रकार है—

उदयन और उज्जैन के राजा चंडप्रद्योत में घोर शत्रुता थी। लड़ाई में उदयन को हराना असम्भव होने के कारण प्रद्योत ने कोई युक्ति सोचकर उदयन को पकड़ने का षड्यन्त्र रचा। उदयन राजा हाथियों को पकड़ने का मन्त्र जानता था और जंगल में हाथी आते ही शिकारियों को लेकर वह उनके पीछे लग जाता था। चंडप्रद्योत ने एक नकली हाथी बनवाया और उसे वत्सों की सीमा पर छोड़ आने को कह दिया। अपने राज्य की सीमा पर एक नये हाथी के आने की खबर पाते ही उदयन राजा उसके पीछे लग गया। उस नकली हाथी के अन्दर छिपे हुए लोगों ने उस हाथी को दौड़ाया और वे उसे चंडप्रद्योत की सीमा के भीतर ले गए। उदयन राजा उसके पीछे दौड़ता जा रहा था कि छिपकर बैठे हुए चंडप्रद्योत के सिपाहियों ने उसे पकड़ लिया और वे उसे उज्जैन ले गए।

जब उसे चंडप्रद्योत के सामने लाया गया तो चंडप्रद्योत ने उससे कहा—''यदि तुम मुझे हाथी पकड़ने का मंत्र सिखाओगे तो मैं तुम्हें छोड़ दूँगा; वरना यहीं मार डालूंगा।'' मगर उदयन उसके लालच में नहीं फँसा और न ही धमकी से डरा। वह बोला, ''मुझे प्रणाम करके यदि तुम शिष्य के नाते मन्त्राध्ययन करोगे तो मैं तुम्हें मन्त्र सिखाऊँगा। वरना तुम्हें जो-कुछ करना हो, करो।''

प्रद्योत बड़ा अभिमानी था, अत: उसे यह बात पसंद न आई। परन्तु उदयन को मारकर मन्त्र का नाश करना भी तो उचित नहीं था। अत: उसने उदयन से पूछा, ''क्या तुम किसी और व्यक्ति को यह मन्त्र पढ़ाओगे? मेरी मर्जी के किसी आदमी को यदि तुम यह मन्त्र सिखा दोगे तो मैं तुम्हें मुक्त कर दूँगा।''

उदयन बोला—''जो स्त्री या जो पुरुष मुझे प्रणाम करके शिष्य के नाते मन्त्राध्ययन करेगा उसे मैं वह विद्या सिखाऊँगा।''

चंडप्रद्योत की कन्या वासुलदत्ता (वासवदत्ता) बड़ी चतुर थी। मन्त्र को ग्रहण करने के लिये वह अवश्य समर्थ थी; मगर उसे उदयन के सम्पर्क में आने का अवसर देना प्रद्योत को उचित नहीं लगा। अत: उसने उदयन से कहा कि मेरे घर एक कुबड़ी दासी है, वह पर्दे के पीछे बैठकर तुम्हें प्रणाम करेगी और तुम्हारा शिष्यत्व स्वीकार करके तुमसे मन्त्र सीखेगी। यदि उसे मन्त्रसिद्धि मिल जायेगी तो मैं तुम्हें बंधन-मुक्त करके तुम्हारे राज्य में पहुँचा दूँगा।

उदयन ने यह बात स्वीकार कर ली। इधर प्रद्योत ने वासवदत्ता से कहा कि ''एक कोढ़ी (श्वेत कुष्ठ वाला) आदमी हाथी का मन्त्र जानता है। उसका मुँह देखे बिना उसे प्रणाम करके तुम उस मन्त्र को सीख लो!''

इसके बाद वासवदत्ता ने उदयन को पर्दे की ओट से प्रणाम करके मन्त्र सीखना प्रारम्भ किया। मन्त्र सीखते समय कुछ अक्षरों का उच्चारण उसके मुँह से ठीक तरह से न हो सका; तो नाराज होकर उदयन बोला, 'ऐ कुबड़ी, तेरे होंठ बहुत मोटे मालूम होते हैं।'' यह सुनकर

वासवदत्ता को बड़ा गुस्सा आया और वह बोली, "अरे ओ कोढ़ी, क्या तू राज-कन्या को कुबड़ी कहता है?"

उदयन की समझ में नहीं आया कि आखिर मामला क्या है। अतः उसने बीच का पर्दा हटा दिया। तुरन्त दोनों को प्रद्योत की चालबाज़ी का पता चल गया और दोनों एक-दूसरे के प्रति आसक्त हो गए। उन्होंने अवन्ती से भाग जाने का षड्यन्त्र रचा। वासवदत्ता ने अपने पिता से यह कहकर भद्रवती नाम की एक हथिनी मँगवा ली कि शुभ मुहूर्त पर मन्त्रसिद्धि के लिए एक औषधि लानी है। फिर जब प्रद्योत उद्यान-क्रीड़ा के लिए चला गया तो वासवदत्ता और उदयन भद्रवती हथिनी पर सवार होकर भाग निकले। उदयन तो हाथी चलाने में प्रवीण था ही। मगर उनके पीछे से भेजे गए सिपाहियों ने उन्हें रास्ते में ही आ घेरा। पर इसका उपाय वासवदत्ता ने पहले ही सोच रखा था। वह अपने पिता के खजाने से स्वर्ण-मुद्राओं से भरी बहुत-सी थैलियाँ साथ ले आई थी। उनमें से एक थैली निकालकर उसने वे मुद्राएँ रास्ते में बिखेर दीं। जब उन मुद्राओं को बीनने में सिपाही व्यस्त हो गए तो उदयन ने हथिनी को आगे बढ़ाया। कुछ देर बाद सिपाहियों ने हथिनी को पुनः घेर लिया तब एक और थैली राह में बिखेर दी गई। इस प्रकार मार्ग में मुद्राएँ बिखेरते हुए वे दोनों कौशाम्बी पहुँच गए।

उदयन के बारे में एक और कथा भी प्रसिद्ध है। एक बार वह क्रीड़ा के लिए अपने उद्यान में गया। वहाँ वह सो गया। वहाँ से नजदीक ही एक वृक्ष के नीचे पिंडोल भारद्वाज भिक्षु बैठा था। राजा को सोये हुए देखकर उसकी रानियाँ पिंडोल भारद्वाज के पास गईं और उसका उपदेश सुनती रहीं। इतने में राजा उदयन जाग उठा और गुस्से में उसने पिंडोल भारद्वाज के शरीर पर लाल चींटियाँ छोड़ने की चेष्टा की। इस प्रकार का उल्लेख 'संयुत्तनिकाय' की अट्ठकथा में पाया जाता है। पर आगे चलकर पिंडोल भारद्वाज का उपदेश सुनकर उदयन बुद्धोपासक बन गया।

'अंगुत्तरनिकाय' की 'अट्ठकथा और धम्मपदअट्ठकथा' में एक उल्लेख आता है कि कौशाम्बी में घोषित, कुक्कुट और पावारिक नामक तीन श्रेष्ठियों ने बुद्ध के भिक्षु-संघ के रहने के लिए क्रमशः घोषिताराम, कुक्कुटाराम और पावारिकाराम नाम के तीन विहार बनाये थे।[१] उदयन की एक प्रमुख रानी सामावती उसकी दासी खुज्जुत्तरा (कुब्जा उत्तरा) भगवान् बुद्ध की दो प्रधान उपासिकाएँ थीं। इन कथाओं से ऐसा जान पड़ता है कि यद्यपि उदयन राजा विशेष श्रद्धालु नहीं था, फिर भी कौशाम्बी के लोगों में बहुत-से बुद्ध-भक्त थे और वे इस बात के लिए उत्सुक रहते थे कि भिक्षुओं का जीवन-निर्वाह अच्छी तरह हो सके।

९. कुरु—कुरु देश की राजधानी इन्द्रप्रस्थ नगर में थी। बुद्ध के समय में वहाँ पर कौरव्य नाम का राजा राज करता था, इतनी ही जानकारी मिलती है। मगर यह पता नहीं चलता कि वहाँ का शासन-प्रबन्ध कैसे चलता था। इस देश में बुद्ध के भिक्षु-संघ के लिए एक भी विहार नहीं था। बुद्ध भगवान् उपदेश करते-करते जब इस देश में जाते तब किसी पेड़ के नीचे या ऐसे ही किसी अन्य स्थान पर निवास करते थे। फिर भी ऐसा प्रतीत होता है कि इस देश में बुद्धोपदेश के चाहने वाले बहुत-से लोग थे। उनमें से राष्ट्रपाल नामक एक धनी युवक

---

१. देखिये, 'बौद्ध संघाचा परिचय', पृष्ठ २३७-२४५।

के भिक्षु होने की कथा 'मज्झिमनिकाय' में विस्तार के साथ दी गई है। कुरु देश के कम्मासदम्म (कल्माषदम्य) नामक नगर के पास बुद्ध भगवान् द्वारा 'सतिपट्ठान' जैसे कुछ उत्तम सुत्तों का उपदेश दिये जाने का उल्लेख 'सुत्तपिटक' में मिलता है। इससे ऐसा प्रतीत होता है कि वहाँ की साधारण जनता तो बुद्ध का सम्मान करती थी; मगर अधिकारियों में उनका कोई भक्त नहीं था और वहाँ वैदिक धर्म का बोल-बाला था।

१०. और ११. पंचाल (पांचाल) और मच्छ (मत्स्स)—उत्तर पांचालों की राजधानी कम्पिल्ल (काम्पिल्य) थी, ऐसा उल्लेख 'जातक अट्ठकथा' में अनेक जगह पाया जाता है; मगर मत्स्य देश की राजधानी का कोई पता नहीं चलता। इससे ऐसा लगता है कि बुद्ध के समय में इन दोनों देशों का विशेष महत्व नहीं रहा था। इस देश में भगवान् बुद्ध ने यात्रा नहीं की थी, इसलिए वहाँ के लोगों और शहरों के विषय में बौद्ध-ग्रन्थों में विशेष जानकारी नहीं मिलती।

१२. सूरसेन (शूरसेन)—सूरसेन की राजधानी मधुरा (मथुरा) थी। वहाँ अवन्तिपुत्र नामक राजा राज करता था। वर्णाश्रम धर्म के विषय में अवन्तिपुत्र और महाकात्यायन में जो बातचीत हुई थी, उसका वर्णन 'मज्झिमनिकाय' के मधुरसुत्त में आता है। इस देश में भगवान् बुद्ध शायद ही जाते थे। 'अंगुत्तरनिकाय' के पंचक निपात के निम्नलिखित सुत्त से ऐसा लगता है कि उन्हें मधुरा विशेष प्रिय नहीं थी :

पंचिमे भिक्खवे आदीनवा मधुरायं। कतमे पंच? विसमा, बहुरजा, चण्डसुनरवा, वालयक्खा, दुल्लभपिण्डा। इमे खो भिक्खवे पंच आदीनवा मधुरायं ति।

अर्थात हे भिक्षुओं, मथुरा में ये पाँच दोष हैं। कौन-से पाँच? वहाँ के रास्ते ऊबड़-खाबड़ हैं, वहाँ धूल बहुत है, कुत्ते बदमाश हैं, यक्ष क्रूर हैं, और वहाँ भिक्षा मिलना बहुत कठिन है। भिक्षुओ, मथुरा में ये पाँच दोष हैं।

१३. अस्सक (अश्मक)—'सुत्तनिपात' के पारायणवग्ग के प्रारम्भ में जो वत्थुगाथाएँ हैं उनसे ऐसा लगता है कि अस्सकों का राज्य कहीं गोदावरी नदी के आस-पास था। श्रावस्ती में रहने वाले बावरी नामक ब्राह्मण ने अपने सोलह शिष्यों के साथ इस राज्य में निवास किया था।

सो अस्स कस्स विसये अलकस्स समासने।
वसी गोदावरी कूले उञ्छेन च फलेन च॥

अर्थात वह (बावरी) अश्वक के राज्य में और अलक के राज्य के पास गोदावरी के किनारे भिक्षा एवं फलों पर निर्वाह करते हुए बस गया।

अट्ठकथाकार का कहना है कि अस्सक और अलक दोनों आन्ध्र (अन्धक) राजा थे और उनके राज्यों के बीच में बावरी ने अपने सोलह शिष्यों समेत एक उपनिवेश बनाया जो धीरे-धीरे बढ़ता गया। हम कह सकते हैं कि वैदिक-धर्मप्रचारकों का दक्षिण में यह पहला उपनिवेश था। बुद्ध या उनके समकालीन भिक्षु यहाँ तक नहीं पहुँचे थे, इसलिए बौद्ध-वाङ्मय में इन राज्यों की विशेष जानकारी नहीं मिलती। फिंर भी बुद्ध की कीर्ति वहाँ तक जा पहुँची थी। उसे सुनकर बावरी ने अपने सोलहों शिष्यों को बुद्ध-दर्शन के लिए भेज दिया था। वे यात्रा करते हुए मध्य देश पहुँचे और अन्त में राजगृह में भगवान् बुद्ध से भेंट करके उनके

शिष्य बन गए। ये सब बातें उल्लिखित 'पारायणवग्ग' में ही आई हैं, मगर उसके बाद उन्होंने वापस जाकर गोदावरी के प्रदेश में उपदेश दिया हो तो उसका उल्लेख कहीं नहीं मिलता।

१४. अवन्ती—अवन्ती की राजधानी उज्जैन और वहाँ के राजा चंडप्रद्योत के बारे में काफी जानकारी मिलती है। जब चंडप्रद्योत बीमार हो गया तो उसके निमन्त्रण से मगध देश का प्रसिद्ध वैद्य जीवक कौमार्यभृत्य उसे स्वास्थ्य प्रदान करने के लिए उज्जैन गया। प्रद्योत के अत्यन्त क्रूर स्वभाव के कारण उसके नाम के साथ 'चंड' विशेषण लगाया जाता था और यह बात जीवक को अच्छी तरह मालूम थी। राजा को दवा देने से पहले उसने जंगल में जाकर दवाएँ लाने के बहाने भद्दवती नाम की एक हथिनी राजा से माँगकर ले ली और राजा को दवा देकर तुरन्त उस हथिनी पर बैठकर वहाँ से भाग गया। इधर दवा लेते ही प्रद्योत को भयानक कै होने लगी। इससे उसे बहुत क्रोध आया और उसने जीवक को पकड़ लाने की आज्ञा दे दी। मगर जीवक वहाँ से निकल चुका था। उसका पीछा करने के लिए राजा ने अपने काक नामक दास को भेजा। काक ने कौशम्बी तक दौड़-धूप करके जीवक को पकड़ लिया। तब जीवक ने उसे एक औषधियुक्त आँवला खाने को दिया, जिससे काक की बड़ी दुर्गति हुई और फिर जीवक भद्दवती पर बैठकर सकुशल राजगृह पहुँच गया। इधर प्रद्योत बिल्कुल स्वस्थ हो गया। काक दास भी चंगा होकर उज्जैन पहुँच गया। बीमारी दूर हो जाने तक पहले की तरह स्वास्थ्य-प्राप्ति से प्रद्योत जीवक से बहुत खुश हुआ और उसे देने के लिए प्रद्योत ने सिवेय्येक नामक वस्त्रों का जोड़ा राजगृह को भेज दिया।[१]

इस कहानी में और 'धमपदअट्ठकथा' की कहानी में बहुत साम्य है। मगर यह नहीं कहा जा सकता कि एक से दूसरी रची गई है या दोनों की रचना अलग-अलग समय में हुई। इन दोनों कहानियों से इतना अवश्य मालूम होता है कि प्रद्योत एक अत्यन्त क्रोधी सर्वसत्ताधारी राजा था।

बुद्ध भगवान् प्रद्योत के राज्य में कभी नहीं गये थे। उनके प्रमुख शिष्यों में से एक अर्थात महाकात्यायन प्रद्योत के पुरोहित का लड़का था। पिता की मृत्यु के बाद उसे पुरोहित का पद मिल गया। मगर उससे संतोष न मानकर वह मध्य देश में जाकर बुद्ध का भिक्षुशिष्य हो गया। महाकात्यायन के स्वदेश लौटने पर प्रद्योत तथा अन्य लोगों ने उसका अच्छा आदर-सत्कार किया।[२] मथुरा के राजा अवन्ति पुत्र के साथ जाति-भेद के विषय में महाकात्यायन का जो संवाद हुआ वह 'मज्झिमनिकाय' के 'मधुर' या 'मधुरिय सुत्त' में वर्णित है। यद्यपि मथुरा और उज्जैन में महाकात्यायन प्रसिद्ध था फिर भी ऐसा नहीं प्रतीत होता कि बुद्ध भगवान् के जीवन में वहाँ बौद्ध मत का अधिक प्रसार हुआ हो। बुद्ध के भिक्षु शिष्य बहुत थोड़े थे, अतः इस प्रदेश में बुद्ध भगवान् ने ऐसी आज्ञा दे रखी थी कि पाँच भिक्षु भी दूसरे भिक्षु को उपसंपदा देकर संघ में प्रवेश कर सकते हैं। इस कार्य के लिए मध्य देश में कम-से-कम बीस भिक्षुओं की आवश्यकता रहती थी।[३]

---

१. देखिये, 'महावग्ग', भाग ८वाँ।

२. विशेष जानकारी के लिए देखिये, 'बौद्ध संघाचा परिचय', पृष्ठ १६५-१६८।

३. 'महावग्ग', भाग ८वाँ; 'बौद्ध संघाचा परिचय', पृष्ठ ३०-३१।

१५. गंधार (गांधार)—इसकी राजधानी (तक्षशिला) थी। यहाँ पुक्कुसाति नाम का राजा राज्य करता था। उसने ढलती उम्र में अपना राज्य छोड़ दिया और राजगृह तक पैदल यात्रा करके भिक्षु-संघ में प्रविष्ट हो गया। उसके बाद पात्र एवं चीवर ढूँढ़ने के लिए घूमते समय उसे एक उन्मत्त गाय ने मार डाला। उसके गाय द्वारा मारे जाने की कथा 'मज्झिमनिकाय' के धातुविभंगसुत्त में आई है, वह तक्षशिला का राजा था। बिम्बिसार राजा के साथ उसकी मित्रता कैसे हुई, इन बातों का विस्तृत वर्णन इस सुत्त की अट्ठकथा में मिलता है। उसका सारांश इस प्रकार है—

तक्षशिला के कुछ व्यापारी राजगृह चले गये। बिम्बिसार राजा ने सदा की भाँति उनका आदर-सत्कार करके उनके राजा की प्रवृत्ति पूछी। जब उसे बताया गया कि तक्षशिला का राजा अत्यन्त सज्जन है और उम्र में उसके समान ही है तो उसके प्रति बिम्बिसार के मन में प्रेमादार उत्पन्न हुआ और उसने उन व्यापारियों का कर माफ करके पुक्कुसाति राजा के पास मित्रता का संदेश भेजा। इससे पुक्कुसाति राजा बिम्बिसार पर बहुत प्रसन्न हुआ। मगध देश के आने वाले व्यापारियों का कर उसने माफ कर दिया और अपने नौकरों के हाथ उन व्यापारियों के साथ बिम्बिसार राजा के लिए आठ पचरंगी कीमती दुशाले भेजे। बिम्बिसार राजा ने इस भेंट के बदले में बढ़िया पिटारे (करंड) में रखकर एक स्वर्णपट भेज दिया। उस स्वर्णपट पर बुद्ध-धर्म और संघ के गुण उत्कृष्ट ज़री में लिखे हुए थे। वह लेख पढ़कर पुक्कुसाति पर बुद्ध की धुन सवार हुई और अन्त में वह राज-पाट छोड़कर राजगृह तक पैदल चला गया।

राजगृह में एक कुम्हार के यहाँ बुद्ध से उसकी भेंट हुई, बुद्ध ने उसे क्या उपदेश दिया और अन्त में गाय द्वारा वह कैसे मारा गया आदि बातें उल्लिखित 'धातुविभंगसुत्त' में ही आई हैं।

गांधारों और उनकी राजधानी तक्षशिला का उल्लेख 'जातक अट्ठकथा' में अनेक स्थानों पर आया है। तक्षशिला कला-कौशल की तरह विद्वत्ता के क्षेत्र में भी उन्नत था। दूर-दूर के प्रदेशों से ब्राह्मणकुमार वेदाभ्यास के लिए, क्षत्रियकुमार धनुर्विद्या एवं राज्य-शासन सीखने के लिए और तरुण वैश्य शिल्प-कला या अन्य व्यवसाय सीखने के लिए तक्षशिला आते थे। राजगृह के ख्यातनामा वैद्य जीवक कौमारभृत्य ने आयुर्वेद का अध्ययन नहीं किया था। हिन्दुस्तान में सबसे प्राचीन एवं प्रसिद्ध विश्वविद्यालय तक्षशिला में ही था।

१६. कंबोज (काम्बोज)—प्रोफ़ेसर ह्रिस डेविड्स का मत है कि कंबोजों का राज्य उत्तर-पश्चिम में था और उनकी राजधानी द्वारिका थी।[१] परन्तु 'मज्झिमनिकाय' के अस्सलायनसुत्त में **'योनकंबोजेसु'** कहकर यवनों के साथ इस देश का उल्लेख किया गया है। उससे ऐसा लगता है कि यह देश गान्धारों के भी उस पार था। इसी सुत्त में कहा गया है कि यवन-काम्बोज देश में आर्य और दास दो ही जातियाँ हैं और कभी-कभी आर्य से दास तथा दास से आर्य बन जाता है। कुछ जातक-कथाओं से यह स्पष्ट हो जाता है कि गान्धारों के देश में वर्णाश्रम धर्म दृढ़मूल हो गया था। स्वयं तक्षशिला में बहुत-से गुरु ब्राह्मण जाति के ही होते थे, पर काम्बोज में चातुर्वर्ण्य का प्रवेश नहीं हुआ था। अत: यह कहना पड़ता है कि

---

१. Buddhist India, p. 28.

कंबोज देश गान्धारों के उस पार था।

'कुणाल जातक' की अट्ठकथा से पता चलता है कि इस देश के लोग जंगली घोड़ों को पकड़ने में निपुण थे। जंगली घोड़े जहाँ पर पानी पीने के लिए आते, उस पानी पर लगी काई में और आस-पास की घास में ये घोड़े पकड़ने वाले लोग शहद लगा देते थे। उस घास को खाते-खाते उन लोगों द्वारा बनाए गए एक बड़े अहाते के अन्दर घोड़े चले जाते। घोड़ों के अन्दर आते ही घोड़े पकड़ने वाले उस घेरे का दरवाजा बन्द कर देते और धीरे-धीरे उन घोड़ों को पकड़ लेते थे। (आजकल भी इसी-से मिलते-जुलते ढंग पर मैसूर में हाथियों को पकड़ा जाता है)। ये लोग जंगली घोड़ों को पकड़कर काम्बोज के व्यापारियों के हाथ बेच डालते थे और फिर ये व्यापारी मध्य देश के बनारस आदि नगरों में जाकर इन घोड़ों को बेच देते थे।[१]

काम्बोज देश के बहुत-से आदमी ऐसा मानते थे कि कीड़ों-मकोड़ों और पतंगों आदि को मार डालने से ही आत्म-शुद्धि होती है :

कीटा पतंगा उरगा च भेका
हन्त्वा किमिं सुज्झति मक्खिका च।
ऐते हि धम्मा अनरीयरूपा
कम्बोजकानं वितथा बहुन्नं[२]

अर्थात कीड़े, पतंगे, साँप, मेढक, कृमि और मक्खियाँ मारने से मनुष्य शुद्ध होता है—इस प्रकार का अनार्य एवं अतथ्य धर्म कम्बोज के बहुजन मानते हैं।

इससे ऐसा लगता है कि आजकल सीमा-प्रदेश में रहने वाले लोगों की भाँति ही काम्बोज के लोग भी पिछड़े हुए थे।

'मनोरथपूरणी अट्ठकथा' में महाकप्पिन की कहानी आई है। यह महाकप्पिन सीमा प्रदेश की कुक्कुटवती नाम की राजधानी में राज करता था और बाद में बुद्ध की महिमा सुनकर मध्यप्रदेश में आया था। चन्द्रभागा नदी के किनारे भगवान् बुद्ध से उसकी भेंट हुई। वहाँ पर भगवान् ने कप्पिन को उसके अमात्यों समेत भिक्षु-संघ में ले लिया····आदि।[३]

महाकप्पिन राजा था और वह कुक्कुटवती में राज करता था। इसका आधार 'संयुत्तनिकाय' की अट्ठकथा में मिलता है। मगर इसका पता नहीं चलता कि यह कुक्कुटवती राजधानी काम्बोज में थी या उसके पास के किसी पहाड़ी राज्य में। इतना तो सही है कि बुद्ध के जीवन में ही उनकी कीर्ति और प्रवाह सीमा पर रहने वाले जंगली लोगों में फैल गया था। इसके लिए आजकल का उदाहरण दिया जा सकता है। पंजाब के साम्प्रदायिक लोगों में गांधीजी का जितना प्रभाव है उससे कई गुना अधिक प्रभाव सीमा-प्रदेश के पठानों में दिखाई देता है। ऐसी ही कुछ बात बुद्ध के समय में हुई हो तो उसमें आश्चर्य की क्या बात है?

---

१. उदाहरण के लिए 'तण्डुलनालिजातक' देखिए।

२. 'भूरिपत्तजातक', श्लोक ९०३।

३. 'बौद्धसंघाचा परिचय', पृष्ठ २०३।

'ललितविस्तर' में सोलह राज्यों का उल्लेख

हम पहले कह चुके हैं कि इन सोलह राज्यों का उल्लेख 'ललित-विस्तर' में पाया जाता है। प्रसंग यह है कि जब बोधिसत्व तुषितदेवभवन में थे, तो उन्होंने इस बात का विचार किया कि किस राज्य में जन्म लेकर लोकोद्धार किया जाय? इस अवसर पर उन्हें देवपुत्रों ने विभिन्न राजकुलों के गुण बताए और दूसरे कुछ देवपुत्रों ने उन्हीं कुलों के दोष।

१. **मगधराज कुल**—किन्हीं देवपुत्रों ने कहा; "मगध देश में यह वैदेहीकुल बहुत सम्पन्न है और बोधिसत्व के जन्म लेने के लिए वह स्थान उचित है।" इस पर दूसरे देवपुत्र बोले; "यह कुल उचित नहीं है, क्योंकि वह मातृशुद्ध एवं पितृशुद्ध नहीं है, चंचल है, विपुल पुण्य से अभिषिक्त नहीं हुआ है। उसकी राजधानी उद्यानों एवं तालाबों से सुशोभित नहीं, बल्कि जंगली लोगों को शोभा देने लायक है।"

२. **कोसलराजकुल**—देवपुत्र बोले; "यह कोसलकुल सेना, वाहन एवं धन से सम्पन्न होने के कारण बोधिसत्व के लिए प्रतिरूप है।" इस पर अन्य देवपुत्रों ने कहा; "वह कुल मातंग च्युति से उत्पन्न हुआ है, वह मातृपितृशुद्ध नहीं है और हीन धर्म पर श्रद्धा रखने वाला है। अत: वह योग्य नहीं है।"

३. **वंशराजकुल**—अन्य देवपुत्रों ने कहा; "यह वंशराजकुल समृद्ध और सुक्षेम है। उसके देश में सम्पन्नता होने से बोधिसत्व के लिए वह योग्य है।" इस पर दूसरे देवपुत्र बोले; "वह प्राकृत एवं चंड है। उस कुल के बहुत-से राजाओं का जन्म परपुरुषों से हुआ है। फिर उस कुल का वर्तमान राजा उच्छेदवादी (नास्तिक) है, अत: वह बोधिसत्व के योग्य नहीं है।"

४. **वैशाली के राजा**—कुछ देवपुत्रों ने कहा; "यह वैशाली महानगरी समृद्ध सुक्षेम, सुभिक्ष, रमणीय, मनुष्यों से भरी हुई, मकानों और महलों से अलंकृत पुष्पवाटिकाओं एवं उद्यानों से प्रफुल्लित है। वह मानो देवों की राजधानी का अनुकरण करती है। इसलिए वह बोधिसत्व के जन्म लेने के उपयुक्त प्रतीत होती है।" इस पर दूसरे बोले; "वहाँ के राजा एक-दूसरे के साथ न्याययुक्त बर्ताव नहीं करते। वे धर्माचरण करने वाले नहीं हैं। उत्तम, मध्यम, वृद्ध, ज्येष्ठ आदि के प्रति वे आदर नहीं करते। हर कोई अपने को ही राजा समझता है। कोई किसी का शिष्य नहीं बनना चाहता। कोई किसी की परवाह नहीं करता। अत: वह नगरी बोधिसत्व के अयोग्य है।"

५. **अवंतिराजकुल**—एक देवपुत्र बोले; "यह प्रद्योत का कुल अत्यन्त बलाढ्य महावाहन-सम्पन्न और शत्रु-सेना पर विजय प्राप्त करने वाला है। अत: वह बोधिसत्व के लिए योग्य है।" इस पर दूसरे बोले; उस कुल के राजा चंड, क्रूर, कठोरभाषी एवं साहसी हैं, वे कर्मों में विश्वास नहीं रखते। अत: वह कुल बोधिसत्व के लिए शोभा देने वाला नहीं है।"

६. **मथुराराजकुल**—एक अन्य देवपुत्र बोले; "यह मथुरा नगरी समृद्ध, सुभिक्ष और मनुष्यों से भरी हुई है। कंस-कुल के शूरसेनों के राजा सुबाहु की यह राजधानी है। यह बोधिसत्व के लिए योग्य है।" इस पर दूसरे बोले; "यह राजा मिथ्यादृष्टि कुल में उत्पन्न

दस्यु राजा है। अतः यह नगरी भी बोधिसत्व के लिए उपयुक्त नहीं है।''

७. कुरुराजकुल—एक देवपुत्र बोले, ''इस हस्तिनापुर में पांडव-कुल का शूर एवं सुस्वरूप राजा राज कर रहा है। वह कुल दूसरे की सेना को हराने वाला है, अतः बोधिसत्व के लिए वही योग्य है।'' इस पर दूसरे बोले, ''पांडव-कुल के राजाओं ने अपने-अपने वंश को व्याकुल कर दिया है। युधिष्ठिर को धर्म का, भीमसेन को वायु का, अर्जुन को इन्द्र का और नकुल-सहदेव को अश्विनों का पुत्र कहा जाता है। अतः यह कुल भी बोधिसत्व के लिए योग्य नहीं है।''

८. मैथिलराजकुल—एक और देवपुत्र बोले, ''मैथिल राजा सुमित्र की राजधानी यह मिथिला नगरी अत्यन्त रमणीय है। हाथियों, घोड़ों और पदाति सेना से वह राजा सम्पन्न है। उसके पास सोना, मोती और जवाहरात हैं। सामन्त राजाओं की सेनाएँ उसके पराक्रम से काँप उठती हैं। वह सहृदय एवं धर्मवत्सल है। इसलिए यह कुल बोधिसत्व के लिए योग्य है।'' इस पर दूसरे बोले, ''यह राजा ऐसा है तो सही, मगर उसके बहुत-से बाल बच्चे हैं और अति वृद्ध होने के कारण पुत्रोत्पादन करने में असमर्थ है। अतः वह कुल भी बोधिसत्व के लिए अयोग्य है।''

''इस प्रकार उन देवपुत्रों ने जम्बूद्वीप के सोलह राज्यों में (षोडश जानपदेषु), जो छोटे-बड़े राजकुल थे, उन सबकी परीक्षा कर डाली, पर उन्हें वे सब दोषपूर्ण दिखाई दिये।''[१]

केवल आठ ही कुलों की जानकारी

सोलह जनपदों से यहाँ केवल आठ ही कुलों का वर्णन है। इनमें से सुमित्रा का कुल शायद उसके पीछे नष्ट होकर वज्जियों के राज्य में विदेहों का समावेश हुआ था। बाकी के सात राज्यों में पांडवों की परम्परा में कौन-सा राजा राज करता था, यह नहीं बताया गया है और उसकी जानकारी अन्य बौद्ध ग्रन्थों में भी नहीं मिलती।'' 'रठ्ठपाल सुत्त' में यह उल्लेख आया है कि कुरु देश में कौरव नाम का राजा राज्य करता था। इस बात का कहीं भी प्रमाण नहीं मिलता कि वह कौरव-पांडव-कुल में से था। अन्य छः राजकुलों की जो जानकारी यहाँ दी गई है लगभग वैसी ही कम या अधिक मात्रा में त्रिपिटक-ग्रन्थों में पाई जाती है।

शाक्य कुल

बौद्ध ग्रन्थों में शाक्य कुल का परिचय विस्तार के साथ दिया गया है। फिर इसका क्या कारण है कि उल्लिखित सोलह जनपदों में शाक्यों का नाम-निर्देश बिल्कुल नहीं आया? इसका उत्तर यह है कि इस सूची के तैयार होने से पहले ही शाक्यों की स्वतन्त्रता नष्ट होकर उस देश का समावेश कोसलों के राज्य में हो गया था। इसीलिए इस सूची में उनका उल्लेख नहीं पाया जाता।

---

१. मूल उद्धरण का यह संक्षिप्त रूपान्तर है।

जब बोधिसत्व गृह-त्याग करके राजगृह को गये थे, तो राजा बिम्बिसार ने उनसे मिलकर पूछा था कि "तुम कौन हो?" तब बुद्ध ने कहा था—

उजुं जानपदो राजा हिमवन्तस्स पस्सतो।
धनविरियेन सम्पन्नो कोसलेसु निकेतिनो॥
आदिच्चा नाम गोत्तेन, साकिया नाम जातिया।
तम्हा कुल पब्बजितोम्हि राज न कामे अभिपत्थयं॥[१]

अर्थात् 'हे राजा, यहाँ से सीधे हिमालय की तलहटी में कोसल देशों में से एक जनपद (प्रान्त) है। उसका गोत्र आदित्य है और जाति शाक्य। हे राजा, उस कुल से, कामोपभोगों की इच्छा छोड़कर, मैं परिव्राजक बन गया हूँ।"

इस गाथा में '**कोसलेसु निकेतनो**' शब्द महत्त्वपूर्ण है। "कोसल देश में जिनका घर है" का मतलब है "जो कोसल देश में गिने जाते हैं।" इससे सहज ही में यह ज्ञात होता है कि शाक्यों की स्वतन्त्रता कभी की नष्ट हो चुकी थी।

शाक्य लोग कोसल राजा को कर देते थे और आन्तरिक प्रबन्ध स्वयं देखते थे। महानाम की दासी कन्या से पसेनदि का विवाह हो जाने की कथा ऊपर आ ही चुकी है। उसके विषय में प्रो० ह्रिस डेविड्स शंका उठाते हैं। उनका कहना शायद यह है कि यदि कोसल राजा का आधिपत्य शाक्यों को स्वीकार था, तो फिर उसे शाक्यों ने अपनी लड़की देने में आपत्ति क्यों की?[२] परन्तु हिन्दुस्तान में जाति-भेद कितना तीव्र था यह शायद उन्हें मालूम नहीं था। उदयपुर के राजा प्रतापसिंह को अकबर का आधिपत्य स्वीकार था, फिर भी वह अपनी लड़की अकबर को देने के लिए तैयार नहीं था। 'ललितविस्तर' में कहा गया है कि कोसलकुल '**मातंगच्युत्युत्पन्न**' था। उससे ऐसा लगता है कि यह कुल मातंगों (चांडालों) की जाति से ऊपर उठा था। ऐसे घराने के साथ शरीर-(विवाह)-सम्बन्ध रखने से जब शाक्यों ने असहमति प्रकट की हो, तो उसमें आश्चर्य की कोई बात नहीं है।

गणराज्यों की व्यवस्था

हम ऊपर कह आए हैं कि ये राज्य एक समय में गणसत्तात्मक या महाजनसत्तात्मक थे। वज्जी, मल्ल या शाक्य आदि के सम्बन्ध में जो जानकारी त्रिपिटक-ग्रन्थों में मिलती है, उससे ऐसा प्रतीत होता है कि इन राज्यों में गाँवों के नेताओं को राजा कहा जाता था। ये सब राजा इकट्ठे होकर अपने में से किसी एक को अध्यक्ष के रूप में चुन लेते थे। उसकी अवधि आजीवन होती थी या कुछ निश्चित समय तक ही वह अध्यक्ष रहता था, इसके बारे में कुछ भी जानकारी नहीं मिलती। ऐसा भी नहीं मालूम होता कि वज्जियों के कोई महाराजा भी रहा हो। वज्जियों के सेनापति का उल्लेख तो अवश्य आता है, मगर महाराज का नहीं। शायद उतने समय के लिए अध्यक्ष का चुनाव करके वे अपना काम चला लेते होंगे। इन गणराज्यों ने

---

१. '**सुत्तनिपात**', **पब्बज्जासुत्त।**

२. **Buddhist India, P. 11-12.**

न्याय-दान और शासन-प्रणाली के सम्बन्ध में कुछ कानून तथा नियम निश्चित किये गये थे और उनके अनुसार ही ये गणराजा अपने राज्य चलाते थे।

गणराज्यों के नाश के कारण

सोलह जनपदों के गणराजाओं का नाश होकर लगभग सभी राज्यों में महाराज सत्ता प्रस्थापित हुई थी। मल्लों के दो छोटे और वज्जियों का एक बलाढ्य, इस प्रकार जो तीन गणसत्तात्मक स्वतन्त्र राज्य बच रहे थे वे भी एकसत्तात्मक शासन-प्रणाली के पंजे में फँसते जा रहे थे। इसके कारण क्या थे? मेरे मत से गणराजाओं की विलासिता और राजनीति में ब्राह्मणों का प्रभाव ही इस क्रान्ति का प्रमुख कारण रहा होगा।

गणराजाओं का चुनाव नहीं होता था। बाप के पीछे उसका बेटा राजा होता था। वंश-परम्परा से यह अधिकार मिल जाने से उसका विलासी एवं अनुत्तरदायी हो जाना बिल्कुल स्वाभाविक था। ऊपर 'ललितविस्तर' से वज्जियों का जो वर्णन दिया गया है, उससे ऐसा दीखता है कि यद्यपि ये गणराजा प्रबल थे, तथापि उनके मन में एक-दूसरे के प्रति आदर-भाव नहीं था और प्रत्येक गणराजा अपने को ही राजा समझता था। इसलिए बुद्ध के परिनिर्वाण के बाद वज्जियों के गणराजाओं में फूट डालकर अजातशत्रु अनायास ही उस राज्य पर कब्जा कर सका।

इन गणराजाओं को साधारण जनता का समर्थन प्राप्त होना सम्भव नहीं था। अगर कोई राजा अपनी मर्जी से लोगों पर जुल्म ढाने लगता तो उसे रोकने की सामर्थ्य लोगों में या दूसरे राजाओं में नहीं होती थी। इसकी अपेक्षा साधारण जनता की दृष्टि से सब राजा नष्ट होकर एकमात्र सर्वाधिकारी राजा रहना अधिक सुविधाजनक था। यह महाराजा अपने अधिकारियों के साथ जुल्म-जबर्दस्ती से पेश आता, यदि उसकी राजधानी के आस-पास कोई सुन्दरी युवती मिल जाती तो वह उसे अपने अंत:पुर में लाकर रख लेता—इस प्रकार थोड़ी-बहुत अनाचार की बातें भी यदि उससे हो जातीं तो भी उसका जुल्म गणराजाओं की तरह बहुत अधिक नहीं होता था। गणराजा गाँव-गाँव में रहते थे, अत: उनके जुल्म से शायद ही कोई बच सकता था। करों और बेगार के रूप में ये राजा सभी को सताते होंगे। एक सत्ताधारी महाराजा के लिए इस प्रकार किसानों को सताने की कोई आवश्यकता नहीं थी। वह अपनी सुख-सुविधा के लिए नियमित करों के रूप में आवश्यक पैसा सरलता से प्राप्त कर सकता था। अत: तुलनात्मक दृष्टि से जनसाधारण को एकसत्तात्मक शासन-प्रणाली अधिक अच्छी लगी हो तो इसमें कोई आश्चर्य नहीं।

एकसत्तात्मक राज्य में पुरोहित का काम वंश-परम्परा से या ब्राह्मण-समुदाय की सम्मति से ब्राह्मण को ही मिलता था। प्रधान मन्त्री आदि के कार्य भी ब्राह्मणों को ही मिलते थे। इससे ब्राह्मण लोग एकसत्तात्मक शासन-प्रणाली के प्रबल समर्थक बन गए। यह बात विचारने योग्य है कि ब्राह्मण-ग्रन्थों में गणसत्तात्मक राजाओं का नाम-निर्देश.भी नहीं है। इससे ऐसा लगता है कि ब्राह्मणों को गणसत्तामक शासन-प्रणाली बिल्कुल पसन्द नहीं थी। 'अंबट्ठसुत्त' में यह उल्लेख पाया जाता है कि शाक्यों-जैसे गणराजा ब्राह्मणों का सम्मान नहीं करते, यह आरोप

अंबट्ठ ब्राह्मण ने उन पर लगाया था।[१] गणराज्यों में यज्ञ-यागों को बिल्कुल प्रोत्साहन नहीं मिलता था और एकसत्तात्मक राज्यों में तो महाराज यज्ञ-याग चलाने के लिए ब्राह्मणों को वंश-परम्परा से भूमि या अन्य इनाम देते थे। 'सुत्तपिटक' से मालूम होता है कि अकेले बिम्बिसार के राज्य में सोणदण्ड, कूटदन्त आदि ब्राह्मणों को और कोसल देश में पोक्खरसाति (पौष्करसादि), तारुक्ख (तारुक्ष) आदि ब्राह्मणों को बड़े-बड़े इनाम-इकराम मिले हुए थे। अत: **'परस्परं भावयन्तः श्रेयः परमवाप्स्यथ'** के न्याय से ब्राह्मण जाति और एक तन्त्रात्मक शासन-प्रणाली का प्रभाव एक-दूसरे की सहायता से बढ़ जाना स्वाभाविक हो गया।

अगले अध्याय से यह स्पष्ट प्रतिभासित होगा कि बुद्ध के समय में ब्राह्मणों की अपेक्षा श्रमणों (परिव्राजकों) का महत्व अधिकाधिक बढ़ रहा था। गणसत्तात्मक राज्यों के प्रति इन श्रमणों के मन में आदर होता था, क्योंकि ऐसे राज्यों में यज्ञ-यागों को कोई पूछता तक न था। परन्तु अध्यात्म-चिंतन में व्यस्त होने के कारण राजनीतिक विषयों पर विचार करके गणसत्तात्मक राज्यों के सुधार का मार्ग खोज निकालना उनके लिए सम्भव नहीं था। शायद वे सोचते थे कि जो कुछ चल रहा है, वह अपरिहार्य है।

गणराजाओं के प्रति बुद्ध का आदर स्पष्ट दिखाई देता है। वज्जियों को उन्होंने उन्नति के जो सात नियम बताए थे, उनका उल्लेख ऊपर आया ही है। परन्तु पुरानी शासन-प्रणाली में से नई सुव्यवस्थित शासन-प्रणाली कैसे तैयार की जा सकती है, इस सम्बन्ध में भी उन्होंने अपने विचार प्रकट किये हों—ऐसा प्रतीत नहीं होता। गणराजाओं में से कोई राजा यदि अत्याचार करे तो क्या उसे दूसरे राजा मिलकर रोक देंगे या फिर इन सभी गणराजाओं को लोग समय-समय पर निर्वाचित करके उन पर अपना दबाव बनाये रखेंगे? आदि बातों के बारे में बौद्ध साहित्य में कुछ भी विवेचन नहीं मिलता।

बुद्ध के अनुयायियों ने तो गणसत्तात्मक राज्यों की कल्पना को बिल्कुल छोड़ ही दिया। 'दीघनिकाय' में आदर्श शासन-प्रणाली बताने वाले 'चक्कवत्तिसुत्त' और 'महासुदस्सनसुत्त' नाम के दो सुत्त हैं। उनमें चक्रवर्ती राजा का महत्व अतिशयोक्तिपूर्वक बताया गया है। ब्राह्मणों के सम्राट् और इस चक्रवर्ती में इतना ही अन्तर है कि पहला साधारण जनता की चिन्ता न करके बहुत-से यज्ञ-याग करके केवल ब्राह्मणों की चिन्ता करता है और दूसरा सारी जनता के साथ से बर्ताव करके उसे सुखी बनाने में दक्ष रहता है। राज्य में शान्ति-स्थापना होते ही वह लोगों को उपदेश देता है कि :

''पाणी न हन्तब्बो, अदिन्नं नादातब्बं, कामेसु मिच्छा न चरितब्बा, मुसा न भासितब्बा, मज्जं न पातब्बं।''

अर्थात् ''प्राणियों की हत्या नहीं करनी चाहिए, चोरी नहीं करनी चाहिए, व्यभिचार नहीं करना चाहिए, झूठ नहीं बोलना चाहिए, शराब नहीं पीनी चाहिए।''

---

१. **चण्डा भो गोतम सक्य जाति....... इब्भा सन्ता इब्भा समाना व ब्राह्मणे रुंगकरोन्ति, न ब्राह्मणे मानेन्ति, इत्यादि। ('दीघनिकाय', अम्बट्ठसुत)।**

यानी बौद्ध गृहस्थों के जो पाँच शील-नियम हैं उनका पालन करने का उपदेश ये चक्रवर्ती राजा देते थे। सारांशत: क्या ब्राह्मणों की दृष्टि से, क्या वृद्ध के अनुयायियों की दृष्टि से एकसत्तात्मक शासन-प्रणाली अच्छी साबित हुई। उनमें मूलभूत सिद्धान्त का कोई भी अन्तर नहीं रहा, केवल विस्तार यानी बाहरी बातों का ही अन्तर रहा।

परन्तु स्वयं गौतम बोधिसत्व पर गणसत्तात्मक शासन-प्रणाली का स्पष्ट प्रभाव था। संघ की रचना बुद्ध ने गणतन्त्रात्मक राज्यों की शासन-प्रणाली के आधार पर ही की होगी। इसलिए इन गणसत्तात्मक राज्यों के विषय में जो कुछ थोड़ी-सी जानकारी मिलती है, उसका महत्व विशेष है।

❑❑❑

३

समकालीन धार्मिक परिस्थिति

भ्रामक विचार

आजकल के बहुत-से विद्वानों की यह धारणा मालूम होती है कि पहले ब्राह्मणों का सारा भार वेदों पर था, फिर उन्होंने यज्ञ-यागों को बहुत महत्व दिया, उसमें से उपनिषदों का दर्शन निकला और तब बुद्ध ने उस दर्शन में सुधार करके अपने संप्रदाय की प्रस्थापना की। यह विचार प्रणाली अत्यन्त भ्रामक है। इसका त्याग किये बिना बुद्ध-चरित्र का यथातथ्य बोध नहीं हो सकेगा। इसलिए इस अध्याय में बुद्ध के समय में धार्मिक स्थिति किस प्रकार की थी, इसका वर्णन संक्षेप में करना उचित प्रतीत होता है।

यज्ञ-संस्कृति का प्रवाह

पहले अध्याय में बताया गया है कि आर्यो एवं दासों के संघर्ष से सप्तसिंधु के प्रदेश में यज्ञ-याग की संस्कृति का उद्‌भव हुआ और परीक्षित एवं उसके पुत्र जनमेजय के शासन-काल में इस वैदिक संस्कृति ने कुरु देश में अपना अड्डा हमेशा के लिए जमा लिया। मगर उस संस्कृति का प्रवाह कुरुओं के उस पार पूरब की दिशा में वेग से नहीं बढ़ा। उस प्रवाह की गति कुरु देश में ही कुण्ठित हो गई। इसका मुख्य कारण यह था कि पूर्वी देश में ऋषियों-मुनियों की अहिंसा और तपश्चर्या को महत्व देने वाले लोग बहुत थे।

तपस्वी ऋषि-मुनि

'जातकअट्ठकथा' में तपस्वी ऋषियों-मुनियों की अनेक कथाएँ आई हैं। उनसे ऐसा प्रतीत होता है कि ये लोग जंगल में जाकर तपश्चर्या करते थे। उनकी तपस्या का मुख्य विषय था किसी भी प्राणी को दुःख न देना और जितना संभव हो उतना देह-दण्डन कर लेना। ये लोग अकेले या संघ बनाकर रहते थे। एक-एक संघ में पाँच-पाँच सौ तपस्वी परिव्राजकों के होने का उल्लेख अनेक जातककथओं में मिलता है। जंगलों में मिलने वाले कन्द-मूल-फल आदि पदार्थों पर वे अपना निर्वाह करते थे और विशेष अवसरों पर नमकीन तथा खट्टे पदार्थ खाने के लिए आबादियों में आते थे।[१] उनके प्रति लोगों के मन में बड़ा आदर रहता था और वे उनको जरूरी चीजें दे देते थे। लोगों पर उन ऋषियों का प्रभाव बहुत था, पर वे लोगों को धर्मोपदेश नहीं देते थे। उनके उदाहरण से ही लोग अहिंसा को मानते थे।

ऋषियों-मुनियों का भोलापन

ये तपस्वी व्यवहार या छल-प्रपंच से अनभिज्ञ होने के कारण कभी-कभी गृहस्थी में फँस जाते थे। स्त्रियों द्वारा ऋष्यशृंग के फँसाये जाने और पराशर द्वारा सत्यवती के साथ रति

---

१. लोण आम्बिल-सेवनत्थं।

क्रीड़ा की जाने का वर्णन तो पुराणों में है ही। इनके अतिरिक्त इन ऋषि-मुनियों के गलत रास्ते पर चले जाने की अनेक कथाएँ 'जातक अट्ठकथा' में भी मिलती हैं। हम उनमें से एक यहाँ देते हैं—

प्राचीन समय में जब वाराणसी नगरी में ब्रह्मदत्त राजा राज करता था, तब काशी राज्य में औदिच्य ब्राह्मण-कुल में बोधिसत्व ने जन्म लिया था। बड़ा होने पर उन्होंने प्रव्रज्या ग्रहण की और अपने पाँच सौ शिष्यों समेत वे हिमालय की तलहटी में रहने लगे। जब बरसात की ऋतु निकट आई तो शिष्यों ने उनसे कहा ''आचार्य हम लोग जन-स्थानों में जाकर नमकीन और खट्टे पदार्थों का सेवन कर लें।'' आचार्य बोले,''हे आयुष्मानो, मैं यहीं रहता हूँ। तुम लोग जाकर शरीर के लिए अनुकूल पदार्थ खा आओ!''

ये तपस्वी वाराणसी पहुँचे। उनकी कीर्ति सुनकर राजा ने उनसे अपने उद्यान में चातुर्मास बिताने की प्रार्थना की और उनके खाने-पीने का प्रबन्ध अपने ही महल में करवाया। एक दिन शंहर में सुरा-पान महोत्सव हो रहा था। परिव्राजकों को जंगल में मदिरा कहाँ से मिलती? अत: राजा ने उन तपस्वियों को अच्छी मदिरा दिलाई। उस मदिरा का पान करके तपस्वी नाचने लगे, गाने लगे; और कुछ तो बेढंगेपन से लोट-पोट भी हो गए। जब वे होश में आये तो उन्हें बहुत पश्चाताप हुआ। उसी दिन राजा का उद्यान छोड़कर वे हिमालय की ओर चल पंड़े और क्रमश: अपने आश्रम में जाकर आचार्य को प्रणाग करके एक ओर बैठ गये। आचार्य ने उनसे पूछा, ''तुम लोगों को जन्म-स्थान में भिक्षा के कष्ट तो नहीं हुए? और तुम लोग समग्र भाव से तो रहे?'' उन्होंने उत्तर दिया, ''आचार्य! हम बड़े सुख से रहे, पर जिस वस्तु का पान नहीं करना चाहिए उसका भी पान हमने किया :

अपायिम्ह अनाच्चिम्ह अगायिम्ह रुदिम्ह च।
विसञ्जकरणिं पित्वा दिट्ठा नाहुम्ह वानरा॥

अर्थात हमने मद्य-पान किया, हम नाचे, हमने गाया और हम रोये। उन्मत बनाने वाली (मदिरा) पीकर हम वानर नहीं बने इतनी ही कमी रह गई।[१]

ऋषियों-मुनियों में जातिभेद नहीं था

तपस्वी ऋषियों-मुनियों के बीच जाति-भेद का कोई स्थान नहीं था। किसी भी जाति का व्यक्ति तपस्वी बन जाता तो सारे समाज में उसका सम्मान होता था। उदाहरण के लिए हम जातक में आई हुई मातंग-ऋषि की कहानी[२] यहाँ संक्षेप में दिये देते हैं—

मातंग का जन्म वाराणसी नगर के बाहर एक चांडाल-कुल में हुआ था। जब वह बड़ा हुआ तो एक दिन रास्ते में उसने वाराणसी के श्रेष्ठि की दृष्ट मंगलिका नामक तरुणी कन्या को आते देखा। तब मातंग एक ओर खड़ा हो गया। दृष्ट मंगलिका ने अपने साथ के नौकरों से पूछा कि यह आदमी कौन है जो एक किनारे खड़ा है? जब उसके नौकर ने बताया कि वह चांडाल है, तो उसे अपशकुन समझकर वह वहीं से लौट गई।

---

१. 'सुरापानजातक' नं० ८७।

२. 'मातंगजातक', नं० ४१७।

दृष्ट मंगलिका महीने-दो-महीने में एक बार उद्यान में जाकर अपने साथ के और वहाँ आने वाले अन्य लोगों में पैसा बाँटती थी। उसके लौट जाने से वे लोग बड़े निराश हुए और उन्होंने मातंग को बुरी तरह पीटा और बेहोश करके रास्ते में गिरा दिया। थोड़ी देर बाद मातंग होश में आया और वहाँ से जाकर वह दृष्ट मंगलिका के पिता के दरवाजे की सीढ़ियों पर लेट गया। जब उससे पूछा गया कि "तुम अपने को यह यन्त्रणा क्यों दे रहे हो?" तो उसने कहा "दृष्ट मंगलिका को लिये बिना मैं यहाँ से नहीं हटूँगा।" वह सात दिन तक उसी तरह पड़ा रहा। आखिर श्रेष्ठि ने निरुपाय होकर अपनी लड़की उसे सौंप दी। उसे लेकर मातंग चांडाल ग्राम चला गया।

यद्यपि दृष्ट मंगलिका मातंग के साथ पत्नी के नाते व्यवहार करने को तैयार थी, तथापि मातंग ने उसके साथ पति-जैसा व्यवहार न करके अरण्य में जाकर घोर तपस्या शुरू कर दी। सात दिन के बाद मातंग लौट आया और दृष्ट मंगलिका से बोला, "तुम ऐसा घोषित कर दो कि मेरा पति मातंग नहीं बल्कि महाब्रह्मा है और वह पूर्णिमा के दिन चन्द्र-मण्डल से नीचे उतरने वाला है।" उसके अनुसार दृष्ट मंगलिका ने यह बात सबको बता दी। पूर्णिमा के दिन रात को बड़ा जन-समुदाय चांडाल ग्राम में दृष्ट मंगलिका के घर के सामने इकट्ठा हो गया। तब मातंग ऋषि चन्द्र मण्डल से नीचे उतरा और उसने अपनी झोंपड़ी में प्रवेश करके अँगूठे से दृष्ट मंगलिका की नाभि का स्पर्श किया।

वहाँ इकट्ठे हुए ब्रह्मा-भक्तों ने यह अद्भुत चमत्कार देखा और वे दृष्ट मंगलिका को उठाकर वाराणसी नगरी में ले गए। उन्होंने नगरी के बीच में एक बड़ा मण्डप खड़ा करके दृष्ट मंगलिका की पूजा शुरू की। लोग उसकी मिन्नतें मानने लगे। नौ महीने के बाद उसी मण्डप में दृष्ट मंगलिका के यहाँ एक लड़का पैदा हुआ। मण्डप में जन्म होने से उसका नाम माण्डव्य रखा गया। लोगों ने उस मण्डप के पास ही एक बड़ा प्रासाद बनाया और मंगलिका और उसके पुत्र को उस प्रासाद में रखा । उनकी पूजा तो चल ही रही थी।

माण्डव्य कुमार को बचपन से पढ़ाने के लिए स्वेच्छा से बड़े-बड़े वैदिक पंडित आये। वह तीनों वेदों में पारंगत हुआ और ब्राह्मणों की बड़ी सहायता करने लगा। एक दिन मातंग ऋषि उसके दरवाजे पर जाकर भिक्षा माँगने लगा तो माण्डव्य ने उससे पूछा, "चीथड़े पहनकर पिशाच की तरह यहाँ खड़े रहने वाले तुम कौन हो?"

मातंग बोला, "तुम्हारे यहाँ अन्न-पान बहुत है। मैं इसलिए यहाँ खड़ा हूँ कि मुझे भी उसमें कुछ जूठन मिल जायेगी।"

मांडव्य ने कहा, "पर यह अन्न तो ब्राह्मणों के लिए है। तुम-जैसे नीचों को देने के लिए नहीं।"

इस प्रकार बड़ी देर तक दोनों में विवाद होता रहा। अन्त में मांडव्य ने अपने तीन द्वारपालों द्वारा मातंग को धक्के मारकर निकलवा दिया। पर इससे मांडव्य की घिग्घी बँध गई, आँखें उलट गईं और वह निश्चेष्ट होकर गिर पड़ा। उसके साथ के ब्राह्मणों की भी कुछ अंशों में ऐसी ही हालत हो गई। उनके मुँह ऐंठ गए और वे औंधा मुँह करके जमीन पर लोटने

लगे। यह दृश्य देखकर दृष्ट मंगालिका डर गई। जब उसे मालूम हुआ कि एक दरिद्र तपस्वी के प्रभाव से उसके पुत्र एवं अन्य ब्राह्मणों की यह दुर्गति हुई है तो वह उस तपस्वी को खोजने के लिए निकली। इधर मातंग ऋषि एक जगह बैठकर भिक्षा में मिला हुआ माँड़ खा रहा था। दृष्ट मंगलिका ने उसे पहचाना और अपने बेटे को क्षमा करने के लिए उससे प्रार्थना की। मातंग ऋषि ने उसे जूठे माँड़ का कुछ अंश दे दिया और कहा, ''यह माँड़ अपने बेटे और दूसरे ब्राह्मणें के मुँह में डाल दे तो वे ठीक हो जायेंगे।'' जब दृष्ट मंगलिका ने वैसा किया तो सब ठीक हो गए। परन्तु जब सारी वाराणसी में यह बात फैल गई कि ब्राह्मण चांडाल की जूठन से ठीक हुआ तो लोगों से लज्जित होकर वे ब्राह्मण मेज्झ (मध्य राष्ट्र) में चले गए। पर मांडव्य वहीं रह गया।

आगे चलकर मातंग ऋषि घूमता हुआ मेज्झ राष्ट्र में पहुंचा। मांडव्य के साथ वाले ब्राह्मणों को जब उसका पता चला तो उन्होंने मेज्झ राजा को यह समझा दिया कि नवागत भिखारी मायावी है और वह समूचे राष्ट्र का नाश कर डालेगा। यह सुनते ही राजा ने अपने सिपाहियों को मातंग की खोज में भेजा। उन्होंने उसे एक दीवार के पास बैठकर भिक्षान्न खाते हुए देख लिया और वहीं मार डाला। इससे देवता क्षुब्ध हो गए और उन्होंने उस राष्ट्र को उजाड़ दिया।

मातंग की हत्या से मेज्झ राष्ट्र के उजाड़ दिये जाने का उल्लेख अनेक जातकों में मिलता है। यह नहीं कहा जा सकता कि इस दन्तकथा में कहाँ तक सच्चाई है। फिर भी मातंग ऋषि चांडाल था और उसकी पूजा ब्राह्मण तथा क्षत्रिय भी करते थे यह बात 'वसलसुत्त' की निम्नलिखित गाथाओं से स्पष्ट होती है :

तदमिना पि जानाथ यथा मेदं निदस्सनं।
चण्डालपुत्तो सोपाको मातंगो इति विस्सुतो॥ १॥
सो यसं परमं पत्तो मातंगो यं सुदुल्लभं।
आगच्छुं तस्सुपट्ठानं खत्तिया ब्राह्मण बहू॥ २॥
देवयानं अभिरुय्ह विरजं सो महापथं।
कामरागं विराजेत्वा ब्रह्मलोकूपगो अहु।
न नं जाति निवारेसि ब्रह्मलोकूपपत्तिया॥ ३॥

अर्थात—

(१) इसके लिए मैं एक उदाहरण देता हूँ। कुत्ते का मांस खाने वाले चाण्डाल का एक पुत्र मातंग के नाम से प्रसिद्ध था।

(२) उस मातंग को अत्यन्त श्रेष्ठ एवं दुर्लभ यश प्राप्त हुआ। उसकी सेवा में बहुत-से क्षत्रिय एवं ब्राह्मण उपस्थित रहते थे।

(३) विषय-वासना को क्षय करने वाले महान् मार्ग से देवयान (समाधि) पर चढ़कर वह ब्रह्मलोक में गया। ब्रह्मलोक में उत्पन्न होने के लिए उसका जन्म बाधक नहीं बना।

शंबूक की कथा काल्पनिक है

शंबूक नाम का एक शूद्र अरण्य में तपश्चर्या कर रहा था। उससे एक ब्राह्मण का लड़का मर गया। जब श्री रामचन्द्र को यह बात मालूम हुई तो उन्होंने वन में शंबूक का सिर काट डाला और ब्राह्मण के लड़के को फिर से जीवित किया। यह कथा 'रामायण' में बड़े विस्तार से कही गई है। कुछ सौम्य रूप देकर भवभूति ने इस प्रसंग को 'उत्तर-रामचरित' में भी ले लिया है। परन्तु ऐसी घटना बुद्ध से पहले या बौद्ध धर्म के हिन्दुस्तान में रहते हुए कभी घटी हो, इसका प्रमाण कहीं भी नहीं मिलता। इस कहानी के रचयिता का हेतु केवल यही दिखाना होगा कि राजा को ऐसा बर्ताव करना चाहिए।

श्रमण

जंगलों में रहने वाले इन ऋषियों-मुनियों को तापस या परिव्राजक कहते थे। वे कैसे तपश्चर्या करते थे इसकी विशेष जानकारी नहीं मिलती। इन्हीं तपस्वी लोगों के संघों में जन-स्थानों में घूमकर लोगों को उपदेश देने वाले अलग-अलग श्रमण-संघ निकले। श्रमण शब्द 'श्रम' धातु से बना है। इसका अर्थ है—परिश्रम करने वाला। जिस प्रकार आज शारीरिक श्रम करने वाले मजदूरों का महत्व बढ़ता जा रहा है उसी प्रकार बुद्ध के समय में श्रमणों का महत्व बढ़ रहा था। परन्तु मजदूरों और श्रमणों में यह अन्तर है कि मजदूर समाज के लिए आवश्यक वस्तुओं के उत्पादन के निमित्त परिश्रम करते हैं और श्रमण समाज में आध्यात्मिक जागृति उत्पन्न करने के लिए कष्ट उठाते थे। कदाचित् इन्हें श्रमण इसीलिए कहा गया होगा कि ये लोग तपस्या से अपने शरीर को श्रम अर्थात् कष्ट देते थे। लेकिन जंगलों में रहने वाले ऋषि-मुनि भी तपस्या से अपने शरीरों को कष्ट ही देते थे, फिर भी उन्हें श्रमण नहीं कहा जाता। अत: यह अधिक सम्भव मालूम होता है कि वे लोगों के हित के लिए स्वयं श्रम करते थे, इसीलिए उन्हें श्रमण कहा गया हो।

तिरसठ श्रमण-पंथ

बुद्ध के समय में इस प्रकार के छोटे-बड़े तिरसठ श्रमण-पंथ विद्यमान थे। **'यानि च तीणि यानि च सट्ठि'**—इस वाक्य में जो तीन और साठ मत बताए गए हैं उनमें बौद्ध मत का भी समावेश होता है या नहीं, कहा नहीं जा सकता। यदि वह होता है तो फिर पालि-साहित्य में अनेक स्थानों पर पाये जाने वाले बासठ मतों (**द्वासट्ठि दिट्ठि-गतानि**) के उल्लेख का अर्थ ठीक-ठीक समझ में आ सकता है अर्थात् उससे ऐसा सिद्ध होता है कि बुद्ध के श्रमण-पंथ के अतिरिक्त उस समय और भी बासठ श्रमण-पंथ विद्यमान थे। इन बासठ श्रमण-पंथों के मत ब्यौरेवार बताने का प्रयत्न 'दीघनिकाय' के पहले 'ब्रह्मजालसुत्त' में किया गया है। पर वह कृत्रिम मालूम होता है। जब यह सुत्त लिखा गया था तब बासठ की संख्या के अतिरिक्त विशेष विस्तृत जानकारी विद्यमान नहीं रही थी। अत: सुत्त रचने वाले ने बासठ की संख्या को पूरा करने के लिए नया ब्यौरा गढ़कर इस सुत्त में डाल दिया। इन पुराने बासठ श्रमण-पंथों की जानकारी शायद इसीलिए नष्ट हो गई थी कि उनमें प्रसिद्ध श्रमण-पंथ बहुत ही थोड़े थे और छोटे-छोटे सम्प्रदाय बड़े सम्प्रदायों में समाविष्ट हो गये थे। आजकल के बाबा, बैरागी आदि पंथों की गणना की जाय तो उनकी संख्या कितनी बड़ी होगी। मगर उनमें नाम लेने योग्य कबीर, दादू उदासी आदि तो इने-गिने ही मिलेंगे।

तपश्चर्या के प्रकार

बुद्ध के समय में सबसे बड़े श्रमण-संघ केवल छ: ही थे और उनमें भी निर्ग्रन्थ श्रमणों के संप्रदाय का नाम सबसे प्रथम आता है। इस पंथ के ऐतिहासिक संस्थापक पार्श्व मुनि थे। इनका परिनिर्वाण बुद्ध के जन्म से पूर्व १९३वें वर्ष में हुआ था, ऐसा अनुमान लगाया जा सकता है। उससे पहले कम-से-कम चालीस-पचास बरस से पार्श्व तीर्थंकर अपने धर्म का उपदेश देते रहे थे। उनके और अन्य श्रमण-संघनायकों के मतों का विचार आगे किया जायेगा। यहाँ पर केवल उन लोगों की तपश्चर्या के प्रकारों का उल्लेख करना ही उचित होगा। क्योंकि उससे तापसों की तपस्या की भी थोड़ी-सी जानकारी मिल जायेगी। श्रमणों की तपश्चर्या के प्रकार अनेक सुत्तों में मिलते हैं। पर उनमें से 'मज्झिम-निकाय' के महासीहनादसुत्त में आया हुआ तपश्चर्या का वर्णन विशेष महत्वपूर्ण है। यहाँ हम उसका सारांश दे रहे हैं।

बुद्ध भगवान् सारिपुत्त से कहते हैं—"हे सारिपुत्त, मुझे स्मरण आता है कि मैंने चार प्रकार का तप किया था। मैं तपस्वी हुआ, रूक्ष हुआ, जुगुप्सी हुआ और प्रविवित्त हुआ।"

तपस्विता

"हे सारिपुत्त, मैं बताता हूँ कि मेरी तपस्विता कैसी थी—

(नि) मैं नंगा रहता था। लौकिक आचारों का पालन नहीं करता था। हथेली पर भिक्षा लेकर खाता था। अगर कोई कहता कि, 'भदन्त इधर आइये!' तो मैं नहीं सुनता था। यदि कोई कहता कि, 'भदन्त खड़े रहिये,' तो उसे भी मैं नहीं सुनता था। बैठे हुए स्थान पर लाकर दिये हुए अन्न को, अपने लिए तैयार किए गए अन्न को, और निमंत्रण को मैं स्वीकार नहीं करता था। जिस बर्तन में अन्न पकाया गया हो उसी बर्तन में अगर वह अन्न लाकर मुझे दिया जाता तो मैं उसे नहीं लेता था। ओखली में से अगर कोई खाने का पदार्थ लाकर दिया जाता तो मैं उसे ग्रहण नहीं करता था। देहरी या डंडे के उस पार रहकर दी गई भिक्षा को मैं नहीं लेता था। दो व्यक्ति भोजन कर रहे हों और उनमें से एक उठकर भिक्षा दे तो उसे मैं ग्रहण नहीं करता था। गर्भिणी बच्चे को स्तन-पान कराने वाली या पुरुष के साथ एकान्त सेवन वाली स्त्री से मैं भिक्षा नहीं लेता था। मेले या तीर्थ-यात्रा में तैयार किए गए अन्न की भिक्षा मैं नहीं लेता था। जहाँ कुत्ता खड़ा हो या मक्खियों की भीड़ और भिनभिनाहट हो वहाँ भिक्षा नहीं लेता था। मत्स्य, मांस, सुरा आदि वस्तुएँ नहीं लेता था।[१] एक ही घर से भिक्षा लेकर और एक ही ग्रास पर मैं रहता था। या दो घरों में भिक्षा लेकर दो ग्रासों पर रहता और इस प्रकार सात दिन तक बढ़ाते हुए सात घरों से भिक्षा लेकर सात ग्रास खाकर मैं रह जाता था। मैं एक कलछा-भर अन्न ही लेता था और इस प्रकार सात दिन तक बढ़ाते हुए सात कलछे अन्न लेकर उस पर निर्वाह करता था। एक दिन छोड़कर यानि हर तीसरे दिन भोजन करता था फिर दो दिन छोड़कर यानि हर चौथे दिन भोजन करता था। इस प्रकार

---

१. **जैन साधु मत्स्य और मांस लेते थे, पर उनके सुरा लेने का प्रमाण कहीं नहीं मिलता। मांसाहार की चर्चा ग्यारहवें अध्याय में की गई है।**

उपवासों की संख्या बढ़ाते हुए सप्ताह में एक बार या पखवाड़े में एक बार भोजन किया करता था।

(इ) शाक, श्यामक (साँवा), नीवार (पसही धान), चमार द्वारा फेंके गए चमड़े के टुकड़े, काई, भूसा, जला हुआ अन्न, खसी घास या गाय का गोबर खाकर मैं रहता था या अरण्य में पटसन के कपड़े पहनता था। प्रेतों पर डाले गए वस्त्र ओढ़ता था, अजिन मृगचर्म पहनता था। मैं सन या टाट का चीवर पहनता था। मैं मनुष्यों के बालों का कम्बल या घोड़ों के बालों का कम्बल, या उल्लुओं के पैरों से बना हुआ चीवर ओढ़ता था।

(नि) ''मै दाढ़ी-मूँछें और बाल उखाड़ डालता था। मै खड़ा रहकर तपस्या करता था, उकड़ूँ बैठकर तपस्या करता था।

(इ) ''मैं काँटों की शय्या पर सोता था। दिन में तीन बार नहाता था। इस प्रकार अनेक ढंगों से मैं देह-दंडन करता था। यह थी मेरी तपस्विता।''

रूक्षता

''ह सारिपुत्त, मैं बताता हूँ कि मेरी रूक्षता कैसी थी—

(नि) अनेक वर्षों की धूल से मेरे शरीर पर मैल की परतें जम गई थीं। जैसे कोई तिंदुक वृक्ष का तना अनेक वर्षों की धूल से भर जाता है मेरी देह वैसी ही हो गई थी। पर मुझे ऐसा नहीं लगता था कि ये धूल की परतें मैं स्वयं झटक लूँ या दूसरा कोई व्यक्ति मुझे हाथ से निकाल दे। ऐसी मेरी रूक्षता थी।''

जुगुप्सा

''अब मैं बताता हूँ कि मेरी जुगुप्सा कैसी थी—

(नि) मैं बड़ी सावधानी से आता-जाता था। पानी की बूँदों पर भी मेरी तीव्र दया रहती थी। ऐसी विषम अवस्था में फँसे हुए सूक्ष्म प्राणी का नाश मेरे हाथों से न हो जाय इसके लिए मैं बहुत सावधानी रखता था। ऐसी मेरी जुगुप्सा थी।'' (जुगुप्सा का अर्थ है हिंसा के प्रति अरुचि।)

प्रविविक्तता

''हे सारिपुत्त, अब मैं बताता हूँ कि मेरी प्रविविक्तता कैसी थी—

(इ) जब मैं किसी अरण्य में रहता था तब किसी चरवाहे, घसियारे, लकड़हारे या जंगल की देख-भाल करने वाले को देखकर घने जंगल से, निचले या सपाट प्रदेश से लगातार दौड़ता रहता था। मेरे दौड़ने का उद्देश्य यह होता था कि वे मुझे न देखें और मैं उन्हें न देखूँ। जैसे कोई अरण्य-मृग मनुष्यों को देखकर दौड़ता है वैसे मैं दौड़ता जाता था। ऐसी थी मेरी प्रविविक्तता।''

विकट भोजन

''जहाँ गायें बाँधी जाती थीं और जहाँ से गायें उसी समय चरने गई होती थीं वहाँ मैं हाथों और पैरों के बल चलता हुआ जाता और बछड़े का गोबर खाता था। जब तक मेरा मल-मूत्र रुक न जाता था, तब तक मैं उसी पर निर्वाह करता था। ऐसा था मेरा महा विकट भोजन।''

उपेक्षा

(नि) ''मैं किसी भयावने अरण्य में रहता था। जो कोई सांसारिक प्राणी उस अरण्य में प्रवेश करता, उसके रोंगटे खड़े हो जाते थे, वह इतना भयंकर होता था। जाड़ों में भयानक हिम-पात होने के समय मैं खुली जगह में रहता था और दिन में जंगल में घुस जाता था। गर्मी के मौसम के अन्तिम महीने में दिन के समय मैं खुली जगह पर रहता था और रात को जंगल में चला जाता था। मैं श्मशान में मनुष्यों की हड्डियाँ सिरहाने रखकर सोता था। यद्यपि गँवार लोग आकर मुझ पर थूकते, पेशाब करते, धूल फेंकते या मेरे कानों में तिनके डालते थे, फिर भी उनके प्रति मेरे मन में कभी पाप-बुद्धि उत्पन्न नहीं हुई।''

आहार व्रत

(इ) ''कई श्रमणों और ब्राह्मणों की धारणा है कि आहार से आत्म-शुद्धि होती है। वे केवल बेर खाकर रहते हैं, बेरों का चूर्ण खाते हैं, बेरों का काढ़ा पीते हैं, या बेर का ही कोई दूसरा पदार्थ बनाकर खाते हैं। मुझे याद है कि मैं एक ही बेर खाकर रहता था। हे सारिपुत्त, तुम ऐसा मत समझो कि उस काल में बेर बहुत बड़े होते थे। आज जैसे बेर हैं वैसे ही उस समय भी होते थे। अत: केवल एक ही बेर खाकर रहने से मेरा शरीर अत्यन्त कृश हो जाता था। आसीतकवल्ली या कालवल्ली की गाँठों की तरह मेरे शरीर के जोड़ स्पष्ट दिखाई देते थे। मेरा कटिबन्ध ऊँट के पाँव-जैसा दिखाई देता था। मेरा मेरुदण्ड (रीढ़) सूत की तकलियों की माल की तरह दिखाई देता था। टूटे हुए मकान की बल्लियाँ जिस प्रकार ऊपर-नीचे हो जाती हैं वैसे ही मेरी पसलियाँ भी हो गई थीं। मेरी आँखें गहरे कुएँ में पड़े हुए नक्षत्रों के प्रतिबिम्ब की तरह धँस गई थीं। जैसे कच्चा कड़वा कद्दू काटकर धूप में डाल देने से सूख जाता है वैसे ही मेरे सिर की चमड़ी सूख गई थी। मैं पेट पर हाथ फेरने लगता तो मेरी रीढ़ की हड्डी ही मेरे हाथ में आ जाती, जब रीढ़ पर हाथ फेरता तो हाथ को पेट की चमड़ी का स्पर्श हो जाता। इस प्रकार मेरी रीढ़ और पेट की चमड़ी दोनों एक हो गई थीं। मैं शौच या मूत्र त्याग के लिए बैठने का प्रयत्न करता तो वहीं गिर पड़ता था। शरीर पर हाथ फेरने लगता तो मेरे दुर्बल बाल झड़ जाते। उस उपोषण के कारण मेरी ऐसी स्थिति हो गई थी।

''कई श्रमण और ब्राह्मण मूँग खाकर रहते हैं, तिल खाकर रहते हैं या चावल खाकर रहते हैं। वे मानते हैं कि इन पदार्थों से आत्मशुद्धि होती है। हे सारिपुत्त, मैं एक ही तिल, एक ही चावल या एक ही मूँग खाकर रहता था। तुम ऐसा मत समझो कि उस समय इनके दाने बहुत बड़े होते थे। वे दाने आज-जैसे ही होते थे। उस उपोषण से मेरी स्थिति वैसी ही (अर्थात ऊपर बताए अनुसार) होती थी।''

बुद्धघोषाचार्य का कहना है कि भगवान् बुद्ध ने यह तपश्चर्या एक पूर्वजन्म में की थी। उस समय बेर आदि पदार्थ आज-जैसे ही होते थे, इस उल्लेख से बुद्धघोषाचार्य का कथन युक्तियुक्त प्रतीत होता है। कहने की आवश्यकता नहीं कि बुद्ध के समय में प्रचलित विचित्र तपश्चर्याओं की निरर्थकता दिखा देने के लिए सुत्त के रचयिता ने उपर्युक्त बातें भगवान के मुँह से कहलवा दी हैं।

टिप्पणी में दिये गये अन्तर के अतिरिक्त 'नि' विभाग में आई हुई तपश्चर्या निर्ग्रन्थ (जैन साधु) करते थे। आज भी बाल उखाड़ने, उपवास करने आदि की प्रथाएँ उनमें चल रही हैं।

'इ' विभाग में आई हुई तपश्चर्या अन्य पंथों के श्रमण और ब्राह्मण करते थे। उसकी प्राय: सभी विधियाँ बाबा, वैरागी आदि लोगों में अब तक चली आ रही हैं।

मल-मूत्र खाने की प्रथा

अपना मल-मूत्र खाने की प्रथा आज भी अघोरी-जैसे पन्थों में चलती दिखाई देती है। काशी में तेलंग स्वामी नामक एक प्रसिद्ध संन्यासी थे। वे नंगे रहते थे। काशी में उनके समान घूमने वाले दूसरे भी बहुत-से परमहंस थे। उस समय वहाँ गोडविन नामक बड़ा लोकप्रिय कलेक्टर था (जिसे काशी के लोग गोविन्द साहब कहते थे) हिन्दू लोगों के रीति-रिवाजों की जानकारी उसने सहानुभूतिपूर्वक प्राप्त कर ली और ये नंगे बाबा लँगोटी लगाकर घूमा करें इसके लिए निम्नलिखित युक्ति निकाली।

रास्ते में घूमने वाला नंगा बाबा जब भी पुलिस वालों को मिलता तो वे उसे साहब के पास ले जाते। तब साहब उससे पूछता, "क्या तुम परमहंस हो?" जब वह 'हाँ' कहता तो साहब उसे अपना अन्न खाने को कहता। भला नंगा बाबा साहब का अन्न कैसे खाता? तब गोविन्द साहब कहता, "शास्त्र में कहा गया है कि परमहंस तो किसी प्रकार का भेद-भाव नहीं मानता और तुम्हारे मन में तो भेद-भाव मौजूद है। अत: तुम्हें नंगा नहीं घूमना चाहिए।" इस प्रकार बहुत से नागा-बाबाओं को उसने लँगोटी पहनने को बाध्य किया।

एक बार ऐसा ही प्रसंग तेलंग स्वामी पर आ गया। जब यह बात फैल गई कि स्वामी जी को लेकर पुलिस वाले कलेक्टर साहब के बंगले पर गये हैं तो उनके शिष्य एवं चाहने वाले बड़े-बड़े पंडित तथा अन्य प्रभावशाली व्यक्ति साहब के बंगले पर गये। साहब ने सबको बिठा लिया और तेलंग स्वामी से पूछा, "क्या आप परमहंस हैं?" स्वामी ने जब 'हाँ' कहा तो साहब ने दूसरा प्रश्न पूछा, "क्या आप यहाँ का अन्न खायेंगे?" इस पर स्वामी जी ने पूछा, "क्या आप मेरा अन्न खायेंगे?" साहब ने जवाब दिया, "यद्यपि मैं परमहंस नहीं हूँ, फिर भी किसी का भी अन्न मैं खा लेता हूँ।"

स्वामी जी ने वहीं अपने हाथ पर मल त्याग किया और हाथ आगे बढ़ाकर वे गोविन्द साहब से बोले, "लीजिये, यह मेरा अन्न। आप इसे खाकर दिखाइये ।" साहब को बड़ी घृणा हुई और वह गुस्से से बोला, "क्या यह आदमी के खाने योग्य अन्न है?" तब स्वामी जी ने वह विष्ठा खा डाली और हाथ झाड़-पोंछकर साफ कर लिया। यह देखकर साहब ने स्वामी को छोड़ दिया और फिर कभी उनकी बात भी नहीं पूछी।

जब मैं १९०२ ईसवी में काशी में था तब वहाँ के पंडितों ने यह कहानी बड़े आदर से मुझे सुनाई थी और उससे पहले उसी आदर-बुद्धि के साथ 'काशी-यात्रा' नामक पुस्तक में यह प्रकाशित भी हुई थी।

आधुनिक तपस्या

ये ही तेलंग स्वामी ठीक जाड़े के दिनों में केवल सिर बाहर रखकर गंगा में बैठते थे और ठीक गर्मी के दिनों में, जहाँ चलने से पैरों में छाले पड़ जाते, ऐसे गंगा के रेतीले पाट में बैठा करते थे।

लोहे के काँटों की खाट बनवाकर उस पर सोने वाले वैरागी बहुतों ने देखे होंगे। सन् १९०२ में ऐसा एक वैरागी काशी में बिन्दु माधव के मन्दिर के पास रहता था। लकड़ी की

लँगोटी पहनकर घूमने वाला बाबा-वैरागी भी मैंने देखा है।

श्रमणों के मन में तपश्चर्या के प्रति आदर

तपश्चर्या के उपर्युक्त प्रकारों में से शाक, श्यामाक (साँवा) और जंगल में सहज मिलने वाले कन्द-मूल-फल खाकर रहने के प्रकार को अरण्य में रहने वाले ऋषि-मुनि अपनाते थे। वे वल्कल पहनते थे और बहुधा अग्निहोत्र भी करते थे। परन्तु इन नये श्रवण-सम्प्रदायों ने अग्निहोत्र छोड़ दिया और अरण्य में रहने वाले ऋषियों-मुनियों की बहुत-सी तपश्चर्याओं को लेकर उनमें चमड़े के टुकड़े आदि खाने की तपश्चर्याओं को जोड़ दिया।

हम ऊपर बता चुके हैं कि बुद्ध के समय में निर्ग्रन्थों (जैनों) का सम्प्रदाय बड़ा प्रबल था। उसके अतिरिक्त पूरण काश्यप, मक्खलि गोसाल, अजिन केस कम्बल, पकुध कात्यायन और संजय बेलट्ठपुत, इन पाँच श्रमण-नायकों के श्रमण-सम्प्रदाय बहुत प्रख्यात थे। इन लोगों के दर्शन का विचार संक्षेप में सातवें अध्याय में किया गया है। उससे यह दिखाई देगा कि तत्व के विषय में उनमें बहुत बड़ा मतभेद था, फिर भी दो बातों में उनका एक मत था—

(१)उन सबको यज्ञ-याग पसन्द नहीं थे। और

(२) तपश्चर्या के प्रति कम या अधिक मात्रा में उनके मन में आदर था।

श्रमणों का प्रचार-कार्य

हम ऊपर कह चुके हैं कि इन तथा अन्य श्रमणों का प्रभाव लोगों पर बहुत था। ये श्रमण पूरब में चम्पा (भागलपुर), पश्चिम में कुरुओं का देश, उत्तर में हिमालय और दक्षिण में विन्ध्य-इनके बीच वाले प्रदेश में बरसात के चार महीने छोड़कर शेष आठ महीने लगातार घूमते रहते थे और लोगों को अपने-अपने मतों का उपदेश दिया करते थे। इससे लोगों में यज्ञ-याग के प्रति अनादर और तपर्श्या के प्रति आदर उत्पन्न हुआ।

यज्ञ-यागों की व्याप्ति

परन्तु राजाओं को युद्ध में जय-प्राप्ति की इच्छा से यज्ञ-याग करना आवश्यक लगता था। यज्ञ-याग चालू रखने के लिए कोसलों के पसेनदि राजा ने उकट्ठा नाम का गाँव पोक्खरसाति (पौष्करसादि) और सालवतिका गाँव लोहिच्च (लौहित्य) ब्राह्मण को पुरस्कार में दिया था, इसी तरह मगध देश के राजा बिंबिसार ने चम्पा ग्राम सोणदण्ड ब्राह्मण को और खाणुमन गाँव कूटदन्त ब्राह्मण को इनाम में दे दिया था। इन पुरस्कारों का उल्लेख 'दीघनिकाय' में मिलता है इसके अतिरिक्त 'कोसलसंयुत्त' के नौवें सुत्त से ऐसा प्रतीत होता है कि स्वयं पसेनदि राजा यज्ञ-याग करता था। परन्तु इन यज्ञ-यागों की व्याप्ति कोसल के पसेनदि एवं मगध के बिंबिसार राजाओं के राज्यों तक ही सीमित थी, क्योंकि बड़ें-बड़े यज्ञ-याग करना राजाओं और पुरस्कार पाने वाले ब्राह्मणों के लिए ही सम्भव होता है।

ऐसे बृहत यज्ञ-याग करना साधारण जनता की शक्ति से परे था, इसलिए यज्ञ-यागों के छोटे संस्करण निकले थे। 'दीघनिकाय' के उल्लेखों से मालूम होता है कि ब्राह्मण लोग साधारण जनता से यह कहकर होम करवाया करते थे कि अमुक प्रकार की लकड़ी की अमुक ढंग की दर्वी (चम्मच) से, तुस (छिलका), भूसी, अमुक प्रकार के चावलों, अमुक प्रचार के घी, अमुक प्रकार के तेल, अमुक प्राणियों के रक्त आदि का होम करने से अमुक

कार्य-सिद्धि होती है, और कुछ श्रमण भी उनमें भाग लिया करते थे।[१] यद्यपि कार्य की सिद्धि के लिए लोग होम करते थे, फिर भी ऐसा लगता है कि उनकी गणना वे धार्मिक विधियों में नहीं करते थे, क्योंकि इन होम करने वाले ब्राह्मणों और श्रमणों को लोग बहुत नहीं मानते थे।

देवताओं की पूजा

जिस प्रकार आजकल के हिन्दू लोग देवी-देवता, यक्ष, पिशाच आदि को मानते हैं और उन्हें मनाने के लिए बलि चढ़ाते हैं उसी प्रकार बुद्ध के समय में हिन्दू लोग भी देवताओं को मानते और बलि-कर्म करते थे। इसकी विशेषता इतनी ही थी कि आजकल के बहुत-से देवताओं के लिए पुजारियों की आवश्यकता होती है और ये पुजारी प्रायः ब्राह्मण होते हैं। इसके अतिरिक्त आजकल के देवता बुद्धसमकालीन देवताओं की तरह ही काल्पनिक होते हुए भी उनमें से बहुतों के पुराण बन गये हैं। यह बात बुद्ध के समय में नहीं थी। बरगद-जैसे पेड़ पर, किसी पहाड़ पर या किसी वन में महानुभाव देवता रहते हैं और उनकी मिन्नतें मानने पर वे प्रसन्न होते हैं, ऐसी लोगों में धारणा थी और बकरों, मुर्गियों आदि प्राणियों की बलि चढ़ाकर वे अपनी मिन्नतें उतारते थे। 'पलास जातक' (नं० ३०७) की कथा से ऐसा मालूम होता है कि देवताओं की पूजा ब्राह्मण भी करते थे, परन्तु इस बात का प्रमाण कहीं नहीं मिलता कि उन्होंने अपनी आजीविका के तौर पर उन देवताओं का पुजारी बनना स्वीकार कर लिया हो। जिस प्रकार आज पिछड़ी हुई जमातों या आदिवासी लोगों के देवताओं के लिए ब्राह्मण पुरोहित नहीं होते उसी प्रकार उस जमाने में वे किसी भी देवता के लिए नहीं होते थे। लोग मिन्नतें मानते थे और किसी की मध्यस्थता के बिना वे अपने हाथों बलि चढ़ाते थे। सुजाता ने वटवृक्षवासी देवता से दूध की खीर की मनौती मानी थी और अन्त में उस पेड़ के नीचे बैठे हुए गौतम बोधिसत्व को ही उसने वह खीर दी—यह कथा बौद्ध-वाङ्मय में प्रसिद्ध है और बौद्ध-चित्र कला पर इसका अच्छा प्रभाव मालूम होता है। सारांशतः इन देवताओं की पूजा में पुजारी ब्राह्मणों की आवश्यकता नहीं रहती थी।

श्रमणों का उत्कर्ष

क्योंकि इन देवताओं के पीछे पुराण और पुजारी नहीं होते थे, अतः उन्हें आजकल का धार्मिक स्वरूप प्राप्त नहीं हुआ था। सब श्रेणियों के लोग अपने ऊपर आने वाली आपत्ति को टालने के लिए या अपनी मनौतियाँ पूरी होने के कारण देवताओं को बलि चढ़ाते थे। परन्तु यह कार्य धार्मिक नहीं समझा जाता था। ब्राह्मण के यज्ञ-यागों को वेदों और वैदिक-वाङ्मय से समर्थन प्राप्त होने के कारण उनकी गणना धार्मिक कृत्यों में होती थी। परन्तु बहुत खर्चीले होने के कारण ये यज्ञ-याग साधरण जनता की पहुँच से बाहर थे। उनमें सैकड़ों गायें तथा बैल मारे जाते थे। खेती के लिए उपयोगी ये जानवर राजाओं और अन्य प्रतिष्ठित लोगों को दूसरों से जबर्दस्ती छीन लेने पड़ते थे। इससे साधारण जनता में यज्ञ-याग अत्यन्त अप्रिय होते जा रहे थे। इसके विपरीत साधारण लोग श्रमणों का आदरातिथ्य करते, चातुर्मास में झोपड़ियाँ आदि बनाकर उनके निवास का प्रबन्ध कर देते और उनका उपदेश सुनने को तत्पर रहते थे।

---

१. देखिये 'दीघनिकाय', ब्राह्मजाल, सामञ्ञफलसुत्त आदि।

इसका अर्थ यह है कि श्रमण-संघों का दिन-प्रतिदिन उत्कर्ष होता जा रहा था।

उपनिषत्कालीन कृषि

आजकल एक यह धारणा प्रचलित है कि वेदों से उपनिषद् और उनसे बौद्ध, जैन आदि धर्म निकले, और इस कारण वे धर्म भी वैदिक धर्म ही हैं। हमें विश्वास है कि ऊपर के विवेचन से, यह स्पष्ट हो जायगा कि बौद्धों और जैनों की परम्परा वेदों या उपनिषदों से नहीं निकली थी, वह तो वेद-काल से पहले मध्य हिन्दुस्तान में विद्यमान ऋषि-मुनियों की परम्परा से निकली थी। तथापि इस विषय में यहाँ संक्षेप में विचार करना असंगत न होगा कि उपनिषदों में वर्णित ब्राह्मणों की स्थिति बुद्ध के समय में कैसी थी।

मैंने अपनी पुस्तक 'हिन्दी संस्कृति आणि अहिंसा'[१] में यह दिखा दिया है कि आरण्यक और उपनिषद् बुद्ध-काल से अनेक वर्षों बाद रचे गए थे। फिर भी हम यह मान सकते हैं कि बुद्ध-समकाल में उपनिषदों में वर्णित ब्राह्मणों-जैसे कुछ ब्राह्मण और क्षत्रिय विद्यमान थे। परन्तु 'जातक' की अनेक कहानियों से ऐसा दिखाई देता है कि उनमें से बहुतेरे होम-हवन का धर्म छोड़कर शुद्ध श्रमण होते थे। उदाहरण के लिए हम यहाँ 'नंगुट्ठ जातक' (नं० १४४) का सारांश दे रहे हैं—

वाराणसी में जब ब्रह्मदत्त राज करता था तो बोधिसत्व ने औदीच्य ब्राह्मण कुल में जन्म लिया। उनके जन्म-दिवस पर उनके माँ-बाप ने जाताग्नि रखी और जब वे सोलह बरस के हुए तब उन्होंने उनसे कहा, "देखो भाई, तुम्हारे जन्म-दिवस पर इस अग्नि की स्थापना की गई थी, यदि तुम गृहस्थ होकर रहना चाहते हो तो तीन वेदों का अध्ययन करो, किन्तु यदि तुम्हारी इच्छा ब्रह्मलोक-परायण होने की हो तो यह अग्नि लेकर अरण्य में जाओ और उसकी सेवा से ब्रह्मदेव की आराधना करके ब्रह्मलोकपरायण हो जाओ।"

बोधिसत्व को गृहस्थाश्रम में रुचि नहीं थी। अत: वे अपनी जाताग्नि को लेकर अरण्य में चले गए और वहाँ आश्रम बनाकर उस अग्नि की सेवा करते रहे। एक दिन एक किसान ने बोधिसत्व को दक्षिणा के तौर पर एक बैल दे दिया। उसकी बलि चढ़ाकर अग्नि भगवान् की पूजा करने की बोधिसत्व की इच्छा थी। परन्तु आश्रम में नमक खत्म हो गया था। जब वे नमक लाने के लिए गाँव में चले गए तो इधर कुछ गुण्डों ने उस बैल को मार डाला और अग्निहोत्र पर यथावश्यकता मांस पकाकर खाया और बचा हुआ अपने साथ ले गए।

बोधिसत्व जब नमक लेकर वापिस लौटे तो देखते क्या हैं कि बैल का चमड़ा, पूँछ और हड्डियाँ ही बची हुई हैं। अत: उन्होंने अपने से कहा, "यह अग्नि भगवान् यदि अपनी बलि की रक्षा नहीं कर सकता तो फिर मेरी रक्षा क्या करेगा?" इतना कहकर उन्होंने अपना अग्निहोत्र का पात्र पानी में फेंक दिया और ऋषिप्रव्रज्या ले ली।

बुद्ध का उपदेश सुनकर उरुवेल काश्यप, नदी काश्यप और गया काश्यप—इन तीन ब्राह्मण-बन्धुओं ने अपने अग्निहोत्र नदी में फेंक दिये थे, इसकी कथा बौद्ध-वाङ्मय में प्रसिद्ध है।

---

१. देखिये, पृष्ठ ४८-५०।

उपनिषदों के ऋषि

कुछ ब्राह्मणों में इस प्रकार खुले तौर पर श्रमण-धर्म को स्वीकार करने का साहस नहीं था। वे वैदिक यज्ञ-यागों और श्रमणों के दर्शन के बीच झूलते रहते थे। अश्वमेध आदि पर रूपक रचकर उनमें से आत्म-तत्व निकालने की चेष्टा करते थे। उदाहरणार्थ, 'बृहदारण्यकोपनिषद्' के प्रथम अध्याय के दूसरे ब्राह्मण के प्रारम्भ की कथा देखिये। वहाँ ऋषि कहता है, ''इस जगत् में उत्पत्ति से पहले कुछ भी नहीं था। मृत्यु ने यह सब ढँक लिया था। वैसा क्यों? क्या खाने की इच्छा से, क्योंकि खाने की इच्छा को ही मृत्यु कहते हैं। उसे ऐसा लगा कि आत्मवान् हुआ जाय। उस मृत्यु ने ऐसी कामना की कि बड़े यज्ञ में पुनरपि यजन करूँ। ऐसी कामना करके वह श्रांत होकर तप करने लगा। उस श्रांति एवं तप से तप्त मृत्यु से यज्ञ एवं वीर्य उत्पन्न हुए। प्राण ही यश और वही वीर्य है। इस प्रकार जब वे प्राण शरीर छोड़कर चले गए तो प्रजापति का शरीर फूल गया। तथापि उसका मन उस शरीर में था। मेरा यह शरीर मेध्य (यज्ञिय) हो जाय और उनमें मैं आत्मवान् (आत्मन्वी) हो जाऊँ ऐसी कामना उसने की; क्योंकि शरीर मेरे वियोग से यश एवं वीर्य से रहित होता गया, फूल गया, अतः वह अश्व (फूला हुआ) हो गया। और, क्योंकि वह मेध्य हुआ, अतः वही अश्वमेध का अश्वमेधत्व है। जो इस अश्व को इस प्रकार जानता है वही अश्वमेध को जानता है।''

इसमें अश्वमेध के माध्यम से तपश्चर्या-प्रधान अहिंसा-धर्म बताने की चेष्टा दिखाई देती है। खाने की इच्छा ही मृत्यु है। वह आत्मवान् हुई यानी उसे व्यक्तित्व प्राप्त हुआ और क्रमशः उसे यज्ञ की इच्छा हुई। उस इच्छा से यश और वीर्य, ये दो गुण निकले, वे सच्चे प्राण हैं। अगर वे चले जायँ तो शरीर भरकर फूले हुए के समान (अश्वयित) समझना चाहिए। और वह जलाने के योग्य है। यह तत्व जो जानता है वही अश्वमेध जानता है।

'छांदोग्य उपनिषद्' (५/४) में प्रवाहण जैवलि अरुण के पुत्र से कहता है, ''हे गौतम, द्युलोक ही अग्नि है। आदित्य ही उसकी समिधा, किरण ही धूम, दिवस ही ज्वाला, चन्द्रमा ही अंगार और नक्षत्र ही विस्फुलिंग हैं।''

इससे यह स्पष्ट होगा कि इन ऋषियों के मन पर श्रमण-संस्कृति का पूरा दबदबा छा गया था, परन्तु व्यवहार में खुले तौर पर उन तत्वों का प्रतिपादन करना उन्हें इष्ट नहीं लगता था। और इसीलिए वे ऐसी रूपकात्मक भाषा का प्रयोग करते थे।

उपनिषदों के ऋषि भी जाति-भेद मानते थे

प्राचीन ऋषि-मुनियों, श्रमणों और उपनिषद् के ऋषियों में एक विषय में एक मत था और वह विषय था जाति-भेद को न मानना। मातंग ऋषि की बात ऊपर आ ही चुकी है। उससे यह स्पष्ट होता है कि ऋषियों-मुनियों में जाति-भेद नहीं था। श्रमण-संघों में तो जाति-भेद के लिए बिल्कुल ही स्थान नहीं था। निम्नलिखित कहानी से दिखाई देगा कि उपनिषद्-ऋषि भी जाति को बहुत महत्व नहीं देते थे—

सत्यकाम ने अपनी माता जबाला से कहा, ''मैं ब्रह्मचर्य का आचरण करना चाहता हूँ। (ज्ञान पाने की इच्छा रखता हूँ) यह बताओ कि मेरा गोत्र कौन-सा है।'' इस पर माँ ने उससे कहा, ''बेटा यह तो मैं नहीं जानती। युवावस्था में मैं बहुत-से पुरुषों के साथ रही (बह्वहं

चरन्ती) और तुम्हारा जन्म हुआ। अतः तुम्हारा गोत्र मैं नहीं जानती। मेरा नाम जबाला और तुम्हारा सत्यकाम है। अतः तुम अपना नाम 'सत्यकाम-जाबाल' बताओ।'' वह (सत्यकाम) हारिद्रुमत गौतम से बोला, ''मैं ब्रह्मज्ञान सीखने के उद्देश्य से आपके पास आया हूँ।''

गौतम ने पूछा, ''तुम्हारा गोत्र कौन-सा है?''

सत्यकाम बोला, ''वह मैं नहीं जानता। मैंने माँ से पूछा तो उसने कहा, युवावस्था में अनेक पुरुषों से मेरा सम्बन्ध हो जाने के कारण मुझे तुम्हारा गोत्र मालूम नहीं है। अतः तुम अपना नाम 'सत्यकाम-जाबाल' बता दो।''

गौतम ने कहा, ''तुम सत्य से च्युत नहीं हुए। अब्राह्मण के लिए यह सम्भव नहीं है। अतः समिधा ले आओ, मैं तुम्हारा उपनयन करता हूँ।''

इतना कहकर उस ऋषि ने उसका उपनयन किया।[१]

गुप्तों के शासन-काल से जाति-भेद बढ़ गया

यद्यपि उपनिषद्-ऋषि जाति-भेद मानते थे, तथापि जाति की अपेक्षा वे सत्य को विशेष मान देते थे, यह बात सत्यकाम की कहानी से प्रमाणित होती है। परन्तु उन्हीं उपनिषदों का समन्वय करने की चेष्टा करने वाले बादरायण व्यास और भाष्यकार शंकराचार्य जाति-भेद का कैसा ढोल पीटते हैं :

श्रवणध्ययनार्थ प्रतिषेधात्स्मृतेश्च।[२]

इतश्च न शूद्रस्याधिकारः। यदस्य स्मृते श्रवणाध्ययनार्थं प्रतिषेधो भवति। वेद श्रवण प्रतिषेधो वेदाध्ययन प्रतिषेधस्तदर्थ ज्ञानानुष्ठानयोश्च प्रतिषेधः शूद्रस्य स्मर्यते। श्रवण प्रतिषेधस्तावत् 'अथास्य वेदमुपशृण्वतस्त्रपुजतुभ्यां श्रोत्रप्रपूरणम्' इतिः 'पद्युह वा एतत् श्मशानं यच्छूद्रस्तस्माच्छूद्र समीपे नाध्येतव्यम्' इति च अतएवाध्ययन प्रतिषेधः। यस्य हि समीपेऽपि नाध्येतव्य भवति, स कथमश्रुतमधीयीत। भवति च वेदोच्चारणे जिह्वाच्छेदो धारणे शरीरभेद इति। अतएव चार्थादर्थज्ञानानुष्ठानयोः प्रतिषेधो भवति 'न शूद्राय मतिं दद्यात्' इति।[३]

अर्थात् ''और इसीलिए शूद्र को (ब्रह्मज्ञान का) अधिकार नहीं है। क्योंकि स्मृति ने उसे वेद को सुनने और अध्ययन करने से निषिद्ध (मना) किया है। वेदश्रवण का निषेध (मनाही), वेदाध्ययन का निषेध और उसके अर्थज्ञान एवं अनुष्ठान का निषेध स्मृति ने शूद्र को किया है। श्रवण-निषेध इस प्रकार है कि, 'वह वेद-वाक्य सुने तो उसके कानों को लाख और सीसे से भर दिया जाय।' शूद्र मानो पाँव वाला श्मशान है, अतः शूद्र के आस-पास अध्ययन नहीं करना चाहिए।' और इसी से अध्ययन-प्रतिषेध भी होता है। क्योंकि जिसके आस-पास अध्ययन नहीं करना चाहिए वह स्वयं श्रुति का अध्ययन कैसे करेगा? और यह भी कहा गया है कि यदि वह वेदोच्चारण करे तो उसका जिह्वाच्छेद किया जाय, (वेद-मंत्रों

---

१. 'छान्दोग्य उपनिषद्', ४।४।

२. अध्याय १।३।३८।

३. 'ब्रह्मसूत्र शांकर भाष्य', अ० १।३।३८।

को) धारण करे तो उसे मार डाला जाय (शरीर-भेद किया जाय)। अत: यह सिद्ध होता है कि वह वेदों का अर्थ-ज्ञान और अनुष्ठान न करे। 'शूद्र को मति नहीं देनी चाहिए'।''

शंकराचार्यजी ने शूद्रों को सताने के लिए जो आधार लिये हैं वे गुप्त राजाओं के समय में लिखे गये 'गौतम धर्मसूत्र' आदि ग्रन्थों से लिये हैं। अर्थात् समुद्रगुप्त से (ईसा की चौथी शताब्दी से) लेकर शंकराचार्य तक (ईसा की नौवीं शताब्दी के प्रारम्भ तक) हमारे ब्राह्मण पूर्वज शूद्रों को दबाकर अपनी महत्ता बनाये रखने का लगातार प्रयत्न कर रहे थे, ऐसा मालूम होता है। धर्मसूत्रकार और शंकराचार्य में अन्तर केवल इतना ही है कि सूत्रकार के समय में मुसलमानों ने इस प्रदेश में प्रवेश नहीं किया था और शंकराचार्य के समय में सिन्ध देश मुसलमानों के कब्जे में चला गया था और वहाँ मुसलमानी धर्म का सतत प्रसार हो रहा था। कम-से-कम उनसे तो हमारे आचार्य जी को समानता का पाठ सीखना चाहिए था। परन्तु उससे विपरीत ये आचार्य जी जाति-भेद का अपना बेसुरा राग अलापते ही चले गए। इस अभागे देश को इसके कैसे दुष्परिणाम भुगतने पड़े इसके लिए इतिहास साक्षी है ही।

स्त्री साध्वियों के संघ

तपस्वी ऋषियों-मुनियों या वैदिक ऋषियों में स्त्रियों का समावेश नहीं हुआ था। गार्गी वाचक्नवी-जैसी स्त्रियाँ ब्रह्म-ज्ञान की चर्चा में भाग लेती थीं।[१] पर उनके स्वतंत्र संघ नहीं थे। स्त्रियों के स्वतंत्र संघों की स्थापना बौद्ध-काल से एक-दो शताब्दी पूर्व हुई थी। ऐसा लगता है कि उनमें सबसे प्राचीन संघ जैन साध्वियों का था। ये जैन साध्वियाँ वाद-विवाद में प्रवीण थीं, यह बात भद्रा कुण्डलकेशा आदि की कथाओं से भली भाँति ज्ञात हो जायेगी।[२]

प्राचीन ऋषि-मुनि जंगलों में रहते थे और गाँवों में कभी-कभी ही जाते थे। अत: स्त्रियों के संघों की स्थापना करना उनके लिए सम्भव नहीं था, परन्तु श्रमण लोग जनस्थानों के आस पास रहते थे और उस समय परिस्थिति अनुकूल होने के कारण वे स्त्रियों के संघ स्थापित कर सके। बौद्ध और जैन-वाङ्मय पढ़ने पर एक विशेष बात ध्यान में आती है कि उस समय स्त्रियाँ भी पुरुषों की तरह धार्मिक बातों में प्रगतिशील थीं। इसका कारण यह था कि गणसत्तात्मक राज्यों में स्त्रियों को पूरी स्वतन्त्रता रहती थी। बुद्ध भगवान् ने वज्जियों को उन्नति के जो सात नियम बताये थे उनमें पाँचवाँ यह था कि, ''स्त्रियों के मान की रक्षा करनी चाहिए, विवाहित या अविवाहित स्त्री पर किसी भी प्रकार से बलात्कार नहीं होने देना चाहिए।''—और इस नियम के अनुसार कम-से-कम बुद्ध की मृत्यु तक तो वज्जियों ने अपना आचरण ठीक रखा था। हम यह भी मान सकते हैं कि वज्जियों की तरह मल्लों के राज्य में भी स्त्रियों की मर्यादा नहीं रखी जाती थी। अंग, काशी, शाक्य, कोलिय आदि गणसत्तात्मक राज्यों की स्वतंत्रता नष्ट होने पर भी आन्तरिक प्रबन्ध उन्हीं के हाथ में रहने से उनके राज्यों में स्त्री-स्वतंत्रता को विशेष धक्का नहीं पहुँचा।

मगध और कौशल देशों में एकसत्तात्मक शासन-प्रणाली दृढ़मूल हो गई थी, फिर भी उन देशों के राजा मूलभूत गणसत्तात्मक शासन-प्रणाली का समूल उन्मूलन नहीं कर सके।

---

१. 'बृहदारण्यक उपनिषद्' ३।६।१ आदि।

२. देखिये, 'बौद्ध संघाचा परिचय', पृष्ठ २१४-२१७।

इस बात का कहीं कोई उल्लेख नहीं मिलता कि बिंबिसार महाराजा ने या पसेनदि महाराजा ने किसी स्त्री को जबरदस्ती अपने अंत:पुर में दाखिल कर लिया हो।

कुछ एकसत्तात्मक राज्यों में स्त्रियों का मान

जैसे-जैसे गणसत्तात्मक शासन-प्रणाली को लोग भूलते गए और एकसत्तात्मक शासन-प्रणाली प्रबल होती गई वैसे-ही-वैसे स्त्रियों की स्वतंत्रता भी कम होती गई। फिर भी उम्मदंती (उन्मादयंती) की कथा से यह बात सिद्ध होती है कि कुछ राजा स्त्रियों का सम्मान करते थे।[१]

बोधिसत्व ने शिवि-राजकुल में जन्म लिया। उन्हें शिविकुमार ही कहते थे। शिवि राजा के सेनापति का पुत्र अभिपारक और शिविकुमार समवयस्क थे। उन दोनों ने तक्षशिला जाकर शास्त्राध्ययन किया। पिता की मृत्यु के बाद शिविकुमार राजा हो गया और सेनापति की मृत्यु के बाद उसने अभिपारक को सेनापति बनाया। अभिपारक ने उन्मादयन्ती नामक अत्यन्त रूपवती श्रेष्ठिकन्या से विवाह किया। जब राजा नगर-प्रदक्षिणा के लिए निकला तो खिड़की में खड़ी हुई उन्मादयन्ती से उसकी चार आँखें हो गईं। राजा उस पर मोहित होकर उन्मत्त हो गया और अपने राज-भवन में जाकर शैय्या पर लेट गया। जब अभिपारक को इस बात का पता चला तो उसने राजा के पास जाकर अपनी पत्नी को स्वीकार करके उन्मत्तता छोड़ देने के लिए उससे प्रार्थना की। इससे राजा होश में आकर बोला, ''यह तो शिवियों का धर्म नहीं है। मैं शिवियों का नेता हूँ और शिवियों के धर्म का अनुपालन करना मेरा कर्तव्य है, अत: अपने चित्त-विकार के अधीन हो जाना मेरे लिये उचित नहीं है।''

यह कथा बड़ी विस्तृत और रोचक है। ऐसा लगता है कि यह कथा रचने वाले के समय में गणतन्त्रात्मक शासन-प्रणाली बिल्कुल नष्ट हो चुकी थी। तथापि शिवियों-जैसे गणसत्तात्मक राजाओं का स्त्रियों के प्रति कर्तव्य उसे भली-भाँति ज्ञात था, और उसका यह हेतु था कि सर्वसत्ताधारी राजा इस कर्तव्य को ध्यान में रखें। शिविकुमार के भाषण के अन्त में उसने यह गाथा दी है:

नेता पिता उग्गतो रट्ठपालो
धम्मं शिवीनं अपचायमानो
सो धम्ममेवानुविचिन्तयन्तो
तस्मा सके चित्तवसे न वत्ते॥

अर्थात् ''मैं शिवियों का नेता, पिता और राष्ट्रपालक अगुआ हूँ। अत: शिवियों के कर्तव्य का मान रखकर और शिवियों के धर्म का अच्छी तरह विचार करके मैं अपने चित्त-विकार के अधीन नहीं हूँगा।''

बाल-विवाह की प्रथा

इस बात का परिणाम बौद्ध राजाओं पर तो अच्छा ही हुआ होगा। परन्तु उससे शायद एक और ही बुरी प्रथा निकली। ब्रह्म देश के राजा विवाहिता स्त्री को अपने अन्त:पुर में नहीं

---

१. 'उम्मदंती चातक' नं० ५२७।

रखते थे, यदि विवाहिता स्त्री का पति अपनी पत्नी से तलाक लेकर उसे राजा के हवाले करने को तैयार हो जाता तो भी वह बड़ा अधर्म समझा जाता था। परन्तु अविवाहिता स्त्री को उसके माँ-बाप की अनुमति के बिना वे बे-रोक-टोक भगा ले जाते थे। कहीं राजा उसकी लड़की को जबर्दस्ती भगा न ले जाय, इस डर से माँ-बाप लड़कियों को बचपन में ही ब्याह देते और उनके गलों में विवाह-सूचक मंगल-सूत्र बाँध देते थे। ये विवाह बिल्कुल झूठे होते थे। ये लड़कियाँ अपने पति के घर नहीं जाती थीं, इतना ही नहीं, बल्कि पहले पति को छोड़कर चाहे जिस पुरुष से विवाह करने की स्वतंत्रता उन्हें प्राप्त थी। यह तो केवल राजाओं के जुल्म से लड़कियों की रक्षा करने का उपाय था। यह कहना कठिन है कि हिन्दुस्तान में दृढ़मूल बाल-विवाह की प्रथा ऐसी ही परिस्थिति में निकली थी या इसका और कुछ कारण था। परन्तु इसमें कोई सन्देह नहीं कि बुद्ध के समय में यह प्रथा सर्वप्रचलित नहीं हुई थी और एकसत्तात्मक शासन प्रणाली के दृढ़ हो जाने पर उसने धार्मिक रूप धारण कर लिया। कहने की आवश्यकता नहीं कि यदि हिन्दुस्तान में गणतंत्रात्मक शासन-प्रणाली का विकास हो जाता तो बाल-विवाह के लिये यहाँ तनिक भी स्थान न रहता।

चार प्रकार के श्रमण ब्राह्मण

बुद्ध-काल तक चार प्रकार के श्रमण ब्राह्मण हो गये थे। उनके सम्बन्ध में एक रूपक और उसका स्पष्टीकरण 'मज्झिमनिकाय' के निवापसुत्त में मिलता है। उसका सारांश इस प्रकार है—

बुद्ध भगवान् जब श्रावस्ती में अनाथपिंडक के आश्रम में रहते थे तब भिक्षुओं को सम्बोधित करते हुए उन्होंने कहा, "हे भिक्षुओं, चरागाह बनाने वाला मनुष्य मृगों के कल्याण के लिए उसे नहीं बनाता। उसका उद्देश्य तो यह होता है कि उस चरागाह की घास खाकर मृग प्रमत्त हो जायें और वे पूरी तरह उसके कब्जे में चले जायें।

"(१) हे भिक्षुओ, ऐसी एक चरागाह में मृग घुस गए और यथेष्ट घास खाकर प्रमत्त हो जाने से वे चरागाह बनाने वाले आदमी के कब्जे में चले गये। (२) यह देखकर दूसरे कुछ मृगों ने यह विचार किया कि इस चरागाह में जाना अत्यन्त अनिष्ट है। अतः वह उसे छोड़कर वीरान जंगल में चले गये। जब गर्मी के दिन आ गये तो उन्हें वहाँ चारा पानी मिलना बन्द हो गया। अतः उनके शरीर में कोई ताकत नहीं रही। उदर-पीड़ा से त्रस्त होकर वे उस चरागाह में घुस गये और प्रमत्तता के साथ चारा-पानी खाने-पीने लगे, तो उस मनुष्य के हाथ में चले गये (३) तीसरे कुछ मृगों ने इन दोनों मार्गों का त्याग करके पास के जंगल का सहारा ले लिया और बड़ी सावधानी से वे उस चरागाह की घास खाने लगे। बहुत समय तक चरागाह के मालिक को इसका पता नहीं लगा। आखिर उसने मृगों का आश्रय-स्थान खोज लिया और उस स्थान के चारों तरफ जाल बिछाकर उन मृगों को पकड़ लिया। (४) परन्तु चौथे प्रकार के मृग बड़े होशियार थे। उन्होंने चरागाह से दूर घने जंगल में अपना निवास रखा और वहाँ वे चरागाह के चारे-पानी का उपयोग सावधानी से करने लगे। उनके आश्रय-स्थान का पता चरागाह के मालिक को नहीं लगा।

"भिक्षुओ, मैंने यह रूपक बनाया है। चरागाह बनाने वाला मनुष्य मार के सिवाय अन्य कोई नहीं है। (१) श्रमण ब्राह्मणों ने विषय-सुख में ही आनन्द समझा, वे प्रथम प्रकार के

मृग हैं। (२) जिन्होंने विषय-सुख के भय से अरण्यवास को स्वीकार किया और जो सारे जगत् से अलग हो गये वे दूसरे प्रकार के मृग हैं। (३) जो श्रमण ब्राह्मण बड़ी सावधानी से विषयों का उपभोग करके 'जगत् शाश्वत है या अशाश्वत, आत्मा अमर है या नश्वर' आदि प्रश्नों के विषय में वाद-विवाद करते हैं और अपना समय व्यर्थ गँवाते हैं वे तीसरे प्रकार के मृग हैं। (४) परन्तु जो ऐसे वाद-विवादों में न पड़कर अपना अन्तःकरण निष्कलंक रखने की सावधानी रखते हैं वे चौथे प्रकार के मृग हैं।''

इस सुत्त में बताये गये पहले श्रमण ब्राह्मण तो यज्ञ-याग एवं सोम-रस-पान में धर्म सर्वस्व मानने वाले वैदिक ब्राह्मण थे। वैदिकी हिंसा और सोम-पान से ऊबकर जो अरण्य में गये और वहाँ के फल-मूलों पर निर्वाह करने लगे वे ऋषि-मुनि दूसरे प्रकार के श्रमण ब्राह्मण समझने चाहिए। जब अरण्य में फल-मूल मिलना बन्द हो जाता या नमकीन अथवा खट्टे पदार्थ खाने की उन्हें इच्छा हो जाती तो वे लोग गाँव में आते और गृहस्थी के जाल में फँस जाते। इसका एक उदाहरण ऊपर ही दिया है। ऋषियों-मुनियों का फल-मूलों पर निर्वाह करने का मार्ग छोड़कर जिन्होंने विभिन्न श्रमण-सम्प्रदायों की प्रस्थापना की वे तीसरे प्रकार के श्रमण ब्राह्मण थे। ये परिव्राजक घने जंगलों में न जाकर जन-स्थानों के आश्रय में रहते और लोगों से मिले हुए अन्न-वस्त्र का उपभोग बड़ी सावधानी से करते। परन्तु वे लोग 'आत्मा है या नहीं' आदि वादों में मग्न रहते। इससे उनकी आत्म-शुद्धि न होकर वे मार के जाल में फँस जाते। बुद्ध ने इन सब निरर्थक वादों का त्याग करके आत्म-शुद्धि का मार्ग खोज निकाला। उनके भिक्षुओं की गणना चौथे प्रकार के श्रमण ब्राह्मणों में की गई है। अन्य श्रमण ब्राह्मणों और बुद्ध के अध्यात्मवाद में क्या अन्तर था इसका स्पष्टीकरण सातवें अध्याय में किया जायेगा। यहाँ केवल इतना ही बताना है कि इन चार प्रकार के श्रमण ब्राह्मणों में उपनिषद्-ऋषियों का बिल्कुल समावेश नहीं होता। और इससे यह कल्पना निराधार सिद्ध होती है कि बौद्ध धर्म उपनिषदों से निकला था।

❑❑❑

४

गौतम बोधिसत्व

गौतम की-जन्म-तिथि

गौतम की जन्म-तिथि के विषय में अर्वाचीन पंडितों में बहुत मतभेद पाया जाता है। दीवान बहादुर स्वामिकन्नू पिल्लै के मत से बुद्ध का परिनिर्वाण ईसा पूर्व ४७८ वें वर्ष में हुआ था। कुछ अन्य पंडितों का कहना है कि ईसा पूर्व ४८६-८७वें वर्ष में हुआ था। परन्तु आजकल की नई खोजों के अनुसार 'महावंस' तथा 'दीपवंस' में दी गई बुद्ध-परिनिर्वाण की तिथि ही उचित प्रतीत होती है।[१] इन ग्रन्थों से यह सिद्ध होता है कि बुद्ध का परिनिर्वाण ईसा से पहले ५४३वें वर्ष में हुआ था। यदि बुद्ध-निर्वाण की यह तिथि मान भी ली जाय तो कहना पड़ता है कि बुद्ध का जन्म ईसा पूर्व ६२३वें वर्ष में हुआ था।

बोधिसत्व

गौतम बुद्ध के जन्म से बुद्धत्व प्राप्त करने तक उन्हें बोधिसत्व कहने की प्रथा बहुत प्राचीन है। पालि-वाङ्मय में सबसे प्राचीन 'सुत्तनिपात' है। उसमें कहा गया है:

सो बोधिसत्तो रतनवरो अतुल्यो।
मनुस्सलोके हितसुखाय जातो।
सक्यानं गामे जनपदे लुम्बिनेय्य।

अर्थात, श्रेष्ठ रत्न-जैसे उस बोधिसत्व ने लुम्बिनी जनपद में शाक्यों के गाँव में मानवों के हित-सुख के लिए जन्म लिया।

बोधि का अर्थ है मनुष्य के उद्धार का ज्ञान और उसके लिए प्रयत्न करने वाला प्राणी (सत्व) ही बोधिसत्व है। प्रारम्भ में शायद गौतम के जन्म से लेकर उन्हें सम्बोधि-ज्ञान की प्राप्ति होने तक यह विशेषण उनके लिए प्रयुक्त होता होगा। फिर होते-होते यह कल्पना प्रचलित हुई कि उन्होंने उस जन्म से पहले दूसरे भी अनेक जन्म लिये थे। और उन पूर्व जन्मों में भी उनके साथ बोधिसत्व विशेषण लगाया जाने लगा। उनके पूर्व जन्मों की कथाओं का संग्रह 'जातक' में किया गया है। उन कथाओं के प्रधान पात्र को बोधिसत्व कहकर यह बताया गया है कि वह पूर्व जन्म के गौतम ही थे।[२] जिस कथा में उचित पात्र नहीं मिला वहाँ बोधिसत्व कथा के साथ विशेष सम्बन्ध न रखने वाली किसी वन-देवी का या दूसरे किसी व्यक्ति का रूप देकर किसी प्रकार उनका सम्बन्ध जोड़ दिया गया है। अस्तु; यहाँ पर गौतम

---

१. **The Early History of India, by V.A. Smith (Oxford, 1924) P. 49-50.**

२. देखिये, 'बौद्ध संघाचा परिचय', पृष्ठ १५४।

जन्म से लेकर बुद्धत्व तक उन्हें बोधिसत्व के नाम से सम्बोधित करना है, उनके पूर्व जन्मों के साथ इस विशेषण का कोई सम्बन्ध यहाँ अभिप्रेत नहीं है।

बोधिसत्व का कुल

बोधिसत्व का कुल एवं बाल्यावस्था की जानकारी 'त्रिपिटक' में बहुत कम मिलती है। वह प्रसंगानुसार उपदेश दिये गये सुत्तों में आई है। अट्ठकथाओं में मिलने वाली जानकारी के साथ कभी-कभी इस 'त्रिपिटक' वाली जानकारी का मेल नहीं बैठता। अतः परस्पर विरोधी जानकारी की अच्छी तरह छानबीन करके यह देखना उचित होगा कि उसमें से क्या निकलता है।

'मज्झिमनिकाय' के चूलदुक्खक्खन्ध सुत्त की अट्ठकथा में गौतम के कुटुम्ब के विषय में इस प्रकार जानकारी मिलती है—

''शुद्धोदन, शुक्लोदन, शाक्योदन, धोतोदन और अमितोदन पाँच भाई थे। अमिता देवी उनकी बहन थी। तिष्यस्थविर उसका लड़का था। तथागत और नन्द शुद्धोदन के लड़के थे। महानाम और अनिरुद्ध शुक्लोदन के लड़के थे और आनन्द स्थविर अमितोदन का पुत्र था। वह भगवान् से छोटा और महानाम से बड़ा था।

यहाँ पर दिये गये अनुक्रम के अनुसार अमितोदन अन्तिम भाई दीखता है। अतः यह ठीक ही है कि उसका लड़का आनन्द भगवान् से उम्र में छोटा था। परन्तु मनोरथपूरणी अट्ठकथा में अनुरुद्ध के विषय में लिखते समय '**अमितोदन-सक्कस गेहे पटिसन्धि गण्हि**' (अमितोदन ने शाक्यों के घर जन्म लिया) कहा गया है! एक ही बुद्धघोषाचार्य की लिखी हुई इन दो अट्ठकथाओं में इस प्रकार विरोध दिखाई देता है। पहली अट्ठकथा में आनन्द को अमितोदन का पुत्र कहा गया है और दूसरी अट्ठकथा में अनिरुद्ध को उसका पुत्र बताया गया है। अतः ऐसी शंका होती है कि कहीं शुक्लोदन आदि नाम भी काल्पनिक ही न हों।

बोधिसत्व का जन्म-स्थान

'सुत्तनिपात' के उल्लिखित उद्धरण में कहा गयां है कि बुद्ध का जन्म लुम्बिनी जनपद में हुआ था। आज भी इस स्थान को लुम्बिनी देवी कहा जाता है और वहाँ पर जमीन में गाड़ी हुई जो अशोक की लाट (शिला-स्तम्भ) मिली है उसके लेख में '**लुंमिनिगामे उबालिके कते**' वाक्य है। इससे यह पूरी तरह सिद्ध होता है कि बोधिसत्व का जन्म लुम्बिनी गाँव में हुआ था।

दूसरे अनेक सुत्तों में इस अर्थ का उल्लेख मिलता है कि महानाम शाक्य कपिलवस्तु का रहने वाला था। परन्तु शुद्धोदन कपिलवस्तु में था, इस प्रकार का उल्लेख केवल 'महावग्ग' में मिलता है। लुम्बिनी ग्राम और कपिलवस्तु के बीच १४-१५ मील का अन्तर था। अतः यह कहना पड़ेगा कि शुद्धोदन कभी-कभी लुम्बिनी ग्राम की अपनी जमींदारी में रहता था और वहीं बोधिसत्व का जन्म हुआ था। परन्तु नीचे दिये गए 'अंगुत्तरनिकाय' के तिकनिपात के १२४वें सुत्त से इस विषय में बड़ी शंका उपस्थित होती है।

कालाम का आश्रम

एक बार भगवान् बुद्ध कोसल देश में यात्रा करते-करते कपिलवस्तु पहुँचे। उनके आगमन की खबर मिलते ही महानाम शाक्य ने उनसे भेंट की। तब उन्होंने महानाम से अपने लिए एक रात रहने के लिए स्थान देने को कहा। परन्तु भगवान् के रहने के लिए योग्य-स्थान महानाम को कहीं नहीं मिला। वापस आकर उसने भगवान् से कहा, ''भदन्त, आपके लिए उचित स्थान मुझे नहीं मिलता। आप अपने पुराने ब्रह्मचारी भरण्डु कालाम के आश्रम में एक रात रहिये।'' भगवान् ने महानाम से वहाँ आसन तैयार करने को कहा और वे उस रात उस आश्रम में रहे।

दूसरे दिन सुबह महानाम भगवान् से मिलने गया तो भगवान् उससे बोले, ''हे महानाम, इस लोक में तीन प्रकार के धर्मगुरु हैं। पहला कामोपभोगों का समतिक्रम (त्याग) बताता है, परन्तु रूपों और वेदनाओं का समतिक्रम नहीं बताता। दूसरा कामोपभोगों और रूपों का समतिक्रम बताता है, परन्तु वेदनाओं का समतिक्रम नहीं बताता। तीसरा इन तीनों का समतिक्रम बताता है। इन धर्मगुरुओं का ध्येय एक है या भिन्न?''

इस पर भरण्डु कालाम बोला, ''हे महानाम, तुम ऐसा कहो कि इन सबका ध्येय एक ही है।'' परन्तु भगवान् ने कहा, ''हे महानाम, तुम ऐसा कहो कि उनका ध्येय भिन्न है।'' दूसरी और तीसरी बार भी भरण्डु ने उनका ध्येय एक ही है ऐसा बताने को कहा और भगवान् ने कहा कि उनके ध्येय भिन्न हैं ऐसा कहो। महानाम-जैसे प्रभावशाली शाक्य के समक्ष श्रवण गौतम ने अपना अपमान किया ऐसा मानकर भरण्डु कालाम जो कपिलवस्तु से चला गया वह फिर कभी नहीं लौटा।

भरण्डु-कालाम-सुत्त से होने वाला बोध

इस सुत्त का समग्र भाषान्तर यहाँ दिया गया है। इससे 'बुद्ध-चरित्र' की दो-तीन बातों का अच्छा स्पष्टीकरण होता है। उनमें पहली बात यह है कि बुद्ध होने के बाद भगवान् गौतम बड़े भिक्षु-संघ के साथ कपिलवस्तु नहीं गये और शाक्यों ने उनका उचित सम्मान नहीं किया। वे अकेले गये और उनके लिए उचित स्थान खोजने में महानाम को बहुत कष्ट उठाने पड़े। यदि शुद्धोदन राजा ने बोद्धिसत्व के लिए तीन प्रासाद बनाये थे तो उनमें से एक खाली करके बुद्ध को क्यों नहीं दिया गया? कपिलवस्तु में शाक्यों के एक संस्थागार (अर्थात् नगर-मन्दिर) के होने का उल्लेख अनेक स्थानों पर मिलता है। बुद्ध के बुढ़ापे में शाक्यों ने यह संस्थागार फिर से बनाया और उसमें प्रथमत: भगवान् बुद्ध से एक रात भिक्षु-संघ के साथ रहने की प्रार्थना की गई और उनसे धर्मोपदेश कराया गया।[१] परन्तु उल्लिखित अवसर पर बुद्ध को उस संस्थागार में रहने को जगह नहीं मिली। इससे ऐसा लगता है कि बुद्ध शाक्यों में से एक साधारण युवक थे और कपिलवस्तु में उनकी विशेष महिमा नहीं थी।

दूसरी बात यह कि गौतम के गृह-त्याग करने से पहले कपिलवस्तु में यह कालाम का आश्रम विद्यमान था। कालाम का धर्म जानने के लिए उन्हें मगधों के राजगृह तक यात्रा करने

---

१. देखिये, 'सलायत्तन संयुत्त', आसी विसवग्ग, सुत्त ६ ।

की कोई आवश्यकता नहीं थी। इस सुत्त से ही यह सिद्ध होता है कि भगवान् बुद्ध कालाम के दर्शन का अध्ययन कपिलवस्तु में ही कर चुके थे।

तीसरी बात यह है कि महानाम शाक्य यदि बुद्ध का चचेरा भाई होता तो उसने रहने का प्रबन्ध भरण्डु कालाम के आश्रम में न करके अपने घर के पास ही कहीं अच्छे स्थान में कर दिया होता। श्रमण लोग गृहस्थों के घर तीन दिन से अधिक नहीं रहते थे। पर यहाँ तो केवल एक रात के लिए ही प्रबन्ध करना था और महानाम अपने घर या अपने अतिथि-गृह में वह कर सकता था। अतः या तो महानाम का घर बिल्कुल ही छोटा होगा या फिर उसे बुद्ध को एक रात के लिए आश्रय देने की आवश्यकता प्रतीत नहीं हुई होगी।

इन सब बातों पर विचार करने से ऐसा लगता है कि महानाम शाक्य के साथ भगवान् बुद्ध का विशेष निकट सम्बन्ध नहीं था और शुद्धोदन शाक्य तो कपिलवस्तु से चौदह मील की दूरी पर रहता था। कपिलवस्तु के साथ उसका बहुत थोड़ा सम्बन्ध रहा होगा। जब शाक्यों की सभा होती होगी तभी वह कपिलवस्तु जाता होगा।

भद्दिय राजा की कथा

'महापदानसुत्त' में शुद्धोदन को राजा कहा गया है और बताया गया है कि उसकी राजधानी कपिलवस्तु थी। परन्तु 'विनयपिटक' के चुल्लवग्ग में भद्दिय की जो कथा आई है उसका इस कथन से पूर्णतया विरोध दिखाई देता है।

अनुरुद्ध का बड़ा भाई महानाम पिता की मृत्यु के बाद घर का सारा प्रबन्ध देखता था। अनुरुद्ध गृहस्थी के विषय में कुछ भी नहीं जानता था। बुद्ध भगवान् की सर्वत्र ख्याति हो जाने पर बड़े-बड़े शाक्य-कुलों के तरुण भिक्षु बनकर उनके संघ में प्रवेश करने लगे। यह देखकर महानाम अनुरुद्ध से बोला, "हमारे कुल में से एक भी भिक्षु नहीं हुआ है। अतः या तो तुम भिक्षु हो जाओ या फिर मैं भिक्षु बन जाऊँगा।" अनुरुद्ध ने कहा, "मुझसे यह काम नहीं होगा, आप ही भिक्षु बन जाइये!"

महानाम ने यह बात स्वीकार कर ली और वह छोटे भाई को गृहस्थी की जानकारी देने लगा। उसने कहा, "पहले खेत में हल चलाना चाहिए। फिर बुवाई करनी चाहिए। उसके बाद उसे नहर का पानी देना पड़ता है। पानी बाहर निकालकर उसकी खुदाई करते हैं और फसल पक जाने पर उसकी कटाई करनी होती है।"

अनुरुद्ध बोला, "यह तो बड़ा झंझट मालूम होता है। आप ही घर का कारोबार देखिये, मैं भिक्षु बना जाता हूँ।"

परन्तु इसके लिए उसकी माँ आज्ञा नहीं देती थी। अनुरुद्ध जब हठ पकड़कर बैठ गया तो उसकी माँ बोली, "शाक्यों का राजा भद्दिय यदि तुम्हारे साथ भिक्षु बनता हो तो मैं तुम्हें भिक्षु बनने के लिए आज्ञा दे दूँगी।"

भद्दिय राजा अनुरुद्ध का मित्र था, परन्तु अनुरुद्ध की माँ ने सोचा कि वह राज-पद छोड़कर भिक्षु नहीं बनेगा और इसलिए उसने यह शर्त लगाई थी। अनुरुद्ध अपने मित्र के पास जाकर उसे भी भिक्षु बनने के लिए आग्रह करने लगा। तब भद्दिय बोला, "तुम सात बरस तक ठहर जाओ, फिर हम भिक्षु बनेंगे।" परन्तु अनुरुद्ध इतने बरस तक राह देखने को तैयार

नहीं था। अतः छः वर्ष, पाँच वर्ष, चार, तीन, दो, एक वर्ष, सात महीने इस प्रकार समय की अवधि घटाते-घटाते भद्दिय सात दिनों के बाद अनुरुद्ध के साथ जाने को तैयार हुआ और सात दिन के बाद भद्दिय, अनुरुद्ध, आनन्द, भगु, किम्बिल और देवदत्त ये छः शाक्य-पुत्र और उपालि नाम का नाई इस प्रकार सात व्यक्ति चतुरंगिनी सेना सज्जित करके उसके समेत कपिलवस्तु से दूर चले गए और वहाँ से सेना को वापस लौटाकर उन्होंने शाक्य देश की सीमा पार की। उस समय भगवान् बुद्ध मल्लों के अनुप्रिय नामक गाँव में रहते थे। वहाँ जाकर इन सात व्यक्तियों नें प्रव्रज्या ले ली।

भद्दिय की कथा से निकलने वाला निष्कर्ष

बुद्ध भगवान् की कीर्ति को सुनकर बहुत-से शाक्य-कुमार भिक्षु होने लगे और तब तक शाक्यों की गद्दी पर भद्दिय राजा था। फिर शुद्धोदन कब राजा हुआ? यह नहीं कहा जा सकता कि शाक्यों के राजा का चुनाव सारे शाक्य इकट्ठे होकर करते थे या उसकी नियुक्ति कोसल महाराजा की ओर से होती थी। अगर शाक्य उसे चुनते होते तो उससे बड़े महानाम जैसे किसी शाक्य को वे आसानी से चुन सकते थे। इसके अतिरिक्त 'अंगुत्तरनिकाय' के पहले निपात में यह बुद्ध-वचन मिलता है कि, 'उच्च कुल में जन्म लिये हुए मेरे भिक्षु श्रामकों में कालिगोथा का पुत्र भद्दिय श्रेष्ठ है।' केवल उच्च कुल में जन्म लेने से ही शाक्यों-सरीखे गणराज्य भद्दिय को अपना राजा बनाते होंगे यह सम्भव नहीं प्रतीत होता। अतः यह विशेष रूप से ग्राह्य दीखता है कि कोसल देश के पसेनदि राजा के द्वारा ही उसकी नियुक्ति हुई होगी। जो हो, हमें यह कहना पड़ता है कि शुद्धोदन कभी शाक्यों का राजा नहीं हुआ।

शाक्यों का मुख्य व्यवसाय खेती

त्रिपिटक-वाङ्मय में मिलने वाली जानकारी की छान-बीन अशोक के लुम्बिनी देवी वाले शिला-लेख के आधार पर करने से ऐसा मालूम होता है कि शुद्धोदन शाक्यों में से एक था, वह लुम्बिनी गाँव में रहता था और वहीं बोधिसत्व का जन्म हुआ था। ऊपर दिये गए महानाम और अनुरुद्ध के संवाद से यह सिद्ध होता है कि शाक्यों का प्रधान व्यवसाय खेती का था। महानाम-जैसे शाक्य जिस प्रकार स्वयं खेती करते थे उसी प्रकार शुद्धोदन शाक्य भी करता था। जातक की निदान-कथा में शुद्धोदन को महाराजा बनाकर उसकी खेती का इस प्रकार वर्णन किया गया है—

''एक दिन राजा की बोआई का समारोह (**वप्पमंगल**) होता था। उस दिन सारा शहर देवों के विमानों की तरह सजाया जाता था। सारे दास और मजदूर नये वस्त्र पहनकर और गन्ध-मालादि से भूषित होकर राजमहल में इकट्ठे हो जाते थे और राजा के खेत में एक हजार हलों का प्रयोग होता था। उस दिन सात सौ निन्यानबे हलों की रस्सियाँ, बैल और बैलों की नाथें चाँदी से मढ़ी होती थीं। राजा सोने से मढ़ा हुआ हल पकड़ता और चाँदी से मढ़े हुए सात सौ निन्यानबे हल अमात्य पकड़ते, बाकी २०० हल अन्य लोग ले लेते और सब मिलकर खेत जोतते। राजा सीधा यहाँ से वहाँ तक हल चलाता जाता।''

इस कथा में राई का पहाड़ जरूर बनाया गया है, परंतु इतना तथ्य अवश्य है कि शुद्धोदन स्वयं खेती करता था। आजकल महाराष्ट्र और गुजरात में जैसे जमींदार पटेल स्वयं

खेती करते हैं और मजदूरों से भी करवाते हैं वैसे ही वे शाक्य थे। अन्तर केवल इतना ही है कि आजकल के पटेलों के पास राजकीय अधिकार बहुत कम हैं और शाक्यों के पास वे प्रचुर मात्रा में थे। अपनी जमींदारी के किसानों और मजदूरों का न्याय वे स्वयं करते और अपने देश का आन्तरिक प्रबन्ध संस्थागार में एकत्र होकर देखते थे। आपस में कोई झगड़ा खड़ा हो जाता तो उसका निर्णय वे स्वयं ही करते थे। परन्तु किसी को देश-निकाला या फाँसी की सजा देनी हो तो उसके लिए उन्हें कोसल राजा से आज्ञा लेनी पड़ती थी। यह बात 'चूलसच्चक सुत्त' के निम्नलिखित संवाद से जानी जा सकती है—

"भगवान् कहते हैं, 'हे अग्गिवेस्सन, पसेनादि कोसल-जैसे या मगधों के अज्ञातशत्रु-जैसे मूर्द्धाभिषिक्त (मूर्धावसिक्त) राजा को अपनी प्रजा में से किसी अपराधी को मृत्यु-दण्ड देने, जुर्माना करने या निर्वासित करने का पूरा अधिकार है या नहीं?"

"सच्चक कहता है, 'हे गौतम, वज्जी और मल्ल गणराजाओं को भी अपने राज्य के अपराधियों को फाँसी देने, जुर्माना करने या निर्वासित कर देने का अधिकार है, तो फिर यह कहने की आवश्यकता नहीं है कि पसेनदि कोसल राजा को या अज्ञातशत्रु को वह अधिकार प्राप्त है।"

इस बातचीत से हम जान सकते हैं कि गणराज्यों में से केवल वज्जियों और मल्लों को ही पूर्ण स्वाधीनता प्राप्त थी और शाक्य, कोलिय, काशी, अंग आदि गणराजाओं के पास अपराधी को मृत्यु-दण्ड देने, बड़ा जुर्माना करने या देश-निकाला देने का अधिकार नहीं रहा था। उसके लिए शाक्य, कोलिय तथा काशी गणराजाओं को कोसल राजा से और अंग गणराजाओं को मगध राजा से आज्ञा लेनी पड़ती थी।

मायादेवी की जानकारी

बोधिसत्व की माँ के बारे में बहुत कम जानकारी मिलती है। इसमें कोई शंका नहीं कि उनका नाम मायादेवी था, परन्तु शुद्धोदन का विवाह किस उम्र में हुआ और मायादेवी ने बोधिसत्व को किस उम्र में जन्म दिया आदि बातों का पता कहीं नहीं मिलता। अपदान ग्रंथ में महा-प्रजापति गौतमी का एक अपदान है। उसमें वह कहती है :

पच्छिमे च भवे दानि जाता देवदहे पुरे।
पिता अञ्जनसक्को में माता मम सुलक्खणा॥
ततो कपिलवत्थुस्मिं सुद्धोदनघरं गता।

अर्थात् 'और इस अन्तिम जन्म में मैंने देवदह नगर में जन्म लिया। मेरा पिता था अंजन शाक्य और मेरी माता सुलक्षणा। फिर (सयानी होने पर) मैं कपिलवस्तु के राजा शुद्धोदन के घर गई। (यानी शुद्धोदन के साथ मेरा विवाह हुआ।')

यह कहना कठिन है कि गौतमी की इस बात में कहाँ तक सचाई है। 'कपिलवस्तु के शुद्धोदन के घर गई'—यह कथन उपर्युक्त विवेचन के साथ मेल नहीं खाता।[१] परन्तु जबकि

---

१ . **क्योंकि भरण्हु की कथा से यह सिद्ध होता है कि शुद्धोदन कपिलवस्तु में नहीं रहता था।**

उसके अंजन शाक्य एवं सुलक्षणा की कन्या होने में बाधा डालने वाला कोई उल्लेख कहीं नहीं मिला है, तब हम कह सकते हैं कि गौतमी और उसकी बड़ी बहन मायादेवी अञ्जन शाक्य की कन्याएँ थीं और दोनों के विवाह शुद्धोदन के साथ हुए थे। परन्तु यह जानने का कोई उपाय नहीं कि उनसे विवाह एक साथ हुए या एक के बाद दूसरा हुआ।

बोधिसत्व के जन्म के सातवें दिन मायादेवी परलोक सिधारी, यह बात बौद्ध-वाङ्मय में प्रसिद्ध है। उसके बाद बोधिसत्व को होने वाले कष्टों का खयाल करके शुद्धोदन ने मायादेवी की ही छोटी बहन से विवाह कर लिया हो, यह विशेष सम्भव प्रतीत होता है। इतना अवश्य था कि गौतमी ने बोधिसत्व का लालन-पालन सगे पुत्र की तरह बड़े प्रेम से किया और उसे कभी सगी माँ का अभाव अनुभव नहीं होने दिया।

बोधिसत्व का जन्म

जातक की निदान-कथा के वर्णन का सारांश इस प्रकार है—

''मायादेवी जब दस मास की गर्भिणी थीं तब उसने पीहर जाने की इच्छा प्रदर्शित की। राजा शुद्धोदन ने उसकी इच्छा जानकर कपिलवस्तु से लेकर देवदह नगर तक का सारा मार्ग साफ करके ध्वज-पताका आदि से सजाया और उसे सोने की पालकी में बिठाकर बड़े दल-बल के साथ नैहर भेज दिया। उधर जाते समय रास्ते में लुम्बिनी वन में एक शाल-वृक्ष के नीचे उसने बच्चे को जन्म दिया।'' राजा शुद्धोदन यदि एक साधारण जमींदार होता तो यह सम्भव नहीं था कि वह इतना सारा रास्ता सजा सके। दूसरी बात यह कि दस मास पूर्ण होने पर गर्भिणी स्त्री को कोई भी मायके नहीं भेज सकता। अतः इस कहानी में बहुत ही अल्प तथ्य दिखाई देता है।

'महापदानसुत्त' में बताया गया है कि बोधिसत्व को माता के उदर में प्रवेश करने से लेकर जन्म के सात दिन बाद तक कुल सोलह अलौकिक चमत्कार (धम्मता) घटित होते हैं। इसमें से नौवें में इस बात का उल्लेख है कि बोधिसत्व की माँ ने दस मास पूर्ण होने के बाद ही उसे जन्म दिया। दसवें में लिखा है कि खड़ी हुई अवस्था में ही उसकी माँ ने बोधिसत्व का प्रसव किया था और आठवें में लिखा है कि बोधिसत्व के जन्म के सात दिन बाद उसकी माता चल बसती है। ये तीन अलौकिक चमत्कार कदाचित् गौतम बोधिसत्व के जीवन से लिये गए हैं। शेष सब काल्पनिक हैं और फिर धीरे-धीरे उनका भी प्रवेश गौतम के चरित्र में हुआ। सारांशतः हम यह मान सकते हैं कि बोधिसत्व की माता ने उसे उस समय जन्म दिया जब वह खड़ी थी और उसके जन्म के सात दिन बाद ही वह परलोक सिधारी। 'जातक' की निदान-कथा में कहा गया है कि उसने बोधिसत्व को शाल-वृक्ष के नीचे जन्म दिया था और 'ललितविस्तर' में यह बताया गया है कि गौतम का जन्म प्लक्ष वृक्ष के नीचे हुआ था। लुम्बिनी गाँव में शुद्धोदन के यहाँ घर से बाहर बगीचे में घूमते समय उसने प्रसव किया था—फिर वह शाल-वृक्ष के नीचे प्रसूत हुई हो या प्लक्ष वृक्ष के नीचे। इस वर्णन में इतनी ही सचाई समझनी चाहिए कि खड़ी हुई अवस्था में ही उसने बोधिसत्व को जन्म दिया था।

बोधिसत्व का भविष्य

''बोधिसत्व के जन्म के अनन्तर उन्हें माता के साथ घर लाकर शुद्धोदन ने बड़े-बड़े

पंडित ब्राह्मणों से उनका भविष्य पूछा। पंडितों ने उनके बत्तीस लक्षण देखकर यह भविष्य बताया कि या तो यह चक्रवर्ती राजा होगा या फिर सम्यक् सम्बुद्ध होगा।'' इस प्रकार के विस्तृत वर्णन 'जातक' की निदान-कथा 'ललितविस्तर' और 'बुद्धचरित' काव्य में आये हैं। इसमें सन्देह नहीं कि उन दिनों इन लक्षणों पर लोगों को बड़ा विश्वास होता था। त्रिपिटक-वाङ्मय में अनेक स्थानों पर उनका विस्तृत उल्लेख आया है। पोक्खरसाति ब्राह्मण ने तरुण अम्बष्ठ को यह देखने के लिए भेजा था कि बुद्ध के शरीर पर ये लक्षण स्पष्ट रूप से देखे। परन्तु उसे वे लक्षण दिखाई नहीं दिये। बुद्ध ने उसे वे अद्‌भुत चमत्कार दिखाये।[१] इस प्रकार 'बुद्धचरित' के साथ इन लक्षणों का यत्र-तत्र सम्बन्ध दिखाया गया है। चूँकि बुद्ध का बड़प्पन दिखाने का यह भक्तजनों का प्रयत्न होता है, अतः उसमें विशेष तथ्य है, ऐसा समझने की आवश्यकता नहीं है। तथापि बोधिसत्व के जन्म के बाद असित ऋषि द्वारा उनका भविष्य बताये जाने की कथा प्राचीन लगती है। उसका वर्णन 'सुत्तनिपात' के नालकसुत्त की प्रस्तावना में मिलता है। उसका सारांश हम यहाँ देते हैं—

''अच्छे वस्त्र पहनकर तथा इन्द्र का सत्कार करके देवता अपने उपवस्त्र आकाश में फेंककर उत्सव मना रहे थे। उन्हें असित ऋषि ने देखा और पूछा, 'यह उत्सव किस लिए है?' उन देवताओं ने असित से कहा, 'लुम्बिनी ग्राम के शाक्य-कुल में बोधिसत्व का जन्म हुआ है और इसलिए हम उत्सव मना रहे हैं।' यह सुनकर असित ऋषि नम्रता से शुद्धोदन के घर गया और उसने कुमार को देखने की इच्छा प्रकट की। जब शाक्य बोधिसत्व को असित के सामने लाये तो उसकी लक्षण-सम्पन्नता देखकर असित के मुँह से अचानक यह वाक्य निकला, 'यह मनुष्यों में सर्वश्रेष्ठ है।' परन्तु स्वयं अपना आयुष्य बहुत कम बचा है यह ध्यान में आने से असित ऋषि की आँखों से आँसू गिरने लगे। वह देखकर शाक्यों ने पूछा कि, 'क्या कुमार के प्राणों के लिए कोई भय है?' तब असित ने उन्हें यह कहकर सान्त्वना दिलाई कि, 'आगे चलकर यह कुमार सम्बुद्ध होने वाला है। परन्तु मेरी आयु बहुत कम शेष रह गई है, अतः उसका धर्म-श्रवण करने का अवसर मुझे नहीं मिलेगा। इसलिए दुःख होता है।' इस प्रकार शाक्यों को आनंदित करके असित ऋषि वहाँ से चला गया।''

बोधिसत्व का नाम

स शाक्यसिंहः सर्वार्थसिद्धः शौद्धोदनिश्च सः।
गौतमश्चार्कबंधुश्च मायादेवीसुतश्च सः॥

'अमरकोश' में बोधिसत्व के ये छः नाम दिये गये हैं। इनमें से शाक्यसिंह, शौद्धोदनि और मायादेवी-सुत, ये तीन विशेषण हैं और अर्कबंधु उसके गोत्र का नाम है। अब यह प्रश्न उपस्थित होता है कि सर्वार्थसिद्ध और गौतम इन दो नामों में से उनका असली नाम कौन-सा था? या ये दोनों ही नाम उनके थे।

त्रिपिटक-वाङ्मय में ऐसा उल्लेख कहीं नहीं मिला कि बोधिसत्व का नाम सर्वार्थसिद्ध था। केवल निदान-कथा में सिद्धत्थ (सिद्धार्थ) नाम आया है। परन्तु वह भी 'ललितविस्तर'

---

१. 'दीघनिकाय', अम्बट्‌ठ सुत्त।

से लिया गया होगा। उस ग्रन्थ में कहा गया है कि :

'अस्य हि जातमात्रेण मम सर्वार्थाः संसिद्धाः यन्वहमस्य सर्वार्थसिद्ध इति नाम कुर्याम्। ततो राजा बोधिसत्वं महता सत्कारेण सत्कृत्य सर्वार्थसिद्धोऽयं कुमारो नाम्ना भवतु इति नामास्याकार्षीत्।'

सर्वार्थसिद्ध नाम ही 'अमरकोश' में दिया गया है। परन्तु 'ललितविस्तर' में बोधिसत्व को बार-बार सिद्धार्थकुमार भी कहा गया है। उसी का पालि-रूपान्तर 'सिद्धत्थ' है। सर्वार्थसिद्ध का पालि रूपान्तर 'सब्बत्थ-सिद्ध' होता और वह विचित्र लगता, इसलिए कदाचित् जातक-अट्ठकथाकार ने 'सिद्धत्थ' नाम का प्रयोग किया है। अर्थात् सर्वार्थसिद्ध या सिद्धार्थ ये दोनों नाम ललितविस्तरकार अथवा ऐसे ही किसी बुद्ध-भक्त कवि की कल्पना से निकले होंगे।

इसमें शंका नहीं कि बोधिसत्व का सच्चा नाम गौतम था। 'थेरीगाथा' में महाप्रजापति गौतम की जो गाथाएँ हैं उनमें से एक यह है:

बहूनं वत अत्थाय माया जनयि गोतमं।
व्याधिमरणतुन्नानं दुक्खक्खन्धं ब्यपानुदि॥

अर्थात्, "बहुतों के कल्याण के लिए माया ने गौतम को जन्म दिया व्याधि और मरण से पीड़ित जनों की दुःख-राशि को उसने नष्ट किया।"

परन्तु 'महापदानसुत्त' में बुद्ध को '**गोतमो गोत्तेन**' कहा गया है। इसी प्रकार अपदान-ग्रन्थों में अनेक स्थानों पर '**गोतमो नाम नामेन**' और '**गोतमो नाम गोत्तेन**' ऐसे दो प्रकार के उल्लेख मिलते हैं। उनसे यह शंका पैदा होती है कि क्या बोधिसत्व का नाम और गोत्र एक ही था? परन्तु 'सुत्तनिपात' की निम्नलिखित गाथाओं से वह दूर हो सकेगी:

उजुं जानपदो राजा हिमवन्तस्स पस्सतो।
धनिविरियेन सम्पन्नो कोसलेसु निकेतिनो॥
आदिच्चा नाम गोत्तेन साकिया नाम जातिया।
तम्हा कुला पब्बजितोम्हि राज न कामे अभिपत्थयं॥[१]

अर्थात्, (बोधिसत्व बिंबिसार राजा से कहते हैं) "हे राजा, यहाँ से सीधे हिमालय की तलहटी में धन एवं शौर्य से सम्पन्न एक प्रदेश है। कोसल राष्ट्र में उसका समावेश होता है। वहाँ के लोगों का गोत्र आदित्य है और उन्हें शाक्य कहते हैं। उस कुल से मैं जो परिव्राजक हुआ, वह हे राजा, कामोपभोगों की इच्छा से नहीं।"

इन गाथाओं में शाक्यों का गोत्र आदित्य कहा गया है। एक ही समय में आदित्य और गौतम दो गोत्र नहीं हो सकते। चूँकि सुत्तनिपात प्राचीनतम है, अतः आदित्य ही शाक्यों का वास्तविक गोत्र होगा। 'अमरकोश' के उल्लिखित श्लोक में बुद्ध का जो अर्कबंधु नाम आया है वह उनका गोत्र-नाम समझना चाहिए। क्योंकि वह '**आदिच्चा नाम गोत्तन**' वाक्य से

---

१. **'पब्बजा सुत्त', गाथा १८-१९।**

ठीक मिलता है। बोधिसत्व का असली नाम गौतम था और बुद्ध पद को पहुँचने के बाद वे उसी नाम से प्रसिद्ध हुए। '**समणो खलु भो गोतमो सक्यकुला पब्बजितो**' इस प्रकार के उल्लेख 'सुत्तपिटक' में कई स्थानों पर मिलते हैं।

बोधिसत्व का समाधि-प्रेम

जातक की दन्तकथा का सार यह है—''शुद्धोदन राजा के ऊपर बताए हुए कृषि-समारोह के समय बोधिसत्व को उसके बचपन में ले जाया गया था और उसकी धायों ने उसे एक जम्बु वृक्ष के नीचे बिस्तर पर सुला दिया था। सिद्धार्थ-कुमार को सोया हुआ देखकर दाइयाँ कृषि-समारोह देखने चली गईं। इतनें में बोधिसत्व उठकर पलथी मारकर ध्यानस्थ बैठ गया। कुछ देर बाद दाइयों ने आकर देखा कि अन्य वृक्षों की छायाएँ तो दूर चली गई हैं, परन्तु उक्त जम्बुवृक्ष की छाया जैसी-की-तैसी ही रह गई है। यह अद्‌भुत चमत्कार देखकर शुद्धोदन राजा ने बोधिसत्व को नमस्कार किया।'' बोधिसत्व के जीवन की इस महत्वपूर्ण बात को इस प्रकार अद्‌भुत चमत्कार का रूप दे देने से उसमें कुछ अर्थ ही नहीं रहा है। वास्तविक बात कदाचित् ऐसी थी कि बोधिसत्व पिता के साथ खेत में जाकर हल चलाने आदि का काम किया करते थे और छुट्टी के समय एक जम्बुवृक्ष के नीचे ध्यान लगाये बैठे रहते थे।

'मज्झिमनिकाय' के महासच्चकसुत्त में बुद्ध भगवान् सच्चक से कहते हैं—

''मुझे याद आता है कि अपने पिता के खेत में जब मैं जाता था तब जम्बुवृक्ष की शीतल छाया में बैठकर कामोपभोगों एवं अकुशल विचारों से विमुक्त होकर सवितर्क, सविचार एवं विवेक से उत्पन्न होने वाला प्रीति-सुख जिसमें है ऐसे प्रथम ध्यान का सम्पादन करता था। यही तो बोध का सच्चा मार्ग नहीं होगा? मेरे विज्ञान से स्मृति का अनुसरण किया और मुझे लगा कि यही वह बोध का मार्ग होगा। हे अग्गिवेस्सन, मैंने स्वगत कहा, 'जो सुख कामोपभोगों और अकुशल विचारों से अलिप्त है; उस सुख से मैं क्यों डरता हूँ? फिर मैंने विचार किया कि उस सुख से मुझे डरना नहीं चाहिए। परन्तु वह सुख (देहदंडन से) दुर्बल हुए शरीर द्वारा प्राप्त कर लेना सम्भव नहीं है, अत: फिर से पर्याप्त अन्न खाना उचित है।''

बोधिसत्व ने सात वर्ष तक देह-दंडन चलाया तब उन्हें अपने पिता के खेत में जम्बुवृक्ष के नीचे बैठकर किए गए प्रथम ध्यान का अचानक स्मरण हो आया और वही मार्ग तत्व-बोध का होना चाहिए, ऐसा मानकर उन्होंने देह-दंडन छोड़ दिया और आहार-सेवन शुरू कर दिया।

परन्तु बोधिसत्व ने बचपन में ही यह ध्यान किससे सीखा? यह उन्हें वह आप-ही-आप प्राप्त हुआ? जातक अट्ठकथाकार, ललितविस्तरकार या बुद्धचरितकार ने बताया है कि यह ध्यान बुद्ध को बिल्कुल बचपन में ही प्राप्त हुआ था, अत: हमें कहना पड़ता है कि वह उन्हें आप-ही-आप प्राप्त हुआ था और वह एक अद्‌भुत चमत्कार था। परन्तु ऊपर दिये गए 'भरण्डुकालामसुत्त' का विचार करने पर इस अद्‌भुत चमत्कार का स्पष्टीकरण मिल जाता है। कालाम का आश्रम कपिलवस्तु में था, अत: यह कहना पड़ता है कि शाक्य लोगों में उसका सम्प्रदाय जानने वाले बहुत-से-लोग थे। आगे कालाम का जो विवरण आने वाला है उससे

यह दिखाई देगा कि कालाम ध्यान-मार्गी था और वह समाधि की सात सीढ़ियाँ सिखाता था। उनमें से पहली सीढ़ी थी प्रथम ध्यान, वह यदि बोधिसत्व को घर पर ही प्राप्त हुआ तो उसमें कौन-सा अद्‌भुत चमत्कार था? अगर कोई चमत्कार हो तो वह इतना ही है कि बचपन में खेती करते समय भी बोधिसत्व की वृत्ति धार्मिक थी और वे समय-समय पर ध्यान समाधि का अभ्यास किया करते थे।

बोधिसत्व की समाधि का विषय

यह कहना आसान नहीं है कि बोधिसत्व के ध्यान का विषय कौन-सा होगा। प्रथम ध्यान जिन पर सधता है ऐसे कुल छब्बीस विषय[१] हैं। उनमें से बोधिसत्व के ध्यान का विषय कौन-सा होगा यह निश्चित रूप से कहना यद्यपि कठिन है, तो भी मैत्री, करुणा, मुदिता और उपेक्षा इन चार विषयों में से किसी विषय पर वे ध्यान करते होंगे ऐसा अनुमान अप्रासंगिक न होगा, क्योंकि वह उसके प्रेममय स्वभाव के अनुरूप था। फिर उसके लिए एक आधार यह और मिलता है:

''बुद्ध भगवान् जब कोलिय देश में हरिद्रवसन नामक कोलियों के शहर के पास रहते थे तब कुछ भिक्षु प्रातःकाल के समय भिक्षाटन करने से पहले अन्य परिव्राजकों के आराम में गये। तब वे परिव्राजक उनसे बोले, 'हम अपने श्रावकों को उपदेश देते हैं कि हे मित्रो, चित्त के उपक्लेशों और चित्त को दुबले बनाने वाले पाँच नीवरणों को[२] छोड़कर आप मैत्री सहगतचित्त से एक दिशा को भर दीजिये; दूसरी, तीसरी और चौथी दिशाओं को भर दीजिये। इसी तरह ऊपर, नीचे और चारों ओर के सारे जगत् को विपुल, श्रेष्ठ, निस्सीम, अवैर एवं द्वेषरहित मैत्रीसहगत चित्त से भर दीजिये, करुणासहगत चित्त से....................मुदितासहगत चित्त से........................उपेक्षासहगत चित्त से पूरित कीजिये। श्रमण गौतम भी ऐसा ही उपदेश देता है। फिर उसके और हमारे उपदेश में क्या फर्क है?''[३]

'जातकअट्ठकथा' से और अन्य अट्ठकथाओं में अनेक स्थानों पर ऐसा उल्लेख आया है कि शाक्य और कोलिय पड़ोसी थे, उनमें निकट संबंध था और कभी-कभी रोहिणी नदी के पानी को लेकर उनमें झगड़े भी खड़े हो जाते थे। कोलियों के उस राज्य में अन्य पन्थों के परिव्राजक बौद्ध-संघ के भिक्षुओं से उपर्युक्त प्रश्न पूछते हैं। ये परिव्राजक वहाँ बहुत बरसों से रहते होंगे। यह बात निश्चित है कि उनका आश्रम बुद्ध द्वारा धर्मोपदेश दिये जाने के बाद स्थापित नहीं हुआ था, वह तो पहले से ही वहाँ था और ये परिव्राजक मैत्री, करुणा, मुदिता एवं उपेक्षा इन चार ब्रह्म-विहारों की भावना करने के उपदेश देते थे।[४] अतः वे कालाम के ही

---

१. बुद्धघोषाचार्य और अभिधर्म के मत में पच्चीस विषय हैं। परन्तु उपेक्षा पर भी प्रथम ध्यान साध्य होता है, ऐसा मान लिया जाय तो छब्बीस विषय होते हैं। देखिये, 'समाधि मार्ग', पृष्ठ ६८-६९ ।

२. देखिये; 'समाधि मार्ग', पृष्ठ३१-३५ ।

३. 'बोज्झंग संयुत्त', वग्ग ६, सुत्त ४ ।

४. इन ब्रह्म-विहारों का स्पष्टीकरण 'समाधि मार्ग' के पाँचवें अध्याय में किया गया है।

पन्थ के थे ऐसा मानने में क्या आपत्ति है? कम-से-कम ये ब्रह्म-विहार बोधिसत्व को युवावस्था में ही ज्ञात थे और वे उसको ध्यान में रखकर पहले ध्यान का सम्पादन करते थे इस विषय में कोई शंका नहीं उठ सकती।

बोधिसत्व के गृह-त्याग का कारण क्या था?

इसके बाद का महत्वपूर्ण प्रसंग है बोधिसत्व का अपने प्रासाद से उद्यान-भूमि की ओर चले जाना। शुद्धोदन महाराजा ने ऐसा प्रबन्ध कर रखा था कि बोधिसत्व के मार्ग में कोई बूढ़ा, व्याधिग्रस्त या मृत व्यक्ति न आ जाय। फिर भी देवता एक निर्मित बूढ़े को उनके दृष्टि-पथ में लाकर खड़ा कर देते हैं और बोधिसत्व विरक्त होकर अपने प्रासाद में लौट जाते हैं। उसके बाद देवता उन्हें दूसरी बार व्याधिग्रस्त, तीसरी बार मृत व्यक्ति और चौथी बार एक परिव्राजक को दिखाते हैं। इससे वे पूर्ण विरक्त होकर गृह-त्याग करते हैं और तत्व-बोध का मार्ग खोजने की ओर प्रवृत्त होते हैं। 'ललितविस्तर' आदि ग्रन्थों में इस प्रसंग के बड़े सरस वर्णन मिलते हैं। परन्तु फिर भी यह कहना पड़ता है कि वे सर्वथा ग्राह्य नहीं हैं। यदि बोधिसत्व पिता के साथ या अकेले खेत में जाकर काम करते थे और आडार कालाम के आश्रम में जाकर उसका दर्शन सीखते थे तो फिर यह कैसे सम्भव हो सकता है कि उन्होंने बूढ़ा, व्याधि-ग्रस्त या मृत व्यक्ति नहीं देखा हो?

अन्तिम दिन बोधिसत्व जब उद्यान में गये तो, "देवताओं ने एक उत्तम परिव्राजक का निर्माण करके सामने खड़ा किया। तब बोधिसत्व ने सारथी से पूछा, 'यह कौन है?' यद्यपि उस समय बोधिसत्व के न होने के कारण सारथी को परिव्राजक या उसके गुणों के बारे में जानकारी नहीं थी फिर भी देवताओं के प्रभाव से उसने कहा, 'यह परिव्राजक है', और उसने प्रव्रज्या के गुण बताये।" ऐसा जातकअट्ठकथाकार का कहना है। परन्तु कपिलवस्तु में और शाक्यों के पड़ोसी राज्य में यदि परिव्राजकों के आश्रम थे तो क्या आश्चर्य की बात नहीं कि बोधिसत्व या उनके सारथी को परिव्राजकों की बिल्कुल ही जानकारी न हो?

'अंगुत्तरनिकाय' के चतुक्क निपात[१] में वप्प शाक्य की कहानी आई है। वह निर्ग्रन्थ (जैन) श्रावक था। एक बार महा मोग्गल्लान के साथ उसकी चर्चा चल रही थी तो बुद्ध भगवान् वहाँ गए और उन्होंने वप्प को उपदेश दिया। तब वप्प बोला, "निर्ग्रन्थों (जैन साधुओं) की उपासना से मुझे कुछ लाभ नहीं हुआ, अब मैं भगवान् का उपासक बनता हूँ।" अट्ठकथाकार कहता है कि वप्प भगवान् का चाचा था, परन्तु यह कथन 'महादुक्खक्खन्धसुत्त' की अट्ठकथा से मेल नहीं खाता। जो हो, इसमें कोई शक नहीं कि वप्प नाम का एक वयोवृद्ध शाक्य जैन था। अर्थात् बोधिसत्व के जन्म से पहले ही शाक्य देश में जैन धर्म का प्रसार हो चुका था। अत: यह असम्भव लगता है कि बोधिसत्व को परिव्राजकों की जानकारी न हो।

तो फिर ये सारी अद्‌भुत कथाएँ बोधिसत्व के जीवन-चरित्र में कहाँ से आ गईं? वे आ

---

१. सुत्त नं० १९५ ।

गईं 'महापदानसुत्त' से।[१] वृद्ध मनुष्य को देखने पर बोधिसत्व ने सारथी से कैसे प्रश्न किया, इस विषय में जातक अट्ठकथाकार कहता है, **'महापवाने आगतनयेन पुच्छित्वा'** (महापदानसुत्त' में आई हुई कथा के अनुसार प्रश्न पूछकर)। इससे यह कहना पड़ता है कि ये सब अद्भुत कथाएँ 'महापदानसुत्त' से ली गई हैं।

तो फिर बोधिसत्व के गृह-त्याग का कारण क्या था? इसका उत्तर स्वयं बुद्ध भगवान् अत्तदण्डसुत्त में इस प्रकार देते हैं:

अत्तदण्डा भयं जातं, जनं पस्सथ मेधकं।
संवेगं कित्तयिस्सामि यथा संविजितं मया॥ १॥
फन्दमानं पजं दिस्वा मच्छे अप्पोदके यथा।
अञ्ञमञ्ञेहि व्यारुद्धे दिस्वा मं भयभाविसि॥ २॥
समन्तमसरो लोको, दिसा सब्बा समेरिता।
इच्छं भवनमत्तनो नाद्दसासिं अनोसितं।
ओसाने त्वेव व्यारुद्धे दिस्वा में अरती अह॥ ३॥

अर्थात् (१) शस्त्र-धारण भयावह लगा। (उससे)यह जनता कैसे झगड़ती है देखो। मुझमें संवेग (वैराग्य) कैसे उत्पन्न हुआ, यह मैं बताता हूँ। (२) अपर्याप्त पानी में जैसे

---

१. **अपदान (संस्कृत अवदान) का अर्थ है सच्चरित्र। महापुरुषों के सच्चरित्रों का संग्रह जिन सुत्तों में है वह 'महापदानसुत्त' है। इसमें पूर्वयुगीन छह और इस युग के गौतम बुद्ध को मिलाकर सात बुद्धों के जीवन-चरित्र प्रारम्भ में संक्षेप में देकर फिर विपस्सी बुद्ध का जीवन-चरित्र विस्तार के साथ बताया गया है। अट्ठकथाकार कहते हैं कि वह एक नमूना है और उसी के अनुसार अन्य बुद्धों की जीवनियों का वर्णन करना चाहिए। इस वर्णन के अधिकांश भाग इस सुत्त की रचना से पहले या अनन्तर गौतम बुद्ध की जीवनी में दाखिल कर लिये गए और वे स्वयं 'त्रिपिटक' में विभिन्न स्थानों पर पाये जाते हैं। परन्तु उद्यान-दर्शन का भाग 'त्रिपिटक' में नहीं है। वह जातक-अट्ठकथाकार ने ले लिया। उससे पहले 'ललितविस्तर' में और 'बुद्ध-चरित' काव्य में इस कथा का समावेश किया गया था।**

गौतम बोधिसत्व के लिए तीन प्रासाद बनाये गये थे यह बात मैं ऐतिहासिक समझता था, परन्तु वह भी शायद काल्पनिक ही थी। क्योंकि यह सम्भव नहीं लगता कि शुद्धोदन-जैसा स्वयं परिश्रम करने वाला छोटा-सा जमींदार अपने लड़के के लिए तीन प्रासाद बना दे।

'दीघनिकाय' भाग दूसरा भाषांतरकार स्व० चिंतामणि बैजनाथ राजवाड़े (प्रकाशक, ग्रन्थ-सम्पादक व प्रकाशक मण्डली नं० ३८० ठाकुर द्वार रोड, बम्बई नं० २)। इस ग्रन्थ के प्रारम्भ में 'महापदानसुत्त' का मराठी भाषांतर आया है। जिज्ञासु पाठक उसे अवश्य पढ़ें।

मछलियाँ छटपटाती हैं वैसे एक-दूसरे से विरोध करके छटपटाने वाली प्रजा को देखकर मेरे अन्तःकरण में भय उत्पन्न हुआ (३) चारों ओर का जगत् असार दिखाई देने लगा, सब दिशायें काँप रही हैं ऐसा लगा और उसमें आश्रय का स्थान खोजने पर निर्भय स्थान नहीं मिला, क्योंकि अन्त तक सारी जनता को परस्पर विरुद्ध हुए देखकर मेरा जी ऊब गया।

रोहिणी नदी के पानी के लिए शाक्य और कोलिय झगड़ते थे, एक बार वे दोनों अपनी सेनाओं को सुसज्जित करके रोहिणी नदी के पास ले गए, उस समय बुद्ध भगवान् ने दोनों सेनाओं के बीच जाकर इस सुत्त का उपदेश दिया, ऐसा उल्लेख 'जातकअट्ठकथा' में अनेक स्थानों पर आया है। परन्तु यह ठीक नहीं लगता। वैसे शाक्यों और कोलियों को भगवान् बुद्ध ने उपदेश दिया होगा और उनके झगड़े भी तै किये होंगे, परन्तु उन अवसरों पर इस सुत्त का उपदेश देने का कोई कारण दिखाई नहीं देता। इस सुत्त में भगवान् कह रहे हैं कि उन्हें कैसे वैराग्य प्राप्त हुआ और वे घर से क्यों निकल गए? रोहिणी नदी के पानी को लेकर या ऐसे ही किसी क्षुद्र कारण से शाक्यों और कोलियों में झगड़े होते थे। ऐसे अवसरों पर बोधिसत्व के सामने यह प्रश्न उपस्थित हुआ होगा कि वे शस्त्र उठायें या नहीं। परन्तु शस्त्र से इन झगड़ों को मिटाना सम्भव नहीं था। शाक्यों और कोलियों के झगड़े यदि बलपूर्वक भी निबटाये जाते तो भी खत्म न होते, क्योंकि उन्हें निबटाने वाले को फिर पड़ोसी राजा के साथ लड़ना पड़ता और यदि वह उसे भी हरा देता तो उसके पड़ोस में रहने वाले राजा से युद्ध करना पड़ता; इस प्रकार शस्त्र-ग्रहण से सर्वत्र जय प्राप्त करना अनिवार्य हो जाता। परन्तु जय मिलने पर भी शान्ति कहाँ प्राप्त होती? पसेनदि कोसल और बिम्बिसार के पुत्र ही उनके शत्रु बन गए थे। तो फिर इस शस्त्र-ग्रहण से क्या लाभ? यही न कि अन्त तक झगड़ते रहो? इस सशस्त्र प्रवृत्ति-मार्ग से बोधिसत्व ऊब गए और उन्होंनें शस्त्र-निवृत्ति-मार्ग को स्वीकार किया।

'सुत्तनिपात' के पब्बज्ज्या सुत्त के प्रारम्भ में ही निम्नलिखित गाथाएँ हैं:

> **पब्बजं कित्तयिस्सामि यथा पब्बजि चक्खुमा।**
> **यथा वीमंसमानो सो पब्बजं समरोचयि॥ १॥**
> **संबाधोऽयं घरावासो रजस्सायतनं इति।**
> **अब्भोकासो च पब्बज्जा इति दिस्वान पब्बजि॥ २॥**

(१) चक्षुष्मन्त ने प्रव्रज्या क्यों ली और उसे वह किस विचार से प्रिय लगी यह बतलाकर उसकी प्रव्रज्या का मैं वर्णन करता हूँ।

(२) गृहस्थाश्रम तो अड़चनों और कूड़े-कचरे की जगह है तथा प्रव्रज्या खुली हवा है यह जानकर वह परिव्राजक बन गया।

इस कथन के लिए आधार 'मज्झिमनिकाय' के महासच्चकसुत्त में भी मिलता है। वहाँ भगवान् कहते हैं, ''हे अग्गिवेस्सन, सम्बोधि-ज्ञान होने से पहले, बोधिसत्व की स्थिति में ही मुझे लगा कि गृहस्थाश्रम अड़चनों और कूड़े-कचरे की जगह है तथा प्रव्रज्या खुली हवा है। गृहस्थाश्रम में रहकर अत्यन्त परिपूर्ण एवं परिशुद्ध ब्रह्मचर्य का आचरण करना सम्भव नहीं है। अतः मुण्डन करके और काषाय वस्त्र धारण करके घर से बाहर निकलकर परिव्राजक होना उचित है।''

परन्तु 'अरियपरियेसनसुत्त' में इससे थोड़ा भिन्न कारण दिया गया है। भगवान् कहते हैं, हे भिक्षुओं, सम्बोधि-ज्ञान होने से पूर्व जब मैं बोधिसत्व था तभी मैं स्वयं जन्मधर्मी होते हुए जन्म के चक्कर में फँसी हुई वस्तुओं (पुत्र, दारा, दासी, दास आदि) के पीछे लगा हुआ था। (अर्थात् मुझे लगता था कि मेरा सुख इन वस्तुओं पर निर्भर है।) स्वयं जराधर्मी होते हुए, व्याधिधर्मी होते हुए मरणधर्मी होते हुए शोकधर्मी होते हुए, जरा, व्याधि, मरण और शोक के चक्कर में फँसी हुई वस्तुओं के पीछे पड़ा हुआ था। तब मेरे मन में यह विचार आया कि मैं स्वयं जन्म, जरा, मरण, व्याधि और शोक से सम्बद्ध हूँ तो भी उन्हीं से सम्बद्ध पुत्र-दारादि के पीछे पड़ा हूँ, यह ठीक नहीं है। अतः यह उचित है कि ये जन्म, जरा आदि से होने वाली हानि देखकर अजान, अजरा, अव्याधि, अमग और अशोक परम श्रेष्ठ निर्वाण-पद का मैं शोध करूँ।''

इस प्रकार बोधिसत्व की प्रव्रज्या के लिए साधारणतया तीन कारण दिये गए हैं—(१) अपने आप्तों द्वारा एक-दूसरे से लड़ने के लिए शस्त्र धारण किये जाने से उन्हें भय लगा, (२) घर अड़चनों और कूड़े-कचरे की जगह है ऐसा लगा, और (३) ऐसा लगा कि स्वयं जन्म, जरा, मरण, व्याधि और शोक से सम्बद्ध होते हुए उसी प्रकार की वस्तुओं पर आसक्त होकर नहीं रहना चाहिए। इन तीनों कारणों की संगति बिठाई जा सकती है।

बोधिसत्व के जातिबन्धु शाक्यों और कोलियों में झगड़े खड़े हुए तो उस समय उनके सामने यह प्रश्न उपस्थित हुआ कि उनमें वे शरीक हों या नहीं। उन्होंने यह जान लिया कि मार पीट से ये झगड़े खत्म नहीं होंगे। परन्तु यदि उनमें वे भाग न लेते तो लोग उन्हें डरपोक कहते और उन्होंने गृहस्थ-धर्म का पालन नहीं किया, ऐसा समझा जाता। इससे उन्हें गृहस्थाश्रम बाधा रूप प्रतीत होने लगा। उससे तो संन्यासी बनकर निरपेक्ष रूप से जंगलों में घूमते रहना क्या बुरा था? परन्तु अपनी पत्नी एवं पुत्र से उन्हें बहुत प्रेम होने के कारण गृह-त्याग करना बहुत कठिन था। अतः उन्हें और अधिक सोचना पड़ा। उन्हें ऐसा लगा कि मैं स्वयं जाति-जरा-व्याधि-मरण-धर्मी हूँ, अतः इसी स्वभाव से बद्ध पुत्र-दारादि पर आसक्त होकर अड़चनों और कूड़े-कचरे के इस गृहस्थाश्रम में पड़े रहना उचित नहीं है। इसलिए वे परिव्राजक बन गए। इन तीनों कारणों में मुख्य कारण था शाक्यों और कोलियों के लड़ाई-झगड़े। इस बात को अच्छी तरह ध्यान में रखने से बोधिसत्व द्वारा आगे चलकर बुद्ध होकर खोज निकाले गए मध्यम मार्ग का अर्थ ठीक समझ में आ सकेगा।

राहुल कुमार

बोधिसत्व का विवाह युवावस्था में हुआ था और गृह-त्याग करने से पहले उनके राहुल नाम का पुत्र हुआ था इसके लिए 'त्रिपिटक' में अनेक स्थानों पर आधार मिलता है। जातक की निदान-कथा में कहा गया है कि जिस दिन राहुल कुमार का जन्म हुआ उसी रात को बोधिसत्व ने गृह-त्याग किया। परन्तु दूसरे अट्ठकथाकारों का मत ऐसा दीखता है कि राहुल कुमार के जन्म के बाद सातवें दिन बोधिसत्व ने गृह-त्याग किया। पर इन दोनों कथनों को प्राचीन वाङ्मय में आधार नहीं मिलता। इतना निश्चित है कि बोधिसत्व के गृह-त्याग से पहले उनके राहुल नाम का एक लड़का था। गौतम बोधिसत्व बुद्ध होकर कपिलवस्तु लौट आए और उस समय उन्होंने राहुल को दीक्षा दी, ऐसे वर्णन 'महावग्ग' में और अन्यत्र मिलते

हैं।'' अट्ठकथाओं में अनेक जगह कहा गया है कि उस समय राहुल सात बरस का था। राहुल को भगवान् ने श्रामणेर बनाया या नहीं और वह उस समय कितने वर्ष का होगा इसका विचार छठे अध्याय में किया जायेगा, क्योंकि श्रामणेरों का सम्बन्ध भिक्षु-संघ के साथ आता है।

राहुलमाता देवी

राहुल की माँ को 'महावग्ग' में और 'जातकअट्ठकथा' में सर्वत्र 'राहुलमाता देवी' कहा गया है। उसका यसोधरा (यशोधरा) नाम केवल अपदान-ग्रन्थ में मिलता है। 'जातक' की निदान-कथा में कहा गया है कि ''जिस समय हमारे बोधिसत्व ने लुम्बिनी वन में जन्म लिया उसी समय राहुलमाता देवी, छन्न अमात्य, कालुदायि (काला उदायि) अमात्य, कन्थक अश्वराजा, (बुद्ध गया का) महाबोधिवृक्ष और चार निधिकुम्भी (धन से भरे मटके) उत्पन्न हुए।'' इसमें बोधिवृक्ष और धन से भरे मटके उसी समय उत्पन्न हुए यह केवल दन्तकथा समझनी चाहिए। परन्तु बोधिसत्व, राहुल माता, छन्न और काला उदायि ने एक ही समय जन्म लिया हो तो भी हम मान सकते हैं कि वे समवयस्क थे। राहुलमाता का देहान्त शायद ७८वें वर्ष में यानी बुद्ध के परिनिर्वाण से दो वर्ष पूर्व हुआ था। अपदान (५८४) में वह कहती है :

अट्ठसत्ततिवस्साहं पच्छिमो वत्तत्ति भवो।

....

पहाय वो गमिस्सामि कतम्मे सरणमत्तनो॥

'अर्थात् मैं आज अठहत्तर बरस की हूँ। यह मेरा अन्तिम जन्म है। आपको छोड़कर मैं चली जाऊँगी। मैंने अपनी मुक्ति प्राप्त कर ली है।'

इस अन्तिम जन्म में अपने शाक्य-कुल में जन्म लेने का भी उल्लेख वह करती है, परन्तु उस कुल की जानकारी कहीं नहीं मिली, अपदानकार का कहना शायद ऐसा है कि वह भिक्षुणी बनकर रही और ७८वें वर्ष में बुद्ध के पास जाकर उसने उपर्युक्त भाषण किया। परन्तु भिक्षुणी बनने के बाद उसने कोई भी उपदेश किया हो या किसी भी प्रकार से बौद्ध-संघ के साथ उसका सम्बन्ध आया हो ऐसा नहीं लगता। अत: यह निश्चित रूप से कहना कठिन है कि वह सचमुच भिक्षुणी हुई थी या नहीं। अपदान ग्रन्थ में उसका नाम यशोधरा और 'ललितविस्तर' में गोपा दिया गया है। अत: समझ में नहीं आता कि इनमें से असली नाम कौन-सा था, या दोनों नाम उसी के थे।

गृह-त्याग का प्रसंग

बोधिसत्व ने जब गृह-त्याग किया तब रात को वे अपने प्रासाद में बैठे थे। उनके परिवार की स्त्रियों ने वाद्यगीतादि से उनका दिल बहलाने की बहुत चेष्टा की; परन्तु बोधिसत्व का मन उसमें नहीं लगा। अन्त में वे स्त्रियाँ थककर सो गईं। नींद में कोई बक रही थी, तो किसी के मुँह से लार टपक रही थी। बोधिसत्व को यह दृश्य देखकर बड़ी घृणा हुई और उन्होंने नीचे जाकर छन्न सारथी को जगाया। छन्न कंथक नामक घोड़े को सुसज्जित कर लाया। उस पर बोधिसत्व आरूढ़ हो गए और छन्न ने घोड़े की पूँछ पकड़ ली। देवताओं

ने उन दोनों के लिए नगर-द्वार खोल दिया। उससे बाहर निकलकर वे दोनों अनोमा नदी के किनारे पहुँच गए। वहाँ बोधिसत्व ने अपने बाल अपनी तलवार से काट डाले और गहने आदि छन्न के हवाले करके वे राजगृह चले गए। बोधिसत्व के वियोग के कारण कंथक ने अनोमा नदी पर ही देह-विसर्जन किया और छन्न सारथी गहने आदि लेकर कपिलवस्तु लौट गया।

यह 'निदान कथा' की कहानी का सारांश है। 'निदान कथा', 'ललितविस्तर' और 'बुद्ध चरित' काव्य में इस प्रसंग के सरस वर्णन आते हैं, और बौद्ध चित्रकला पर उनका अच्छा परिणाम हुआ है। परन्तु ऐसा लगता है कि उनमें बिल्कुल तथ्य नहीं है या हो तो भी बहुत कम होगा। क्योंकि प्राचीनतर सुत्तों में इस असम्भवीय दन्तकथा के लिए कोई आधार नहीं मिलता।

'अरियपरियेसनसुत्त' में स्वयं भगवान् बुद्ध ने अपने गृह-त्याग के समय की घटना का वर्णन इस प्रकार किया है :

सो खो अहं भिक्खवे अपरेन समयेन दहरो व समानो सुसु कालकेसो भद्रेन योब्बनेन समन्नागतो पठमेन वयसा अकामकानं मातापितुन्नं अस्सुमुखानं रुदन्तानं केसमस्सुं ओहारेत्वा कासावानि वत्थानि अच्छादेत्वा अगारस्मा अनगारियं पब्बजिं।

अर्थात् "हे भिक्षुओ, ऐसा विचार करते हुए थोड़े समय के बाद, यद्यपि मैं उस समय तरुण था, मेरा एक भी बाल पका नहीं था, मैं ठीक जवानी में था और मेरे माँ-बाप मुझे आज्ञा नहीं दे रहे थे, आँखों से बहने वाले अश्रु-प्रवाह से उनके मुख भीग गए थे, वे लगातार रो रहे थे, फिर भी मैं (उन सबकी परवाह किये बिना) शिरोमुण्डन करके काषाय वस्त्रों से देह ढाँपकर घर से बाहर निकला। (अर्थात्, मैं संन्यासी बन गया।)

यही उदाहरण इन्हीं शब्दों में 'महासच्चकसुत्त' में मिलता है। इससे यह कहना बिलकुल गलत दिखाई देता है कि बोधिसत्व घर के लोगों को खबर किये बिना छन्न के साथ कंथक पर बैठकर भाग गए। बोधिसत्व की सगी माँ मायादेवी का देहान्त गौतम के जन्म के सातवें दिन हो गया था, तो भी उनका पालन महाप्रजापति गौतमी ने अपने निजी पुत्र के समान किया था। अत: उपर्युक्त उद्धरण में बुद्ध भगवान् ने उसी को मां कहा होगा। इस उद्धरण से यह बात स्पष्ट हो जाती है कि बोधिसत्व परिव्राजक होने वाले हैं। यह बात शुद्धोदन और गौतमी को बहुत दिनों से मालूम थी और इच्छा के विरुद्ध एवं उनके समक्ष ही उन्होंने प्रव्रज्या ग्रहण की थी।

❑❑❑

५

तपश्चर्या और तत्व-बोध

आलार कालाम से भेंट

घर छोड़कर बोधिसत्व सीधे राजगृह चले गए, वहाँ बिंबिसार राजा से उनकी भेंट हुई और फिर उन्होंने आलार कालाम के पास जाकर उसका तत्वज्ञान सीखा, इस प्रकार का वर्णन 'जातक' की निदान-कथा में मिलता है। अश्वघोष-कृत 'बुद्ध-चरित' काव्य में निदान-कथा का ही क्रम स्वीकार किया गया है। 'ललितविस्तर' में यह सविस्तार वर्णन आता है कि 'बोधिसत्व पहले वैशाली गये और वहाँ आलार कालाम के शिष्य बन गए। फिर वे राजगृह चले गए।' परन्तु ये दोनों वर्णन प्राचीन सुत्तों से मेल नहीं खाते। ऊपर दिये हुए 'आर्य परियेसनसुत्त' के उद्धरण में कहा गया है कि बोधिसत्व ने घर पर ही माँ-बाप के समक्ष प्रव्रज्या ली थी। उसके बाद तुरन्त यह उल्लेख मिलता है :

सो एवं पब्बजितो समानो किंकुसलगवेसी अनुत्तरं सन्तिवरपदं परियेसमानो येन आलारो कालामो तेनुपसंकमिं।

अर्थात् (भगवान् कहते हैं) "इस प्रकार प्रव्रज्या लेने पर हितकारी मार्ग कौन-सा है यह जानने के उद्देश्य से श्रेष्ठ, लोकोत्तर, शान्त तत्व की खोज करता हुआ मैं आलार कालाम के पास चला गया।"

इस उद्धरण से ऐसा प्रतीत होता है कि बोधिसत्व राजगृह न जाकर प्रथमत: आलार कालाम के पास गये। आलार कालाम कोसल देश का ही निवासी था। 'अंगुत्तरनिकाय तिकनिपात, (सुत्त नं० ६५) में कालाम नामक क्षत्रियों के केसपुत्त शहर का उल्लेख आया है। उससे ज्ञात होता है कि उन्हीं में से आलार कालाम एक था। शाक्य और कोलिय राजाओं से उसकी बहुत ख्याति थी। हम ऊपर बता ही चुके हैं कि आलार कालाम के एक शिष्य भरण्डु कालाम का आश्रम कपिलवस्तु में था। उसके दूसरे शिष्य या, अधिक हुआ तो, उद्दक रामपुत्त के शिष्य पास के कोलियों के देश में रहते थे और इसमें सन्देह नहीं कि इन सम्प्रदायों का महत्व शाक्य एवं कोलिय देशों में बहुत था। बोधिसत्व ने प्रथम ध्यान की पद्धति इन्हीं परिव्राजकों से सीखी थी और उन्हीं लोगों ने उन्हें संन्यास-दीक्षा दी होगी।

परन्तु बोधिसत्व को शाक्य या कोलिय देश के किसी आश्रम में समय बिताना उचित नहीं प्रतीत हुआ। हितकारी मार्ग और श्रेष्ठ, लोकोत्तर, शान्ति-तत्व का बोध कर लेने के लिए उन्होंने स्वयं आलार कालाम से भेंट की। उस समय आलार कालाम कोसल देश में ही कहीं रहता होगा। उसने बोधिसत्व को चार ध्यान और उन पर की तीन सीढ़ियाँ सिखाईं। परन्तु केवल समाधि की इन सात सीढ़ियों से उन्हें सन्तोष नहीं हुआ। यह मनोनिग्रह का मार्ग था तो

सही, परन्तु सारी मनुष्य जाति को इससे क्या लाभ? इसीलिए बोधिसत्व ने हितकारी मार्ग की खोज आगे बढ़ाई।

उद्दक रामपुत्त से भेंट

आलार कालाम और उद्दक रामपुत्त दोनों एक ही समाधि-मार्ग सिखाते थे। उनमें अन्तर केवल इतना ही था कि आलार कालाम समाधि की सात सीढ़ियाँ बताता था और उद्दक रामपुत्त आठ। शायद इन दोनों का गुरु कोई एक ही व्यक्ति था और फिर उन्होंने ये दो पन्थ निकाल लिए थे। आलार कालाम को छोड़कर बोधिसत्व उद्दक के पास चले गए। परन्तु उसके मार्ग में भी उन्हें विशेष तथ्य दिखाई नहीं दिया। अत: उन्होंने राजगृह जाकर वहाँ के प्रसिद्ध श्रमणपंथों का तत्व-ज्ञान लेने का निश्चय किया।

बिंबिसार राजा से भेंट

राजगृह में बोधिसत्व के आगमन का वर्णन एक अज्ञात कवि ने 'सुत्तनिपात' के पब्बज्जासुत्त में किया है। उसका अनुवाद इस प्रकार है—

(१) चक्षुष्मन्त (बोधिसत्व) ने प्रव्रज्या क्यों ली और किस विचार से उन्हें वह प्रिय लगी यह बताकर (उनकी) प्रव्रज्या का मैं वर्णन करता हूँ।

(२) गृहस्थाश्रम बाधायुक्त एवं कूड़े-कचरे की जगह है तथा प्रव्रज्या खुली हवा है, ऐसा जानकर उन्होंने प्रव्रज्या ले ली।

(३) प्रव्रज्या लेकर उन्होंने शारीरिक पाप-कर्म वर्ज्य किया। वाचसिक दुर्व्यवहार छोड़ दिया और अपनी आजीविका शुद्ध मार्ग से चलाई।

(४) बुद्ध मगधों के गिरिव्रज (राजगृह) में आये। सारे शरीर पर उत्तम लक्षणों को धारण करने वाले उस बुद्ध ने भिक्षाटन के लिए राजगृह में प्रवेश किया।

(५) अपने प्रासाद के ऊपर से बिंबिसार ने उन्हें देखा। उनकी लक्षणसम्पत्ति को देखकर बिंबिसार बोला—

(६) अहो, मेरी बात सुनिये—यह सुन्दर, भव्य, शुद्ध एवं आचार-सम्पन्न हैं। अपने पाँवों के नीचे दो हाथ के अन्तर पर दृष्टि रखकर यह चलता है: (**युगमत्तं च पेक्खति**।)

(७) अपने पैरों के पास दृष्टि रखकर चलने वाला यह जाग्रत भिक्षु नीच कुल का नहीं लगता। यह कहाँ जाता है, सो राजदूतों को दौड़कर देख आने दीजिये।

(८) वह भिक्षु (बोधिसत्व) कहाँ जाता है और कहाँ रहता है यह देखने के लिए वे (बिंबिसार राजा के भेजे हुए) दूत उसके पीछे-पीछे चले गए।

(९) इन्द्रियों की रक्षा करते हुए घर-घर भिक्षा लेकर विवेकी एवं जाग्रत बोधिसत्व ने तुरन्त पात्र भरकर भिक्षा प्राप्त की।

(१०) भिक्षाटन पूरा करके वह मुनि नगर से बाहर निकला और निवास करने के उद्देश्य से पाण्डव पर्वत के पास गया।

(११) उसे निवास करते देखकर वे दूत उसके पास बैठ गए और उनमें से एक ने जाकर राजा को बताया—

(१२) 'महाराज, वह भिक्षु पाण्डव पर्वत के पूर्व में व्याघ्र-जैसा, ऋषभ-जैसा या गिरि-गह्वर में रहने वाले सिंह की तरह बैठा है।'

(१३) दूत का यह वचन सुनकर वह क्षत्रिय (राजा) उत्तम यान में बैठा और जल्दी में पाण्डव पर्वत की ओर जाने के लिए निकला।

(१४) जहाँ तक यान में जाना सम्भव था वहाँ तक जाकर वह क्षत्रिय यान से नीचे उतरा और पैदल ही (बोधिसत्व के पास) जाकर उसके निकट बैठा।

(१५) यहाँ बैठकर राजा ने उससे कुशल-प्रश्नादि पूछे। कुशल-प्रश्नादि पूछकर वह इस प्रकार बोला—

(१६) 'तुम जवान और तरुण हो, मनुष्य की प्रथम वय में हो। तुम्हारी कान्ति कुलीन क्षत्रियों-जैसी अत्यन्त रोचक दीखती है।

(१७) तुम हाथियों का समुदाय साथ लेकर मेरी सेना की शोभा बढ़ाओ। मैं तुम्हें सम्पत्ति देता हूँ, उसका तुम उपभोग करो और अब मुझे बताओ कि तुम्हारी जाति क्या है?'

(१८) 'हे राजा, यहाँ से सीधे हिमालय की तलहटी में धन एवं वीर्य से सम्पन्न एक देश है कि जिसका समावेश कोशल राष्ट्र में होता है।

(१९) 'उनका (वहाँ के महाजनों का) गोत्र आदित्य है और उनकी जाति को शाक्य कहते हैं। उस कुल से, हे राजा, मैं जो परिव्राजक हुआ, यह कामोपभोग की इच्छा से नहीं।

(२०) 'कामोपभोग में मुझे दोष दिखाई दिया और एकान्तवास सुखपूर्ण लगा। अब मैं तपश्चर्या के लिए जा रहा हूँ उस मार्ग में मेरा मन रमता है।'

इस सुत्त की तीसरी गाथा में उल्लेख किया गया है कि बोधिसत्व ने काया, वाचा एवं उपजीविका का संशोधन किया। यह कार्य वे घर से निकलने के बाद रास्ते-ही-रास्ते में कर सके हों ऐसा नहीं लगता। आलार कालाम एवं उद्दक रामपुत्त के पास रहकर उनके आचार-विचारों का ठीक तरह पालन करके बोधिसत्व ने यह काम किया होगा। परन्तु उन्हें उतने से सन्तोष नहीं हुआ और प्रसिद्ध श्रमणनायकों का तत्व-ज्ञान जान लेने के उद्देश्य से वे राजगृह गये। वहाँ उन सब सम्प्रदायों में न्यूनाधिक मात्रा में तपश्चर्या दिखाई देने से उन्हें ऐसा लगा कि उन्हें भी वैसी ही तपश्चर्या करनी चाहिए और इसीलिए इस सुत्त की अन्तिम गाथा में वे कहते हैं कि, 'अब मैं तपश्चर्या के लिए जा रहा हूँ।' यह कहने की आवश्यकता नहीं कि कामोपभोगों से उनका मन पहले ही निवृत्त हो गया था, इसलिए मगध राजा ने जो अधिकार देने की इच्छा व्यक्त की थी वह उन्हें प्रिय नहीं लगी।

उरुवेला में आगमन

राजगृह से बोधिसत्व उरुवेला गये और तपश्चर्या करने के लिए उन्होंने वह स्थान पसन्द किया। इसका वर्णन 'अरियपरियेसनसुत्त' में मिलता है।

भगवान् कहते हैं, ''हे भिक्षुओ, वह मैं कुशल क्या है यह जानने के हेतु से लोकोत्तर शान्ति के श्रेष्ठ स्थान की खोज करता-करता क्रमशः यात्रा करके उरुवेला में सेनानिगम पहुँच गया। वहाँ मैंने रमणीय भूमि-भाग देखा। उसमें सुशोभित वन था और नदी मन्द-मन्द बह रही थी। उसके दोनों ओर सफेद रेतीला मैदान था, उसका उतार सरल था और वह अत्यन्त

मनोहारी था। इस वन के चारों ओर भिक्षाटन करने के लिए गाँव दिखाई दिए। यह रमणीय भूमि-भाग मुझे कुलीन मनुष्य के लिए तपश्चर्या के योग्य प्रतीत हुआ, अतः मैंने इसी जगह तपश्चर्या की।''

राजगृह के चारों ओर जो पहाड़ियाँ हैं उन पर निर्गन्थ आदि श्रमण तपश्चर्या करते थे ऐसा उल्लेख अनेक स्थानों पर मिलता है। परन्तु बोधिसत्व को तपश्चर्या के लिए ये रुक्ष पर्वत पसन्द नहीं आये। उरुवेला का रम्य प्रदेश पसन्द आया। इससे प्राकृतिक सौंदर्य के प्रति उनका प्रेम प्रकट होता है।

तीन उपमाएँ

तपश्चर्या करने से पहले बोधिसत्व को तीन उपमाएँ सूझीं। उनका वर्णन 'महासच्चक सुत्त' में आया है। भगवान् कहते हैं, ''हे अग्गिवेस्सन कोई गीली लकड़ी पानी में पड़ी हो और कोई मनुष्य उत्तरारणि लेकर उस पर घिसकर अग्नि उत्पन्न करने लगे तो क्या उससे आग पैदा होगी।''

सच्चक—हे गौतम, उन लकड़ी में से आग उत्पन्न होना सम्भव नहीं है, क्योंकि वह गीली है। उस मनुष्य का परिश्रम व्यर्थ जायेगा और उसे केवल तकलीफ ही होगी।

भगवान्—उसी प्रकार, हे अग्गिवेस्सन, जो कोई श्रमण और ब्राह्मण शरीर एवं मन से कामोपभोगों से अलिप्त नहीं हुए हैं और जिनका काम-विकार शान्त नहीं हुआ है वे चाहे जितने ही कष्ट उठाएँ तो भी उन्हें ज्ञान-दृष्टि और लोकोत्तर सम्बोध प्राप्त नहीं होगा। हे अग्गिवेस्सन, मुझे दूसरी उपमा यह सूझी कि कोई गीली लकड़ी पानी से दूर पड़ी है और कोई मनुष्य उत्तरारणि घिसकर उसमें से अग्नि उत्पन्न करने की चेष्टा कर रहा है, तो क्या उससे आग निकलेगी?

सच्चक—नहीं, हे गौतम, उसका प्रयत्न व्यर्थ जाकर उसे केवल कष्ट ही होंगे, क्योंकि वह लकड़ी गीली है।

भगवान्—उसी प्रकार, हे अग्गिवेस्सन, जो श्रमण और ब्राह्मण कामोपभोग छोड़कर शरीर एवं मन से उनसे अलिप्त तो रहते हैं, परन्तु जिनके मन के काम-विकार शमित नहीं होते वे चाहे जितने कष्ट उठाएँ तो भी उससे उन्हें ज्ञान-दृष्टि एवं लोकोत्तर सम्बोध प्राप्त नहीं होगा। हे अग्गिवेस्सन, मुझे एक और तीसरी उपमा सूझी कि कोई सूखी लकड़ी पानी से दूर पड़ी है और कोई मनुष्य उस पर उत्तरारणि घिसकर अग्नि उत्पन्न करने का प्रयत्न करता है तो वह आग उत्पन्न कर सकेगा या नहीं?

सच्चक—हाँ, हे गौतम, वह कर सकेगा; क्योंकि वह लकड़ी बिल्कुल सूखी है और पानी में पड़ी हुई नहीं है।

भगवान्—इसी प्रकार, हे अग्गिवेस्सन, जो श्रमण ब्राह्मण काया एवं चित्त से कामोपभोगों से दूर रहते हैं और जिनके मन के काम-विकार पूरी तरह नष्ट हो गए हैं, वे अपने शरीर को अत्यन्त कष्ट दें या न दें, उन्हें ज्ञान-दृष्टि एवं लोकोत्तर सम्बोध प्राप्त होना सम्भव है।

ये तीन उपमाएँ बोधिसत्व को तपश्चर्या का प्रारम्भ करते समय सूझीं। जो श्रमण ब्राह्मण यज्ञ-यागादि में सन्तोष मानते हैं वे उन अवसरों पर तपश्चर्या करके शरीर को कष्ट दे दें तो भी उन्हें तत्व-बोध नहीं होगा। अन्य श्रमण ब्राह्मण यज्ञ-याग का मार्ग छोड़कर जंगल में जा बैठें,

परन्तु यदि उनके अन्त:करण से काम-विकार नष्ट नहीं हुए हैं तो उनकी तपश्चर्या से कोई फल नहीं निकलेगा, गीली लकड़ी पर उत्तरारणि घिसकर अग्नि उत्पन्न करने-जैसा ही उनका प्रयत्न व्यर्थ जायगा। परन्तु यदि कोई व्यक्ति कामोपभोगों से दूर रहकर मन के काम-विकारों को पूरी तरह नष्ट कर सके तो वह देह-दण्डन के बिना ही तत्व-बोध प्राप्त कर सकेगा।

हठयोग

यद्यपि बोधिसत्व को ये उपमाएँ सूझीं, तो भी उन्होंने उस समय के श्रमण व्यवहार के अनुसार तीव्र तपश्चर्या करने का निश्चय किया। प्रारम्भ में उन्होंने हठयोग पर जोर दिया। भगवान् सच्चक से कहते हैं, "हे अग्गिवेस्सन, जब मैं दाँतों पर दाँत दबाकर और जीभ तालू में लगाकर अपने चित्त का दमन करता तब मेरी काँख से पसीना छूटता। जिस प्रकार कोई बलवान् पुरुष दुर्बल मनुष्य के मस्तक या कन्धे को पकड़कर दबाता है, उस प्रकार मैं अपना चित्त दबाता था। हे अग्गिवेस्सन, उसके बाद आश्वास-प्रश्वास दबाकर मैं ध्यान करने लगा। उस समय मेरे कानों से श्वास निकलने का शब्द आने लगा। जैसे लुहार की धौंकनी चलती है वैसे मेरे कानों से आवाज आने लगी। फिर भी हे अग्गिवेस्सन, मैं आश्वास-प्रश्वास तथा कान दबाकर ध्यान करने लगा। तब मुझे ऐसा प्रतीत हुआ मानो तीक्ष्ण तलवार की नोक से कोई मेरा मस्तक मथ रहा है। तथापि यही ध्यान मैंने आगे चलाया और मुझे ऐसा लगने लगा मानो मेरे मस्तक को कोई चमड़े के पट्टे से कसकर बाँध रहा हो। फिर भी वही ध्यान मैंने आगे चलाया। उससे मेरे उदर में वेदनाएँ उठीं। जिस प्रकार कसाई शस्त्र से गाय का पेट कुरेदता है उसी प्रकार मेरा पेट कुरेदा जा रहा है, ऐसा मुझे लगा। इन सब अवसरों पर मेरा उत्साह कायम था, स्मृति स्थिर थी, परन्तु शरीर में शक्ति कम हो गई थी। फिर भी वे कष्टप्रद वेदनाएँ मेरे चित्त के लिए बाधक नहीं बन सकीं।"

तीसरे अध्याय में हमने श्रमणों की नानाविध तपश्चर्याएँ दी हैं। उनमें हठयोग का समावेश नहीं हुआ है। तथापि यह मानना पड़ता है कि उल्लिखित प्रकार के हठयोग का अभ्यास करने वाले तपस्वी विद्यमान थे। वरना बोधिसत्व ने वैसे योग का अभ्यास शुरू नहीं किया होता।

उपोषण

इस प्रकार हठयोग का अभ्यास करने पर बोधिसत्व को जब यह ज्ञात हुआ कि उसमें कुछ तथ्य नहीं है तब उन्होंने उपोषण शुरू किया। अन्न-जल का पूरी तरह त्याग करना उन्हें उचित नहीं लगा। अत: वे अत्यन्त अल्प आहार लेने लगे। भगवान् सच्चक से कहते हैं, "हे अग्गिवेस्सन, मैं थोड़ा-थोड़ा आहार करने लगा। मैं मूँग का काढ़ा, कुलथी का काढ़ा, मटर का काढ़ा और चने का (हरेणु) काढ़ा पीकर ही रहता था। वह भी अत्यन्त अल्प होने के कारण मेरा शरीर बहुत कृश होने लगा। आसीतकवल्ली या कालवल्ली की गाँठों की तरह मेरे अंगों के जोड़ दिखाई देने लगे। ऊँट के पैर की तरह मेरा कटिबन्ध हुआ। सूत की तकलियों की माला-जैसा मेरा मेरुदण्ड दिखाई देने लगा। टूटे हुए मकान के बल्ले जैसे ऊपर-नीचे हो जाते हैं, मेरी पसलियाँ भी वैसी हो गईं। गहरे कुएँ में पड़ी हुई नक्षत्रों की परछाईं के समान मेरी आँखें धँस गईं। कच्चे कद्दू को काटकर धूप में डाल देने से जैसे वह सूख जाता है वैसे मेरे सिर की चमड़ी सूख गई। मैं पेट पर हाथ फेरता तो रीढ़ की हड्डी मेरे हाथ लग जाती और

रीढ़ की हड्डी पर हाथ फेरता तो रीढ़ की हड्डी मेरे हाथ आ जाती। रीढ़ की हड्डी की भी यही दशा थी। शौच या पेशाब के लिये मैं बैठता तो मैं वहीं पड़ा रहता। शरीर पर हाथ फेरने पर मेरे दुर्बल बाल आप-ही-आप नीचे गिर जाते।''

वितर्कों पर अधिकार

बोधिसत्व ने सात वर्ष तक तपश्चर्या की थी ऐसा उल्लेख अनेक स्थानों पर मिलता है। इन सात वर्षों में बोधिसत्व प्रधानतया देह-दंडन करते थे, फिर भी उनके मन में दूसरे विचार न चलते हों ऐसी बात नहीं थी। ऊपर लिखी तीन उपमाएँ देखें तो भी ऐसा दिखाई देता है कि काम-विकारों को पूर्णतया नष्ट किये बिना नानाविध काया-क्लेशों का उपयोग नहीं होगा, यह बात उन्हें स्पष्ट प्रतीत हो चुकी थी। इसके अतिरिक्त और भी सद्विचार उनके मन में आते थे ऐसा अनेक सुत्तों से दिखाई देता है। उनमें से कुछ विचारों का संग्रह संक्षेप में हम यहाँ करते हैं।

'मज्झिमनिकाय' के द्वधावितक्कसुत्त में भगवान् कहते हैं, ''हे भिक्षुओ, सम्बोध प्राप्त होने से पहले, जब मैं बोधिसत्व था तभी मेरे मन में यह विचार आया कि वितर्कों के दो भाग किये जायँ, उसके अनुसार काम-वितर्क (विषय-वितर्क) व्यापाद-वितर्क (द्वेष-वितर्क) और विहिंसा-वितर्क (और को या अपने को कष्ट देने का वितर्क)—इन तीन वितर्कों को मैंने एक विभाग किया और नैष्कर्म्य (एकान्तवास), अव्यापाद (मैत्री) और अविहिंसा (कष्ट न देने की बुद्धि)—इन तीन वितर्कों का दूसरा विभाग किया। इसके बाद बड़ी सावधानी एवं दक्षता से रहते समय पहले तीन वितर्कों में से कोई वितर्क मेरे मन में उत्पन्न होता था। उस समय मैं सोचता था कि यह बुरा वितर्क मेरे मन में उत्पन्न हुआ है। वह मेरे दु:ख, दूसरों के दु:ख या दोनों के दु:ख का कारण बनेगा, प्रजा का निरोध करेगा और निर्वाण तक नहीं पहुँचने देगा। इस विचार से वह वितर्क मेरे मन से निकल जाता था।

''हे भिक्षुओ, शरद् ऋतु में चारों ओर जब फसल पक जाती है तब चरवाहा बड़ी सावधानी से अपने जानवरों की रक्षा करता है, लकड़ी से पीटकर भी वह उन्हें खेतों से दूर रखता है। क्योंकि वह जानता है कि वैसा न करने से ढोर लोगों के खेत में घुस जायेंगे और उससे उसे जुर्माना देगा पड़ेगा। इसी प्रकार मैंने यह जाना कि काम, व्यापाद, विहिंसा आदि अकुशल मनोवृत्तियाँ भयावह हैं।

''उस समय मैं बड़ी सावधानी एवं उत्साह से रहता था। तब मेरे मन में नैष्कर्म्य, अव्यापाद और अविहिंसा, इन तीन वितर्कों में से कोई वितर्क उत्पन्न होता था। तब मैं सोचता था कि यह कुशल वितर्क मेरे मन में उत्पन्न हुआ है, यह मुझे, औरों को या दोनों को दु:ख देने वाला नहीं है, यह तो प्रजा की अभिवृद्धि करने वाला और निर्वाण तक पहुँचाने वाला है। सारी रात्रि या सारा दिन उसका चिन्तन किया जाय तो भी उससे भय नहीं है। तथापि अधिक समय तक चिन्तन करने से मेरी देह थक जायेगी और उससे मेरा चित्त स्थिर नहीं रहेगा और अस्थिर चित्त को समाधि कहाँ से मिलेगी? अत: (थोड़ी देर बाद) मैं अपना चित्त आभ्यन्तर में ही स्थिर करता था। गर्मी के अन्तिम दिनों में, जब लोग अपनी-अपनी फसलें अपने-अपने घर ले जाते थे, जैसे कोई चरवाहा ढोरों को यथेच्छ खुला छोड़ देता है, वह पेड़ के नीचे हो या

खेल के मैदान में हो फिर भी गायों पर नजर के अलावा और कुछ नहीं करता, उसी प्रकार नैष्कर्म्यादि कुशल वितर्कों के उत्पन्न होने पर मैं इतनी ही स्मृति रखता था कि ये कुशल धर्म हैं। (उनका निग्रह करने का प्रयत्न नहीं करता था।)''

निर्भयता

कुशल वितर्कों की सहायता से अकुशल वितर्कों पर विजय प्राप्त कर ली जाय तो भी जब तक धार्मिक व्यक्ति के मन में निर्भयता उत्पन्न नहीं हुई है तब तक उसे तत्व-बोध होना असम्भव है। डाकू या सैनिक अपने विरोधियों पर हिम्मत के साथ टूट पड़ते हैं, परन्तु उनमें निर्भयता थोड़ी ही होती है। वे शस्त्रास्त्रों से चाहे जितने लैस क्यों न हों, फिर भी भयभीत रहते हैं। वे सोचते हैं, न जाने हमारे शत्रु हम पर कब धावा बोल देंगे। अतः उनकी निर्भीकता सच्ची नहीं होती। अध्यात्म-मार्ग से जो निर्भीकता मिलती है वही सच्ची है। बोधिसत्व ने यह निर्भीकता कैसे प्राप्त की इसका परिचय निम्नलिखित उदाहरण से मिल सकेगा।

बुद्ध भगवान् जानु श्रोणी ब्राह्मण से कहते हैं कि, ''हे ब्राह्मण, जब मुझे संबोध प्राप्त नहीं हुआ था, मैं केवल बोधिसत्व था, तब मुझे ऐसा लगा कि जो श्रमण या ब्राह्मण परिशुद्ध काय-कर्मों का आचरण न करके अरण्य में रहते हैं वे इस दोष के कारण भय-भैरव को निमंत्रित करते हैं। परन्तु मेरे कर्म परिशुद्ध हैं, जब मैंने देखा कि परिशुद्ध काय-कर्म करने वाले जो सज्जन (आर्य) अरण्य में रहते हैं उनमें से मैं एक हूँ, तब अरण्यवास में मुझे अत्यन्त निर्भयता का अनुभव हुआ। अन्य कई श्रमण या ब्राह्मण अपरिशुद्ध वाचसिक कर्मों का आचरण करते हुए, अपरिशुद्ध मानसिक कर्मों का आचरण करते हुए अपरिशुद्ध आजीव (उपजीविका) करते हुए अरण्य में रहते हैं। परन्तु मेरे वाचसिक एवं मानसिक कर्म तथा उपजीविका परिशुद्ध हैं। जब मैंने देखा कि, मैं उन सज्जनों में से एक हूँ जिनके ये कर्म एवं उपजीविका परिशुद्ध हैं, तब अरण्यवास में मुझे अत्यन्त निर्भयता का अनुभव हुआ।

''हे ब्राह्मण, जो श्रमण या ब्राह्मण लोभी, प्रदुष्ट चित्त, आलसी, भ्रान्त चित्त अथवा संशयग्रस्त होकर अरण्य में रहते हैं वे इन दोषों के कारण भय भैरव को आमंत्रण देते हैं। परन्तु मेरा चित्त-काम-विकारों से अलिप्त है, द्वेष से मुक्त है (अर्थात् सब प्राणियों के विषय में मेरे मन में मैत्री रहती है), मेरा मन उत्साहपूर्ण, स्थिर एवं निःशंक है। जब मैंने देखा कि ऐसे गुणों से युक्त जो सज्जन अरण्य में रहते हैं उनमें से मैं एक हूँ, तो अरण्य-वास में मुझे अत्यन्त निर्भयता का अनुभव हुआ।

''हे ब्राह्मण, जो श्रमण या ब्राह्मण आत्मस्तुति एवं परनिंदा करते हैं, डरपोक होते हैं, मान-मान्यता की इच्छा रखकर अरण्य में रहते हैं—अथवा जड़बुद्धि होते हैं, वे इन दोषों के कारण भय भैरव को निमन्त्रित करते हैं। परन्तु मेरे अन्दर ये दुर्गुण नहीं हैं, मैं आत्मस्तुति या परनिंदा नहीं करता, मैं कायर नहीं हूँ, मुझे मान-मान्यता की चाह नहीं है....और मैं प्रज्ञावान् हूँ। जब मैंने देखा कि जो सज्जन इन गुणों से युक्त होकर अरण्य में रहते हैं उनमें से मैं एक हूँ, तो अरण्य में मुझे निर्भयता का अनुभव हुआ।

''हे ब्राह्मण, चतुर्दशी, पूर्णिमा, अमावस्या और अष्टमी की रातें (भय के लिए) प्रसिद्ध हैं। उन रातों को जिन उद्यानों में, अरण्यों में या वृक्षों के नीचे लोग देवताओं के लिए बलि

चढ़ाते हैं या जो स्थान अत्यन्त भयंकर समझे जाते हैं वहाँ मैं (अकेला) रहता था, क्योंकि भय भैरव कैसा होता है यह देखने की मेरी इच्छा थी। ऐसे स्थानों में रहते समय कोई हिरन उधर से चला जाता, कोई मोर सूखी लकड़ी नीचे गिराता अथवा पेड़ के पत्ते हवा से हिलने लगते तो मुझे लगता कि यही वह भय भैरव है। मैं कहता था, 'भय भैरव की इच्छा मन में रखकर ही मैं यहाँ आया हूँ, अतः इसी स्थिति में उसका नाश करना चाहिए।' मेरे चलते हुए भय भैरव आता तो चलते समय ही मैं उसका नाश करता। जब तक उसका नाश नहीं हुआ है तब तक मैं न रुकता न बैठता और न बिस्तर पर लेट ही जाता। अगर वह भय भैरव मेरे खड़े रहते हुए आ जाता तो खड़ा-खड़ा ही मैं उसका नाश करता। जब तक उसका नाश न होता तब तक मैं न चलता, न बैठता और न बिस्तर पर लेट ही जाता। अगर मेरे बैठे हुए वह भय भैरव आ जाता तो मैं न सोता, न खड़ा रहता और न चलता। बैठे-बैठे ही मैं उसका नाश कर डालता। अगर मेरे लेटे हुए वह भय भैरव आ जाता तो मैं न उठ बैठता, न खड़ा होता और न चलता। बिस्तर पर लेटे-लेटे ही मैं उसका नाश करता।''

राजयोग

बोधिसत्व केवल हठयोग और तपश्चर्या में ही अपना सारा समय बिताते थे, सो बात नहीं। वैसा करना किसी भी तपस्वी के लिए सम्भव नहीं था। बीच-बीच में उन्हें अच्छा अन्न खाना पड़ता था। शरीर में थोड़ी शक्ति आने पर वे फिर उपोषण आदि से देह-दंडन करने लगते, सात वर्ष के समय में बोधिसत्व प्रधानतया तपश्चर्या करते रहे, फिर भी इसमें सन्देह नहीं कि वे बीच-बीच में अच्छे अन्न का सेवन करते थे और शान्त समाधि का भी अनुभव करते थे। हठयोग को छोड़कर वे आनापान स्मृति समाधि की भावना कैसे करते थे इस सम्बन्ध में भगवान् बुद्ध ने 'आनापान संयुक्त' के पहले वग्ग के आठवें सुत्त में बताया है।

भगवान् कहते हैं, ''हे भिक्षुओ, आनापान स्मृति समाधि की भावना करने से बड़ा लाभ होता है। किस प्रकार उसकी भावना करने से बड़ा लाभ होता है। कोई भिक्षु अरण्य में पेड़ के नीचे या अन्य एकान्त स्थान में आसन जमाकर बैठता है। जब वह दीर्घ आश्वास लेता है तब वह यह जानता है कि, ''मैं दीर्घ आश्वास ले रहा हूँ।'' जब वह दीर्घ प्रश्वास छोड़ता है तब वह यह जानता है कि, ''मैं दीर्घ प्रश्वास छोड़ रहा हूँ।'' जब वह ह्रस्व आश्वास लेता है.....आदि।[१] इस प्रकार आनापान स्मृति समाधि की भावना करने से बड़ा लाभ होता है। हे भिक्षुओं, मैं भी सम्बोधि ज्ञान प्राप्त होने से पहले, बोधिसत्वावस्था में रहते समय बहुधा यही भावना करता था। इससे मेरे शरीर और आँखों को पीड़ा नहीं होती थी और मेरा चित्त पाप-विकारों से मुक्त रहता था।''

इससे यह स्पष्ट दिखाई देगा कि बोधिसत्व सदैव हठयोग का आचरण नहीं करते थे। बीच-बीच में वे शान्त राजयोग का अभ्यास करते थे और उससे उन्हें शान्ति मिलती थी।

ध्यान मार्ग का अवलम्बन

इस प्रकार उपोषण करना और आहार लेना, हठयोग और राजयोग आदि बातों में दोलायमान होते-होते अन्त में बोधिसत्व के मन ने अचानक यह निश्चय कर लिया कि

---

१. विशेष जानकारी के लिए देखिये, 'समाधिमार्ग', पृष्ठ ३८-४८।

तपश्चर्या बिल्कुल निरर्थक है, उसके बिना मुक्ति मिल सकती है। अतः तपस्या का त्याग करके उन्होंने फिर से पूर्णतया ध्यान मार्ग का अवलम्बन कैसे किया इसका वर्णन संक्षेप में 'महासच्चकसुत्त' में किया गया है।

भगवान् सच्चक से कहते हैं, "हे अग्गिवेस्सन, जब मेरे शाक्य पिता के खेत में काम चल रहा था मैंने जंबुवृक्ष की शीतल छाया में बैठकर प्रथम ध्यान प्राप्त कर लिया था इसका स्मरण मुझे हुआ और उस स्मरण के अनुसार मेरी यह धारणा हुई कि यही बोध का मार्ग होना चाहिए। फिर मेरे मन में यह विचार आया कि जो सुख विलास की वस्तु के उपभोग के बिना और कुशल विचारों से मिलता है उस सुख से मैं क्यों डरूँ? और फिर मैंने निश्चय किया कि उस सुख से मैं नहीं डरूँगा। परन्तु वह सुख अत्यन्त कृश शरीर द्वारा मिलने वाला नहीं था। अतः थोड़ा-थोड़ा आहार करने का विचार करके मैं उसके अनुसार आचरण करने लगा। उस समय पाँच भिक्षु मेरी सेवा कर रहे थे, क्योंकि उन्हें लगता था कि मुझे जिस धर्म का बोध होगा वह धर्म मैं उन्हें सिखाऊँगा। परन्तु जब मैं अन्न खाने लगा (तपश्चर्या छोड़ दी) तब उन्हें लगा कि 'यह गौतम तपश्चर्या से भ्रष्ट होकर खाने-पीने की ओर मुड़ गया है।' और वे पाँच भिक्षु मुझसे ऊबकर चले गये।"

फिर भी बोधिसत्व का निश्चय अटल रहा। तपश्चर्या का मार्ग छोड़कर सीधे-सादे ध्यान मार्ग से ही तत्व-बोध प्राप्त कर लेना चाहिए, इस विषय में उन्हें पूरा विश्वास हो गया।

मारयुद्ध

इस अवसर पर बोधिसत्व के साथ मार द्वारा युद्ध किये जाने का काव्यात्मक वर्णन 'बुद्ध चरित' आदि ग्रन्थों में मिलता है। उसका उद्‌गम 'सुत्तनिपात' के पधानसुत्त में है। उस सुत्त का भाषान्तर हम यहाँ देते हैं—

(१) नैरंजन नदी के किनारे तपश्चर्या का प्रारम्भ करके निर्वाण-प्राप्ति के लिए बड़े उत्साह से मैं ध्यान कर रहा था कि—

(२) करुण स्वर निकालकर मार मेरे पास आया। (वह बोला) तुम कृश एवं दुर्वण हो। मृत्यु तुम्हारे पास है।

(३) हजार हिस्सों में तुम मरने वाले हो। तुम्हारा जीवन केवल एक हिस्सा बाकी है। हे भलेमानुस, तुम जियो! जीना उत्तम है, तुम जिओगे तो पुण्य-कर्म करोगे।

(४) यदि तुम ब्रह्मचर्य से रहोगे और अग्निहोत्र की पूजा करोगे तो विपुल पुण्य का संग्रह होगा। यह निर्वाण का उद्योग किसलिए चाहिए?

(५) निर्वाण का मार्ग अत्यन्त कठिन एवं दुर्गम है। ये—गाथाएँ कहकर मार बुद्ध के पास खड़ा हो गया।

(६) ऐसा बोलने वाले उस मार से भगवान् ने कहा, "असावधान मनुष्य के मित्र, हे पापी, तुम यहाँ क्यों आये (यह मैं जानता हूँ)।

(७) उस प्रकार के पुण्य की मुझे बिलकुल आवश्यकता नहीं है। जिसे पुण्य की आवश्यकता हो उसे मार ये बातें सुनाये।

(८) मुझमें श्रद्धा है, वीर्य है, और प्रज्ञा भी है। इस प्रकार जब मैंने अपने ध्येय पर चित्त रखा है तो मुझे जीने के लिए क्यों उपदेश दे रहे हो?

(९) यह पवन नदी के प्रवाह को भी सुखा सकेगा, परन्तु मुझ-जैसे ध्येय पर चित्त रखने वाले (प्रेषितात्मा) का रक्त वह नहीं सुखा सकेगा।

(१०) (परन्तु यदि मेरे ही प्रयत्न से) रक्त शोषित हो जाय तो उसके साथ मेरे चित्त एवं श्लेष्म विकार भी सूख जाते हैं और मेरा मांस भी क्षीण होने पर चित्त अधिकतर प्रसन्न होकर स्मृति, प्रज्ञा एवं समाधि उत्तरोत्तर बढ़ती जाती है।

(११) इस प्रकार रहकर उत्तम सुख का लाभ होता है। तो मेरा चित्त कामोपभोगों की ओर नहीं जाता। यह मेरी आत्म-शुद्धि देखो।

(१२) (हे मार), कामोपभोग तुम्हारी पहली, अरति दूसरी, भूख एवं प्यास तीसरी और तृष्णा तुम्हारी चौथी सेना है।

(१३) पाँचवीं आलस्य, छठी भीति, सातवीं कुशंका, आठवीं अभिमान (अथवा गर्व)।

(१४) लाभ, सत्कार, पूजा (यह नौवीं) और झूठे मार्ग से पाई हुई कीर्ति [दसवीं सेना है] जिसके कारण मनुष्य आत्म-स्तुति एवं परनिन्दा करता है।

(१५) हे काले नमुचि, (लोगों पर) प्रहार करने वाली यह तुम्हारी सेना है। कायर मनुष्य उसे नहीं जीत सकता। जो उसे जीतता है उसी को सुख मिलता है।

(१६) यह मैं अपने सिर पर मूँज की घास[1] धारण कर रहा हूँ। यदि मेरी हार हो जाय तो मेरा जीना व्यर्थ है। पराभूत होकर जीने की अपेक्षा संग्राम में मर जाना अधिक अच्छा है।

(१७) कई श्रमण-ब्राह्मण तुम्हारी सेना में मिल गये हैं अतः वे नहीं चमकते, और जिस मार्ग से साधु-पुरुष जाते हैं वह मार्ग उन्हें मालूम नहीं है।

(१८) चारों ओर मार-सेना दिखाई देती है और मार अपने वाहनों के साथ सुसज्जित हो गया है। उससे युद्ध करने के लिए मैं आगे बढ़ता हूँ, इसलिए कि वह मुझे स्थान-भ्रष्ट न करे।

(१९) देवता और मनुष्य तुम्हारी सेना के सामने खड़े नहीं रह सकते। तुम्हारी उस सेना को मैं अपनी प्रज्ञा से हरा देता हूँ जैसे पत्थर से मिट्टी का बर्तन तोड़ दिया जाता है।

(२०) संकल्प को वश में रखकर और स्मृति को जाग्रत करके अनेक श्रावकों को उपदेश देता हुआ मैं देश-विदेशों में संचार करूँगा।

(२१) वे (श्रावक) मेरे उपदेश के अनुसार सावधानी से चलकर और अपने ध्येय पर चित्त रखकर तुम्हारी इच्छा के विरुद्ध ऐसे पद को पहुँच जायँगे जहाँ शोक नहीं करना पड़ता।

(२२) (मार बोला.....) सात वर्ष तक मैं भगवान् के पीछे-पीछे घूमा, परन्तु स्मृतिवान् बुध का कुछ भी वर्म मुझे नहीं मिला।

(२३) यहाँ कुछ मुलायम पदार्थ मिलेगा कोई मीठा पदार्थ मिलेगा, इस आशा से कौवा मेदवर्ण पाषाण के पास गया।

(२४) इस प्रकार शोक करते हुए मार की काँख से वीणा नीचे गिर गई और वह दुखी मार वहीं अंतर्धान हो गया।

---

१. युद्ध में पराभूत होकर पीछे न हटने के लिए मूँज नामक घास सिर में बाँध कर प्रतिज्ञा की जाती।

इस सुत्त का भाषान्तर 'ललितविस्तर' के अठारहवें अध्याय में आया है। उससे उसका प्राचीनत्व सिद्ध होता है। ऊपर दिया हुआ 'भयभैरव सुत्त' का अंश पढ़ने से इस सादे रूपक का अर्थ सहज ही ध्यान में आ जाता है। मनुष्य जाति के कल्याण के लिए जब कोई आगे बढ़ता है तब उस पर सबसे पहले धावा बोलने वाली मार सेना है कामोपभोगों की वासना। उसे दबाकर वह आगे कदम बढ़ाता है तो इतने में असंतोष (अरति) उत्पन्न होता है। उसके पश्चात् भूख, प्यास आदि एक के पीछे दूसरी सेनाएँ उपस्थित हो जाती हैं। उन सब वासनाओं एवं विकारों पर विजय प्राप्त किये बिना कल्याणप्रद तत्व का साक्षात्कार कभी नहीं हो सकता। अत: बुद्ध ने मार को हरा दिया। इसका अर्थ यही समझना चाहिए कि उन्होंने उन मनोविकारों पर विजय प्राप्त कर ली।

सुजाता की दी हुई भिक्षा

बोधिसत्व को संबोधि-ज्ञान वैशाखी पूर्णिमा की रात को प्राप्त हुआ। उस दिन दोपहर सुजाता नामक कुलीन युवती ने इन्हें उत्तम अन्न की भिक्षा दी थी। इसका उल्लेख 'सुत्तपिटक' के कहीं-कहीं है।[१] इस प्रसंग को छोड़कर और कहीं सुजाता का नाम नहीं मिलता। तथापि बौद्ध चित्र-कला में सुजाता को उत्तम स्थान मिला है और बुद्ध की दृष्टि से भी यह प्रसंग चिरस्मरणीय हो गया। चुन्द लुहार की दी हुई भिक्षा ग्रहण करके भगवान् बीमार हो गये। वे जान गये कि उस बीमारी में उनका परिनिर्वाण होने वाला है। और अपनी मृत्यु के पश्चात् लोग चुन्द को दोष न दें इसलिए भगवान् ने आनन्द से कहा, "जिस दिन मुझे सम्बोधिज्ञान प्राप्त हुआ उस दिन मिली हुई और आज मिली हुई भिक्षाएँ समान हैं, ऐसा तुम चुन्द को बताओ और सान्त्वना दिलाओ।"

बोधिवृक्ष के नीचे आसन

सुजाता की दी हुई भिक्षा ग्रहण करके बोधिसत्व ने नैरंजरा नदी के किनारे भोजन किया और उस रात को वे एक पीपल के पेड़ के नीचे जा बैठे। यह वृक्ष आजकल विद्यमान नहीं है। कहते हैं कि शशांक राजा ने उसका विध्वंस किया था। आजकल उसी स्थान पर लगाया हुआ पीपल और उससे लगा हुआ बुद्ध गया का प्रसिद्ध मन्दिर है। उस पेड़ के नीचे बोधिसत्व बैठ गए तो फिर एक बार मार-युद्ध होने का प्रसंग 'ललितविस्तर' में आया है। 'संयुत्तनिकाय' के संगाथावग्ग में ऐसा वर्णन आता है कि मार ने बुद्ध को फँसाने के लिए बोधिवृक्ष (उस पीपल के वृक्ष) के नीचे अपनी तीन लड़कियों—तृष्णा, अरति और रगा—को भेजा था। जातक की निदान-कथा में तो इसका सविस्तार वर्णन आता है कि उस अवसर पर मार सेना ने बुद्ध पर चारों ओर से कैसे धावा बोल दिया था, मार की सेना को देखकर ब्रह्मा आदि देवता भाग जाते हैं, अकेले बोधिसत्व रह जाते हैं। फिर मार बुद्ध से कहता है, "यह स्थान मेरा है, तुम यहाँ से चले जाओ!" उस स्थान पर अपना अधिकार सिद्ध करने के लिए मार अपनी सेना की गवाही देता है। सारे देवता भाग गए थे, अत: उस समय भगवान् बुद्ध की ओर से गवाही देने वाला कोई नहीं रहा था। तब बुद्ध अपना दाहिना हाथ नीचे करके कहते हैं, "यह सर्वसहा वसुन्धरा साक्षी है।" और पृथ्वी देवी विराट् स्वरूप धारण करके मार सेना को हरा देती

---

१. 'अंगुत्तरनिकाय', एककनिपात। 'बौद्ध संघाचा परिचय', पृष्ठ २२६ देखिये।

है—आदि पुराणमय वर्णन जातक अट्ठ-कथाकार ने किया है।

चित्रकारों ने बौद्ध-चित्र-कला में इस प्रसंग को बड़ा सुन्दर चित्रित किया है। लोभ, द्वेष, मोह, मद, मत्सर आदि दुष्ट मनोवृत्तियों को मूर्तिमान् स्वरूप देने का उनका प्रयत्न सराहनीय लगता है। यह नहीं कहा जा सकता कि प्रारम्भ में कवियों ने इस प्रसंग का वर्णन किया और फिर उसके अनुसार चित्रकला ने उसे मूर्त स्वरूप देने का प्रयत्न किया या चित्रकारों द्वारा पहले इस प्रसंग का रेखांकन होने के बाद उनका अनुसरण करके कवियों ने उसका वर्णन किया। जो भी हो, इतनी बात सही है कि ऊपर बताई हुई सेना को मूर्त स्वरूप देने का यह प्रयत्न है।

तत्व-बोध

उस वैशाखी पूर्णिमा की रात को बोधिसत्व को तत्व-बोध हुआ और तब से उन्हें बुद्ध कहते हैं। अर्थात् तब तक गौतम बोधिसत्व थे और उस दिन से वे गौतम बुद्ध हो गए। बुद्ध को जो तत्व-बोध हुआ वह है चार आर्यसत्य एवं तदन्तर्गत अष्टांगिक मार्ग। उसका उपदेश उन्होंने प्रथमत: अपने साथ रहने वाले पाँच साथियों को दिया।[१]

विमुत्ति सुख का आस्वाद

तत्व-बोध होने के बाद बुद्ध भगवान् उसी बोधिवृक्ष के नीचे सात दिन बैठकर विमुत्ति सुख का आस्वाद लेते रहे, और उस समय रात के तीन यामों (प्रहरों) में निम्नलिखित प्रतीत्य समुत्पाद वे उलटे-सीधे मन में लाये, ऐसा 'महावग्ग' में कहा है। परन्तु 'संयुत्तनिकाय' के दो सुत्तों में बताया गया है कि बुद्ध ने बोधिसत्व की स्थिति में ही यह प्रतीत्यसमुत्पाद जान लिया था।[२] उन सुत्तों के साथ 'महावग्ग' में आया हुआ उल्लेख मेल नहीं खाता। ऐसा लगता है कि जब 'महावग्ग' लिखा गया तब इस प्रतीत्यसमुत्पाद को बहुत महत्व प्राप्त हो गया था। महायान पन्थ के नागार्जुन-जैसे आचार्यों ने तो इस प्रतीत्यसमुत्पाद को अपने दर्शन की आधारभूत नींव बनाया।[३]

प्रतीत्यसमुत्पाद

वह प्रतीत्यसमुत्पाद संक्षेप में इस प्रकार है—

> अविद्या से संस्कार, संस्कारों से विज्ञान, विज्ञान से नामरूप, नामरूप से षडायतन, षडायतन से स्पर्श, स्पर्श से वेदना, वेदना से तृष्णा, तृष्णा से उपादान, उपादान से भव, भव से जाति (जन्म), और जाति से जरा, मरण, शोक, परिदेवन, दु:ख, दौर्मनस्य, उपायास उत्पन्न होते हैं।

पूर्ण वैराग्य से अविद्या का निरोध करने पर संस्कारों का निरोध होता है। संस्कारों के निरोध से विज्ञान का निरोध होता है। विज्ञान के निरोध से नामरूप का निरोध होता है। नामरूप के निरोध से षडायतन का निरोध, षडायतन के निरोध से स्पर्श का निरोध, स्पर्श के निरोध से वेदना का निरोध, वेदना के निरोध से तृष्णा का निरोध, तृष्णा के निरोध से उपादान का निरोध,

---

१. यह प्रसंग आगे आने वाला है, अत: यहाँ उसका विवरण हम नहीं देते।

२. 'निदानवग्गसंयुत्त', सुत्त १० और ६५ देखिये।

३. माध्यमककारिका का प्रारंभ देखिये।

उपादान के निरोध से भव का निरोध, भव के निरोध से जन्म का निरोध, जन्म के निरोध से जरा, मरण, शोक, परिदेवन, दु:ख, दौर्मनस्य, उपायास का निरोध होता है।

दु:ख में पीछे इतनी बड़ी कारण-परम्परा छोड़ देने से उसका साधारण जनता की समझ में आना बहुत कठिन हो गया। धीरे-धीरे इस प्रतीत्यसमुत्पाद को गहन दर्शन का स्वरूप प्राप्त हो गया और उसी पर वाद-विवाद होने लगे। नागार्जुनाचार्य ने अपनी 'माध्यमककारिका, इस प्रतीत्यसमुत्पाद की नींव पर ही लिखी है और बुद्धघोषाचार्य ने 'विशुद्धि मार्ग' का छठा हिस्सा (लगभग सौ-सवा सौ पृष्ठ) इसके विवेचन में खर्च किया है। वह सारी चर्चा पढ़ने के बाद विद्वान् व्यक्ति भी असमंजस में पड़ता है, फिर साधारण जनता को समझ में यह दर्शन कैसे आ सकता है? बुद्ध भगवान् का धर्म ब्राह्मण, क्षत्रिय आदि उच्च वर्ण के लोगों में जो विशेष रूप से फैल गया वह ऐसे गहन दर्शन के कारण नहीं। चार आर्य सत्यों का दर्शन बिल्कुल सादा है। वह सब प्रकार के लोगों के गले उतरा, इसमें कोई आश्चर्य की बात नहीं थी। इसका विचार आगे किया गया है।

ब्रह्मदेव की प्रार्थना

यह तो हम ऊपर कह चुके हैं कि तत्व-बोध होने के बाद बुद्ध भगवान् ने एक सप्ताह बोधिवृक्ष के नीचे (यानी उस पीपल के नीचे) बिताया था। इसके बाद दूसरा सप्ताह अजपाल न्यग्रोध वृक्ष के नीचे, तीसरा सप्ताह मुचलिन्द वृक्ष के नीचे और चौथा सप्ताह राजायतन वृक्ष के नीचे बिताकर बुद्ध भगवान् फिर से अजपाल वृक्ष के नीचे आये। वहाँ उनके मन में विचार आया कि, ''यह धर्म मैंने अत्यन्त कष्ट सह कर जाना है, अत: लोगों को उसका उपदेश देकर और अधिक कष्ट सहना अच्छा नहीं है।'' ब्रह्मदेव ने यह विचार जान लिया और धर्मोपदेश देने के लिए भगवान् से प्रार्थना की। यह कथा विस्तार के साथ 'महावग्ग' में और 'मज्झिमनिकाय' के अरियपरियेसनसुत्त में आई है, परन्तु वह गौतम बुद्ध के सम्बन्ध में नहीं हो सकती। किसी पुराणकार ने बिपस्सी बुद्ध के सम्बन्ध में यह रची और फिर वह जैसी-की-तैसी गौतम बुद्ध की जीवनी में दाखिल हो गई। इस रूपक का अर्थ मैंने अपनी 'बुद्ध धर्म आणि संघ' (पृष्ठ १६-१९) में लगाने का प्रयत्न किया है, अत: उसकी चर्चा मैं यहाँ नहीं करता।

पंचवर्गीय भिक्षुओं को उपदेश देने का विचार

बुद्ध भगवान् के सामने यह विचार उठ खड़ा हुआ कि उन्हें चार आर्यसत्यों का जो ज्ञान प्राप्त हुआ था वह सबसे पहले किसको दिया जाय। बोधिसत्व के दो गुरु आलार कालाम और उद्दक रामपुत्त आदि जीवित होते तो उन्हें यह नया धर्म-मार्ग तुरन्त स्वीकार हो जाता, परन्तु वे जीवित नहीं थे। अत: भगवान् ने सोचा कि अपने पाँच साथियों (पंचवर्गीय भिक्षुओं) को उपदेश दिया जाय। ये भिक्षु उस समय बनारस के पास ऋषिपत्तन में रहते थे। भगवान् वहाँ जाने के लिए निकले। रास्ते में उपक नाम का आजीवक श्रमण उन्हें मिल गया। उससे बुद्ध ने कहा, 'मुझे तत्व-बोध हुआ है।' परन्तु उपक को उस सम्बन्ध में विश्वास नहीं हुआ। 'होगा शायद', कहकर वह दूसरे मार्ग से चलता बना। इस एक प्रसंग से ही दूसरे पन्थों के श्रमणों को उपदेश देने की निरर्थकता भगवान् ने जान ली होगी।

पंचवर्गीयों का समाधान

आषाढ़ की पूर्णिमा से पहले भगवान् वाराणसी पहुँच गए। जब वे ऋषिपत्तन में गये तो उन्हें दूर से देखते ही पंचवर्गीयों ने निश्चय किया कि वे उनका किसी प्रकार से आदर-सत्कार नहीं करेंगे, परन्तु जैसे-जैसे वे निकट पहुँचते गए वैसे-वैसे उनका वह निश्चय ढीला पड़ गया और अन्त में उन्होंने उनका क्रमशः उचित आदर सत्कार किया। परन्तु उनका नया धर्म-मार्ग सुनने को वे तैयार नहीं थे। जब भगवान् ने कहा कि 'मुझे एक नया धर्म-मार्ग मिला' तो वे बोले, "आयुष्मान् गौतम, तुम्हारी उस प्रकार की तपश्चर्या से भी तुम्हें सद्धर्म मार्ग का बोध नहीं हुआ था। अब तो तुमने तपोभ्रष्ट होकर खाना-पीना शुरू कर दिया है। ऐसी स्थिति में तुम्हें सद्धर्म का बोध भला कैसे हो सकता है?"

भगवान् बोले, "हे भिक्षुओ, क्या इससे पहले मैंने कभी ऊटपटाँग डींग हाँकी है? यदि नहीं, तो आप मेरी बात पर ध्यान दीजिए। अमृत का मार्ग मुझे मिल गया है। इस मार्ग को अपनाने से आपको शीघ्र ही विमुक्ति मिलेगी।"

इस प्रकार पंचवर्गीय भिक्षुओं को समझा-बुझाकर थोड़े समय के पश्चात् भगवान् ने उन्हें अपना नया धर्म सुनने के लिए प्रवृत्त किया । उस अवसर पर उनके दिये हुए उपदेश को 'धर्मचक्रप्रवर्तन' कहते हैं। यह सुत्त 'सच्चसंयुत्त' के दूसरे वग्ग में और विनय-ग्रन्थ के 'महावग्ग' में आता है। इसका संस्कृत अनुवाद 'ललितविस्तर' के छब्बीसवें अध्याय में दिया गया है। हम यहाँ पर मूल पालि सुत्त का रूपान्तर देते हैं—

धर्मचक्र प्रवर्तन

ऐसा मैंने सुना है। एक बार भगवान् वाराणसी के ऋषिपत्तन में मृगवन में रहते थे। वहाँ भगवान् पंचवर्गीय भिक्षुओं से बोले, "भिक्षुओ, धार्मिक मनुष्य को (पब्बजितेन) इन दो अन्तों तक नहीं जाना चाहिए। ये दो अन्त कौन-से हैं? पहला है कामोपभोग में सुख मानना। यह अन्तहीन, ग्राम्य, सामान्य जनसेवित, अनार्य एवं अनर्थावह है। दूसरा है देह-दण्डन करना। यह अन्त दुःखकारी, अनार्य एवं अनर्थावह है। इन दो अन्तों तक न जाकर तथागत ने ज्ञान-चक्षु उत्पन्न करने वाला, उपशम प्रज्ञा, सम्बोध तथा निर्वाण का कारण बनने वाला मध्यम मार्ग खोज निकाला है। वह कौन-सा है? सम्यक् दृष्टि, सम्यक् संकल्प, सम्यक् वाचा, सम्यक् कर्मान्त, सम्यक् आजीव, सम्यक् व्यायाम, सम्यक् स्मृति, सम्यक् समाधि ही आर्य अष्टांगिक मार्ग हैं।

"भिक्षुओ, दुःख नामक पहला आर्यसत्य ऐसा है। जन्म दुःखकारक है। जरा दुःखकारक है। व्याधि दुःखकारक है। मरण दुःखकारक है। अप्रियों का समागम और प्रियों का वियोग दुःखकारक है। इच्छित वस्तु के मिलने से भी दुःख होता है संक्षेप में पाँच उपादान स्कन्ध दुःखकारक हैं।[१]

"भिक्षुओ, पुनः पुनः उत्पन्न होने वाली और अनेक विषयों में रमने वाली तृष्णा (जिसे कामतृष्णा, भावतृष्णा और विनाशतृष्णा कहते हैं) ही दुःख समुद्दय नाम का दूसरा आर्यसत्य है।

---

१. स्कन्ध पाँच हैं। जब वे वासनामय होते हैं तब उन्हें उपादान स्कन्ध कहते हैं। देखिये 'बुद्ध धर्म आणि संघ', पृष्ठ ९०-९१।

'वैराग्य से उस तृष्णा का पूर्ण निरोध करना, त्याग करना, उससे मुक्ति पाना, यह दुःख-निरोध नाम का तीसरा आर्यसत्य है।

''और (ऊपर बताया हुआ) आर्य अष्टांगिक मार्ग ही दुःख-निरोध-गामिनी प्रतिपदा नाम का चौथा आर्यसत्य है।

''(क) यह दुःख है ऐसा जब समझ में आया तब मुझमें नई दृष्टि उत्पन्न हुई ज्ञान उत्पन्न हुआ। यह दुःख जानने योग्य है ऐसा जब ज्ञात हुआ तब मुझमें नई दृष्टि आई। यह दुःख मैंने जाना तब मुझमें......(आदि)।

''(ख) मैंने जाना कि यह दुःख समुदय आर्यसत्य है, मैंने जाना कि वह त्याज्य है, मैंने जाना कि मैंने उसका त्याग किया है, तब मुझे अभिनव दृष्टि प्राप्त हुई (आदि पूर्वोक्ति)......

''(ग) मैंने जाना कि यह दुःख-निरोध आर्यसत्य है, मैंने जाना कि उसका साक्षात्कार करना उचित है, मैंने जाना कि उसका साक्षात्कार मुझे हुआ, तब मुझे अभिनव दृष्टि प्राप्त हुई.....(आदि पूर्वोक्त)......

''(घ) मैंने जाना कि यह दुःख निरोध-गामिनी प्रतिपदा नाम का आर्यसत्य है, मैंने जाना कि उसका अभ्यास करना योग्य है, मैंने जाना कि मैंने उसका अभ्यास किया, तब मुझे अभिनव दृष्टि प्राप्त हुई, ज्ञान प्राप्त हुआ, विद्या उत्पन्न हुई और आलोक उत्पन्न हुआ। जब तक प्रत्येक के तीन और कुल बारह प्रकार के इन चार आर्यसत्यों के विषय में मुझे ज्ञान नहीं मिला तब तक मुझे पूर्ण सम्बोधि प्राप्त नहीं हुई।''

बुद्ध द्वारा दिये गए अनेक उपदेश 'सुत्तपिटक' में संग्रहीत किये गए हैं। परन्तु उनके धर्म का आधारभूत उपदेश यही है। अकेले 'सच्चसंयुत्त' में इन चार आर्य-सत्यों के सम्बन्ध में कुल १३१ सुत्त हैं। इसके अतिरिक्त अन्य निकायों में उनका उल्लेख बार-बार होता है। बुद्ध के अन्य सब उपदेश इन चार आर्यसत्यों पर आधारित होने से उनका बहुत बड़ा महत्व है।

उपर्युक्त रूपान्तर में (क) से लेकर (घ) तक दी हुई बातें केवल 'सच्चसंयुत्त' के एक सुत्त में और 'महावग्ग' में मिलती हैं। उनका उल्लेख अन्यत्र नहीं है। इससे ऐसी दृढ़ शंका होती है कि वे पीछे से जोड़ दी गई होंगी। तथापि चार आर्यसत्यों के स्पष्टीकरण में वे मदद करने योग्य हैं। इसलिए उन्हें यहाँ दे दिया गया है।

चार आर्य सत्यों का स्पष्टीकरण

इसे कोई अस्वीकार नहीं कर सकता कि जगत् में दुःख है, परन्तु प्रत्येक व्यक्ति यही सोचता रहता है कि मेरा दुःख कैसे नष्ट होगा। उसके फलस्वरूप हर कोई दूसरे का नाश करके भी स्वयं सुखी होना चाहता है। उनमें जो हिंसक और बुद्धिमान होते हैं वे नेता बनते हैं और दूसरी को उनके अधीन रहना पड़ता है। हिंसक बुद्धि के कारण इन नेताओं में भी संगठन नहीं रहता और उन्हें सबसे अधिक हिंसक एवं बुद्धिमान नेता को अपना राजा बनाकर उसकी मर्जी पर चलना पड़ता है। राजा को यह भय रहता है कि उसका राज्य कोई दूसरा राजा छीन लेगा और फिर उसकी सुरक्षा के लिए वह यज्ञ-याग करके पशुओं की बलि चढ़ाता है। इस प्रकार कि मनुष्यों और अन्य पशुओं के लिए उपद्रवकारी समाज-रचना को नष्ट करके उसके स्थान पर दूसरा हितसुखकारी संगठन खड़ा करना हो तो हर-एक को यह भान होना चाहिए कि

उसका और दूसरों का दुःख एक है। इसीलिए बुद्ध भगवान् ने पहले आर्यसत्य में सर्वसाधारण दुःख का समावेश किया।

जन्मजरामरणादि का सर्वसाधारण दुःख श्रमणों को स्वीकार था, इतना ही नहीं बल्कि उस दुःख का नाश करने के लिए ही उनकी तपश्चर्या होती थी। परन्तु दुःख के कारण के विषय में उनमें मतभेद था। कोई कहते, दुःख आत्मा ने उत्पन्न किया (**सयंकतं दुक्खं**), दूसरे कहते, दुःख पर ने उत्पन्न किया (**परंकतं दुक्ख**), तीसरे कहते, कुछ अंशों तक आत्मा ने और कुछ अंशों तक पर ने दुःख का निर्माण किया (**सयंकतं च परंकतं च दुक्खं**), और चौथे कहते, दुःख को आत्मा या पर ने उत्पन्न नहीं किया है, वह तो आकस्मिक है। (**असयंकारं अपरंकारं अधिच्चसमुप्पनं दुक्खं**)।[१]

इनमें से पहले प्रकार के श्रमण थे निर्ग्रन्थ (जैन) आदि। वे मानते थे कि पूर्वजन्म में आत्मा के पाप करने से दुःख उत्पन्न हुआ है और उसके परिहार के लिए देह-दंडन करके वे आत्मा को कष्ट देते थे। दूसरे प्रकार के श्रमण सांख्यों-जैसे थे। वे मानते थे कि जड़ प्रकृति के कारण दुःख उत्पन्न हुआ है और अपनी आत्मा को प्रकृति के शिकंजे से छुड़ाने के लिए घोर तप का आचरण करते। तीसरे प्रकार के श्रमण बताते कि आत्मा और प्रकृति मिलकर दुःख उत्पन्न करते हैं, और उसमें से आत्मा को छुड़ाने के लिए देह-दण्डन करते। चौथे प्रकार के श्रमण दुःख को आकस्मिक समझते थे, इसलिए वे अक्रियवाद की ओर झुक जाते। इस प्रकार के श्रमण या तो निष्फल तपश्चर्या करते या निष्क्रिय बन जाते। बहुजन समाज को उनसे बहुत थोड़ा लाभ होता।

बुद्ध भगवान् ने प्रथमतः यह दिखा दिया कि दुःख का असली कारण आत्मा या प्रकृति नहीं बल्कि मनुष्य की तृष्णा है। पूर्वजन्म और इस जन्म की तृष्णा के कारण ही सारा दुःख उत्पन्न होता है। तृष्णा कहाँ से आई, यह प्रश्न निरर्थक है। जब तक तृष्णा है तब तक दुःख उत्पन्न होता ही रहेगा—यह दूसरा आर्यसत्य है।

तीसरा आर्यसत्य यह है कि तृष्णा का नाश करने से ही मनुष्य दुःख में से मुक्त होता है।

और तृष्णा-नाश का उपाय है दो अन्तों के बीच में से जाने वाला आर्य अष्टांगिक मार्ग—यह चौथा आर्यसत्य है।

अष्टांगिक मार्ग का स्पष्टीकरण

इस आर्य अष्टांगिक मार्ग की पहली सीढ़ी है सम्यक् दृष्टि। सम्यक् दृष्टि यानी चार आर्यसत्यों का यथार्थ ज्ञान। जगत् में दुःख भरा है। मनुष्य जाति की तीव्र तृष्णा का क्षय करने से सबको शान्ति मिलना सम्भव है और एक-दूसरे के साथ काया, वाचा, और मनसा सदाचार, सत्य, प्रेम तथा आस्था के साथ बर्ताव करना यह आर्य अष्टांगिक मार्ग उस शान्ति का मार्ग है। यदि ऐसी सम्यक् दृष्टि लोगों में उत्पन्न नहीं हुई तो अहंकार एवं स्वार्थ के कारण होने वाले झगड़े खतम नहीं होंगे और विश्व को शान्ति नहीं मिलेगी।

---

१. 'निदान वग्ग संयुत्त' वर्ग २, सुत्त ७ देखिये।

अपना ऐश्वर्य एवं सत्ता बढ़ाने का संकल्प यदि प्रत्येक व्यक्ति करे तो उससे उसकी तथा औरों की समान ही हानि होगी। अतः कामोपभोग में बुद्ध न होने, औरों के साथ पूर्ण मैत्री करने और दूसरों के सुख-सन्तोष में वृद्धि करने का शुद्ध संकल्प मन में रखना उचित है।

असत्य भाषण, चुगली, गाली, वृथा बकबक आदि असत् वाणी के कारण समाज का संगठन बिखर जाता है, और झगड़े खड़े होकर वे हिंसा का कारण बनते हैं। अतः सत्य, परस्पर सख्य साधने वाला, प्रिय एवं मित भाषण करना उचित है। इसी को सम्यक् वाचा कहते हैं।

प्राण-घात, चोरी, व्यभिचार आदि कर्म काया के द्वारा हो जायँ तो उससे समाज में बड़े अनर्थ होंगे। अतः प्राणघात, चोरी, व्यभिचार आदि कर्मों से अलिप्त रहकर ऐसे ही काय-कर्मों का आचरण करना चाहिए, जिनसे लोगों का कल्याण होगा। इसी को सम्यक् कर्मान्त कहते हैं।

सम्यक् आजीव का अर्थ है, अपनी उपजीविका इस प्रकार चलाना जिससे समाज को हानि न पहुँचे। उदाहरण के लिए मद्य-विक्रय, जानवरों का लेन-देन आदि व्यवसाय गृहस्थ को नहीं करने चाहिए, क्योंकि यह स्पष्ट है कि इनसे समाज को कष्ट पहुँचता है। ऐसे व्यवसाय वर्ज्य करके शुद्ध एवं सरल व्यवहार से अपनी उपजीविका का चलाना ही सम्यक् आजीव है।

जो बुरे विचार मन में न आये हों उन्हें मन में आने के लिए अवसर न देना, जो बुरे विचार मन में आये हों उनका नाश करना, जो सुविचार मन में उत्पन्न न हुए हों उन्हें उत्पन्न करने की चेष्टा करना और जो सुविचार मन में उत्पन्न हुए हों उन्हें बढ़ाकर पूर्णता तक पहुँचाने की चेष्टा करना—इन चार मानसिक प्रयत्नों को सम्यक् व्यायाम कहते हैं।[१]

शरीर अपवित्र पदार्थों का बना हुआ है, यह विवेक जागृत रखना, शरीर की सुख-दुःखादि वेदनाओं का बार-बार अवलोकन करना, स्वचित्त का अवलोकन करना और इन्द्रियों एवं उनके विषयों से कौन-से बन्धन उत्पन्न होते हैं तथा उनका नाश कैसे किया जा सकता है आदि मनोधर्मों का अच्छा विचार करना—यही सम्यक् स्मृति है।

अपने शरीर पर, मृत शरीर पर, मैत्री, करुणा आदि मनोवृत्तियों पर अथवा पृथ्वी, अप, तेज आदि पदार्थों पर चित्त एकाग्र करके चार ध्यानों का सम्पादन करना ही सम्यक् समाधि है।[२]

दो अन्तों तक न जाकर इस मध्यम मार्ग की भावना करनी चाहिए। पहला अन्त है कामोपभोग में सुख मानना। उसके साथ हीन, ग्राम्य, सामान्यजन सेवित अनार्य एवं अनर्थावह (**हीनो गम्मो पोथुज्जनिको अनरियो अनत्थसंहितो**) ये पाँच विशेषण लगाये गए हैं। जब मनुष्य-जाति दारिद्र्य एवं अज्ञान में फँस गई हो तब हम सुख-चैन से आनन्द मानें, इससे अधिक हीन बात क्या होगी? यह अन्त ग्राम्य अर्थात् गँवार लोगों का है। वह साधारण लोगों का है। आर्यों (धीरवीरों) को शोभा देने वाला नहीं है, और अनर्थकारी है, दूसरा अन्त

---

१. शारीरिक व्यायाम के साथ इनका कुछ सम्बन्ध नहीं है।

२. इन सब पदार्थों पर ध्यान कैसे संपादन किये जा सकते हैं इसका विवरण 'समाधिमार्ग' में किया है।

देह-दण्डन का है। उसे हीन और ग्राम्य ये विशेषण नहीं लगाये हैं। परन्तु वह दुःखकारी है, धीर-वीरों को शोभा देने लायक नहीं है और अनर्थावह है (**तुक्खो अनरियो अनत्थ संहितो**) अष्टांगिक मार्ग के सब अंग इन दो अन्तों को वर्ज्य करते हैं।

उदाहरण के लिए खाना, पीना, मौज उड़ाना विलासी लोगों की दृष्टि है और उपोषणादि से शरीर को कष्ट देना तपस्वियों की दृष्टि है। इन दोनों के बीच की दृष्टि चार आर्यसत्यों का ज्ञान, इसी प्रकार अन्य अंगों की भी मध्यवर्तिता जाननी चाहिए।[१]

---

१. चार आर्यसत्यों की जानकारी 'बुद्ध धर्म आणि संघ' के तीसरे परिशिष्ट (पृ० ९४-९९) में दी है, वह भी देख सकते हैं।

६

श्रावक-संघ

पंचवर्गीय भिक्षुओं की जानकारी

जिन पंचवर्गीय भिक्षुओं को बुद्ध भगवान् ने पहला धर्मोपदेश दिया उनकी जानकारी 'सुत्तपिटक' में बहुत ही कम मिलती है। 'संयुत्तनिकाय' के वंगीस संयुत्त में (नं० ९) यह उल्लेख आता है कि सबसे पहले जिसे बौद्ध धर्म का तत्व-बोध हुआ वह आज्ञात कौण्डिन्य चिरकाल के बाद राजगृह आया और उसने बुद्ध को साष्टांग प्रणिपात किया। दूसरा पंचवर्गीय भिक्षु अस्सजि (अश्वजित्) राजगृह में बीमार था और भगवान् ने उसे उपदेश दिया, इस प्रकार की जानकारी 'खन्धसंयुत्त' के ८८वें सुत्त में आई है। इन दोनों के अतिरिक्त अन्य तीनों के नाम 'सुत्तपिटक' में बिल्कुल नहीं मिलते।

जातक की निदान-कथा तथा अन्य अट्ठकथाओं में इन पंचवर्गीय भिक्षुओं की थोड़ी-बहुत जानकारी मिलती है। उसका सारांश इस प्रकार है:

रामो धजो लक्खणो चापि मन्ती
कोण्डञ्ञो च भोजो सुयामो सुदत्तो।
एते तदा अट्ठ अहेसुं ब्राह्मणा
छलंगवा मन्तं व्याकरिंसु॥

अर्थात्, "राम, ध्वज, लक्खण (लक्ष्मण), मन्ती (मन्त्री), कोण्डञ्ञ (कोण्डिन्य), भोज, सुयाम और सुदत्त ये षडंग वेद जानने वाले आठ ब्राह्मण थे। उन्होंने बोधिसत्व का भविष्य बताया।"

इनमें से सात ने यह द्विविध भविष्य बताया कि यदि बोधिसत्व गृहस्थाश्रम में रहेंगे तो वे चक्रवर्ती होंगे और यदि गृहस्थाश्रम को छोड़कर संन्यासी बनेंगे तो सम्यक् सम्बुद्ध हो जायेंगे। इन आठों में कोण्डिन्य सबसे तरुण था। उसने यह एक ही भविष्य बताया कि बोधिसत्व निःसन्देह सम्यक् सम्बुद्ध होंगे। द्विविध भविष्य बताने वाले ब्राह्मणों ने घर जाकर अपने लड़कों से कहा कि "अब हम बूढ़े हो चुके हैं। यदि सिद्धार्थ राजकुमार बुद्ध हो जायँ तो उसे देखना हमारे भाग्य में नहीं है। यदि वह बुद्ध हो गया तो तुम उसके संघ में प्रवेश करना।"

जब बोधिसत्व ने गृह-त्याग किया तब अकेला कौण्डिन्य जीवित था। वह अन्य सात ब्राह्मणों के लड़कों के पास जाकर बोला, "सिद्धार्थकुमार परिव्राजक हो गया है। वह निश्चय ही बुद्ध होगा, अतः उसके पीछे-पीछे हम भी परिव्राजक हो जायँ।" उन युवकों में से चार ने कौण्डिन्य का कहना माना और वे उसके साथ प्रव्रज्या लेकर बोधिसत्व के पीछे-पीछे चले गए। ये पाँच व्यक्ति आगे चलकर 'पंचवर्गीय' नाम से प्रसिद्ध हुए। उनके नाम 'महावग्ग' एवं

'ललितविस्तर' में मिलते हैं। वे इस प्रकार हैं—कोण्डञ्ञ (कौण्डिन्य), वप्प (वाष्प), भद्दिय (भद्रिक), महानाम और अस्सजि (अश्वजित्)।

परन्तु पंचवर्गीयों का यह परिचय दन्तकथात्मक प्रतीत होता है। यदि कौण्डिन्य को यह विश्वास था कि गौतमकुमार बुद्ध होने वाला है, तो उसे उरुवेला में छोड़कर कौण्डिन्य वाराणसी क्यों चला गया? जब बोधिसत्व ने शरीर के लिए आवश्यक आहार लेना शुरू किया तो कौण्डिन्य की पूरी श्रद्धा कैसे नष्ट हुई? मुझे लगता है कि ये पंचवर्गीय भिक्षु पहले आलार कालाम के पन्थ में थे और शाक्यों या उनके आस-पास के प्रदेश में रहते थे। वहाँ बोधिसत्व के साथ उनकी मित्रता हो गई। यह भी नहीं कहा जा सकता कि वे सब ब्राह्मण ही थे। आलार कालाम और उद्दक रामपुत्त के सम्प्रदायों में कोई तथ्य दिखाई न देने से जब बोधिसत्व आगे का मार्ग खोजने के निमित्त राजगृह चले गए तब ये पंचवर्गीय भिक्षु भी उन्हीं के साथ गए होंगे। उन्होंने शायद सोचा था कि बोधिसत्व को नवीन धर्म-मार्ग का बोध हो जाय तो वे भी उसी मार्ग पर चलेंगे। परन्तु जब बोधिसत्व ने तपस्या एवं उपोषण छोड़ दिए तो उनका विश्वास उड़ गया और वे वाराणसी चले गए।

पंचवर्गीय भिक्षु-संघ

गौतम बोधिसत्व जब बुद्ध होकर वाराणसी के ऋषिपत्तन में पहुँचे तब इन पंचवर्गीय भिक्षुओं ने उनका आदर-सत्कार करने का भी विचार छोड़ दिया था आदि बातें पाँचवें अध्याय में आ चुकी हैं। अन्त में इन पंचवर्गीयों ने बोधिसत्व का धर्म-मार्ग सुन लिया और उस समय अकेले कौण्डिन्य ने उस सम्बन्ध में अपनी सम्मति प्रकट की। तब बुद्ध भगवान् बोले, "कौण्डिन्य ने जाना। (अञ्ञासि वत भी कोण्डञ्ञो)। इससे कौण्डिन्य का नाम पड़ गया, 'अञ्ञासि कोण्डञ्ञ' (आज्ञात कौण्डिन्य)। केवल इसी एक बात से बौद्ध-वाङ्मय में कौण्डिन्य को प्रसिद्ध स्थल मिल गया। इसके बाद उसके द्वारा कोई भी महत्वपूर्ण कार्य किये जाने का उल्लेख कहीं भी नहीं मिलता। उसका केवल यही पुरुषार्थ समझना चाहिए कि प्रथमत: उस अकेले ही ने बुद्ध के नवीन धर्म-मार्ग का अभिनन्दन किया था।

तदन्तर बुद्ध भगवान् ने वप्प (वाष्प) और भद्दिय (भद्रिक) को समझाया और कुछ दिनों बाद उन्हें भी इस नवीन धर्म-मार्ग का बोध हो गया। उसके कुछ समय पश्चात् महानाम और अस्सजि (अश्वजित्) को इस नवीन धर्म-मार्ग का बोध हुआ और ये पंचवर्गीय भिक्षु बुद्ध के एकनिष्ठ भक्त बन गए। इस काम में कितना समय बीता, इसका उल्लेख कहीं नहीं है। परन्तु पंचवर्गीय भिक्षु प्रथमत: बुद्ध के शिष्य बन गए और उन पाँचों का भिक्षुसंघ बन गया, इस विषय में 'सुत्तपिटक' एवं 'विनयपिटक' में एकवाक्यता है।

यश और उसके साथी

पंचवर्गीयों के साथ बुद्ध भगवान् जब ऋषिपत्तन में रहते थे तब उन्हें और ५५ भिक्षु कैसे मिल गए और उस चातुर्मास के बाद भगवान् ने राजगृह तक की यात्रा करके भिक्षु-संघ में कितनी बड़ी वृद्धि की, इसका वर्णन 'महावग्ग' में आता है। उसका सारांश हम यहाँ देते हैं—

वाराणसी में यश नामक एक सुसम्पन्न तरुण रहता था। अचानक उसका मन गृहस्थी से उचट गया और वह शांत स्थान की खोज करता-करता ऋषिपत्तन में पहुँच गया। बुद्ध ने धर्मोपदेश देकर उसे अपने संघ में प्रविष्ट कर लिया। उसे ढूँढ़ते हुए उसके माँ-बाप वहाँ पहुँचे तो बुद्ध ने उन्हें भी उपदेश किया। फलतः वे भी बुद्ध के उपासक बन गए।

वाराणसी नगरी में रहने वाले यश के चार मित्रों—विमल, सुबाहु, पुण्णजि (पूर्णजित्) और गवंपति (गवांपति)—को जब यश के भिक्षु होकर बुद्ध के संघ में प्रविष्ट होने की खबर मिली तो भी वे ऋषिपत्तन जाकर बुद्ध के भिक्षु-संघ में दाखिल हो गए। उन सबके पचास तरुण मित्र थे। उन्होंने ऋषिपत्तन में जाकर बुद्धोपदेश सुना और अपने मित्रों के समान ही संघ में प्रवेश किया। इस प्रकार आठ भिक्षुओं का संघ ऋषिपत्तन में तैयार हो गया।

बहुजन-हित के लिए धर्म-प्रचार

चातुर्मास के अन्त में बुद्ध भगवान् अपने इस भिक्षु-संघ से बोले, ''मैं गृहस्थी एवं स्वर्गीय पाशों से मुक्त हो गया हूँ और आप भी उन पाशों से मुक्त हो गए हैं। तो अब, भिक्षुओ, आप लोग बहुजनों के हित के लिए, सुख के लिए, लोगों पर अनुकम्पा करने के लिए, देवों तथा मनुष्यों के कल्याण के लिए धर्मोपदेश देने में प्रवृत्त हो जाइये। एक मार्ग से दो मत जाओ! प्रारम्भ में कल्याणप्रद, मध्य में कल्याणप्रद और अन्त में कल्याणप्रद इस धर्म-मार्ग का लोगों को उपदेश दीजिये।''

इसके अनुसार बुद्ध भगवान् ने अपने आठ भिक्षुओं को चारों दिशाओं में भेज दिया। वे लोग अन्य युवकों को भगवान् के पास ले जाते और भगवान् उन्हें प्रव्रज्या देकर अपने भिक्षु-संघ में शामिल करा लेते। परन्तु इस पद्धति से आठ भिक्षुओं और तरुण उम्मीदवारों को कष्ट होने लगा, अतः भगवान् ने भिक्षुओं को यह अनुज्ञा दे दी कि वे स्वयं लोगों को प्रव्रज्या देकर अपने संघ में प्रविष्ट करा लें और तब वे उरुवेला की ओर चल पड़े।

भद्दवग्गीय-भिक्षु

रास्ते में भद्दवग्गीय नाम के तीस युवक एक उद्यान में अपनी स्त्रियों के साथ क्रीड़ा करने के लिए आये हुए थे। उनमें से एक की स्त्री नहीं थी, अतः उसके लिए एक वेश्या लाई गई थी। वे तीस युवक और उन्तीस स्त्रियाँ जब रंगरलियों में मग्न होकर सुध-बुध भूल गए, तब वह वेश्या बहुत सारी चीजें उठाकर वहाँ से भाग गई। उस समय बुद्ध भगवान् उस उपवन में एक वृक्ष के नीचे विश्राम के लिए बैठे थे। जब उन्तीस तरुणों को इस बात की खबर हुई कि कीमती चीजें लेकर वेश्या भाग गई तो वे उसे खोजते हुए वहाँ पहुँच गए जहाँ बुद्ध भगवान् बैठे थे? उन्होंने भगवान् से पूछा, ''भदन्त, क्या आपने किसी तरुणी स्त्री को इस तरफ से जाते देखा है?''

भगवान् बोले, ''हे तरुण गृहस्थियो, किसी तरुणी स्त्री की खोज में घूमते रहना और आत्म-बोध प्राप्त करना—इनमें से आपको क्या अच्छा लगता है?''

बुद्ध का वह वचन सुनकर वे लोग उनके पास बैठ गए और बड़ी देर तक उनका उपदेश सुनने के बाद उन युवकों ने गृहस्थाश्रम का त्याग करके भिक्षु-संघ में प्रवेश किया।

काश्यप-बन्धु

उस उपवन में से भगवान् उरुवेला पहुँचे। वहाँ उरुवेल काश्यप, नदी काश्यप तथा गया काश्यप नामक तीन जटिल बन्धु क्रमशः पाँच सौ, तीन सौ और दो जटाधारी शिष्यों के साथ अग्निहोत्रपूर्वक तपश्चर्या कर रहे थे। उनमें से बड़े भाई के आश्रम में बुद्ध भगवान् ठहर गए और अनेक अद्‌भुत चमत्कार दिखाकर उन्होंने उरुवेल काश्यप तथा उसके पाँच सौ शिष्यों को अपने भिक्षु-संघ में दाखिल करा लिया। उरुवेल काश्यप के पीछे-पीछे उसके छोटे भाई और उनके सारे शिष्य भी बुद्ध के अनुयायी बन गए।

बड़े भिक्षु-संघ के साथ राजगृह में प्रवेश

इन एक हजार तीन भिक्षुओं को साथ लेकर बुद्ध भगवान् राजगृह गये। वहाँ इतने बड़े भिक्षु-संघ को देखकर नागरिकों में बड़ी हलचल मच गई। राजा बिम्बिसार और उसके सारे सरदार बुद्ध का अभिनन्दन करने के लिए आ गए। बिम्बिसार ने दूसरे दिन बुद्ध और उसके भिक्षु-संघ को राजमहल में भिक्षा का आमन्त्रण दिया और उनका भोजन पूरा हो जाने पर भिक्षु-संघ को वेणु-वन-उद्यान दान में दे दिया।

सारिपुत्त और मोग्गल्लान

राजगृह के पास संजय नाम का एक परिव्राजक अपने बहुत-से शिष्यों के साथ रहता था। सारिपुत्त और मोग्गल्लान संजय के दो प्रमुख शिष्य थे। परन्तु उस सम्प्रदाय में उनका मन नहीं लगता था। उन्होंने आपस में यह निश्चय किया कि अगर दोनों में से किसी एक को सद्धर्म मार्ग बताने वाला कोई अन्य व्यक्ति मिल जाय और वह दूसरे को यह बात कह दे और दोनों मिलकर उस धर्म को स्वीकार करें।

एक दिन अस्सजि भिक्षु राजगृह में भिक्षाटन कर रहा था। उसकी शांत एवं गम्भीर मुखाकृति को देखकर सारिपुत्त को ऐसा लगा कि हो न हो, अवश्य ही यह कोई निर्वाण-मार्ग पर चलने वाला परिव्राजक है। अस्सजि से बातचीत करने के बाद उसने जान लिया कि अस्सजि बुद्ध का शिष्य है, और बुद्ध का ही धर्म-मार्ग सच्चा है। सारिपुत्त ने यह बात मोग्गल्लान को बताई और वे दोनों संजय के पन्थ के दो सौ पचास परिव्राजकों के साथ बुद्ध के पास जाकर भिक्षु-संघ में प्रविष्ट हो गए।

ऐतिहासिक कसौटी

यश और अन्य ५४ तरुणों के भिक्षु हो जाने की कथा से लेकर यहाँ तक बताई गई सारी बातें 'महावग्ग' से सारांश रूप में ली गई हैं।[१] अब इस कथन को ऐतिहासिक कसौटी पर कसकर देखना चाहिये। बोधिसत्व ने उरुवेला में तपश्चर्या की और तत्व-बोध प्राप्त कर लिया। इसका अर्थ यह हुआ कि बुद्ध भगवान् को उरुवेला के प्रदेश की अच्छी जानकारी थी। उरुवेला काश्यप और उसके दो छोटे भाई एक हजार जटाधारी शिष्यों समेत उसी प्रदेश में रहते थे। यदि भगवान् बुद्ध उन्हें अद्‌भुत चमत्कार दिखाकर अपना शिष्य बनाना चाहते थे तो

---

१. 'बुद्धलीला सारसंग्रह', पृष्ठ १६०-१६५, और 'बौद्धसंघाचा परिचय', पृष्ठ ७-८।

फिर वे उन्हें छोड़कर काशी तक क्यों चले गए? उन्हें ऐसा क्यों लगा कि उनके धर्म को पंचवर्गीयों के अतिरिक्त और कोई नहीं समझेगा? क्या हम ऐसा समझ लें कि उस समय अद्भुत चमत्कार दिखाने की शक्ति बुद्ध के पास नहीं थी, और काशी में जाकर पंचवर्गीयों को उपदेश देने के बाद उन्हें वह शक्ति मिल गई?

ऋषिपत्तन में पंचवर्गीयों के अतिरिक्त जो पचपन भिक्षु बुद्ध को मिल गए उनमें से केवल पाँच के ही नाम 'महावग्ग' में दिये गए हैं, अन्य पचास में से एक का भी नाम नहीं मिलता। इससे ऐसा लगता है कि भिक्षुओं की संख्या बढ़ाने के लिए पचास की संख्या जोड़ दी गई है।

मार्ग में जो तीस तरुण पुरुष स्त्रियों के साथ क्रीड़ा कर रहे थे उन्हें बुद्ध भगवान् ने बात-की-बात में भिक्षु बनाया, यह सम्भव नहीं लगता। यदि उन्हें वैसा ही करना था तो उन्होंने उरुवेला से काशी जाने का कष्ट क्यों उठाया? क्या उरुवेला के आस-पास मौज उड़ाने वाले और युवक उन्हें नहीं मिल सकते थे। समझ में नहीं आता कि बीच में ही इन तीस युवकों की कहानी क्यों घुसेड़ दी गई।

बुद्ध भगवान् जब एक हजार तीन जटिलों को भिक्षु बनाकर और अपने साथ लेकर राजगृह पहुँचे थे तब सारे राजगृह में खलबली मच गई थी, फिर भी सारिपुत्त को इसकी खबर तक नहीं थी कि बुद्ध कौन है?—यह कैसे सम्भव हो सकता है? अस्सजि पंचवर्गीयों में से एक था। उसे अन्य पंचवर्गीयों के साथ काशी के आस-पास धर्मोपदेश के लिए भेजकर भगवान् उरुवेला और वहाँ से राजगृह चले गए थे। तो फिर यह अस्सजि अचानक राजगृह कैसे पहुँच गया? सारांशतः यह कहना पड़ता है कि पंचवर्गीयों, यश एवं उसके चार साथियों को भिक्षु-संघ में दाखिल करा लेने के बाद भगवान् की काशी से लेकर राजगृह तक की यात्रा की जो बातें 'महावग्ग' में आई हैं, वे अधिकांशतः दन्तकथात्मक हैं।

'ललितविस्तर' में दी गई सूची

यद्यपि यह निश्चित रूप से नहीं कहा जा सकता कि वास्तविक बात क्या थी, तो भी 'ललितविस्तर' के प्रारम्भ में भिक्षुओं की जो सूची दी गई है उससे भिक्षु-संघ की प्राथमिक जानकारी अल्प मात्रा में ज्ञात हो सकती है। अतः वह सूची हम यहाँ देते हैं— (१) ज्ञान कौण्डिन्य, (२) अश्वजित् (अस्सजि), (३) वाष्प (वप्प), (४) महानाम, (५) भद्रिक (भद्दिय), (६) यसोदेव (यस), (७) विमल, (८) सुनाहु, (९) पूर्ण (पुण्णजि), (१०) गवाम्पति (गवम्पति), (११) उरुवेला काश्यप (उरुवेल कस्सप), (१२) नदी काश्यप, (१३) गया काश्यप, (१४) शरिपुत्र (सारिपुत्त), (१५) महमौद्गल्यायन (महामोग्गल्लान), (१६) महाकाश्यप (महाकस्सप), (१७) महाकात्यायन (महाकच्चान), (१८) कफिल (?), (१९) कौण्डिन्य (?), (२०) चुनन्द (चुन्द), (२१) पूर्ण मैत्रायणी पुत्र (पुण्ण मन्ताणिपुत्त), (२२) अनिरुद्ध (अनुरुद्ध), (२३) नन्दिक (नन्दक), (२४) कस्फिल (कप्पिन), (२५) सुभूति, (२६) रेवत, (२७) खदिर वनिक, (२८) अमोघराज (मोघराज), (२९) महापारणिक (?), (३०) वक्कुल (बक्कुल), (३१) नन्द, (३२) राहुल, (३३) स्वागत (सागत), (३४) आनन्द।

यदि 'महावग्ग' में दिये गए अनामिक भिक्षुओं की संख्या छोड़ दी जाय तो इस सूची के पन्द्रह भिक्षुओं की परम्परा 'महावग्ग' की कथा के साथ मेल खाती है, और उससे यह

अनुमान लगाया जा सकता है कि पंचवर्गीय के बाद भगवान् को यश एवं उसके चार मित्र मिल गए। इन दस लोगों को साथ लेकर भगवान् उरुवेला गये और वहाँ उनके संघ में तीन काश्यप-बन्धु शामिल हो गए। इन तेरह शिष्यों के साथ भगवान् राजगृह चले गए। वहाँ संजय के शिष्यों में से सारिपुत्त तथा मोग्गल्लान संजय का पन्थ छोड़कर बुद्ध भगवान् के शिष्य बन गए। इन दोनों के आगमन से भिक्षु-संघ की महिमा बहुत बढ़ गई, क्योंकि राजगृह में उनकी बड़ी ख्याति थी। इन दोनों ने बुद्ध के दर्शन का कैसे विकास किया इसकी साक्षी 'सुत्त' एवं 'विनयपिटक' दे रहे हैं। ऐसा माना जाता है कि लगभग सारा 'अभिधम्मपिटक' तो सारिपुत्त का ही लिखा हुआ है।

इसके बाद आने वाले २९ भिक्षुओं की परम्परा ऐतिहासिक दिखाई नहीं देती 'चुल्लवग्ग' (भाग ७) में बताया गया है कि आनन्द और अनुरुद्ध एक साथ ही भिक्षु बन गए। पर यहाँ तो अनुरुद्ध का क्रमाङ्क २२वाँ है और आनन्द का ३४वाँ। इन्हीं के साथ उपालि नाई ने प्रव्रज्या ली थी और बाद में वह विनयधर हो गया था। फिर भी उसका नाम इस सूची में नहीं मिलता। यहाँ बताये गए लगभग सभी भिक्षुओं की जीवनियाँ 'बौद्धसंघाचापरिचय'[१] नामक पुस्तक के तीसरे भाग में दी गई है। जिज्ञासु पाठक उन्हें पढ़ सकते हैं।

भिक्षुओं की संख्या

जब हम इस विषय में संक्षेपत: विचार करें कि राजगृह तक भगवान् बुद्ध को जो भिक्षु मिले उनकी संख्या क्या इन पन्द्रह भिक्षुओं से अधिक थी? बुद्ध को वाराणसी में साठ भिक्षु मिले, उरुवेला जाते समय रास्ते में तीस, और उरुवेला में एक हजार—इस प्रकार कुल मिलाकर १०९३ भिक्षुओं के संघ के साथ भगवान् ने राजगृह में प्रवेश किया। वहाँ सारिपुत्त एवं मोग्गल्लान के साथ संजय परिव्राजक के ढाई सौ शिष्य आकर बौद्ध-संघ में मिल गए। यानी उस समय भिक्षु-संघ की संख्या १३४५ हो गई थी। परन्तु इतना बड़ा भिक्षु-संघ बुद्ध के पास होने का उल्लेख 'सुत्तपिटक' में कहीं नहीं मिलता। 'सामञ्ञ फलसुत्त' में कहा गया है कि बुद्ध भगवान् परिनिर्वाण से एक-दो वर्ष पहले जब राजगृह गये तब उनके साथ १२५० भिक्षु थे, परन्तु 'दीघनिकाय' के दूसरे आठ सुत्तों में भिक्षु-संघ की संख्या ५०० दी गई है। और ऐसा प्रतीत होता है कि भगवान् की अन्तिम यात्रा में भी उसके साथ ५०० भिक्षु ही थे। भगवान् के परिनिर्वाण के बाद राजगृह में भिक्षुओं की जो पहली परिषद् हुई उसमें भी ५०० भिक्षु ही थे। अत: यह अनुमान लगाया जा सकता है कि भगवान् के परिनिर्वाण तक भिक्षु-संघ की संख्या ५०० से अधिक नहीं हुई थी।

बुद्ध भगवान् के परिनिर्वाण कें बाद कदाचित् इस संख्या को बढ़ा-चढ़ाकर बताने का कार्य शुरू हुआ। 'ललितविस्तर' के शुरू में ही कहा गया है कि श्रावस्ती में भगवान् के साथ बारह हजार भिक्षु एवं बत्तीस हजार बोधिसत्व थे। इस प्रकार अपने संप्रदाय का महत्व बढ़ाने के लिए उस समय के भिक्षुओं ने पूर्वकालीन भिक्षुओं की संख्या बढ़ानी शुरू की और महायान-पंथ के ग्रन्थकारों ने तो उसमें चाहे जितने बोधिसत्वों की संख्या बढ़ा दी। बौद्ध धर्म की अवनति का यही प्रमुख कारण था। अपने धर्म एवं संघ का महत्व बढ़ाने के लिए बौद्ध

---

१. मराठी पुस्तक।

भिक्षुओं ने बे-सिर-पैर की दंतकथाएँ गढ़ना शुरू कर दिया और ब्राह्मणों ने उनसे भी अधिक अद्‌भुत कथा गढ़कर भिक्षुओं को पूरी तरह हरा दिया।

छः प्रसिद्ध श्रमण-संघ

बुद्ध के समय में बुद्ध के संघों से बड़े और प्रसिद्ध छः श्रमण-संघ मौजूद थे और उन छः संघों के नेताओं—पूरण कास्सप, मक्खलि गोसाल, अजित केसकंबल, पकुध कच्चायन, संजय बेलट्ठपुत्त और निगण्ठ नाथपुत्त—का लोगों में बड़ा मान था। इस सम्बन्ध में 'मज्झिमनिकाय' के चूलसारोपमसुत्त में निम्नलिखित उद्धरण मिलता है :

''येमे भो गौतम समण ब्राह्मणा संघिनो गणियो गणाचरिया ञाता यसस्सिनो तित्थकरा साधुसम्मता बहुजनस्स, सेय्यथीदं पूरणो कस्सपो, मस्खलि गोसालो, अजितोकेसकम्बलो, पकुधो कच्चायनो, सञ्चयो बेलट्ठपुत्तो, निगण्ठो नाथ पुत्तो।''

अर्थात् (पिंगल कौत्स भगवान् से कहता है), ''हे गौतम, ये जो संघी, गणी, गणाचार्य, प्रसिद्ध, यशस्वी, तीर्थंकर एवं बहुजनों में मान्य (छः लोग हैं) वे कौन से हैं? पूरण कस्सप, मक्खलि गोसाल, अजित केसकम्बल, पकुध कच्चायन, संजय बेलट्ठपुत्त और निगण्ठ नाथपुत्त।

बौद्ध-संघ की कर्तव्य-निष्ठा

ये छहों आचार्य उम्र में बुद्ध भगवान् से बड़े थे और उनके भिक्षुओं की संख्या भी बहुत बड़ी थी। इन सब आचार्यों में बुद्ध सबसे छोटे थे और उनके भिक्षु-संघ की संख्या भी बहुत छोटी थी, फिर भी यह छोटा-सा नया भिक्षु-संघ सबसे आगे बढ़ गया और हिन्दुस्तान पर ही नहीं बल्कि सारे एशिया महाद्वीप पर उसने अपना प्रभाव डाल दिया, इसका क्या कारण था।

इसका उत्तर यह है कि यद्यपि उल्लिखित छः श्रमण-संघ संख्या में बड़े थे तो भी वे साधारण जन-समाज की बहुत चिन्ता नहीं करते थे। उनमें से अधिकतर लोगों का ध्येय तपश्चर्या के मार्ग से मोक्ष प्राप्त करना था। गाँवों या शहरों में प्रवेश करके वे गृहस्थों से भिक्षा लेते और समय-समय पर अपने सम्प्रदाय का तत्व-ज्ञान उन्हें सिखाते। फिर भी गृहस्थों के हित-सुख के लिए वे विशेष प्रयत्नशील नहीं थे।

बौद्ध-संघ की बात ठीक इससे उलटी थी। बुद्ध का यह उपदेश हम ऊपर बता चुके हैं कि, ''लोगों के हित और सुख के लिए आप चारों दिशाओं में जाइये, एक मार्ग से दो मत जाइये।'' यह उपदेश 'महावग्ग' एवं 'मारसंयुत्त', में पाया जाता है और उस अर्थ के उपदेश 'सुत्तपिटक' में अनेक स्थानों पर मिलते हैं। बुद्ध भगवान् के इस उपदेश के अनुसार आचरण करने से उनका भिक्षु-संघ बहुजन-समाज के लिए प्रिय एवं मान्य हो गया और सब लोगों पर उसका प्रभाव पड़ गया।

चौथे अध्याय में हम बता चुके हैं कि आपस में झगड़ने वाले लोगों को देखकर बोधिसत्व में वैराग्य का निर्माण हुआ था। इन झगड़ों को राजसत्ता द्वारा निबटाना सम्भव नहीं। जब तक लोगों में हिंसात्मक बुद्धि रहेगी तब तक समाज में चलने वाले झगड़े खत्म नहीं होंगे। इसीलिए राजसत्ता से निवृत्त होकर मनुष्य जाति की मुक्ति का मार्ग खोज निकालने के लिए बोधिसत्व प्रवृत्त हुए। सात वर्ष तक तपश्चर्या के अनेक अनुभव प्राप्त करने के बाद उन्हें पिछले अध्याय में बताया हुआ मध्यम मार्ग मिल गया, और उन्होंने सब लोगों में उसका

प्रसार करने का निश्चय किया। इसी काम के लिये बुद्ध भगवान् ने संघ की स्थापना की। अत: इसमें कोई आश्चर्य की बात नहीं कि अन्य संघों के श्रमणों की अपेक्षा बौद्ध श्रमण साधारण जनता के हित-सुख की विशेष चिन्ता करते थे।

आध्यात्मिक खेती की आवश्यकता

समाज में खेती, व्यापार आदि व्यवसाय चलते हैं, परन्तु यदि जनता में संगठन न हो तो इन व्यवसायों से लाभ नहीं होगा। एक की बोई हुई फसल दूसरा काट ले जायेगा और किसी व्यापारी को कोई चोर लूटेगा। इस प्रकार समाज में यदि गड़बड़ फैल जाय तो उस समाज के व्यक्तियों को बहुत कष्ट उठाने पड़ेंगे। यह एकता शस्त्र-बल से पैदा की जा सकती है, मगर वह ज्यादा देर नहीं टिकती। परस्पर सौजन्य एवं त्याग से उत्पन्न होने वाली एकता ही सच्ची एकता कही जा सकती है। 'सुत्तनिपात' के कासिभारद्वाजसुत्त से ऐसा सिद्ध होता है कि इस प्रकार की एकता साधारण जन-समूह में उत्पन्न करना ही बुद्ध का हेतु था। उसका सारांश इस प्रकार है—

एक दिन बुद्ध भगवान् भिक्षाटन करते हुए भारद्वाज ब्राह्मण के खेत में गये। वहाँ भारद्वाज ब्राह्मण अपने मजदूरों को भोजन दे रहा था। भगवान् को भिक्षा के लिये खड़ा देखकर वह बोला, "मेरी तरह तुम भी खेती में हल चलाओ, अनाज बोओ, फसल काटो और खाओ। तुम भीख क्यों माँगते हो?"

भगवान् ने कहा, "मैं भी किसान हूँ। मैं श्रद्धा का बीज बोता हूँ। उस पर तपश्चर्या (प्रयत्नों) की वृष्टि (वर्षा) होती है। प्रज्ञा मेरा हल है। पाप-लज्जा हल का मूठ है, चित्त रस्सियाँ हैं, स्मृति (जागृति) हल की फाल और चाबुक है। शरीर एवं वाणी से मैं संयम रखता हूँ। आहार में नियमित रहकर सत्य द्वारा मैं (मनदोषों की) गोड़ाई करता हूँ। संतोष मेरी छुट्टी है। उत्साह मेरे बैल हैं। मेरा वाहन ऐसी दिशा में जाता है जहाँ शोक नहीं करना पड़ता।"

इस कथन का अर्थ भारद्वाज झट समझ गया और वह बुद्ध का शिष्य बन गया।

इस उपदेश में बुद्ध ने खेती का निषेध नहीं किया। उनके उपदेश का निष्कर्ष इतना ही है कि यदि उस खेती को नीतिमत्ता का समर्थन प्राप्त न हुआ हो तो उससे समाज को सुख के बजाय दु:ख ही होगा। एक की बोई हुई खेती की फसल को कोई और ही काट ले जाय तो खेती करने के लिये कोई तैयार ही नहीं होगा और समाज में भयंकर अव्यवस्था फैल जायेगी। इसलिए प्रथमत: सबके हित-सम्बन्ध अहिंसात्मक होने चाहिये। उस प्रकार की मानसिक खेती किये बिना इस भौतिक खेती का कुछ उपयोग नहीं होगा, यह जानकर बुद्ध ने अपने संघ को समाज में नैतिक जागृति लाने के लिए प्रवृत्त किया। इसलिए बौद्ध-संघ अल्पसंख्यक होते हुए भी थोड़े ही समय में साधारण जन-समूह में प्रिय बन गया और अपने पुरुषार्थ से वह अन्य श्रमण-संघों से आगे बढ़ गया।

संघ का संगठन

अपने संघ को कार्यक्षम बनाने के लिए बुद्ध भगवान् ने बड़ी सावधानी रखी। संघ का संगठन उन्होंने ऐसा किया कि जिससे उनके पश्चात् उसमें एका रहे और उसके द्वारा अव्याहत

रूप से जन सेवा होती रहे। वज्जियों के गणराज्यों में वहाँ के नेता एकत्र होकर विचारों का आदान-प्रदान करते और एक-दूसरे के हित के नियम बनाते। इसी पद्धति में कुछ परिवर्तन करके बुद्ध भगवान् ने अपने भिक्षु-संघ में उसका प्रयोग किया होगा, ऐसा 'महापरिनिब्बानसुत्त' के आरम्भ में आये हुए उल्लेखों का पता लगता है।

वस्सकार ब्राह्मण भगवान् बुद्ध के पास जाता है और वज्जियों पर धावा बोल देने का अपने स्वामी अजातशत्रु का विचार भगवान् से कह देता है। तब भगवान् वस्सकार ब्राह्मण से कहते हैं कि, "जब तक मेरे बताये हुए सात नियमों के अनुसार वज्जी लोग चलते रहेंगे तब तक उन्हें कोई भी नहीं जीत सकेगा।" फिर वस्सकार के चले जाने के बाद भगवान् भिक्षु-संघ से कहते हैं, "हे भिक्षुओ, मैं आपको अभिवृद्धि (उत्कर्ष) के सात नियम बताता हूँ—(१) जब तक भिक्षु अनेक बार एकत्र होते रहेंगे तब तक भिक्षुओं की अभिवृद्धि ही होगी, परिहानि नहीं होगी। (२) जब तक भिक्षु एक मत से जमा होंगे और एक मन से अपने संघ-कर्मों का विचार करके उठेंगे तब तक भिक्षुओं की अभिवृद्धि ही होगी, परिहानि नहीं होगी। (३) जब तक संघ के द्वारा बनाये हुए नियमों के विषय में भिक्षु यह नहीं कहेंगे कि वह संघ का बनाया हुआ है और जब तक संघ द्वारा बनाये गये नियम को वे नहीं तोड़ेंगे, नियम के रहस्य को समझकर उनके अनुसार चलेंगे तब तक भिक्षुओं की अभिवृद्धि ही होगी, परिहानि नहीं होगी। (४) जब तक भिक्षु वृद्धों और शीलवान् नेताओं का मान रखेंगे, (५) जब तक भिक्षु बार-बार उत्पन्न होने वाली तृष्णा के वशीभूत नहीं होंगे, (६) जब तक भिक्षुओं को एकान्तवास प्रिय लगता रहेगा, (७) जब तक न आये हुए सुज्ञ ब्रह्मचारी आ जायँ और आये हुए सुज्ञ सुब्रह्मचारी सुख से रहें, इसके लिए भिक्षु सदैव जाग्रत रहेंगे तब तक भिक्षुओं की अभिवृद्धि ही होगी, परिहानि नहीं होगी।"

इससे यह मालूम होगा कि संघ के एक स्थान पर जमा होने, एकमत से संघकृत्य करने, वृद्ध एवं शीलवान् भिक्षुओं का मान रखने आदि के 'विनयपिटक' में मिलने वाले नियम बुद्ध भगवान् ने वज्जियों के जैसे स्वतन्त्र गणराज्यों में प्रचलित पद्धति से लिये थे।

संघ के कुछ नियम जनरूढ़ियों से लिये गए थे

परन्तु राज्यानुशासन के सभी नियम संघ पर लागू करना संभव नहीं था। संघ में कोई भिक्षु कुछ अपराध करे तो उसे अधिक-से-अधिक दण्ड दिया जाता था कि उसे संघ से निकाल दिया जाता था। इससे अधिक कठोर दण्ड नहीं था। क्योंकि संघ के सब नियम अहिंसात्मक थे। उसमें से बहुत-से नियम केवल प्रचलित जनरूढ़ियों से लिये गए थे। उदाहरण के लिए निम्नलिखित नियम देखिये—

बुद्ध भगवान् आलवी के अग्गालव चेतिय में रहते थे। उस समय आलवक भिक्षु भवन-निर्माण का काम करते समय जमीन खुदवाते थे। उन पर लोग टीका-टिप्पणी करने लगे। जब भगवान् को यह बात मालूम हुई तो उन्होंने उनका निषेध करके भिक्षुओं के लिए यह नियम बना दिया कि "जो भिक्षु जमीन खोदे या खुदवाये, उसे पाचित्तिय होता है।"[१]

---

१. देखिए, 'बौद्धसंघाचापरिचय', पृष्ठ ९७।

भगवान् ने भिक्षुओं को इतनी आज्ञा दे रखी थी कि छोटी-सी कुटिया या साधारण विहार बनाकर उसमें रहें और उस कार्य के लिए स्वयं जमीन खोदना या औरों से खुदवाना कोई पाप नहीं था। फिर भी यह नियम केवल लोगों के सन्तोष के लिए करना पड़ा था। लगभग सभी श्रमण इस बात की सावधानी रखते थे कि छोटे-मोटे कीटाणुओं का नाश न हो। वे रात को दीपक तक भी नहीं जलाते थे। इसलिए कि उस दीपक पर पतंगों के आ गिरने की सम्भावना रहती थी और उनके इन आचारों के लोग अभ्यस्त हो गए थे। ऐसी स्थिति में कोई श्रमण स्वयं कुदाली लेकर जमीन खोदने लगता तो साधारण जनों के मन में ठेस पहुँचना बिलकुल स्वाभाविक था। उसके साथ वाद-विवाद करके उनके दृष्टिकोण को बदल डालने की आवश्यकता बुद्ध भगवान् को प्रतीत नहीं हुई। वे जानते थे कि तपश्चर्या में व्यर्थ समय न गँवाकर जनता को धर्मोपदेश देने और ध्यान समाधि के द्वारा स्वचित्त का दमन करने के लिए भिक्षुओं को अवसर मिल जाय तो संघ का कार्य सुलभ होगा। इसलिए जो रीति-रिवाज निरुपद्रवी थे उन्हें संघ में ले लेने में भगवान् को कोई आपत्ति नहीं हुई।

भिक्षु-संघ की सादगी

भगवान् बुद्ध को अन्य संघों में चलने वाली तपश्चर्या बिल्कुल पसन्द नहीं थी, फिर भी वे इस बात की बड़ी सावधानी रखते थे कि उनके संघ के भिक्षु अत्यन्त सादगी से रहें। यदि भिक्षु परिग्रही बन जायँ तो वे अपने परिग्रह के समेत चारों दिशाओं में जाकर कैसे प्रचार-कार्य कर सकेंगे? 'सामञ्ञफलसुत्त' में भगवान् बुद्ध अजातशत्रु राजा से कहते हैं :

सेय्यथापि महाराज पक्खी सकुड़ो येन येनेव डेति सपत्तभारो व डेति। एवमेव महाराज भिक्खु-संतुट्ठो होति, काय परिहारिकेन चीवरेन, कुच्छि परिहारिकेन पिण्डपातेन। सो येन येनेव पक्कमति समादायेव पक्कमति।

अर्थात् "हे महाराज, जिस प्रकार कोई पंछी जिस-जिस दिशा में उड़ता है उस-उस दिशा में अपने पंखों के साथ ही उड़ता है, उसी प्रकार हे महाराज, भिक्षु तो शरीर के लिए आवश्यक चीवर से और पेट के लिए आवश्यक अन्न (भिक्षा) से सन्तुष्ट होता है। वह जिस-जिस दिशा में जाता है उस-उस दिशा में अपना सामान साथ लेकर ही जाता है।"

ऐसे भिक्षु के पास अधिक-से-अधिक निम्नलिखित गाथा में बताई हुई आठ वस्तुएँ रहती थीं :

तिचीवरं च पत्तो च वासि सूचि च बन्धनं।
परिस्सावनेन अट्ठेते युत्तयोगस्स भिक्खुनो॥

अर्थात् "तीन चीवर, पात्र वासि (छोटी-सी कुल्हाड़ी), सूई, कमरबन्ध और पानी छानने का कपड़ा—ये आठ वस्तुएँ योगी भिक्षु के लिए पर्याप्त हैं।"

आचार के नियम

बुद्ध भगवान् का यह उपदेश था कि भिक्षु इस प्रकार अत्यन्त सादगी से रहें, तथापि मनुष्य-स्वभाव के अनुसार कुछ भिक्षु इन वस्तुओं के स्वीकार करने में भी नियम का उल्लंघन करते—अर्थात् तीन चीवरों से अधिक वस्त्र लेते, मिट्टी या लोहे का पात्र रखने के बजाय ताँबे या पीतल का पात्र ले लेते और चीवर बहुत बड़े बनाते। इससे परिग्रह के लिए अवसर मिल

जाता। उसे रोकने के लिए बहुत-से नियम बनाने पड़े। ऐसे नियमों की संख्या काफी बड़ी है।

'विनयपिटक' में भिक्षु-संघ के लिए कुल २२७ निषेधात्मक नियम दिए गए हैं। उन्हें 'पातिमोक्ख' कहते हैं। उनमें से दो अनियत (अनियमित) और अन्तिम ७५ सेखिय यानी खाने-पीने, रहन-सहन, बातचीत आदि में सभ्यता के नियम बताने वाले हैं। इन्हें छोड़कर बाकी १५० नियमों को ही अशोक-काल में 'पातिमोक्ख' कहते थे, ऐसा लगता है। उससे पहले ये सारे नियम बने नहीं थे, और जो बने भी थे उनमें से बुनियादी नियमों को छोड़कर अन्य नियमों में उचित हेर-फेर करने का संघ को पूरा अधिकार था। परिनिर्वाण के पहले भगवान् बुद्ध ने आनन्द से कहा था, "हे आनन्द, यदि संघ की इच्छा हो तो वह मेरी मृत्यु के पश्चात् साधारण नियमों को छोड़ दे।"

इससे यह स्पष्ट होता है कि छोटे-मोटे या मामूली नियमों को छोड़ने या देश काल के अनुसार साधारण नियमों में हेर-फेर करने के लिए भगवान् ने संघ को पूरी अनुमति दे दी थी।

शरीरोपयोगी पदार्थों के प्रयोग में सावधानी

भिक्षु के लिए आवश्यक वस्तुओं में चीवर, पिण्डपात (अन्न), शयनासन (निवास-स्थान) और दवा चार मुख्य होती थीं। भगवान् का कहना था कि 'पातिमोक्ख' के नियमों के अनुसार इन वस्तुओं का उपभोग करते समय भी विचारपूर्वक आचरण किया जाय।

चीवर का प्रयोग करते समय भिक्षु को कहना पड़ता था, "मैं अच्छी तरह सोचकर यह चीवर पहनता हूँ। इसका उद्देश्य केवल यही है कि ठंडक, गर्मी, मच्छर, मक्खियाँ, हवा, धूप, साँप आदि से कष्ट न पहुँचे और गुह्य इन्द्रियों को ढाँक लिया जाय।"

पिंडपात सेवन करते समय उसे कहना पड़ता था, "मैं अच्छी तरह सोच-विचारकर यह पिंडपात सेवन करता हूँ। इसका उद्देश्य यह नहीं है कि मेरा शरीर क्रीड़ा करने के लिए समर्थ बन जाय, मत्त हो जाय, मंडित और विभूषित हो जाय, बल्कि केवल यह है कि इस शरीर की रक्षा हो, कष्ट दूर हों और ब्रह्मचर्य में सहायता मिले। इस प्रकार मैं (भूख की) पुरानी वेदना को नष्ट कर दूँगा और (अधिक खाकर) नई वेदना का निर्माण नहीं करूँगा। इससे मेरी शरीर-यात्रा चलेगी, लोकापवाद नहीं रहेगा और जीवन सुखकारी होगा।"

शयनासन का प्रयोग करते समय उसे कहना पड़ता, "मैं भली-भाँति सोच-विचारकर इस शयनासन का प्रयोग करता हूँ इसका उद्देश्य केवल यही है कि ठंडक, गर्मी, मच्छर, मक्खियाँ, हवा, धूप और साँप आदि से कष्ट न पहुँचे और एकान्तवास में विश्राम मिल सके।"

औषधियों के प्रयोग के समय उसे कहना पड़ता, "मैं अच्छी तरह सोच-विचार कर इस औषधीय वस्तु का प्रयोग करता हूँ। यह प्रयोग केवल उत्पन्न हुए रोग के नाश के लिए ही है और आरोग्य (स्वास्थ्य) की प्राप्ति होने तक ही वह करना है।"[१]

---

१. **इस प्रकार चार शरीरोपयुक्त पदार्थों को सावधानी के साथ प्रयोग में लाने को 'पच्चवेक्खण' (प्रत्यवेक्षण) कहते हैं और यह प्रथा आज भी चलती है।**

देवदत्त का किया हुआ संघ-भेद

संघ में सरलता एवं मैत्री-भाव रहे इसलिए भगवान् बुद्ध बहुत सावधानी रखते थे। परन्तु मनुष्य का स्वभाव कुछ ऐसा विचित्र है कि उसके समुदाय में मतभेद होकर पक्ष बन ही जाते हैं। इसका मुख्य कारण है अभिमान और उसके पीछे-पीछे आता है अज्ञान। मनुष्य चाहे जितनी सादगी से रहे, तो भी यदि वह बनने की इच्छा रखता हो तो दूसरों के गुणों को दोषों का स्वरूप देकर अपना बड़प्पन जताने की चेष्टा किये बिना नहीं रहेगा। उसके जाल में यदि अज्ञानी लोग फँस जायँ तो वह आसानी से किसी विलक्षण सम्प्रदाय की स्थापना कर सकता है।

बौद्ध-संघ में इस प्रकार का पहला भिक्षु देवदत्त था। वह शाक्यों में से था और बुद्ध का रिश्तेदार था। उसने भगवान् से प्रार्थना की कि संघ का नेतृत्व उसके हवाले कर दिया जाय। परन्तु भगवान् ने इस प्रार्थना को स्वीकार नहीं किया। अत: उसने बुद्ध को मार डालने के लिए अजातशत्रु राजा के द्वारा घातकों को भिजवा दिया। परन्तु बुद्ध की हत्या के बजाय वे घातक उनके शिष्य बन गये। तब देवदत्त ने गृद्धकूट पर्वत की एक पहाड़ी पर से भगवान् पर एक बड़ी चट्टान दे मारी। उसका एक टुकड़ा बुद्ध के पैरों में लगने से उसमें जख्म हो गया। उस घाव के ठीक हो जाने के बाद भगवान् जब भिक्षाटन के लिए राजगृह गये तो देवदत्त ने उन पर नालगिरि नामक मदोन्मत्त हाथी को छोड़ दिया। उस हाथी ने भगवान् की पद धूलि अपने माथे पर रख ली और वह चुपचाप अपनी हस्तिशाला में लौट गया। इस प्रकार सारे दाँव-पेंच व्यर्थ हो जाने के बाद देवदत्त ने भगवान् से प्रार्थना की कि संघ में तपश्चर्या के कठोर नियम बना दिए जायँ, परन्तु भगवान् ने वह स्वीकार नहीं किया। अत: संघ में फूट डालकर और कुछ भिक्षुओं को साथ लेकर देवदत्त गया को चला गया।

देवदत्त की यह कथा विस्तार के साथ '**चुल्लवग्ग**' में आई है।[१] परन्तु उसमें ऐतिहासिक तथ्य बहुत कम दीखता है। क्योंकि यदि देवदत्त भगवान् की हत्या करने जितना दुष्ट होता तो भिक्षु-संघ में फूट डालना उसके लिए असम्भव हो जाता और थोड़े भी भिक्षु उसके भक्त न बनते।

'लाभसत्कारसंयुत्त' के ३६वें सुत्त से ऐसा दीखता है कि जब अजातशत्रु युवराज था तब उससे देवदत्त की मित्रता हो गई थी और तभी से वह नेतृत्व के लिए प्रयत्नशील रहने लगा था। उस सुत्त का सारांश इस प्रकार है—

"बुद्ध भगवान् राजगृह के वेलु वन में रहते थे। उस समय अजातशत्रु राजकुमार ५०० रथ साथ लेकर सुबह-शाम देवदत्त के दर्शनों के लिए जाता था और देवदत्त के पास ५०० पात्रों (व्यक्तियों) का भोजन भेज देता था। कुछ भिक्षुओं ने यह बात भगवान् को बता दी। तब भगवान् बोले, "हे भिक्षुओ, आप देवदत्त के लाभ-सत्कार की स्पृहा न करें। लाभ से देवदत्त की हानि ही होगी, वृद्धि नहीं होगी।"

इसके अलावा देवदत्त के सम्बन्ध में भगवान् द्वारा कही गई निम्नलिखित गाथा दो जगह मिलती है:

---

१. देखिए, 'बुद्धलीलासारसंग्रह', पृष्ठ १७९-१८८।

फलं वे कदलिं हन्ति फलं वेलुं फलं नलं।
सक्कारो कापुरिसं हन्ति गब्भो अस्सतरिं यथा॥[१]

अर्थात् "फल केले के पेड़ का नाश करता है, फल बाँस का और नल (नरकट) का नाश करता है। खच्चरी का गर्भ खच्चरी का नाश करता है। इसी प्रकार सत्कार कापुरुष का नाश करता है।"

इससे यह अनुमान लगाया जा सकता है कि देवदत्त अधिकार प्राप्ति के लिए अजातशत्रु की सहायता से कैसे चेष्टा कर रहा था। अजातशत्रु ने अपने पिता की हत्या करके राज्य प्राप्त किया, फिर भी देवदत्त ने उसकी मित्रता नहीं छोड़ी और उसकी सहायता से संघ में फूट डालकर अनेक भिक्षुओं को उसने अपनी ओर खींच लिया। उसकी यह बातें बुद्ध भगवान् को पसंद न आई हों तो उसमें क्या आश्चर्य? परन्तु देवदत्त द्वारा डाली गई यह फूट संघ के लिए हानिकारक सिद्ध नहीं हुई और उस संकट से संघ सही सलामत निकल गया।[२]

भिक्षु-संघ में एक और झगड़ा

भिक्षु-संघ में एक और मामूली झगड़ा कौशाम्बी में हुआ था, इसका विस्तृत वर्णन 'महावग्ग' में मिलता है। 'महावग्ग' के लेखक ने या लेखकों ने इस कथा की रचना इस प्रकार की है कि जिससे उस प्रकार के अन्य प्रसंगों में भी उसका उपयोग हो सके। उसका सारांश यह है—दो विद्वान् भिक्षुओं में विनय के एक क्षुद्र नियम के सम्बन्ध में मतभेद होने पर झगड़ा खड़ा हुआ। उस समय भगवान् ने उन्हें दीर्घायु की कहानी सुनाई। फिर भी वे नहीं माने। उनमें से एक भिक्षु बोला, "भदन्त, आप शान्त रहिए, हम देख लेंगे कि इस झगड़े में क्या होता है।" यह देखकर कि सबके मन दूषित हुए हैं, भगवान् कौशाम्बी से प्राचीन वंसदाव उपवन में गए वहाँ अनुरुद्ध, नंदिय और किम्बिल नामक तीन भिक्षु रहते थे। उनका संगठन देखकर भगवान् ने उनका अभिनंदन किया और वहाँ से भगवान् पारिलेय्यक वन में गए। उसी समय हाथियों के झुण्ड का एक अगुआ हाथी अपने झुण्ड से ऊबकर अकेला ही उस वन में रहता था। उसने बुद्ध का स्वागत किया। वहाँ कुछ समय रहकर भगवान् श्रावस्ती चले गये।

इधर कौशाम्बी के उपासकों ने उन झगड़ने वाले भिक्षुओं को ठिकाने लाने के लिए किसी प्रकार उनका आदर-सत्कार न करने एवं उन्हें भिक्षा न देने का विचार किया। इससे उन भिक्षुओं के दिमाग ठिकाने आ गए और वे श्रावस्ती चले गए। तब भगवान् ने झगड़ों को सुलझाने के कुछ नियम बनाये और उपालि आदि भिक्षुओं से वह झगड़ा तय कराया।[३]

'मज्झिमनिकाय' के उपक्किलेससुत्त में (नं० १२८) 'महावग्ग' की बातों में से बहुत-सी बातें आ गई हैं, परन्तु उसमें दीर्घायु की कहानी नहीं है और उस सुत्त की समाप्ति प्राचीन वंसदाव वन में ही होती है। पारिलेय्यक वन में भगवान् बुद्ध के जाने का उल्लेख उस सुत्त में

---

१. 'संयुत्तनिकाय' (P.T.S.) भाग २, पृष्ठ २४१ और 'अंगुत्तर निकाय' (P.T.S.) भाग २, पृष्ठ ७३।

२. देखिए, 'बुद्धलीलासारसंग्रह', पृष्ठ १८७-१८८।

३. देखिए, 'बौद्ध संघाचा परिचय', पृष्ठ ३७-४३।

नहीं वह 'उदानवग्ग' में मिलता है।

'कौसम्बिय सुत्त' में इससे अलग ही बातें मिलती हैं। उनका सारांश इस प्रकार है—

भगवान् बुद्ध कौशाम्बी के घोषिताराम में रहते थे। उस समय कौशाम्बी के भिक्षु आपस में झगड़ते थे। जब भगवान् को यह बात मालूम हुई तो उन्होंने उन भिक्षुओं को अपने पास बुला लिया और कहा, "हे भिक्षुओ, जब आप लोग आपस में झगड़ते हैं तब क्या यह सम्भव है कि आपका पारस्परिक कायिक, वाचिक एवं मानसिक कर्म मैत्रीमय हो सकेगा?"

"जी नहीं!" उन भिक्षुओं ने उत्तर दिया।

तब भगवान् बोले, "यदि ऐसा नहीं है तो आप झगड़ते क्यों हैं? निरर्थक मनुष्यो, इस प्रकार का झगड़ा आपके लिए हमेशा हानिकारक और दुःखकारक होगा।"

फिर भगवान् बोले, "भिक्षुओ, ये छः संस्मरणीय बातें झगड़ों को मिटाकर संगठन एवं एकता का कारण बनती हैं। वे कौन-सी हैं? (१) मैत्रीमय कायिक कर्म, (२) मैत्रीमय वाचिक कर्म, (३) मैत्रीमय मानसिक कर्म, (४) उपासकों से प्राप्त दान-धर्म का सारे संघ के साथ सम विभाग में उपभोग करना, (५) अपने शील में किंचित् भी त्रुटि न रहने देना और (६) आर्य श्रावक को शोभा देने वाली सम्यक् दृष्टि रखना।"

भगवान् ने इस सम्यक् दृष्टि का बहुत विवेचन किया है। यहाँ उसे विस्तार के साथ देने की आवश्यकता नहीं है। इस उपदेश के अन्त में उन भिक्षुओं ने भगवान् के भाषण का अभिनन्दन किया।

इसका अर्थ यह होता है कि यह वहीं पर समाप्त हो गया था अन्यथा वे भिक्षु भगवान् के भाषण का अभिनन्दन कैसे करते? 'महावग्ग' तथा 'उपक्किलेससुत्त' में उन भिक्षुओं द्वारा भगवान् का अभिनन्दन किये जाने का उल्लेख नहीं है। वहाँ बताया गया है कि वे भिक्षु झगड़ते ही रहे और उनसे ऊबकर भगवान् वहाँ से प्राचीन वंसदाव वन में चले गए। अतः इस परस्पर-विरोध में कैसे संगति बिठाई जाय?

'अंगुत्तरनिकाय' के चतुक्क निपात के २४१वें सुत्त में निम्नलिखित बातें आती हैं—

एक बार भगवान् कौशाम्बी के घोषिताराम में रहते थे। तब आयुष्यमान् आनन्द उनके पास जाकर प्रणाम करके एक तरफ बैठ गया। उससे भगवान् बोले, "आनन्द क्या वह झगड़ा मिट गया?"

आनन्द—"भदन्त, झगड़ा मिटे कैसे? अनुरुद्ध का शिष्य बाहिय तो मानो संघ-भेद करने के लिए प्रवृत्त हुआ है, और अनुरुद्ध उससे कुछ भी नहीं कहता।"

भगवान्—"पर आनन्द, संघ में होने वाले झगड़ों को सुलझाने का काम अनुरुद्ध कब करता है? क्या तुम और सारिपुत्त-मोग्गल्लान ही ये झगड़े नहीं मिटाते?

इससे यह दिखाई देगा कि बाहिय के कारण वह झगड़ा खड़ा होकर बढ़ गया और उसे खत्म कराने के लिए स्वयं भगवान् को प्रयत्न करना पड़ा। उन भिक्षुओं की सभा में से भगवान् कुछ समय के लिए भले ही दूर चले गए हों, मगर वह झगड़ा कौशाम्बी में ही खत्म हो गया था।

ऐसे अवसरों पर झगड़ने वाले भिक्षुओं को ठिकाने लाने के लिए उपासक उनका बहिष्कार करें और जब वे होश में आ जायँ तब किसी तरह झगड़ा मिटा दिया जाय यह दिखाने के उद्देश्य से ही महावग्गकार ने यह कहानी रची थी ऐसा सिद्ध होता है। ऐसे मामूली झगड़ों में संघ पर विपरीत परिणाम होना बिल्कुल संभव नहीं था।

भिक्षुणी-सङ्घ की स्थापना

भिक्षुणी-संघ की स्थापना की घटना का जो उल्लेख 'चुल्लवग्ग' में आया है उसका सारांश इस प्रकार है—

भगवान् बुद्ध कपिलवस्तु के निग्रोधाराम में रहते थे। तब महाप्रजापति गौतमी भगवान् के पास जाकर बोली, "भदन्त, आप स्त्रियों को अपने सम्प्रदाय में प्रव्रज्या ग्रहण करने की आज्ञा दीजिए।" भगवान् ने यह प्रार्थना तीन बार अस्वीकार कर दी और वे वहाँ से वैशाली चले गए। महाप्रजापति गौतमी अपना सिर मुँड़ाकर और बहुत-सी शाक्य स्त्रियों को साथ लेकर भगवान् के पीछे-पीछे वैशाली चली गई। यात्रा से उसके पैर फूल गए थे, शरीर धूल से भर गया था और उसके मुँह पर उदासी छाई थी। उसे देखकर आनन्द ने उसकी उदासी का कारण पूछा तो उसने कहा, "स्त्रियों को बौद्ध सम्प्रदाय में प्रव्रज्या लेने के लिए भगवान् आज्ञा नहीं देते हैं, इसलिए मैं उदास हूँ।" उससे वहीं रहने के लिए कहकर आनन्द ने भगवान् से प्रार्थना की कि वे स्त्रियों को प्रव्रज्या लेने की अनुमति दे दें। भगवान् ने वह बात अस्वीकार कर दी। तब आनन्द बोला, "भदन्त तथागत के बताये हुए धर्म-सम्प्रदाय में क्या किसी स्त्री के लिए भिक्षुणी बनकर स्रोत-आपत्ति फल-सकृदागामि फल, अनागामि फल और अर्हत्फल[१] प्राप्त कर सकना सम्भव नहीं है?" जब भगवान् ने कहा कि, "हाँ सम्भव है।" तो आनन्द बोला, "अगर ऐसा है तो फिर जिस मौसी ने भगवान् को माँ के अभाव में दूध पिलाकर बड़ा किया उसकी प्रार्थना पर भगवान् स्त्रियों को प्रव्रज्या दे दें।"

भगवान् बोले, "यदि महाप्रजापति गौतमी आठ उत्तरदायित्व पूर्ण नियमों (अट्ठ गुरु धम्मा) को स्वीकार करें तो मैं स्त्रियों को प्रव्रज्या लेने की अनुमति दे दूँगा—(१) भिक्षुणी संघ में चाहे जितने वर्षों तक रही हो, तो भी उसे चाहिए कि वह छोटे-बड़े सभी भिक्षुओं को प्रणाम करे। (२) जिस गाँव में भिक्षु न हों वहाँ भिक्षुणीं न रहे। (३) हर पखवाड़े में उपोसथ किस दिन है और धर्मोपदेश सुनने के लिए कब आना है, ये दो बातें भिक्षुणी भिक्षु-संघ से पूछ ले। (४) चातुर्मास्य के बाद भिक्षुणी को भिक्षु-संघ और भिक्षुणी संघ की प्रवारणा[२] करनी चाहिए, (५) जिस भिक्षुणी से संघादिशेष आपत्ति हुई हो उस दोनों संघों में पन्द्रह दिनों का मानत्त[३] लेना चाहिए। (६) जिसने दो वर्ष तक अध्ययन किया हो ऐसी श्रामणेरी को दोनों संघ

---

१. इन चार फलों का स्पष्टीकरण इसी अध्याय में आगे पृष्ठ १२७ पर दिया गया है।

२. स्वदोष बताने के लिए सबसे प्रार्थना करना। देखिए 'बौद्ध संघाचा परिचय', पृष्ठ २४-२६।

३. संघ के सन्तोष के लिए विहार से बाहर रातें बिताना। देखिए 'बौद्ध संघाचा परिचय', पृष्ठ ४७।

उपसम्पदा दे दें। (७) किसी भी कारण से भिक्षुणी भिक्षु को गाली-गलौज न दे, भिक्षु भिक्षुणी को उपदेश दे।''

आनन्द ने ये आठ नियम महाप्रजापति गौतमी को बताये और उसे वे पसन्द आये। यहाँ तक यह कथा 'अंगुत्तरनिकाय' के अट्ठकनिपात में भी मिलती है और उसके बाद भगवान् आनन्द से कहते हैं, ''हे आनन्द, यदि स्त्री को इस धर्मविनय में प्रव्रज्या न मिलती तो यह धर्म (ब्रह्मचर्य) एक हजार बरस तक कायम रहता। परन्तु अब जब कि स्त्री को संन्यास का अधिकार दिया गया है, यह सद्धर्म पाँच सौ बरस तक ही कायम रहेगा।''

इस प्रकार विनय और 'अंगुत्तरनिकाय, में मेल बैठता है, फिर भी कहना पड़ता है कि ये आठ गुरु-धर्म पीछे से बनाये गए थे, क्योंकि विनय के नियम बनाने की भगवान् बुद्ध की जो पद्धति थी उसका इन नियमों के साथ स्पष्ट विरोध है।

बुद्ध भगवान् वेरंजा गाँव के पास रहते थे। उस समय वेरंजा गाँव के आस-पास अकाल पड़ने से भिक्षुओं को बड़े कष्ट होने लगे। तब सारिपुत्त ने भगवान् से प्रार्थना की कि वे भिक्षुओं के लिए आचार-विचार के नियम बना दें। भगवान् बोले, ''सारिपुत्त तुम धीरज रखो। तथागत ही जानता है कि नियम बनाने का प्रसंग-कौन-सा है। संघ में जब तक पापाचारों का प्रवेश नहीं हुआ है तब तक तथागत उनके निवारण के नियम नहीं बनाता।''[१]

बुद्ध के इस वचन के अनुसार सब नियमों की रचना की गई है। प्रथमतः कोई भिक्षु कुछ अपराध या गलती करता है। वह बात जब भगवान् के कानों तक पहुँच जाती है तब वे भिक्षु-संघ को बुलाकर कोई नियम बना देते हैं। फिर यदि ऐसा अनुभव हो जाय कि उस नियम का अर्थ ठीक ढंग से नहीं लगाया जा रहा है, तो बाद में उसमें सुधार कर देते हैं।

परन्तु महाप्रजापति गौतमी के सम्बन्ध में इस पद्धति को नहीं अपनाया गया। यह कुछ अजीब-सा लगता है कि भिक्षुणी-संघ में कोई दोष पैदा होने से पहले ही भिक्षुणियों पर ये आठ नियम लाद दिये गए हों। इससे यह अनुमान लगाया जा सकता है कि सारी सत्ता को अपने हाथ में रखने के लिए भिक्षु-संघ ने पीछे से यह नियम बना कर उन्हें विनय और 'अंगुत्तरनिकाय' में शामिल कर दिया होगा।

'विनयपिटक' की अपेक्षा 'सुत्तपिटक' प्राचीनतर है। तथापि उसमें कुछ सुत्त पीछे से जोड़ दिये गये हैं और शायद यह सुत्त भी उन्हीं में से है। ईसा से पहले प्रथम या द्वितीय शताब्दी में जब महायान-पंथ का प्रसार तेजी से होने लगा तब यह सुत्त लिखा गया होगा। उसमें सद्धर्म से मतलब है स्थविरवादी पंथ। सुत्तकार का भविष्यवाद कदाचित् यह हो कि भिक्षुणी-संघ की प्रस्थापना के कारण वह पाँच सौ वर्ष जीवित रहेगा और उसके पश्चात् सर्वत्र महायान-सम्प्रदाय का प्रसार होगा। इस भविष्य से ही यह सिद्ध होता है कि यह सुत्त भगवान् बुद्ध के परिनिर्वाण से पाँच सौ वर्ष बाद लिखा गया था।

भारतवर्ष में प्रथम भिक्षुणी-संघ की स्थापना यदि बुद्ध ने ही की होती तो कदाचित् उन आठ गुरु-धर्मों की गिनती, चाहे ये अल्प मात्रा में ही क्यों न हों, इतिहास में की जा सकती थी। परन्तु वास्तविक स्थिति वैसी नहीं थी। जैन तथा अन्य सम्प्रदाय बौद्ध-सम्प्रदाय से एक-

---

१. 'बौद्धसंघाचा परिचय', पृष्ठ ५२-५३ देखिए।

दो शताब्दी पहले उत्पन्न हुए थे और उन सम्प्रदायों में भिक्षुणियों के बड़े-बड़े संघ थे, जिनमें कुछ भिक्षुणियाँ चतुर एवं विदुषी थीं। इस प्रकार का परिचय पालि-साहित्य में कई स्थानों पर मिलता है। उसी ढंग पर बुद्ध के भिक्षुणी-संघ की स्थापना की गई। गणसत्तात्मक राज्यों में और एकसत्तात्मक शासन-प्रणाली वाले देशों में भी स्त्रियों का अच्छा मान रखा जाता था। अत: भिक्षुणी-संघ की रक्षा के लिए अजीब नियम बनाने की बिल्कुल आवश्यकता नहीं थी। अशोक-काल के बाद यह परिस्थिति बदल गई। इस देश पर यवनों और शकों के हमले शुरू हुए और स्त्रियों का स्थान उत्तरोत्तर गिरता गया तथा समाज में उनका मान नहीं रहा। उस समय यदि भिक्षुणियों के सम्बन्ध में इस प्रकार के नियम बनाये गए हों तो कोई आश्चर्य की बात नहीं है।

राहुल श्रामणेर

भिक्षु-संघ और भिक्षुणी-संघ की प्रस्थापना हो जाने पर उनमें श्रामणेरों और श्रामणेरियों को प्रविष्ट कर लेना पड़ा। प्रथमत: बुद्ध भगवान् द्वारा राहुल के श्रामणेर बनाए जाने की जो कथा 'महावग्ग' में आई है, वह इस प्रकार है—

भगवान् कुछ समय राजगृह में रहकर कपिलवस्तु गए। वहाँ वे निग्रोधाराम में रहते थे। एक दिन जब वे शुद्धोदन के मकान के पास भिक्षाटन कर रहे थे तब राहुल की माता ने उन्हें देख लिया। वह राहुल से बोली, "बेटा राहुल, ये तुम्हारे पिताजी हैं। उनके पास जाकर तुम अपना दायभाग माँग लो!" माँ की बात सुनकर राहुल भगवान् के सामने जा खड़ा हुआ और बोला, "हे श्रमण, आपकी छाया सुखकारक है।" भगवान् वहाँ से चले गए। उनके पीछे-पीछे राहुल अपना दायभाग माँगता हुआ चला गया। बिहार में जाने के बाद अपना दायाद्य राहुल को देने के उद्देश्य से भगवान् ने सारिपुत्त को बुलाकर श्रामणेर बनाया। यह बात शुद्धोदन को अच्छी नहीं लगी। उसने भगवान् को समझाया कि छोटे बच्चों को प्रव्रज्या देने से उनके अभिभावकों को कैसे दु:ख होता है और भगवान् से उसने यह नियम बनवाया कि अल्पवयस्क व्यक्ति को प्रव्रज्या न दी जाय।

परन्तु यह कथा ऐतिहासिकता की कसौटी पर नहीं टिक सकती। एक तो यह कि शुद्धोदन शाक्य कपिलवस्तु में नहीं रहता था। दूसरे यह कि निग्रोधाराम बुद्ध के बुढ़ापे में उस समय बनाया गया था जब राहुल अल्पवयस्क था। अत: यह कहना पड़ता है कि यह कथा कई शताब्दियों के बाद गढ़कर 'महावग्ग' में प्रविष्ट कर ली गई है।

'अम्बलट्ठिकाराहुलोवादसुत्त' की अट्ठकथा में कहा गया है कि बुद्ध भगवान् ने जब राहुल को श्रामणेर दीक्षा दी तब उनकी उम्र सात बरस की थी और यही धारणा बौद्ध लोगों में अभी तक प्रचलित है। यदि यह मान लिया जाय कि बोधिसत्व के गृह-त्याग के दिन ही राहुल कुमार का जन्म हुआ था, तो श्रामणेर दीक्षा के समय राहुल का सात बरस का होना सम्भव नहीं प्रतीत होता, क्योंकि गृह-त्याग के बाद बोधिसत्व ने सात वर्ष तक तपश्चर्या की और तत्व-बोध होने के बाद उन्होंने पहला चातुर्मास वाराणसी में बिताया। उसके बाद संघ-स्थापना में कम-से-कम एक वर्ष तो लगा ही होगा। अत: श्रामणेर दीक्षा के समय राहुल का सात वर्ष का होना असंभव था।

'सुत्तनिपात' के राहुल सुत्त से यह अनुमान लगाया जा सकता है कि राहुल को किस प्रकार श्रामणेर बनाया गया होगा, अतः उस सुत्त का अनुवाद हम यहाँ देते हैं—

(भगवान्)—(१) सतत परिचय के कारण तुम पंडितों की अवज्ञा तो नहीं करते हो? क्या मनुष्यों को ज्ञान प्रद्योत दिखाने वाले (उस पंडित) की तुम उचित सेवा करते हो?

(राहुल)—(२) मैं सतत परिचय के कारण पंडित की अवज्ञा नहीं करता। मनुष्यों को ज्ञान प्रद्योत दिखाने वाले की मैं सदैव सेवा करता हूँ।

(ये प्रास्ताविक गाथाएँ हैं।)

(भगवान्)—(३) प्रिय लगने वाले मनोरम (पंचेन्द्रियों के) पाँच कामोपभोगों का त्याग करके तुम श्रद्धापूर्वक घर से बाहर निकलो और दुःख का अन्त करने वाले बनो।

(४) कल्याण मित्रों से मैत्री करो। तुम्हारा निवास-स्थान ऐसे एकान्त में हो जहाँ बहुत कोलाहल न हो। तुम मिताहारी बनो।

(५) चीवरों (वस्त्र), पिण्डपात (अन्न), औषधीय पदार्थों और निवास-स्थान की तृष्णा मत रखो और पुनर्जन्म मत प्राप्त करो।

(६) विजय के नियमों में पंचेन्द्रियों में संयम रखो, कायगता स्मृति रहने दो और वैराग्यपूर्ण बनो।

(७) काम-विकार से मिश्रित विषयों का शुभ निमित्त छोड़ दो और एकाग्रता तथा समाधि प्राप्त करा देने वाले अशुभ निमित्त[१] की भावना करो।

(८) और अनिमित्त (निर्वाण) की भावना करो तथा अहंकार छोड़ दो। अहंकार का नाश करने पर तुम शान्ति से रहोगे।

इस प्रकार इन गाथाओं द्वारा भगवान् ने राहुल को पुनः-पुनः उपदेश दिया।

इस सुत्त में कुल आठ गाथाएँ हैं। अट्ठकथाकार का कहना है कि इनमें से दूसरी गाथा राहुल की है और शेष भगवान् की हैं। अट्ठकथाकार यह भी कहता है, और वह सही मालूम होता है कि पहली गाथा में भगवान् के लिये पंडित कहा है वह सारिपुत्त था। राहुल के बचपन में ही भगवान् ने उसकी शिक्षा के लिए उसे सारिपुत्त के सुपुर्द कर दिया था। उसके एक-दो बरस बाद राहुल के वयः प्राप्त होने पर भगवान् ने उसे यह उपदेश दिया होगा। क्योंकि इस सुत्त में बताई गई बातें ऐसी नहीं हैं जो अल्पवयस्क बालक की समझ में आ सकें। अगर राहुल श्रामणेर बन गया होता तो उसे यह उपदेश देने की कोई आवश्यकता नहीं थी कि 'तुम घर से बाहर निकलकर दुःख का अन्त करने वाले बनो।'

ब्राह्मण-युवक गुरु-गृह पर जाकर ब्रह्मचर्यपूर्वक वेदाध्ययन करते और उसके बाद यथारुचि गृहस्थाश्रम या तपश्चर्या को स्वीकार करते थे। यही बात राहुल के विषय में हुई होगी। उसे सर्वसाधारण ज्ञान मिल सके इस उद्देश्य से भगवान् ने उसे सारिपुत्त के हवाले कर दिया था और सारिपुत्त के साथ रहने के कारण उसके लिये ब्रह्मचर्य का पालन करना आवश्यक ही था। भगवान् ने उसे यह उपदेश इसलिए दिया कि वयः प्राप्त होने पर वह फिर

---

१. अशुभ भावना के विषय में देखिए, 'समाधि मार्ग', पृष्ठ ४९-५८।

से गृहस्थाश्रम में प्रवेश न करे। राहुल की इस कहानी की नींव पर महावग्गकार ने श्रामणेरों की विस्तृत कथा तैयार की।

अन्य श्रामणेर

भगवान् बुद्ध के जीवन-काल में अल्प-वय में संघ-प्रवेश करने वाले श्रामणेर बहुत ही थोड़े थे। परन्तु दूसरे सम्प्रदायों में जो परिव्राजक आते उन्हें चार महीने तक उम्मीदवारी करनी पड़ती। मालूम होता है, इस प्रकार के श्रामणेरों की ही संख्या अधिक थी। 'दीघनिकाय' के महासीहनादसुत्त के अन्त में जब काश्यप परिव्राजक बुद्ध के भिक्षु-संघ में प्रवेश करना चाहता है तब भगवान् उससे कहते हैं, "हे काश्यप, इस सम्प्रदाय में जो कोई प्रव्रज्या लेकर संघ-प्रवेश करना चाहता है उसे चार महीने तक उम्मीदवारी करनी पड़ती है। चार महीनों के बाद भिक्षुओं को विश्वास होने पर वे उसे प्रव्रज्या देकर संघ में प्रविष्ट कर लेते हैं। मैं जानता हूँ कि इस सम्बन्ध में कुछ अपवाद भी हैं।"

इसके अनुसार काश्यप ने चार महीने उम्मीदवारी की और भिक्षुओं को विश्वास होने पर उसे संघ में दाखिल कर लिया गया।

श्रामणेर संस्था की वृद्धि

श्रामणेरों की संस्था भगवान् के परिनिर्वाण के पश्चात् बढ़ती गई। यहाँ तक कि बचपन में श्रामणेर बनकर भिक्षु होने वालों की ही संख्या सबसे अधिक हुई। इससे संघ में अनेक दोष आ गए। स्वयं भगवान् बुद्ध एवं उनके भिक्षु-संघ को गृहस्थ के जीवन का अच्छा-खासा अनुभव था और उसका मन फिर से गृहस्थी की ओर जाना सम्भव नहीं था। परन्तु जिन्हें बचपन में ही संन्यास-दीक्षा देकर गृहस्थ-जीवन से बाहर निकाल लिया गया हो तो उन्हें गार्हस्थ जीवन के प्रति आकर्षण होना स्वभाविक था। परन्तु रूढ़ि उनको रोकती रही और उनसे अनेक मानसिक दोष होने लगे। संघ के विनाश के अनेक कारणों में से इसे भी एक समझना चाहिए।

श्रामणेरों के ढंग पर ही श्रामणेरियों की संस्था बनाई गई थी। उनमें केवल यही अन्तर था कि श्रामणेर भिक्षुओं के आश्रम में रहते थे और श्रामणेरियाँ भिक्षुणियों के आश्रम में।

श्रावक-संघ के चार विभाग

परन्तु संघ के चार विभागों में श्रामणेरों और श्रामणेरियों की गणना नहीं की गई है। इससे ऐसा लगता है कि भगवान् के जीवन-काल में उन्हें बिल्कुल महत्व नहीं दिया गया था। केवल भिक्षु, भिक्षुणियाँ, उपासक और उपासिकाएँ ही बुद्ध के श्रावक-संघ के विभाग हैं।

इसमें सन्देह नहीं कि भिक्षु-संघ का कार्य बहुत बड़ा था। फिर भी त्रिपिटक-वाङ्मय में ऐसे कई उदाहरण मिलते हैं जिनसे यह पता चलता है कि भिक्षुणियों, उपासकों और उपासिकाओं ने भी संघ की अभ्युन्नति में पर्याप्त हाथ बँटाया था।

स्त्रियों का स्थान

मार के साथ सोमा भिक्षुणी का जो निम्नलिखित संवाद हुआ था उससे यह स्पष्ट होगा कि बुद्ध के धर्म-मार्ग में स्त्रियों का स्थान पुरुषों की बराबरी का था—

दोपहर के समय जब सोमा भिक्षुणी श्रावस्ती के पास अन्धवन में ध्यान के लिए बैठी तो मार उसके पास जाकर बोला :

यन्तं इसीहि पत्तब्बं ठानं दुरभिसंभवं।
न तं द्वंगुलपञ्ञाय सक्का पप्पो तुमित्थिया॥

अर्थात् जो (निर्वाण) स्थान ऋषियों को भी मिलना असम्भव है जिसकी प्रज्ञा दो अँगुलियों में ही सीमित है (यानी चावलों के पक जाने पर दो अँगुलियों से उन्हें दबाकर देखना ही जिसका एकमात्र बुद्धिमानी का कार्य है)

सोमा भिक्षुणी बोली :

इत्थिभावो किं कमिरा चितम्हि सुसमाहिते।
ञाणम्हि मत्तमानम्हि सम्मा धम्मं विपस्सतो॥
यस्स नून सिया एवं इत्थाहं पुरिसो ति वा।
किञ्चि वा पन अस्मीति तं मारो वत्तुमरहति॥[१]

अर्थात्, "जिसका चित्त भली-भाँति सन्तुष्ट हो गया है और जिसे ज्ञान-लाभ हुआ है ऐसे सम्यक् रूपेण धर्म जानने वाले व्यक्ति के लिये (निर्वाण मार्ग में) स्त्रीत्व कैसे बाधक हो सकता है। मार ये बातें उसे बताये जिसे यह अहंकार[२] हो गया कि मैं स्त्री हूँ, मैं पुरुष हूँ, या मैं कोई हूँ।"

मार यह जान गया कि सोमा भिक्षुणी ने उसे पहचाना है, अतः वह दुःख से वहीं अन्तर्धान हो गया।

यह संवाद काव्यमय है, फिर भी उससे यह स्पष्ट हो जाता है कि बौद्ध-संघ में स्त्रियों का स्थान क्या था?

निर्वाण-मार्ग में श्रावकों के चार भेद

निर्वाण-मार्ग में श्रावकों के ये चार भेद होते थे। सोतापन्न, सकदागामी, अनागामी और अरहा। सक्काय दिट्ठि (आत्मा को भिन्न वस्तु मानकर उसे नित्य समझने वाली दृष्टि), विचिकिच्छा (बुद्ध, धर्म एवं संघ के प्रति शंका या अविश्वास), सीलब्बतपरामास (स्नानादि व्रतों और उपोषणों के द्वारा मुक्ति-प्राप्ति में विश्वास) इन तीन संयोजनों (बंधनों) का नाश करने पर श्रावक सोतापन्न होता है और जब वह उस मार्ग में स्थिर होता है तब उसे सोतापत्तिफलट्ठो[३] कहते हैं। इसके बाद कामराग (काम-वासना) एवं पटिघ (क्रोध) इन दो संयोजनों के शिथिल होने पर अज्ञान कम हो जाता है तब वह सकदागामी होता है और उस मार्ग में स्थिरता प्राप्त करने पर उसे सकदागामिफलट्ठी कहते हैं। इसके बाद रूपराग (ब्रह्मलोकादि प्राप्ति की इच्छा), अरूपराग (अरूप देवलोक प्राप्ति की इच्छा), मान

---

१. 'भिक्खुणी संयुत्त', सुत्त २।

२. अहंकार तीन प्रकार का होता है :—(१) मैं श्रेष्ठ हूँ, यह मान; (२) मैं सदृश हूँ, यह मान; और (३) मैं हीन हूँ, यह मान। विभंग (P.T.S.) पृष्ठ ३४६ और ३५३।

३. फलट्ठो-फलस्थः।

(अहंकार), उद्धच्च (भ्रान्तिचित्तता) और अविज्जा (अविद्या) इन पाँच संयोजनों का क्षय करके वह अरहा (अर्हन्) होता है और उस मार्ग में स्थिर होने पर उसे अरहफलट्ठो (अर्हत्फलस्थ) कहते हैं। इस प्रकार श्रावकों के चार या आठ प्रकार किये जाते हैं। चित्र और विशाख दोनों गृहस्थ होते हुए भी अनागामी थे, और आनन्द भिक्षु होते हुए भी भगवान् बुद्ध के जीवन-काल में केवल सोतापन्न था। क्षेमा, उत्पलवर्णा आदि भिक्षुणियाँ अर्हत् पद को पहुँच गई थीं, अर्थात् निर्वाण-मार्ग में प्रगति करने में स्त्रीत्व या गृहस्थत्व बिल्कुल बाधक नहीं होता था।

संघ की प्रतिष्ठा

बुद्धं सरणं गच्छामि।
धम्मं सरणं गच्छामि।
संघं सरणं गच्छामि।

इसे शरण-गमन कहते हैं। आज भी बौद्ध जनता यह त्रिशरण बोलती रहती है। यह प्रथा बहुत करके बुद्ध के जीवन-काल में ही शुरू हो गई थी। यह बात ध्यान रखने योग्य है कि बुद्ध भगवान् ने अपने धर्म के जितना ही महत्त्व संघ को दे दिया था। अन्य किसी भी धर्म में यह बात नहीं मिलती। ईसा मसीह कहता है, ''हे दुखी एवं भाराक्रान्त लोगों, तुम सब मेरे पास आओ, तो मैं तुम्हें विश्राम दिलाऊँगा।''[१]

और कृष्ण भगवान् कहते हैं :

सर्वधर्मान्परित्यज्य मामेकं शरणं व्रज।
अहं त्वां सर्वपापेभ्यो मोक्षयिष्यामि मा शुचः॥[२]

अर्थात् ''सब धर्मों का त्याग करके तुम मुझ अकेले की शरण में आओ। मैं तुम्हें सब पापों से मुक्त कर दूँगा। तुम शोक मत करो।''

परन्तु भगवान् बुद्ध कहते हैं, ''तुम बुद्ध, धर्म और संघ का आश्रय लेकर अपने परिश्रम से अपने तथा औरों के दुःख का नाश करो, दुनिया का दुःख कम करो।''

यदि हम संसार के सुज्ञ एवं शीलवान् स्त्री-पुरुषों का बड़ा संघ बनाकर उसकी शरण में जायँ तो क्या दुःख-विनाश का मार्ग सुगम नहीं होगा?

संघ ही सबका नेता

बुद्ध भगवान् ने अपने पश्चात् किसी को संघ का नेता नियुक्त नहीं किया, बल्कि यह नियम बनाया कि सारे संघ को मिलकर संघ का कार्य करना चाहिये। एक सत्तात्मक शासन-प्रणाली में पले हुए लोगों को बुद्ध की यह प्रणाली विचित्र मालूम हुई हो तो कोई आश्चर्य की बात नहीं।

---

१. Matthew, 11, 28.

२. 'भगवद्गीता', अध्याय १८, श्लोक ६६।

भगवान् के परिनिर्वाण को अभी बहुत समय नहीं बीता था। उस समय आनन्द राजगृह में रहता था। प्रद्योत के भय से अजातशत्रु राजा के राजगृह की मरम्मत शुरू की थी और उस काम पर गोपक मोग्गल्लान ब्राह्मण को नियुक्त किया था। आयुष्मान् आनंद राजगृह में भिक्षा के लिए जाने को निकला। परन्तु भिक्षाटन में अभी देरी थी, अतः वह गोपक मोग्गल्लान के पास चला गया। ब्राह्मण ने उसे आसन दिया और स्वयं निम्न श्रेणी के आसन पर बैठकर प्रश्न किया, ''क्या भगवान्-जैसा गुणवान भिक्षु और कोई है।''

''नहीं है!'' आनंद ने उत्तर दिया।

यह बात चल ही रही थी कि इतने में मगध देश का प्रधानमंत्री वस्सकार ब्राह्मण वहाँ आ गया और उसे आनंद की बात सुनकर उससे पूछा, ''क्या उस भगवान् ने किसी ऐसे भिक्षु को नियुक्त किया है जिससे भगवान् के अभाव में संघ उस भिक्षु की शरण को जाय।''

आनंद ने कहा, ''जी नहीं।''

''तो क्या कोई भिक्षु है, जिसे संघ ने भगवान् के स्थान पर चुन लिया हो?'' वस्सकार ब्राह्मण ने पूछा।

''जी नहीं!'' आनन्द ने कहा।

''यानी आपके इस भिक्षु-संघ का कोई नेता नहीं है। तो फिर उस संघ में संगठन कैसे रहता है?'' वस्सकार ने पूछा।

आनन्द ने उत्तर दिया, ''ऐसा नहीं समझना चाहिये कि हमारा कोई नेता नहीं है। भगवान् ने विनय के नियम बना दिये हैं। हम जितने भिक्षु एक गाँव में रहते हैं वे सब एकत्र होकर उन नियमों को दुहराते हैं, जिससे दोष हुआ हो वह अपना दोष प्रकट करता है और उसका प्रायश्चित्त करता है।····कोई भिक्षु शील आदि गुणों से सम्पन्न हो तो हम उसका मान देते हैं और उसकी सलाह लेते हैं।[१]

वस्सकार ब्राह्मण अजातशत्रु राजा का दीवान था। शायद उसकी यह दृढ़ धारणा थी कि किसी सर्वाधिकारी व्यक्ति के बिना राज्य का प्रबन्ध ठीक ढंग से चलना असम्भव है। उसका कहना था कि बुद्ध ने यदि किसी को अपने स्थान पर नियुक्त नहीं किया है तो कम-से-कम संघ को तो चाहिये कि वह किसी भिक्षु को चुनकर उसे बुद्ध की गद्दी पर बिठा दे। परन्तु ऐसे किसी सर्वाधिकारी के बिना बुद्ध के पश्चात् भी संघ का कार्य सुचारु रूप से चलता रहा, इससे यह कहना पड़ता है कि बुद्ध द्वारा की गई संघ की रचना योग्य ही थी।

---

१. 'मज्झिमनिकाय', गोपकमोग्गल्लानसुत्त (नं० १०८) देखिए।

७

आत्मवाद

आत्मवादी श्रमण

'निवापसुत्त' में बुद्ध समकालीन श्रमण ब्राह्मणों के स्थूल रूप से चार वर्ग किये गए हैं। उनमें से पहला वर्ग यज्ञ-याग करके सोम पीने वाले ब्राह्मणों का है। वह मानते थे कि इस प्रकार के विलास से ही मोक्ष मिलता है। यज्ञ-याग एवं सोम-पान से ऊबकर जो अरण्यों में जाकर घोर तपश्चर्या करने लगे वे ऋषि-मुनि दूसरे वर्ग में आते हैं। वे चिरकाल तक अरण्य में नहीं टिक सके। वे फिर से गृहस्थी में आ गए और विलास में सुख मानने लगे। पराशर, ऋष्यशृङ्ग आदि ऋषियों के उदाहरण इसी वर्ग के हैं। तीसरे वर्ग में श्रमण ब्राह्मण आते हैं, जो बस्ती के आस-पास रहकर मित भोजन करते थे। परन्तु वे आत्मवाद में चले गए। कोई आत्मा को शाश्वत मानता, तो कोई अशाश्वत। इस प्रकार के वाद में पड़ जाने से वे भी मार के जाल में फँस गये। बुद्ध भगवान् ने यह आत्मवाद छोड़ दिया और अपना दर्शन सत्य की नींव पर खड़ा किया। अत: उनके श्रावक मार के जाल में नहीं फँसे। इसलिए उनका समावेश चौथे प्रकार के श्रमण ब्राह्मणों में किया गया है।[१]

बुद्ध भगवान् ने यह आत्मवाद क्यों छोड़ दिया, इस पर विचार करने से पहले हमें यह देखना चाहिए कि उस समय श्रमण ब्राह्मणों के आत्मवाद किस प्रकार के थे। हमने तीसरे अध्याय में यह बताया ही है कि उस समय कुल ६२ श्रमण-पन्थ थे।[२] उनमें से कोई भी पन्थ आत्मवाद से मुक्त नहीं था। परन्तु उन सबका दर्शन आज उपलब्ध नहीं है। उनमें से छ: बड़े संघों के दर्शन का बहुत कुछ अंश पालि-वाङ्मय में बचा है और उससे अन्य श्रमण ब्राह्मणों के आत्मवाद का अनुमान लगाया जा सकता है। अत: प्रथमत: उनके दर्शन का विचार करना उचित होगा।

अक्रियवाद

इन छ: में से पहला पूरण कस्सप अक्रियवाद का समर्थक था। वह कहता, "अगर कोई कुछ करे या कराये, काटे या कटवाये, कष्ट दे या दिलाये, शोक करे या कराये, किसी को कुछ दु:ख हो या कोई दे, डर लगे या डराये, प्राणियों को मार डाले, चोरी करे, घर में सेंध लगाये, डाका डाले, एक ही मकान पर धावा बोल दे, बटमारी करे, परदारागमन करे या

---

१ देखिए, पृष्ठ ८६-८७।

२. देखिए, पृष्ठ ६६-६७।

असत्य, बोले, तो भी उसे पाप नहीं लगता। तीक्ष्ण धार वाले चक्र से यदि कोई इस संसार के पशुओं के मांस का बड़ा ढेर लगा दे, तो भी उसमें बिलकुल पाप नहीं है। उसमें कोई दोष नहीं है। गंगा नदी के दक्षिणी किनारे पर जाकर यदि कोई मार-पीट करे, काटे या कटवाये, कष्ट दे या दिलाये तो भी उसमें बिलकुल पाप नहीं है। गंगा नदी के उत्तरी किनारे पर जाकर यदि कोई अनेक दान करे या करवाये, यज्ञ करे या करवाये, तो भी उससे कोई पुण्य नहीं मिलता। दान, धर्म, संयम और सत्यभाषण से पुण्य की प्राप्ति नहीं होती।''

नियतिवाद

मक्खलिगोसाल संसार-शुद्धवादी या नियतिवादी था। वह कहता, ''प्राणी की अपवित्रता के लिए कोई हेतु नहीं होता, कोई कारण नहीं होता। हेतु के बिना, कारण के बिना प्राणी अपवित्र होते हैं। प्राणी की शुद्धि के लिए कोई हेतु नहीं होता, कोई कारण नहीं होता। हेतु के बिना, कारण से बिना प्राणी शुद्ध होते हैं। अपनी सामर्थ्य से कुछ नहीं होता। दूसरे की सामर्थ्य की कुछ नहीं होता। पुरुष की सामर्थ्य से कुछ नहीं होता। (किसी में) बल नहीं है, वीर्य नहीं है, पुरुष-शक्ति नहीं है, पुरुष-पराक्रम नहीं है। सर्वसत्व, सर्वप्राणी, सर्वभूत सर्वजीव तो अवश, दुर्बल एवं निर्वीर्य है। वे नियति (भाग्य) संगति एवं स्वभाव के कारण परिणत होते हैं और छ: में से किसी एक जाति (वर्ग) में रहकर सुख-दुख का उपभोग करते हैं। बुद्धिमानों और मूर्खों को चौरासी लाख महाकल्पों के चक्कर में घूम जाना पड़ता है, तभी उनके दुःखों का नाश होता है। अगर कोई कहे कि इस शील से, इस व्रत से, इस तप से अथवा ब्रह्मचर्य से मैं अपरिपक्व कर्म को परिपक्व बनाऊँगा अथवा परिपक्व कर्म के फलों का उपभोग करके उसे नष्ट कर दूँगा, तो वह उससे नहीं हो सकेगा। इस संसार में सुख-दुःख इतने निश्चित हैं कि उन्हें परिमित द्रोणों (मापों) से मापा जा सकता है। उन्हें कम या अधिक नहीं किया जा सकता। जिस प्रकार कोई सूत का गोला फेंकने पर उसके पूरी तरह खुल जाने तक वह आगे बढ़ता जायेगा उसी प्रकार बुद्धिमानों और मूर्खों के दुःखों का नाश तभी होगा जब वे (संसार का) समय चक्कर पूरा करके आयेंगे।''

उच्छेदवाद

अजित केसकम्बल उच्छेदवादी था। वह कहता, ''दान, यज्ञ, और होम में कुछ तथ्य नहीं है, अच्छे या बुरे कर्मों का फल और परिणाम नहीं होता, इहलोक, परलोक, माता-पिता अथवा औपपातिक (देवता या नरकवासी) प्राणी नहीं हैं, इहलोक और परलोक का अच्छा ज्ञान प्राप्त करके दूसरों को देने वाले दार्शनिक और योग्य मार्ग पर चलने वाले श्रमण-ब्राह्मण इस संसार में नहीं हैं। मनुष्य चार भूतों का बना हुआ है। जब वह मरता है तब उसके अन्दर की पृथ्वी-धातु पृथ्वी में, आपो-धातु जल में, तेजो-धातु तेज में और वायु-धातु वायु में जा मिलती है तथा इन्द्रियाँ आकाश में चली जाती हैं। मृत व्यक्ति को अर्थी पर रखकर चार पुरुष श्मशान में ले जाते हैं। उसके गुण-अवगुणों की चर्चा होती है, परन्तु उसकी अस्थियाँ सफेद होकर आहुतियाँ भस्म रूप बन जाती हैं। दान का झगड़ा मूर्ख लोगों ने खड़ा कर दिया है। जो कोई आस्तिकवाद बताते हैं उनकी यह बात बिलकुल झूठी और वृथा बकवास होती हैं। शरीर के भेद के पश्चात् विद्वानों और मूर्खों का उच्छेद होता है, वे नष्ट होते हैं। मृत्यु के अनन्तर उनका

कुछ भी शेष नहीं रहता।'[१]

अन्योन्यवाद

पकुध कच्चायन अन्योन्यवादी था। वह कहता, ''सात पदार्थ किसी के किये, करवाये, बनाये या बनवाये हुए नहीं हैं, वे तो वन्ध्य, कूटस्थ और नगर-द्वार के स्तम्भ की तरह अचल हैं।[१] वे न हिलते हैं न बदलते हैं, एक-दूसरे को वे नहीं सताते, एक-दूसरे का सुख-दुख उत्पन्न करने में वे असमर्थ हैं। वे कौन-से हैं। वे हैं पृथ्वी, अप, तेज, वायु, सुख, दुख एवं जीव। इन्हें मारने वाला,मरवाने वाला, सुनने वाला, जानने वाला अथवा इनका वर्णन करने वाला कोई भी नहीं है। जो कोई तीक्ष्ण शस्त्र से किसी का सिर काट डालता है वह उसका प्राण नहीं लेता। बस इतना ही समझना चाहिए कि सात पदार्थों के बीच के अवकाश में शस्त्र घुस गया है।''

विक्षेपवाद

संजय बेलट्ठपुत्त विक्षेपवादी था। वह कहता, ''यदि कोई मुझसे पूछे कि क्या परलोक है? और अगर मुझे ऐसा लगे कि परलोक है, तो मैं कहूँगा, हाँ! परन्तु मुझे वैसा नहीं लगता। मुझे ऐसा भी नहीं लगता कि परलोक नहीं है। औपपातिक प्राणी हैं या नहीं, अच्छे-बुरे कर्म का फल होता है या नहीं, तथागत मृत्यु के बाद रहता है या नहीं, इनमें से किसी भी बात के विषय में मेरी कोई निश्चित धारणा नहीं है।[२]

चातुर्यामसंवरवाद

निगण्ठ नाथपुत्त चातुर्यामसंवरवादी था। इन चार यामों की जो जानकारी 'सामञ्ञफलसुत्त' में मिलती है वह अपूर्ण है। जैन ग्रन्थों से ऐसा प्रतीत होता है कि अहिंसा, सत्य, अस्तेय और अपरिग्रह इन चार यामों का उपदेश पार्श्वमुनि ने किया था। उसमें महावीर स्वामी ने ब्रह्मचर्य को जोड़ दिया। तथापि बुद्ध-समकालीन निर्ग्रन्थों (जैन लोगों) में उपर्युक्त चार यामों का ही महत्व था। जैन धर्म का निचोड़ यह था कि चार यामों तथा तपश्चर्या से पूर्वजन्म में किये हुए पापों का निरसन करके कैवल्य (मोक्ष) प्राप्त किया जाय।

अक्रियवाद और सांख्य मत

पूरण काश्यप का अक्रियवाद सांख्य दर्शन-जैसा दीखता है। सांख्य लोग मानते हैं कि आत्मा प्रकृति से भिन्न है और मारना, मरवाना आदि बातों का परिणाम उस पर नहीं होता। इसी की प्रतिध्वनि 'भगवद्गीता' में अलग-अलग स्थानों पर सुनाई देती है। जैसे :

---

१. **लड़ाई में शत्रु का हाथी नगर-द्वार पर सीधा हमला न कर सके, इसलिए उस द्वार के सामने एक मजबूत खम्भा गाड़ देते थे। उसे पालि भाषा में 'एसिका' या 'इन्दखील'' कहते हैं।**

२. **'सामञ्ञफलसुत्त' में निगण्ठ नाथपुत्त का चातुर्यामसंवरवाद विक्षेपवाद से पहले दिया गया है। परन्तु 'मज्झिमनिकाय' के चूलसारोपमसुत्त में तथा अन्य अनेक सुत्तों में नाथपुत्त का नाम अन्त में आता है।**

प्रकृतेः क्रियमाणानि, गुणैः कर्माणि सर्वशः।
अहंकार विमूढात्मा कर्ताऽहमिति मन्यते॥[१]

अर्थात "सम्पूर्ण कर्म प्रकृति के गुणों द्वारा किये हुए हैं तो भी अहंकार से मोहित हुआ आत्मा 'मैं कर्ता हूँ' ऐसा मानता है।"

य एनं वेत्ति हन्तारं, यश्चैनं मन्यते हतम्।
उभौ तौ न विजानीतो, नायं हन्ति न हन्यते॥[२]

अर्थात "जो इस आत्मा को मारने वाला समझता है या जो इसको मारा जाने वाला मानता है, उन दोनों ने ही सत्य को नहीं समझा, क्योंकि वह आत्मा न मरता है और न किसी के द्वारा मारा जाता है।"

यस्य नाहंकृतो भावो, बुद्धिर्यस्य न लिप्यते।
हत्वाऽपि स इमांल्लोकान्न हन्ति न निबध्यते॥[३]

अर्थात "जिसमें अहं भाव नहीं है, जिसकी बुद्धि (उससे) अलिप्त रहती है, वह लोगों को मारकर भी उन्हें नहीं मारता, उसमें बँधता नहीं।"

अक्रियवाद और संसार शुद्धिवाद

इस अक्रियवाद से मक्खलिगोसाल का संसार शुद्धिवाद बहुत दूर नहीं था। उसका कहना यह था कि यद्यपि आत्मा प्रकृति से अलिप्त है फिर भी उसे निश्चित जन्म लेने पड़ते हैं और उसके बाद वह आप-ही-आप मुक्त हो जाती है। यह कल्पना आज भी हिन्दू-समाज में पाई जाती है कि चौरासी लाख जन्म लेकर प्राणी उन्नत स्थिति को पहुँच जाता है। ऐसा लगता है कि मक्खलिगोसाल के समय में वह बहुत प्रचलित थी।

'अंगुत्तरनिकाय' में छक्कनिपात के एक सुत्त (नं० ५७) से ऐसा दीखता है कि आगे चलकर पूरण काश्यप का सम्प्रदाय मक्खलिगोसाल के आजीवकपन्थ में शामिल हो गया था। उक्त सुत्त में आनन्द भगवान् से कहता है, "भदन्त, पूरण कस्सप ने कृष्ण, नील, लोहित, हरिद्र, शुक्ल और परमशुक्ल⋯⋯इस प्रकार छः अभिजातियाँ बताई हैं। बधिक, व्याध आदि लोगों का समावेश कृष्णाभिजाति में होता है। भिक्षु आदि कर्मवादी लोगों का नीच जाति में, एक वस्त्र पहनने वाले निर्ग्रन्थों का लोहिताभि जाति में, शुभ वस्त्र पहनने वाले अचेलक श्रावकों (आजीवकों) का हरिद्राभिजाति से, आजीवकों और आजीवक भिक्षुणियों का शुक्लाभिजाति में और नन्दवच्छ, किस संकिच्च तथा मक्खलिगोसाल का समावेश परम शुक्लाभिजाति में होता है। इससे स्पष्ट दिखाई देता है कि पूरण कस्सप का सम्प्रदाय और आजीवकों का सम्प्रदाय एक हो गए थे। नन्द, वच्छ आदि तीन आचार्य आजीवक परम्परा के नेता थे। इससे यह भी सिद्ध होता है कि कस्सप के और उनके आत्मवाद में कोई अन्तर नहीं

---

१. अध्याय ३, श्लोक २७।
२. अध्याय २, श्लोक २१।
३. अध्याय १८, श्लोक १७।

था और कस्सप को उनका देह-दण्डन का मार्ग पसन्द था।

अजित केसकम्बल का नास्तिकवाद

अजित केसकम्बल के उच्छेदवाद को देखते ही यह ध्यान में आ जाता है कि वह पूर्ण नास्तिक था। 'सर्व-दर्शन-संग्रह' में मिलने वाले चार्वाक मत का संस्थापक वह नहीं था, परन्तु उसका एक समर्थक वह अवश्य रहा होगा। जिस प्रकार उसे ब्राह्मणों के यज्ञ-याग पसन्द नहीं थे, उसी प्रकार आजीवकादि श्रमणों की तपश्चर्या भी उसे स्वीकार नहीं थी। 'सर्व-दर्शन-संग्रह' में कहा गया है कि :

अग्निहोत्रं त्रयो वेदास्त्रिदण्डं भस्मगुण्ठनम्।
बुद्धिपौरुषहीनानां जीविका धातृनिर्मिता॥

अर्थात "अग्निहोत्र, तीन वेद, त्रिदण्डधारण और भस्म लगाना ....यह बुद्धिहीन एवं पौरुषहीन पुरुषों की ब्रह्मदेव द्वारा निर्मित उपजीविका है।"

इतना होते हुए भी अजित की गणना श्रमणों में होती थी। इसका कारण यह था कि वैदिकी हिंसा उसे बिल्कुल पसन्द नहीं थी, और यद्यपि वह तपश्चर्या नहीं करता था, तो भी श्रमणों के आचार-विचारों का पालन करता था। श्रमणों के आत्मवाद से भी वह अलिप्त नहीं था। आत्मा के विषय में उसकी कल्पना यह थी कि आत्मा चार महाभूतों से उत्पन्न होती है और मरने पर वह फिर से चार महाभूतों में जा मिलती है। अतः उसका यह मत होना स्वाभाविक था कि :

यावज्जीवं सुखं जीवेन्नास्ति मृत्योरगोचरः।
भस्मीभूतस्य देहस्य पुनरागमनं कुतः॥

अर्थात "जब तक हम जीवित हैं, सुख से रहें, क्योंकि मृत्यु के शिकंजे में न फँसने वाला प्राणी कोई नहीं है और देह की राख हो जाने पर वह कहाँ से लौट आयेगी?"

केसकम्बल के इस दर्शन में से ही लोकायत अर्थशास्त्र निकला और उसका विकास कौटिल्य-जैसे आचार्यों ने किया।

अन्योन्यवाद और वैशेषिक दर्शन

पकुध कच्चायन का अन्योन्यवाद वैशेषिक दर्शन की तरह था। परन्तु उसके सात पदार्थों और वैशेषिकों के सात पदार्थों में बहुत कम समानता है। यद्यपि कच्चायन का श्रमण-संघ बड़ा था तथापि उसकी परम्परा कायम नहीं रही। अर्वाचीन वैशेषिक दर्शन उसी के तत्व-ज्ञान से निकला होगा, परन्तु उस प्रकार का तत्व-ज्ञान मानने वाला श्रमण-सम्प्रदाय बुद्ध-काल के बाद नहीं रहा होगा।

विक्षेपवाद और स्याद्वाद

संजय बेलट्ठपुत्त का विक्षेपवाद जैनों के स्याद्वाद-जैसा था और आगे चलकर जैनों ने अपने दर्शन में उसको समाविष्ट कर लिया। 'ऐसा होगा ऐसा नहीं होगा' (स्यादस्ति स्यान्नास्ति.... शायद हो, शायद न हो) आदि स्याद्वाद और उपर्युक्त बेलट्ठपुत्त के विक्षेपवाद में विशेष

अन्तर नहीं है। अतः यह कहने में कोई आपत्ति नहीं है कि जैन-सम्प्रदाय ने विक्षेपवाद को ही अपना प्रधान दर्शन बना लिया।

निर्ग्रन्थ और आजीवक

जैन-ग्रन्थों से ऐसा मालूम होता है कि बुद्ध समकालीन जैनों के चौबीसवें तीर्थंकर महावीर स्वामी (जिन्हें निगण्ठ नाथपुत्त कहते थे) और मक्खलिगोसाल ने छः बरस तक एक साथ रहकर तपश्चर्या की थी। कदाचित् उन दोनों का यह प्रयन्न था कि आजीवकों और निर्ग्रन्थों का एक सम्प्रदाय बनाया जाय। पार्श्वमुनि के संन्यासी एक वस्त्र या तीन वस्त्र अपने पास रखते थे। परन्तु महावीर स्वामी ने मक्खलिगोसाल का दिगम्बर व्रत स्वीकार किया और तब से निर्ग्रन्थ निर्वस्त्र हो गए परन्तु निर्ग्रन्थों और आजीवकों के दर्शन में मिलाप नहीं हो सका। यदि महावीर स्वामी लखचौरासी के दर्शन को स्वीकार कर लेते तो निर्ग्रन्थों की परम्परा में प्रचलित चातुर्यामों का कोई महत्व नहीं रहता। यदि ऐसा मान लिया जाय कि नियति (भाग्य), संगति (परिस्थिति) और स्वभाव के कारण प्राणी परिणत होते हैं तो फिर अहिंसा, सत्य, अस्तेय और अपरिग्रह, इन चार यामों का क्या उपयोग? अर्थात् ये दोनों आचार्य एकत्र नहीं रह सके।

आजीवकों के लख-चौरासी के दर्शन की अपेक्षा निर्ग्रन्थों का चातुर्याम संवरवाद लोगों को विशेष पसन्द आया हो तो उसमें कोई आश्चर्य नहीं, क्योंकि उससे और तपश्चर्या से पिछले जन्म में किये हुए पाप को धोया जा सकता था और एक ही जन्म में मोक्ष की प्राप्ति हो सकती थी।

निर्ग्रन्थों की जानकारी

'सुत्तपिटक' में निर्ग्रन्थों के मत के विषय में काफी जानकारी मिलती है।' 'मज्झिमनिकाय' के चूलदुक्खक्खन्ध सुत्त में बुद्ध और निर्ग्रन्थों का संवाद आया है। उसका सारांश इस प्रकार है—

राजगृह में कुछ निर्ग्रन्थ खड़े-खड़े तपश्चर्या कर रहे थे। भगवान् बुद्ध उनके पास जाकर बोले, "बन्धुओ, आप अपने शरीर को इस प्रकार कष्ट क्यों देते हैं?"

उन्होंने कहा, "निर्ग्रन्थ नाथपुत्त सर्वज्ञ हैं। वह कहता है कि चलते हुए, खड़े रहते हुए, सोते हुए या जागते हुए हर स्थिति में मेरी ज्ञान-दृष्टि कायम रहती है। वह हमें उपदेश देता है कि 'हे निर्ग्रन्थो, तुमने पूर्व जन्म में जो पाप किया है, उसे इस प्रकार के देह-दण्डन से जीर्ण करो (निज्जरेथ), और इस जन्म में मन, वचन तथा शरीर से कोई भी पाप मत करो। इस प्रकार तप से पूर्वजन्म के पाप का नाश होगा और नया पाप न करने से अगले जन्म में कर्मक्षय होगा। इससे सारा दुःख नष्ट होगा'। उसकी यह बात हमें प्रिय लगती है।"

भगवान् बोले, 'हे निर्गन्थो, क्या आप जानते हैं कि पूर्वजन्म में आप थे या नहीं?"

निर्ग्रन्थ—हम नहीं जानते।

भगवान्—अच्छा, क्या आप यह जानते हैं कि पूर्वजन्म में आपने पाप किया था या नहीं?

निर्ग्रन्थ—वह भी हम नहीं जानते।

भगवान्—क्या आपको यह मालूम है कि आपके कितने दुःख का नाश हुआ और कि इतना शेष है?

निर्ग्रन्थ—वह भी हमें मालूम नहीं।

भगवान्—यदि ये बातें आपको ज्ञात नहीं हैं तो क्या इसका अर्थ नहीं होगा कि आप पिछले जन्म में बहेलिकों की तरह क्रूरकर्मा थे और इस जन्म में उन पापों का नाश करने के लिए तपश्चर्या करते हैं?

निर्ग्रन्थ—आयुष्मन्, गौतम सुख से सुख प्राप्त नहीं होता, दुःख से ही सुख प्राप्त होता है। सुख से सुख प्राप्त हुआ होता तो बिंबिसार राजा को आयुष्मन् गौतम की अपेक्षा अधिक सुख मिला होता।

भगवान्—हे निर्ग्रन्थों, आपने बिना सोचे-समझे यह बात कही है। यहाँ मैं आपसे इतना ही पूछूँगा कि क्या बिंबिसार राजा सात दिन तक सीधे बैठकर एक ही शब्द मुँह से निकाले बिना एकान्त सुख का अनुभव कर सकेगा? अजी, सात दिन की बात जाने दीजिए, क्या वह एक दिन के लिए भी ऐसे सुख का अनुभव कर सकता है?

निर्ग्रन्थ—आयुष्मान्, उसके लिए सम्भव नहीं है।

भगवान्—मैं तो एक दिन ही नहीं बल्कि सात दिन इस प्रकार के सुख का अनुभव कर सकता हूँ। मैं आपसे पूछता हूँ कि बिंबिसार राजा (अपने वैभव से) अधिक सुखी है या मैं?

निर्ग्रन्थ—यदि ऐसा है तो आयुष्मन् गौतम ही बिंबिसार राजा से अधिक सुखी है।

बौद्ध मत की विशेषता बताने के लिए यह संवाद रचा गया है, फिर भी उसमें जैन मत का विपर्यास नहीं किया गया है। उनका कहना था कि तपश्चर्या और चातुर्याम के अभ्यास से पूर्व कर्मों का क्षय किया जा सकता है, और वह परम्परा अब भी कायम है।

आत्मा के विषय में कल्पनाएँ

इन आचार्यों और तत्समकालीन अन्य श्रमणों के मन में आत्मा के विषय में इतनी अद्भुत कल्पनाएँ रहती थीं इसका थोड़ा-सा नमूना उपनिषदों में मिलता है। उदाहरण के लिए यह कल्पना देखिए, जिसमें कहा गया है कि आत्मा चावल और जौ से भी छोटी है और वह हृदय में रहती है।

एष म आत्मान्तर्हृदयेऽणीयान्व्रीहेर्वा यवाद्वा सर्षपाद्वा श्यामाकाद्वा श्यामाकतण्डुलाद्वा[१]

अर्थात "यह मेरी आत्मा अन्तर्हृदय में (रहती है) वह चावल से, जौ से, सरसों से, श्यामाक (साँवा) नामक धान्न से या उसके चावल से भी छोटी है।"

और वह उतनी ही बड़ी है।

मनोमयोऽयं पुरुषो भाः सत्यस्तस्मिन्नतहृदये यथा ब्रीहिर्वा यवो वा।[२]

---

१. "छान्दोग्य उपनिषद्', ३।१४।३।

२. 'बृहदारण्यक उपनिषद्,' ५।६।१।

अर्थात् "यह पुरुषरूपी आत्मा मनोमय भास्वान् सत्यरूपी है और उस अन्तर्हृदय में ऐसे रहती है जैसे चावल या जौ का दाना।"

बाद में यह कल्पना प्रचलित हुई कि आत्मा अँगूठे जितनी बड़ी है :

अंगुष्ठमात्रः पुरुषो मध्य आत्मनि निष्ठति ।[१]

अर्थात् "अँगूठे जितना वह पुरुष आत्मा के मध्य रहता है।"

और मनुष्य के सो जाने पर वह उसके शरीर से बाहर निकलकर घूमने जाती है:

स यथा शकुनिः सूत्रेण प्रबद्धो दिशं दिशं पतित्वान्यत्रायतनमलब्ध्वा बन्धनमेवोपश्रयत एवमेव खलु सोम्य तन्मवो दिशं दिशं पतित्वान्यत्रायतनमलब्ध्वा प्राणमेवोपयते प्राणबन्धनं हि सोम्य मन इति।[२]

अर्थात "वह आत्मा ऐसी है जैसे रस्सी से जकड़ा हुआ पक्षी चारों दिशाओं में उड़ता है और वहाँ न रह सकने के कारण बन्धन में ही आ जाता है, उसी प्रकार हे सौम्य, मन के कारण आत्मा चारों दिशाओं में उड़ती है और वहाँ स्थान न मिलने के कारण प्राण का आश्रय ग्रहण करती है, क्योंकि प्राण मन का बन्धन है।"

शाश्वतवाद और उच्छेदवाद

आत्म-विषयक ऐसी विचित्र एवं विविध कल्पनाएँ बुद्ध समकालीन श्रमण ब्राह्मणों में फैली हुई थीं। ये सब दो वर्गों में आ जाती थीं। उनमें से एक का कहना यह था कि :

सस्सतो अत्ता च लोको च वंझो कूटट्ठो एकसिट्ठायी ठितो।

अर्थात् "आत्मा और जगत् शाश्वत हैं। वह (आत्मा) वन्ध्य, कूटस्थ एवं नगर-द्वार पर खड़े स्तम्भ के समान स्थिर है।[३]

इस वाद में पूरण कस्सप, मक्खलिगोसाल, पकुध कच्चायन और निगण्ठ नाथपुत्त के मत समाविष्ट होते थे।

दूसरे श्रमण-ब्राह्मण उच्छेदवाद का प्रतिपादन करते थे। उनका कहना था :

अयं अत्ता रूपी चातुम्माहाभूतिको मातापेत्तिसंभवो कायस्स भेदा उच्छिज्जति वितस्सति न होति परं मरणा॥

अर्थात् "यह आत्मा जड़, चार महाभूतों की बनी हुई, माँ-बाप से उत्पन्न हुई है। वह शरीर-भेद के पश्चात् छिन्न होती है, उसका विनाश होता है, वह मृत्यु के पश्चात् नहीं रहती।"

इस मत का प्रतिपादन करने वाले श्रमणों में अजित केसकम्बल प्रमुख था। इन दो मतों के बीच में ऐसे श्रमण-ब्राह्मण भी थे जो कहते थे कि आत्मा कुछ अंशों में शाश्वत तथा कुछ अंशों

---

१. 'कठोपनिषद', २।४।१२।

२. 'छान्दोग्य उपनिषद', ६।२।

३. ये तथा दूसरे अनेक आत्मवाद 'दीघनिकाय' के ब्रह्मजालसुत्त में दिए गए हैं। अन्य निकायों में भी विभिन्न आत्मवादों का उल्लेख मिलता है।

में अशाश्वत है। संजय बेलट्ठपुत्त का वाद इसी प्रकार का दीखता है। इसी दर्शन को जैनों ने आगे चलकर स्वीकार किया था।

आत्मवादों के परिणाम

इस सब आत्मवादों के परिणाम बहुतांश में दो प्रकार के होते थे। एक तो विलास में सुख मानना और दूसरे तपस्या से शरीर को कष्ट देना। पूरण कस्सप का मत यह था कि यदि आत्मा किसी को नहीं मारती तो फिर अपने सुखोपभोग के लिए औरों की हत्या करने में क्या आपत्ति है? जैनों के मतानुसार यह कहने पर वही आत्मा पूर्वजन्म के कर्म से बद्ध होती है। इसका यह परिणाम होना स्वाभाविक है ही कि इस कर्म के छूटने के लिये कठोर तपस्या करनी चाहिये। यदि यह माना जाय कि आत्मा अशाश्वत है, मृत्यु के बाद वह नहीं रहती, तो फिर उससे दोनों प्रकार के मत उत्पन्न हो सकते हैं कि जब तक हम जीवित हैं तब तक विलास में मग्न रहा जाय या इन भोगों को अशाश्वत समझकर तपश्चर्या की जाय।

आत्मवाद का त्याग

भगवान् बुद्ध को सुखोपभोग। एवं तपश्चर्या के दोनों ही मार्ग त्याज्य प्रतीत हुए, क्योंकि उससे मनुष्य जाति का दुःख कम नहीं होता। आपस में झगड़ने वाली जनता को इन दोनों अन्तों से शान्ति का मार्ग मिलना सम्भव नहीं है। बोधिसत्व को यह विश्वास हो गया कि इन अन्तों का कारण आत्मवाद है, अतः उसे दूर रखकर उन्होंने एक नया ही मार्ग खोज निकाला। आत्मा शाश्वत हो या अशाश्वत, इस जगत् में दुःख तो है ही। यह दुःख मनुष्य जाति की तृष्णा का फल है। आर्य अष्टांगिक मार्ग के द्वारा उस तृष्णा का क्षय करने पर ही मनुष्य को एवं मनुष्य जाति को शान्ति-सन्तोष मिलेगा। आत्मवाद का त्याग किये बिना यह नया मार्ग ध्यान में नहीं आ सकता था। अतः 'खन्धसंयुक्त' में यह बात पाई जाती है कि बुद्ध भगवान् ने पंचवर्गीय भिक्षुओं को चार आर्यसत्यों के बाद अनात्मवाद का उपदेश दिया था।[१]

भगवान् बुद्ध वाराणसी के ऋषिपत्तन में मृगदाव में रहते थे। वहाँ वे पंचवर्गीय भिक्षुओं को सम्बोधित करके बोले, हे भिक्षुओ, जड़ शरीर अनात्मा है। शरीर यदि आत्मा होता तो वह उपद्रवकारी नहीं होता और यह कहा जा सकता था कि मेरा शरीर ऐसा होने दो तथा ऐसा न होने दो। परन्तु जबकि शरीर अनात्मा है, अतः वह उपद्रवकारी है और ऐसा नहीं कहा जा सकता कि वह ऐसा हो तथा ऐसा न हो।

"हे भिक्षुओ, वेदना अनात्मा है। यदि यह आत्मा होती तो उपद्रवकारी न होती और तब यह कहा जा सकता है कि मेरी वेदना ऐसी हो और ऐसी न हो। परन्तु वेदना अनात्मा है, इसलिए वह उपद्रवकारी होती है और यह नहीं कहा जा सकता कि वह ऐसी हो तथा ऐसी न हो। इसी प्रकार संज्ञा, संस्कार और विज्ञान अनात्मा है। यदि विज्ञान आत्मा होता तो वह उपद्रवकारी न होती और तब हम कह सकते कि मेरा विज्ञान ऐसा हो और ऐसा नहीं। परन्तु चूँकि विज्ञान अनात्मा है, अतः विज्ञान उपद्रवकारी होता है और हम नहीं कह सकते कि मेरा विज्ञान ऐसा हो तथा ऐसा न हो।"

---

१. यह सुत्त 'महावग्ग' भी है।

"हे भिक्षुओं, जड़ शरीर; वेदना, संज्ञा, संस्कार और विज्ञान नित्य हैं या अनित्य?"

भिक्षु—भदन्त, वे अनित्य हैं।

भदन्त—जो अनित्य है वह दु:खकारक है या सुखकारक?

भिक्षु—भन्ते, वह दु:खकारक है।

भदन्त—और जो दु:खकारक है, विपरीतगामी है, उसके सम्बन्ध में ऐसा समझना क्या उचित होगा कि वह मेरा है, वह मैं हूँ, वह मेरी आत्मा है?

भिक्षु—नहीं, भदन्त!

भदन्त—अत: भिक्षुओ, यथार्थ तथा सम्यक् ज्ञान से यह जानना चाहिए कि जो कोई जड़ पदार्थ अतीत, अनागत, प्रत्युत्पन्न,अपने शरीर में का या शरीर के बाहर का, स्थूल, सूक्ष्म, हीन, उत्कृष्ट, दूर का या निकट का है वह सब मेरा नहीं है, वह मैं नहीं हूँ, वह मेरी आत्मा नहीं है। इसी प्रकार यथार्थतया सम्यक् ज्ञान से यह जानना चाहिए कि कोई भी वेदना, कोई भी संज्ञा, संस्कार, कोई भी विज्ञान, अतीत, अनागत, प्रत्युत्पन्न, हमारे शरीर के अन्दर का या शरीर के बाहर का, स्थूल, सूक्ष्म, हीन, उत्कृष्ट, दूर का या निकट का है, वह सब मेरा नहीं है, वह मैं नहीं हूँ, वह मेरा आत्मा नहीं है। हे भिक्षुओ, इस प्रकार जानने वाला विद्वान् आर्य श्रावक जड़ पदार्थ, वेदना, संज्ञा, संस्कार और विज्ञान के विषय में विरक्त होता है और विराग के कारण विमुक्त होता है।

आत्मा के पाँच विभाग

आत्मा शाश्वत है या अशाश्वत, इस प्रश्न का सीधा उत्तर देने से गड़बड़ी होने की संभावना थी, अत: बुद्ध भगवान् ने आत्मा को ठीक प्रकार समझने के लिए उसका पृथक्करण इस पंचस्कन्ध में किया है। जड़ पदार्थ, वेदना, संज्ञा, संस्कार और विज्ञान—इस प्रकार आत्मा के पाँच विभाग किये जा सकते हैं। ये विभाग करने पर स्पष्ट दिखाई देता है कि आत्मा शाश्वत का अशाश्वत नहीं है। क्योंकि ये पाँचों स्कन्ध सदैव बंदलने वाले अर्थात् अनित्य हैं, दु:खकारक हैं और इसीलिए यह कहना उचित न होगा कि वे मेरे हैं या वह मेरी आत्मा है। यही बुद्ध का अनात्मवाद है। यह शाश्वतवाद और अशाश्वतवाद के दो सिरों तक नहीं जाता। भगवान् बुद्ध कात्यायन गोत्र वाले भिक्षु से कहते हैं, "हे कात्यायन, जनता प्राय: अस्तिता या नास्तिता के दो छोरों तक चली जाती है। परन्तु तथागत इन दोनों अन्तों को छोड़कर मध्यम मार्ग से धर्मोपदेश देता है।"[१]

अनावश्यकवाद

इतना स्पष्टीकरण कर चुकने के बाद भी यदि कोई हठ पकड़ बैठता, "यह बताइये कि, शरीर और आत्मा एक है या भिन्न?" तो भगवान् कहते, "मैं इस ऊहापोह में नहीं पड़ता, क्योंकि उससे मनुष्य जाति का कल्याण नहीं होगा।" इसका कुछ नमूना 'चूलमालुंक्यपुत्तसुत्त' के अन्त में मिलता है। उस सुत्त का सारांश इस प्रकार है—

---

१. 'निदान संयुत', वग्ग २, सुत्त ५।

''बुद्ध भगवान् जब श्रावस्ती में अनाथपिंडिक के आश्रम में रहते थे तब मालुंक्यपुत्त नामक भिक्षु उनके पास गया और नमस्कार करके एक तरफ बैठ गया। फिर वह भगवान् से बोला, 'भदंत, एकान्त में बैठे हुए मेरे मन में यह विचार आया कि भगवान् ने यह जगत् शाश्वत है या अशाश्वत इन प्रश्नों का कोई स्पष्टीकरण नहीं किया है शरीर और आत्मा एक हैं या भिन्न? तथागत के लिए मृत्यु के पश्चात् जन्म है या नहीं? आदि। अतः भगवान् से ही मैं ये प्रश्न पूछूँगा और यदि भगवान् इन प्रश्नों को सुलझा सकेंगे तब ही मैं उनकी शिष्यशाखा में रहूँगा। परन्तु यदि भगवान् इन प्रश्नों को हल न कर सकते हों तो उन्हें वैसा स्पष्ट कह देना चाहिये।'

भदंत—हे मालुंक्यपुत्त, क्या मैंने तुमसे कभी यह कहा था कि यदि तुम मेरे शिष्य हो जाओगे तो मैं इन प्रश्नों का स्पष्टीकरण करूँगा?

मालुंक्यपुत्त—जी नहीं, भदन्त!

भदंत—अच्छा, क्या तुमने मुझसे कभी यह कहा था कि भगवान् इन सब प्रश्नों का स्पष्टीकरण करेंगे तो ही मैं भगवान् के भिक्षु-संघ में समाविष्ट हूँगा?

मालुंक्यपुत्त—जी नहीं, भदन्त!

भदन्त—तो फिर अब ऐसा कहने में क्या रखा है कि इन प्रश्नों का स्पष्टीकरण हुए बिना मैं भगवान् का शिष्य नहीं रहूँगा? हे मालुंक्यपुत्त, यदि कोई मनुष्य अपने शरीर में बाण का विषैला शल्य घुस जाने से छटपटाता हो तो आप्त-मित्र शल्य-क्रिया करने वाले वैद्य को बुला लायेंगे। परन्तु यदि वह रोगी उससे कहे कि 'मैं इस शल्य को तब तक हाथ नहीं लगाने दूँगा जब तक कि मुझे इस प्रश्न का उत्तर नहीं मिलता कि यह तीर किसने मारा? वह मारने वाला ब्राह्मण था या क्षत्रिय? वैश्य था या शूद्र? काला था या गोरा? उसका धनुष किस प्रकार का था? धनुष की रस्सी किस पदार्थ की बनी हुई थी? आदि'—तो हे मालुंक्यपुत्त, उस परिस्थिति में वह मनुष्य इन बातों को जाने बिना ही मर जायेगा। इसी प्रकार जो कोई इस बात पर अड़ा रहेगा कि जगत् शाश्वत है या अशाश्वत आदि बातों का स्पष्टीकरण हुए बिना मैं ब्रह्मचर्य का आचरण नहीं करूँगा वह इन बातों को जाने बिना ही मर जायेगा।

हे मालुंक्यपुत्त, जगत् शाश्वत है या अशाश्वत, ऐसी दृष्टि और विश्वास हो तो भी उससे धार्मिक आचरण में सहायता मिलेगी, ऐसी बात नहीं है। यदि ऐसा विश्वास हो कि जगत् शाश्वत है, तो भी जरा, मरण, शोक, परिदेव आदि से मुक्ति नहीं होती। इसी प्रकार जगत् शाश्वत नहीं है, शरीर और आत्मा एक है या शरीर और आत्मा भिन्न है, मरण के पश्चात् तथागत को पुनर्जन्म प्राप्त होता है या नहीं आदि बातों पर हम विश्वास रखें, जन्म, जरा, मरण, परिदेव तो हैं ही। इसलिए मालुंक्यपुत्त, मैं इन बातों की चर्चा में नही गया। क्योंकि उस वाद-विवाद से ब्रह्मचर्य में किसी भी प्रकार की स्थिरता नहीं आ सकती। उस वाद से वैराग्य उत्पन्न नहीं होगा, पाप का निरोध नहीं होगा और शांति, प्रज्ञा, सम्बोध एवं निर्वाण की प्राप्ति नहीं होगी।

परन्तु हे मालंक्यपुत्त, मैंने यह स्पष्ट करके दिखा दिया है कि यह दुःख है, यह दुःख का समुदाय है, यह दुःख का निरोध है और यह दुःखनिरोध का मार्ग है। क्योंकि ये चार आर्यसत्य ब्रह्मचर्य को स्थिर बनाने वाले हैं, उनसे वैराग्य आता है, पाप का निरोध होता है,

शान्ति, प्रज्ञा, सम्बोध एवं निर्वाण की प्राप्ति होती है। अत: हे मालुंक्यपुत्त, जिन बातों की चर्चा मैंने नहीं की है उनकी चर्चा तुम लोग न करो, जिन बातों का स्पष्टीकरण मैंने किया है उन्हें ही स्पष्टीकरण के योग्य जानो।''

इसका अर्थ यही है कि यद्यपि आत्मा पंचस्कन्धों की बनी हुई है, तो भी उसका आकार-प्रकार कैसा होता है, वह उसी रूप में परलोक में चला जाता है या नहीं आदि बातों की चर्चा करने से गड़बड़झाला होगा। जगत् में विपुल दुःख है और मनुष्य जाति की तृष्णा उत्पन्न होने के कारण अष्टांगिक मार्ग के द्वारा उस तृष्णा का निरोध करके संसार में सुख-शान्ति की स्थापना करना प्रत्येक व्यक्ति का कर्तव्य है। यही सीधा मार्ग है और यही बुद्ध का दर्शन है।

ईश्वरवाद

कुछ लोगों की धारणा है कि भगवान् बुद्ध ईश्वर को नहीं मानते थे। इसलिए वे नास्तिक थे। परन्तु बौद्ध-वाङ्मय या प्राचीन उपनिषद् पढ़ने से यह स्पष्ट होता है कि इस धारणा में कोई तथ्य नहीं है। फिर भी इस लोक-भ्रम को दूर करने के लिए बुद्धसमकाल में प्रचलित ईश्वरवाद का दिग्दर्शन कराना उचित प्रतीत होता है।

खास ईश्वर शब्द का उल्लेख 'अंगुत्तरनिकाय' के तिकनिपात (सुत्त नं० ६१) और 'मज्झिमनिकाय' के देवदह (सुत नं० १०१) में आया है। उनमें से पहले सुत्त में ईश्वर के विषय में निम्नलिखित बातें हैं—

भगवान् कहते हैं, ''हे भिक्षुओ, जो लोग ऐसा कहते और मानते हैं कि मनुष्य प्राणी जो कुछ सुख, दुःख या उपेक्षा भुगतता है वह सब ईश्वर द्वारा निर्मित है (इस्सर निम्मान हेतु), उनसे मैं पूछता हूँ कि क्या उनका यह मत है? और जब वे 'हाँ' कहते हैं तब मैं पूछता हूँ क्या तुम ईश्वर द्वारा निर्मित होने से ही प्राणघाती, चोर, अब्रह्मचारी, असत्यवादी, चुगलखोर, गाली-गलौज करने वाले, बकवास करने वाले, दूसरों के धन की इच्छा रखने वाले, द्वेष्टा और मिथ्यादृष्टिक बन गए हो? हे भिक्षुओ, यदि यह सत्य माना जाय कि यह सब ईश्वर ने ही उत्पन्न किया है, तो (सत्कर्म के प्रति) लगन और उत्साह नहीं रहेगा, यह भी समझ में नहीं आयेगा कि अमुक करना चाहिए या अमुक नहीं करना चाहिए।''

इस ईश्वर-निर्माण का उल्लेख 'देवदहनसुत्त' में भी आया है। परन्तु मन में ऐसी दृढ़ शंका होती है कि वे बातें प्रक्षिप्त होंगी, क्योंकि दूसरे किसी भी सुत्त में यह कल्पना नहीं मिलती। बुद्ध समकाल में बड़ा देवता ब्रह्मा था। परन्तु वह अलग ढंग का कर्ता है, 'बाइबिल' के देवता-जैसा नहीं है। जगत् की सृष्टि से पहले वह नहीं था। विश्व के उत्पन्न होने पर प्रथमत: वह अवतीर्ण हो गया और फिर अन्य प्राणी उत्पन्न हो गए। इससे उसे भूतभव्यों का कर्ता कहने लगे। 'ब्रह्मजाल-सुत्त में आये हुए उसके वर्णन का सारांश इस प्रकार है—

''बहुत समय के पश्चात् इस संसार का संवर्त (नाश) होता है और उसके अधिकांश प्राणी ज्योतिर्मय देवलोक में जाते हैं। उसके बाद बहुत काल के पश्चात् इस संसार का विवर्त (विकास) होने लगता है। तब प्रथमत: रिक्त ब्रह्मविमान उत्पन्न होता है। इसके पश्चात् ज्योतिर्मय देवलोक का एक प्राणी वहाँ से च्युत होकर इस विमान में जन्म लेता है। वह

मनोमय, प्रीतिभक्ष्य, स्वयंप्रभ, अन्तरिक्षचर, शुभस्थायी और दीर्घजीवी होता है। इसके बाद दूसरे अनेक प्राणी ज्योतिर्मय देवलोक से च्युत होकर उस विमान में जन्म लेते हैं। उन्हें ऐसा लगता है कि यह भगवान् ब्रह्मा, महा ब्रह्मा, वह अभिभू, सर्वदर्शी, वशवर्ती, ईश्वर, कर्ता, निर्माता, श्रेष्ठ, सर्जिता, वशी और भूतभव्यों का पिता है।''

ब्रह्म देवानां प्रथमः संबभूव विश्वस्य कर्ता भुवनस्य गोप्ता।[१]

इस वाक्य में ब्रह्मदेव के विषय में उपर्युक्त कल्पना संक्षेपतः आ जाती है। उससे ब्रह्मदेव को जगत् का कर्ता बनाने का ब्राह्मणों का प्रयत्न स्पष्ट रूप से दिखाई देता है। परन्तु उस समय की श्रमण-संस्कृति के सामने वे उसमें सफल नहीं हो सके। स्वयं ब्राह्मणों को ही यह प्रयत्न छोड़कर 'ब्रह्म' जैसे नपुंसक लिंग शब्द को स्वीकार करना पड़ा, और लगभग सभी उपनिषदों में इस ब्रह्म शब्द को ही महत्व दिया गया है।

ब्रह्म से या आत्मा से संसार की उत्पत्ति कैसे हुई इसकी एक कल्पना 'बृहदारण्यक उपनिषद' में मिलती है। वह इस प्रकार है:

आत्मैवेदमग्र आसीत् पुरुषविधः..................स वै नैव रेमे तस्मादेकाकी न रमते। स द्वितीयप्रमैच्छत्। स हैतावानास यथा स्त्री पुमांसौ संपरिष्वक्तौ। स इममेवात्मानं द्वेधा पातयत्ततः पतिश्च पत्नी चाभवतां तस्मादिदमर्धबृगलमिव स्व इति।

अर्थात् ''सबसे पहले केवल पुरुष रूपी आत्मा ही था।.........उसका मन नहीं लगा। अतः (मनुष्य) अकेला नहीं रमता। वह दूसरे की इच्छा रखने लगा और जैसे स्त्री-पुरुष एक-दूसरे को आलिंगन देते हैं वैसे होकर रहा। उसने अपने को द्विधा कर लिया। इससे पति और पत्नी का निर्माण हुआ। इससे यह शरीर (द्विदल धान्य के) दल के समान है।''

अब 'बाइबिल' के दूसरे अध्याय में दी हुई उत्पत्ति-कथा देखिए—

''फिर परमेश्वर देव ने भूमि की मिट्टी से मनुष्य बनाया.........तब देव ने आदम पर (उस मनुष्य पर) गहरी निद्रा डाल दी और उसकी पसली निकालकर उससे स्त्री बनाई......इससे पुरुष अपने माँ-बाप को छोड़कर अपनी स्त्री के साथ जकड़ा रहेगा, वे दोनों एक देह होंगे।''

इन दोनों उत्पत्तियों में कितना अन्तर है! यहाँ देवता सारी पृथ्वी का निर्माण करके फिर मनुष्यों को और उसकी पसली से स्त्री को उत्पन्न करता है, देव जगत् से बिल्कुल भिन्न है। और वहाँ पुरुष रूपी आत्मा स्वयं ही द्विधा होकर स्त्री और पुरुष बनता है।

प्रजापति की उत्पत्ति

प्रजापति अर्थात् जगत्कर्ता ब्रह्म की उत्पत्ति 'बृहदारण्यक उपनिषद् (५।५।१) में इस प्रकार बताई गई है:

आप एवेदमग्र आसुस्ता आपः सत्यमसृजन्त, सत्यं ब्रह्म प्रजापतिं, प्रजापतिर्देवांस्ते देवाः स्त्यमेवोपासते॥

---

१. 'मुण्डकोपनिषद्', १।१।

अर्थात् "सबसे पहले केवल पानी था। उस पानी ने सत्य को, सत्य ने ब्रह्म को, ब्रह्म ने प्रजापति को और प्रजापति ने देवों को उत्पन्न किया, वे देव सत्य की ही उपासना करते हैं।"

'बाइबिल' में भी सातवें अध्याय में जल-प्रलय के बाद सृष्टि की उत्पत्ति फिर से होने की कथा आती है, परन्तु वहाँ भगवान् ने पहले से ही नोहा (हजरत नूह) का कुटुम्ब और पशु-पक्षियों के जोड़े (नर और मादा) जहाज में भरकर रखने का प्रबन्ध किया और फिर जल-प्रलय किया। उपनिषदों में यह नहीं कहा गया है कि जल-प्रलय से पहले क्या था, इतना ही नहीं बल्कि सत्य को ब्रह्मदेव एवं ब्रह्मतत्व से भी ऊँची सीढ़ी पर रख दिया है। 'ब्रह्मजालसुत्त' में दी हुई ब्रह्मोत्पत्ति की कथा इस कथा के अधिक निकट है।

ईश्वर जगत से भिन्न है और उसने इस सृष्टि का निर्माण किया—यह कल्पना हिन्दुस्तान में शायद शक लोग लाये थे। क्योंकि उससे, पहले वाङ्मय में यह इस रूप में नहीं पाई जाती। अत:. बुद्ध पर यह आरोप लगाना संभव ही नहीं था कि वे ईश्वर को नहीं मानते थे और इसलिए नास्तिक थे। ब्राह्मण लोग उन पर यह दोषारोपण करते थे कि वेद-निन्दक हैं और इसलिए नास्तिक हैं। परन्तु बुद्ध ने वेदों की निन्दा की हो ऐसा कहीं दिखाई नहीं देता। और फिर ब्राह्मणों के लिए मान 'सांख्यकारिका'-जैसे ग्रन्थों में वेद-निन्दा क्या कम है?

> दृष्टवदानुश्रविकः
> स ह्यविशुद्धिक्षयातिशययुक्तः।

अर्थात् "दृष्ट. उपाय की तरह ही वैदिक उपाय भी (निरुपयोगी) है, क्योंकि वह अविशुद्धि, नाश एवं अतिशय ये युक्त है।"

और क्या 'त्रैगुण्य विषया वेदा:' आदि वेद-निंदा 'भगवद्गीता' में नहीं मिलती? परन्तु सांख्य ने ब्राह्मणों के जाति-भेद पर प्रहार नहीं किया था और 'भगवद्गीता' ने तो उस जाति-भेद का खुल्लमखुल्ला समर्थन किया है। अत: उनके द्वारा की गई वेद-निंदा को सह लिया गया। इससे विपरीत बुद्ध ने वेद-निंदा नहीं की थी, परन्तु उन्होंने जाति-भेद पर बड़े जोर का प्रहार किया था इसी से वे वेद निंदक ठहराये गये। वेद ही जाति-भेद और जाति-भेद ही वेद है। इतनी उन दोनों की एकरूपता है। जाति-भेद न हो तो वेद कैसे रहेगा? और जाति-भेद कायम रहकर वेद का एक अक्षर भी किसी को ज्ञान न हो तो भी वेद-प्रामाण्य-बुद्धि कायम रहने से वेद को कायम रहा ही समझना चाहिए।

उपर्युक्त विवेचन से यह स्पष्ट होगा कि बुद्धसमकालीन श्रमण ब्राह्मणों में ईश्वरवाद के लिये बिल्कुल महत्व नहीं था। उनमें से कुछ लोग ईश्वर के स्थान पर कर्म को मानते और कभी-कभी बुद्ध कर्मवादी नहीं है अतएव नास्तिक हैं, इस प्रकार का आरोप भगवान् बुद्ध पर लगाते थे, इस आरोप का निरसन अगले अध्याय में किया जायेगा।

❑❑❑

८

कर्मयोग

बुद्ध : नास्तिक या आस्तिक?

एक बार बुद्ध भगवान् वैशाली के पास महावन में रहते थे। उस समय कुछ प्रसिद्ध लिच्छिवी राजा अपने संस्थागार में जमा हो गये थे। वहाँ बुद्ध के विषय में बातें निकलीं। उनमें से लगभग सभी बुद्ध, धर्म और संघ की स्तुति करने लगे। वह सुनकर सिंह सेनापति को बुद्ध-दर्शन की इच्छा हुई। वह निर्ग्रंथों का उपासक होने के कारण अपने मुख्य गुरुनाथपुत्त से मिला और बोला, ''भदन्त, मैं श्रमण गौतम से मिलना चाहता हूँ।''

नाथपुत्त बोला, ''हे सिंह, तुम क्रियावादी हो, फिर तुम अक्रियवादी गौतम से क्यों मिलना चाहते हो?''

अपने गुरु का यह वचन सुनकर सिंह सेनापति ने बुद्ध-दर्शन के लिये जाने का विचार छोड़ दिया। फिर एक-दो बार उसने लिच्छिवयों के संस्थागार में बुद्ध, धर्म और संघ की स्तुति सुनी। तथापि नाथपुत्त के कहने से बुद्ध-दर्शन के लिए जाने का विचार उसे फिर स्थगित करना पड़ा : अन्त में नाथपुत्त से पूछे बिना सिंह ने बुद्ध से भेंट करने का निश्चय किया और अपने दल-बल समेत महावन में जाकर वह भगवान् को नमस्कार करके एक ओर बैठ गया और भगवान् से बोला, ''भदन्त, क्या यह सच है कि आप अक्रियवादी हैं और श्रावकों को अक्रियवाद सिखाते हैं?

भगवान् बोले, ''एक पर्याय ऐसा है कि जिससे सत्यवादी मनुष्य यह कह सके कि श्रमण गौतम अक्रियवादी है। वह पर्याय कौन-सा है? हे सिंह, मैं कायदुश्चरित, वाग्दुश्चरित और मनोदुश्चरित की अक्रिया का उपदेश देता हूँ।

''हे सिंह, दूसरा भी एक पर्याय है जिससे सत्यवादी मनुष्य यह कह सके कि श्रमण गौतम क्रियावादी है। वह कौन-सा पर्याय है? मैं कायसुचरित, वाक्सुचरित और मनःसुचरित की क्रिया का उपदेश देता हूँ।

''और भी एक पर्याय है जिससे सत्यवादी मनुष्य मुझे उच्छेदवादी कह सकता है। वह पर्याय कौन-सा है? हे सिंह, मैं लोभ, द्वेष, मोह आदि सब पापकारक मनोवृत्तियों के उच्छेद का उपदेश देता हूँ।

एक पर्याय ऐसा भी है कि जिससे सत्यवादी मनुष्य मुझे जुगुप्सी कह सके। वह पर्याय कौन-सा है? मैं कायदुश्चरित, वाग्दुश्चरित, और मनोदुश्चरित से जुगुप्सा (घृणा) करता हूँ। पापकारक कर्मों से मैं ऊब जाता हूँ।

ऐसा भी एक पर्याय है कि जिससे सत्यवादी मनुष्य मुझे विनाशक कह सके। वह पर्याय कौन-सा है? मैं लोभ, द्वेष और मोह के विनाश का उपदेश देता हूँ।

"और हे सिंह, ऐसा भी एक पर्याय है कि जिससे सत्यवादी मनुष्य मुझे तपस्वी कह सके। वह पर्याय कौन-सा है? हे सिंह, मैं कहता हूँ कि पापकारक अकुशल धर्मों को तपा डाला जाय जिससे पापकारक अकुशल धर्म गल गए, नष्ट हो गये, फिर से उत्पन्न नहीं होते, उसे मैं तपस्वी कहता हूँ।"[१]

नास्तिकता का आरोप

इस सुत्त में बुद्ध पर मुख्य आरोप अक्रियवाद का लगाया गया है। वह स्वयं महावीर स्वामी ने लगाया हो या न लगाया हो, तथापि इसमें कोई शंका नहीं कि उस समय इस प्रकार का दोषारोपण बुद्ध पर किया जाता था।

गौतम ने क्षत्रिय-कुल में जन्म लिया था। शाक्य क्षत्रियों के पड़ोसी और आप्त थे कोलिय क्षत्रिय। हम पहले कह आये हैं कि इन दोनों में रोहिणी नदी के पानी को लेकर हमेशा मार-पीट होती रहती थी। अगर कोई कबीला किसी दूसरे कबीले के व्यक्ति का नुकसान या खून करे तो उस पहले कबीले के व्यक्ति का नुकसान या हत्या करके उसका बदला लेने की प्रथा आज भी सरहदी पठानों में चलती है। अतः यदि ऐसी ही प्रथा प्राचीन काल में हिन्दुस्तान के क्षत्रियों में रही हो तो उसमें कोई आश्चर्य की बात नहीं है। सच्चा आश्चर्य तो यह है कि इन क्षत्रियों के एक कुल में उत्पन्न हुए गौतम ने अपने पड़ोसियों और रिश्तेदारों से बदला लेने से साफ इन्कार कर दिया और एकदम तपस्वी लोगों में प्रवेश किया।

यदि गृहस्थाश्रम से मन उचट जाता तो उस समय के ब्राह्मण और क्षत्रिय गृह-त्याग करके परिव्राजक बनते और घोर तपश्चर्या करते। अतः गौतम के तपस्वी हो जाने से किसी को कोई आश्चर्य नहीं हुआ होगा। लोगों ने अधिक-से अधिक यह कहा होगा कि यह तरुण गृहस्थ स्वाश्रम के लिए निरुपयोगी सिद्ध हो गया है। परन्तु जब सात वर्ष तक तपश्चर्या करके गौतम बोधिसत्व बुद्ध हो गये और गृहस्थाश्रम के खुखोपभोग एवं संन्यासाश्रम की तपश्चर्या का समानरूपेण निषेध करने लगे तो उन पर टीका-टिप्पणी होने लगी।

ब्राह्मण चाहते थे कि प्रचलित समाज-प्रणाली बनी रहे। उनका कर्मयोग यही था कि ब्राह्मण यज्ञ-याग करें, क्षत्रिय युद्ध करें, वैश्य व्यापार और शूद्र सेवा करें। जिसे यह कर्मयोग पसन्द न हो वह अरण्य में जाकर तपश्चर्या से आत्मबोध प्राप्त करे और मर जाय, उसे ऐसा कोई काम नहीं करना चाहिये जिससे समाज की व्यवस्था बिगड़ जाय।

अलग-अलग श्रमण-संघों में विभिन्न दर्शनों का प्रतिपादन होता था, तथापि तपश्चर्या के सम्बन्ध में उनमें से अधिकतर श्रमण एकमत थे। उनमें से निर्ग्रन्थों ने कर्म को विशेष महत्व दिया। उनके नेता कहते थे कि यह जन्म दुःखकारक है और पूर्वजन्म के पाप कर्मों से प्राप्त होने के कारण उन पापों को नष्ट करने के लिए घोर तपश्चर्या करनी चाहिए। परन्तु बुद्ध भगवान् तपश्चर्या का निषेध करते थे। अतः उन्हें निर्ग्रन्थों ने अक्रियवादी (अकर्मवादी) कहा

---

१. देखिए, 'बुद्धिलीलासारसंग्रह', पृष्ठ २७९-२८१।

हो, तो वह स्वाभाविक था। बुद्ध ने शस्त्र-त्याग किया था इसलिए ब्राह्मणों की दृष्टि से वे अक्रियवादी हो गए और तपश्चर्या का त्याग करने से तपस्वियों की दृष्टि से वे अक्रियवादी हो गये।

क्रान्तिकारी दर्शन

यहाँ पर यह स्मरण रखना चाहिए कि गौतम ने केवल आत्मबोध द्वारा मोक्ष-प्राप्ति के लिए गृह-त्याग नहीं किया था। अपने पड़ोसियों पर शस्त्र चलाना उन्हें उचित नहीं लगा, और उनके मन में सदैव यह विचार चलने लगा कि क्या शस्त्रों के बिना, परस्पर मित्रता पर आधार रखने वाले किसी समाज का निर्माण नहीं किया जा सकता? उन्हें ऐसा लगा कि तपश्चर्या से और तपस्वी लोगों के तत्व-ज्ञान से मनुष्य जाति के लिए कोई सरल मार्ग मिल जायेगा, और इसीलिए उन्होंने गृह-त्याग करके तपश्चर्या शुरू की और जब यह देखा कि उससे कुछ नहीं निकलता है,तो उसे छोड़कर एक अभिनव मध्यम मार्ग खोज निकाला।

इस प्रकार आजकल के क्रान्तिकारी लोगों के लिए राजनीतिक एवं धार्मिक लोग विनाशक (nihilist) आदि विशेषण लगाते हैं और उनका अज्ञान समाज के सामने रखते हैं, उसी प्रकार, हम समझ सकते हैं कि बुद्ध को उनके समकालीन टीकाकार अक्रियवादी कहते थे और उनके नवीन दर्शन की निरर्थकता लोगों के सामने रखते थे।

दुश्चरित एवं सुचरित

यहाँ पर उल्लिखित दुश्चरित एवं सुचरितों का विवेचन संक्षेप में करना उचित होगा। सालेय्यक ब्राह्मणों से भगवान् कहते हैं, ''हे गृहस्थो, काया से होने वाला तीन प्रकार का अधर्माचरण कौन-सा है? कोई व्यक्ति प्राण-घात करता है, रुद्र, दारुण लोहितापाणि और मारपीट करने में लगा रहता है, अथवा चोरी करता है, जो वस्तु उसकी नहीं है—फिर वह गाँव में हो या अरण्य में—उसे उसके मालिक से पूछे बिना ले लेता है, अथवा व्यभिचार करता है, माँ, बाप, बहन, पति या आप्तों द्वारा रक्षित स्त्री के साथ व्यभिचार करता है, इस प्रकार काया से विविध अधर्माचरण होता है।

''और हे गृहस्थो, वाचा से होने वाला चार प्रकार का अधर्माचरण कौन-सा है? कोई व्यक्ति झूठ बोलता है। सभा, परिषद्, आप्तमंडल या राज-दरबार में जाने पर उसकी गवाही ली जाती है कि तुम्हें जो कुछ मालूम हो, बता दो। वह जो नहीं जानता उसके विषय में कहता है कि मैं जानता हूँ। और उसने जो नहीं देखा है उसके विषय में कहता है कि मैंने यह देखा है। इस प्रकार अपने लिये, दूसरे के लिये या थोड़ी बहुत प्राप्ति के लिए वह जान-बूझकर झूठ बोलता है। अथवा वह चुगली खाता है। इन लोगों की बात सुनकर उन लोगों में विरोध पैदा करने के लिये वह इन्हें आकर बता देता है। इस प्रकार एकता से रहने वालों में फूट डालता है या झगड़ने वालों को भड़काता है। झगड़े बढ़ाने में उसे आनन्द आता है, झगड़े बढ़ाने वाली बातें वह करता है। अथवा वह गाली-गलौज करता है। दुष्टता से भरा हुआ, कर्कश, कटु, हृदय को चुभने वाला, क्रोधयुक्त एवं संतोष का भंग करने वाला वचन वह बोलता है। अथवा वह वृथा बकवास करता है। अनुचित समय बोलता है, न बनी हुई बातें गढ़कर कहता है, अधार्मिक शिष्टाचार-विरुद्ध, ध्यान न देने योग्य, प्रसंग पर शोभा न देने वाला व्यर्थ

विस्तार वाला और अनर्थकारी भाषण वह करता है। इस प्रकार वाचा से चतुर्विध अधर्माचरण होता है।

"और हे गृहस्थो, तीन प्रकार का मानसिक अधर्माचरण कौन-सा है? कोई मनुष्य दूसरे के धन का चिंतन करता है। ऐसी इच्छा रखता है कि दूसरे की सम्पत्ति के साधन उसे प्राप्त हों। अथवा वह द्वेष-वृद्धि होता है। वह ऐसा सोचता है कि ये प्राणी मारे जायँ, नष्ट हो जायँ। अथवा वह मिथ्या दृष्टि होता है। वह इस प्रकार के नास्तिक विचार रखता है कि दान नहीं है, धर्म नहीं है, सुकृत दुष्कृत कर्म का फल नहीं हैं, यह लोक नहीं है, परलोक नहीं है, आदि। इस प्रकार मन से विविध अधर्माचरण होता है।

"हे सज्जनो, तीन प्रकार का काया से होने वाला धर्माचरण कौन-सा है? कोई मनुष्य प्राण-घात नहीं करता, औरों पर शस्त्र नहीं उठाता,उसे हत्या करने में लज्जा आती है, सब प्राणियों के प्रति उसका आचरण दयामय होता है। वह चोरी नहीं करता, गाँव या अरण्य में दूसरे की वस्तु तब तक नहीं लेता जब तक वह उसे दी न जाय। वह व्यभिचार नहीं करता। माँ, बाप, बहन, भाई, पति, महापुरुष आदि से रक्षित स्त्रियों के साथ संबंध नहीं रखता। इस प्रकार काया से विविध धर्माचरण होता है।

"और सज्जनो, वाणी से होने वाला चार प्रकार का धर्माचरण कौन-सा है? कोई मनुष्य झूठ बोलना बिलकुल छोड़ देता है। सभा में, परिषद् या राजदरबार में यदि उसकी साक्षी ली जाय तो जो बात वह नहीं जानता उसके विषय में वह कहता है कि यह मैं नहीं जानता और जो उसने नहीं देखा है उसके सम्बन्ध में वह कहता है कि मैंने यह नहीं देखा है। इस प्रकार अपने लिए, औरों के लिये या थोड़े-बहुत लाभ के लिये वह झूठ नहीं बोलता, वह चुगली खाना छोड़ देता है। इन लोगों से वह कोई बात सुनकर उन लोगों में फूट डालने के लिये वह उन्हें नहीं बताता या उन लोगों की बात सुनकर इन लोगों को नहीं बताता। इसके विपरीत जिन लोगों में एकत्व है उन्हें प्रोत्साहन देता है। एकता में उसे आनन्द आता है और वह ऐसा भाषण करता है जिससे एकता होगी। वह गाली-गलौज नहीं करता। वह सीधा-सादा, कानों को मधुर लगने वाला, हृदयंगम नागरिक को शोभा देने वाला और बहुजनों को प्रिय लगने वाला भाषण करता है। वह बकवास नहीं करता। प्रसंग के अनुसार तथ्यपूर्ण अर्थयुक्त, धार्मिक शिष्टाचार के अनुसार, ध्यान में रखने योग्य उचित समय पर, सकारण, सप्रमाण और सार्थक भाषण करता है। इस प्रकार वाणी से चतुर्विध धार्मिक आचरण होता है।

"और, सज्जनो, तीन प्रकार का मानसिक धर्माचरण कौन-सा है? कोई मनुष्य पर-द्रव्य का लोभ नहीं रखता, ऐसा विचार मन में नहीं लाता कि परसंपत्ति के साधन मेरे हो जायँ, उसका चित्त द्वेष से मुक्त होता है, उसका यह शुद्ध संकल्प रहता है कि ये प्राणी अवैर, निर्बाध, दुःखरहित एवं सुखी हों। वह सम्यक् दृष्टि होता है। दान धर्म है, सुकृत-दुष्कृत कर्मों का फल है, इहलोक-परलोक हैं आदि बातों पर उसका विश्वास होता है। इस प्रकार मन से विविध धर्माचरण होता है।"[१]

---

१. देखिए 'मज्झिमनिकाय' ४१, सालेय्यक सुत्त।

संक्षेप में हम कह सकते हैं कि प्राणघात, अदत्तादान (चोरी) और काम-मिथ्याचार (व्यभिचार) ये तीन कायिक पाप-कर्म हैं, असत्य, चुगली, गाली-गलौज और वृथा बकवास ये चार वाचसिक पाप-कर्म हैं और परद्रव्य का लोभ औरों के नाश की इच्छा एवं नास्तिक दृष्टि ये तीन मानसिक पाप-कर्म हैं। इन दसों को अकुशल कर्मपथ कहते हैं। उनसे निवृत्त होना कुशल कर्मपथ है। ये भी दस हैं, जिनका वर्णन ऊपर आ चुका है। दस अकुशल और दस कुशल कर्मपथों के वर्णन त्रिपिटक-वाङ्मय में अनेक स्थानों पर मिलते हैं। उल्लिखित उद्धरणों में अकुशल कर्मपथों को अधर्माचरण और कुशल कर्मपथों को धर्माचरण कहा गया है।

कुशल कर्म और अष्टांगिक मार्ग

इनमें से कुशल कर्मपथों का समावेश आर्य अष्टांगिक मार्ग में होता है। तीन प्रकार का कुशल काय-कर्म ही सम्यक् कर्म है, चार प्रकार का कुशल वाचसिक कर्म ही सम्यक् वाचा है, और तीन प्रकार का मानसिक कुशल कर्म ही सम्यक् दृष्टि एवं सम्यक् संकल्प है। आर्य अष्टांगिक मार्ग के शेष चार अंग इन कुशल कर्मपथों के लिये पोषक ही हैं। सम्यक् आजीव, सम्यक् व्यायाम्, सम्यक् स्मृति एवं सम्यक् समाधि, इन चार अंगों की यथातथ्य भावना के बिना कुशल कर्मपथों की अभिवृद्धि तथा पूर्णता नहीं हो सकती।

अनासक्ति योग

यदि हम केवल कुशल कर्म करते जायँ और उनमें आसक्त हो जायँ तो उससे अकुशल के उत्पन्न होने की संभावना रहती है :

कुसलो धम्मो अकुसलस्स धम्मस्स आरम्मणपच्चयेन पच्चयो। दानं दत्वा सीलं समादियित्वा उपोसथकम्मं कत्वा तं अस्सादेति अभिनन्दति। तं आरब्भ रागो उप्पज्जति दिट्ठि उप्पज्जति विचिकिच्छा उप्पज्जति उद्धच्चं उप्पज्जति दोमनस्सं उप्पज्जति।[१]

अर्थात् ''कुशल मनोविचार अकुशल के लिए आलंबन प्रत्पथ से प्रत्यक्ष होता है। (कोई मनुष्य) दान देता है, शील रखता है, उपोसथ-कर्म करता है और उसका आस्वाद लेता है, उसका अभिनन्दन करता है। उससे लोभ उत्पन्न होता है, दृष्टि उत्पन्न होती है, शंका उत्पन्न होती है, भ्रान्ति उत्पन्न होती है, दौर्मनस्य उत्पन्न होता है।''

इस प्रकार कुशल मनोवृत्ति अकुशल का कारण बनती है, इसलिए कुशल विचार में आसक्ति नहीं रखनी चाहिए, निरपेक्षता से कुशल कर्म करते रहना चाहिए। यही अर्थ 'धम्मपद' की निम्नलिखित गाथा में संक्षेप में बताया गया है:

सब्बपापस्स अकरणं कुसलस्स उपसम्पदा।
सचित्तपरियोदपनं एतं बुद्धान सासनं॥''

अर्थात् ''सब पापों का अकरण, सब कुशलों का सम्पादन और स्वचित्त का संशोधन ही बुद्ध का शासन है।''

---

१. तिकपट्ठान।

अर्थात् उल्लिखित सब अकुशल कर्मपथों को पूर्णतया वर्ज्य करना चाहिए और कुशल कर्मपथों का सदैव आचरण करके उनमें अपने मन को आसक्त नहीं होने देना चाहिए। यह सब अष्टांगिक मार्ग के अभ्यास से हो जाता है।

कुशल कार्यों में जागृति और उत्साह

त्रिपिटक-वाङ्मय में अनेक स्थानों पर ऐसे उपदेश मिलते हैं कि कुशल कर्मों में अत्यन्त जागृति एवं उत्साह रखना चाहिए। उन सबका संग्रह यहाँ नहीं किया जा सकता। फिर भी नमूने के लिए हम यहाँ उनमें से एक छोटा-सा उपदेश देते हैं—

बुद्ध भगवान् कहते हैं, "भिक्षुओ, स्त्री, पुरुष, गृहस्थ या प्रव्रजित को इन पाँच बातों का सतत चिन्तन करना चाहिए (१) वह बार-बार यह विचार मन में लाये कि मैं जराधर्मी हूँ, क्योंकि जिस तारुण्य-मद के कारण प्राणी काया-वाचा-मनसा दुराचरण करते हैं वह मद इस चिन्तन से नष्ट होता है, या कम-से-कम, कम हो जाता है। (२) वह बार-बार यह विचार मन में लाये कि मैं व्याधिधर्मी हूँ, क्योंकि जिस आरोग्य-मद से प्राणी काया-वाचा-मनसा दुराचरण करते हैं, वह मद इस चिन्तन से नष्ट हो जाता है, या कम-से कम घट जाता है। (३) वह बार-बार यह विचार मन में लाये कि मैं मरणधर्मी हूँ, क्योंकि जिस जीवित मद के कारण प्राणी काया-वाचा-मनसा दुराचरण करते हैं, वह मद इस चिन्तन से नष्ट होता है, या कम-से-कम घट जाता है। (४) बार-बार यह विचार मन में लाये कि प्रियों एवं अच्छा लगने वालों (प्राणियों या पदार्थों) का वियोग मुझे सहना है, क्योंकि जिन प्रियों के स्नेह के कारण प्राणी काया-वाचा-मनसा दुराचरण करते हैं वह स्नेह इस चिन्तन से नष्ट होता है, या कम-से-कम घट जाता है। (५) वह बार-बार यह विचार मन में लाये कि मैं कर्मस्वकीय, कर्मदायाद, कर्मयोनि, कर्मबंधु, कर्मप्रतिशरण हूँ और जो कल्याणकारक या पापकारक कर्म मैं करूँगा उसका दायाद बनूँगा, क्योंकि उससे कायिक, वाचसिक एवं मानसिक दुराचरण नष्ट होता है, या कम-से-कम घट जाता है।

मैं अकेला ही नहीं, प्रत्युत सारे प्राणी जराधर्मी, व्याधिधर्मी, मरणधर्मी हैं, उन सबको प्रियजनों का वियोग होता है वे भी कर्मदायाद हैं, इस प्रकार आर्य श्रावक सतत विचार करता है तब उसे मार्ग मिलता है। उस मार्ग के अभ्यास से उसके संयोजन नष्ट होते हैं।"[१]

इस उद्धरण में कहा गया है कि मैं कर्मस्वकीय हूँ, अर्थात् कर्म ही मेरा स्वकीय है, अन्य सब वस्तुएँ न जाने मुझसे कब अलग हो जायँगी, मैं कर्म का दायाद हूँ, अर्थात् अच्छे कर्मों के करने से मुझे सुख मिलेगा और बुरे कर्म करूँगा तो दुःख भुगतना पड़ेगा, कर्मयोनि हूँ, अर्थात् कर्म से ही मेरा जन्म हुआ है, कर्म बन्धु हूँ यानी संकट में कर्म ही मेरे बान्धव हैं, और कर्मप्रतिशरण हूँ, अर्थात् कर्म ही मेरी रक्षा कर सकेगा। इससे यह समझ में आयेगा कि बुद्ध भगवान् ने कर्म पर कितना जोर दिया था। ऐसे गुरु को नास्तिक कहना कहाँ तक उचित होगा?

---

१. 'अंगुत्तरनिकाय', पंचक निपात, सुत्त ५७।

उत्साहित मन से सत्कर्म करने चाहिए, इस सम्बन्ध में 'धम्मपद' की निम्नलिखित गाथा भी विचारने योग्य है:

अभित्थरेथ कल्याणे पापा चितं निवारये।

दन्धं हि करोतो पुञ्ञं पापस्मिं रमतो मनो॥

अर्थात् "कल्याण कर्म करने में शीघ्रता करनी चाहिए और पाप से चित्त का निवारण करना चाहिए, क्योंकि आलस्य से पुण्य-कर्म करने वाले का मन पाप में रमता है।"

ब्राह्मणों का कर्मयोग

यहाँ तक बुद्ध के कर्मयोग पर विचार किया गया। अब उस समय के ब्राह्मणों में किस प्रकार का कर्मयोग चल रहा था इस पर संक्षेप में विचार करना उचित होगा। ब्राह्मणों के लिए उपजीविका का साधन यज्ञ-याग थे और उन्हें विधि-पूर्वक करने को ही ब्राह्मण अपना कर्मयोग मानते थे। फिर वे ऐसा प्रतिपादन करते थे कि क्षत्रियों का युद्ध करना, वैश्यों का व्यापार करना और शूद्रों का सेवा करना ही उन-उन लोगों का कर्मयोग है। उससे अगर किसी का जी ऊब जाय तो वह सर्व संगपरित्याग करके अरण्य में जाय और तपश्चर्या करे, इसे संन्यास-योग कहते थे। उसमें उसके कर्मयोग का अन्त होता था। कुछ ब्राह्मण संन्यास लेकर भी अग्निहोत्रादि कर्मयोग का आचरण करते थे और उसी को श्रेष्ठ मानते थे। इस सम्बन्ध में 'भगवद्गीता' के तीसरे अध्याय में कहा गया है:

यज्ञार्थात्कर्मणोऽन्यत्र लोकोऽयं कर्मबन्धनः।

तदर्थं कर्म कौन्तेय मुक्तसंगः समाचर॥

अर्थात् "यज्ञ के निमित्त किये हुए कर्म के अतिरिक्त अन्य कर्म मनुष्य के लिए बन्धकारक सिद्ध होते हैं। इसलिए हे अर्जुन, तू संग छोड़कर यज्ञ के लिए कर्म कर।"

सहयज्ञाः प्रजाः सृष्ट्वा पुरोवाच प्रजापतिः।

अनेन प्रसविष्यध्वमेष वोऽस्त्विष्ट कामधुक्॥

अर्थात् "सृष्टि के आदि में यज्ञ सहित प्रजा को रचकर ब्रह्मदेव ने कहा कि इस यज्ञ द्वारा तुम लोग वृद्धि को प्राप्त होगे, यह तुम्हारी इष्ट कामधेनु हो" और इसलिए :

एवं प्रवर्तितं चक्रं नानुवर्तयतीह यः।

अघायुरिन्द्रियारामो मोघं पार्थ स जीवति॥

अर्थात् "इस लोक में इस प्रकार चलाये हुए यज्ञ-याग के चक्र को जो नहीं चलाता, उसकी आयु पापरूप है और वह इन्द्रिय-लम्पट व्यर्थ ही जीता है।"

ब्राह्मणों का लोक-संग्रह

परन्तु यदि किसी के मन में यह विचार आ जाय कि प्रजापति का चलाया हुआ यह चक्र ठीक नहीं है, क्योंकि इसके मूल में हिंसा है, तो उसे उस विचार को मन में स्थान नहीं देना चाहिए, क्योंकि उससे अज्ञ-जनों में बुद्धि-भेद होगा।

न बुद्धिभेदं जनयेदज्ञानां कर्मसंगिनाम्॥
जोषयेत् सर्वकर्माणि विद्वान्युक्तः समाचरन्॥

अर्थात् "ज्ञानी पुरुष को चाहिए कि कर्मों से आसक्ति वाले अज्ञानियों की बुद्धि में भ्रम उत्पन्न न करें किन्तु स्वयं युक्त होकर अर्थात् सब कर्मों को भली-भाँति करते हुए दूसरों से भी उन्हें कराये।"[१]

'भगवद्गीता' किस शताब्दी में लिखी गई, इसकी चर्चा करने का स्थान यहाँ नहीं है, परन्तु किसी भी लेखक ने उसे बुद्धसमकालीन नहीं बताया है। पाश्चात्य पण्डितों ने जो अलग-अलग अनुमान लगाये हैं उनके अनुसार गीता का काल भगवान् बुद्ध के पश्चात् पाँच सौ से लेकर एक हजार बरस तक का प्रतीत होता है। इसमें कोई सन्देह नहीं कि वह बहुत आधुनिक है। तथापि यहाँ पर बताये हुए विचार बुद्ध समकालीन ब्राह्मणों में प्रचलित थे। लोहित्य नामक कोसल देशवासी प्रसिद्ध ब्राह्मण यह कहता था कि यद्यपि हमें कुशल तत्व-ज्ञान हो जाय तब भी उसे लोगों में प्रकट नहीं करना चाहिए।[२] उसकी कहानी संक्षेप में इस प्रकार है—

भगवान् बुद्ध कोसल देश में यात्रा करते हुए शालवतिका नामक स्थान में पहुँच गए। वह गाँव पसेनदि कोसल राजा ने लोहित्य ब्राह्मण को भेंट किया था। लोहित्य इस पापकारक मत का प्रतिपादन करता था कि 'यदि किसी श्रमण या ब्राह्मण को कुशल तत्व का बोध हो जाय तो वह उसे औरों को न बताये', एक मनुष्य दूसरे के लिए क्या कर सकता है? वह दूसरे का पुराना बन्धन काटकर यह नया बन्धन उत्पन्न करेगा, अतः मैं कहता हूँ कि यह लोभी आचरण है।

जब लोहित्य ब्राह्मण को मालूम हुआ कि भगवान् बुद्ध उसके गाँव के निकट आ गए हैं तो उसने रोसिका नामक नाई को भेजकर भगवान् को आमन्त्रण दिया और दूसरे दिन भोजन तैयार करके उसी नाई के द्वारा भोजन तैयार होने की खबर भगवान् और भिक्षु-संघ को दे दी। भगवान् अपना पात्र और चीवर लेकर लोहित्य ब्राह्मण के घर जाने के लिए निकले। मार्ग में रोसिका नाई ने लोहित्य ब्राह्मण का मत भगवान् को बताया और वह बोला, "भदन्त, इस पापकारक मत से आप लोहित्य को मुक्त कीजिये।"

लोहित्य ने भगवान् और भिक्षु-संघ को आदरपूर्वक भोजन दिया। भोजन के पश्चात् भगवान् ने उससे पूछा, "हे लोहित्य, क्या तुम ऐसा कहते हो कि यदि किसी को कुशल तत्व का बोध हो जाय तो वह उसे औरों को न बताये?"

लोहित्य—जी हाँ, हे गौतम!

भगवान्—हे लोहित्य, तुम इस शालवतिका गाँव में रहते हो। अब यदि कोई कहे कि इस शालवतिका गाँव की सारी आय का उपयोग अकेला लोहित्य ही करे, दूसरे किसी को

---

१. 'भगवद्गीता', अध्याय ३ श्लोक २६। गीता का सारा तीसरा अध्याय ही विचारणीय है।

२. देखिए 'दीघनिकाय', भाग १, लोहिच्चसुत्त।

कुछ न दे, तो क्या ऐसा बोलने वाला तुम पर निर्भर (इस गाँव के) लोगों का अकल्याण करने वाला नहीं होगा?

लोहित्य—जी हाँ, होगा।

भगवान्—जो औरों के लिए अन्तराय का निर्माण करेगा वह उनका हितानुकम्पी होगा या अहितानुकम्पी?

लोहित्य—अहितानुकम्पी, हे गौतम!

भगवान्—ऐसे मनुष्य का मन मैत्रीमय होगा या वैरमय?

लोहित्य—वैरमय, हे गौतम!

भगवान्—वैरमय चित्त का मनुष्य मिथ्यादृष्टि होगा या सम्यक् दृष्टि?

लोहित्य—मिथ्यादृष्टि, हे गौतम!

कुशल कर्म से अकुशल को जीतना चाहिए।

यहाँ पर और अन्य अनेक स्थानों पर बुद्ध भगवान् का कहना यह होता था कि प्रचलित अकुशल रूढ़ि के विरुद्ध यदि किसी को कुशल विचार सूझ जाय तो उसे लोगों में प्रचलित करना सज्जन व्यक्ति का श्रेष्ठ कर्तव्य है, बुरे कर्म करने वाले को कुछ न करते हुए या स्वयं उसके समान आचरण करके उसे बुरे कर्म करने देना सज्जन व्यक्ति का कर्तव्य नहीं है।

ब्राह्मणों का कहना था कि यज्ञ-याग और वर्ण-व्यवस्था प्रजापति की ही उत्पन्न की हुई है, अतः उनके अनुसार होने वाले कर्म पवित्र ही हैं। परन्तु भगवान् बुद्ध का कहना था कि तृष्णा से उत्पन्न हिंसादि कर्म कभी शुद्ध नहीं हो सकते। उनके कारण मनुष्य विषम मार्ग में बद्ध हुआ है और उन कर्मों के विरुद्ध कुशल कर्म करने से ही इस विषम मार्ग से उसका छुटकारा होगा।

'मज्झिमनिकाय' के सल्लेख सुत्त (नं० ८) में भगवान् कहते हैं, "हे चुन्द, जहाँ दूसरे लोग हिंसक वृत्ति से आचरण करते हैं वहाँ हम अहिंसक हों ऐसी स्वच्छता[१] करनी चाहिए। दूसरे प्राणाघात करते हैं तो हम प्राणघात से निवृत्त हों दूसरे अब्रह्मचारी होते हैं तो हम ब्रह्मचारी बनें, दूसरे झूठ बोलते हैं तो हम असत्य भाषण से निवृत्त हो जायें, दूसरे चुगली खाते हैं तो हम चुगलखोरी से निवृत्त हों, दूसरे गाली-गलौज करते हैं तो हम गाली-गलौज से निवृत्त हो जायें, दूसरे वृथा प्रलाप (बकवास) करते हैं तो हम वृथा प्रलाप से निवृत्त हो जायें, दूसरे परकीय धन का लोभ रखते हैं तो हम परकीय धन के लोभ से मुक्त हों, दूसरे द्वेष करते हैं तो हम द्वेष से मुक्त हों, दूसरे मिथ्या दृष्टि हैं तो हम सम्यक् दृष्टि बन जाएँ, ऐसी स्वच्छता करनी चाहिए।

'हे चुन्द, किसी विषम मार्ग में फँसे हुए मनुष्य को जैसे उसमें से बाहर निकलने के लिए सीधा मार्ग मिल जाय वैसे विहिंसक मनुष्य के लिए विहिंसा से बाहर निकलने का उपाय अविहिंसा है। प्राणघाती मनुष्य के लिए मुक्त होने को प्राणघात से विरति, चोर के लिए मुक्त

---

१. शंख आदि वस्तुओं को घिसकर साफ करते हैं, उसे सल्लेख कहते हैं। यहाँ पर आत्मशुद्धि के लिए 'स्वच्छता' शब्द का प्रयोग किया गया है।

होने को चोरी से विरति, अब्रह्मचारी के लिए मुक्त होने का अब्रह्मचर्य से विरति, झूठे के लिए मुक्त होने को झूठ से विरति, चुगलखोर के लिए मुक्त होने को चुगलखोरी से विरति, कर्कश वचन बोलने वाले के लिए मुक्त होने को कर्कश वचन से विरति और वृथा प्रलाप करने वाले के लिए मुक्त होने को वृथा प्रलाप से विरति—यही उपाय है····

"हे चुन्द, जो स्वयं गहरे कीचड़ में फँसा हुआ है वह दूसरे को उस कीचड़ से बाहर नहीं निकाल सकता। इसी प्रकार जिसने अपना दमन नहीं किया है, अपने लिए अनुशासन को स्वीकार नहीं किया है, जो स्वयं शान्त नहीं है उसके लिए यह सम्भव नहीं कि वह दूसरे का दमन करे, दूसरे का अनुशासन करे, दूसरे को शान्त करे। परन्तु जो स्वयं दान्त, विनीत और परिनिवृत्त होगा उसके लिए यह सम्भव होगा कि दूसरे का दमन करे, दूसरे को विनय सिखाये और दूसरे को परिनिर्वृत्त (शान्त) करे।"

यही अर्थ 'धम्मपद' की एक गाथा (२२३) में संक्षेप में बताया गया है। वह गाथा इस प्रकार है :

अक्कोधेन जिने कोधं असाधुं साधुना जिने।
जिने कदरियं दानेन सच्चेनालीकवादिनं॥

अर्थात् "क्षमा से क्रोध को जीते, असाधु को साधुत्व से जीते, कृपण को दान से जीते।"

दस कुशल कर्मपथों में ब्राह्मणों द्वारा किया गया परिवर्तन

बड़ी आनाकानी करके वैदिक ग्रन्थकारों को उपर्युक्त कुशल एवं अकुशल कर्मपथों की स्वीकृति देनी पड़ी। परन्तु उसमें उन्होंने इतनी सावधानी रखी कि उनके अधिकार में बाधा न आये। देखिये, 'मनुस्मृति' से इन दस अकुशल कर्मपथों को किस प्रकार स्वीकार किया गया है :

स तानुवाच धर्मात्मा महर्षीन्मानवो भृगुः।
अस्य सर्वस्य शृणुत कर्मयोगस्य निर्णयम्॥

अर्थात् "वह मनुकुलोत्पन्न धर्मात्मा भृगु उन महर्षियों से बोला, इस सारे कर्मयोग का निर्णय सुनिए।"

परद्रव्येष्वभिध्यानं मनसानिष्टचिन्तनम्॥
वितथाभिनिवेशश्च त्रिविधं कर्म मानसम्॥

अर्थात् "परद्रव्य की अभिलाषा रखना, दूसरे का बुरा चाहना और गलत रास्ते पर जाना (नास्तिकता) ये तीन मानसिक (पाप)-कर्म समझने चाहिए।"

पारुष्यमनृतं चैव पैशुन्यं चापि सर्वशः।
असंबद्धप्रलापश्च वाङ्मयं स्याच्चतुर्विधम्॥

अर्थात् "कठोर भाषण, असत्य भाषण, सब प्रकार की चुगलखोरी और वृथा बकवास—ये चार वाचिक पाप-कर्म हैं।"

अदत्तानामुपादानं हिंसा चैवाविधानतः।
परदारोपसेवा च शारीरं त्रिविधं स्मृतम्॥

अर्थात् "अदत्तादान (चोरी), ऐसी हिंसा जो वेद-विहित न हो और पर-दारागमन—ये तीन कायिक पाप-कर्म हैं।"

त्रिविधं च शरीरेण वाचा चैव चतुर्विधम्॥
मनसा त्रिविधं कर्म दश कर्मपथाँस्त्यजेयत्॥

अर्थात् "(इस प्रकार) त्रिविध कायिक, चतुर्विध वाचसिक एवं त्रिविध मानसिक, इन दस (अकुशल) कर्मपथों को त्याग दिया जाय।"[१]

इनमें से पहले श्लोक में आया हुआ 'कर्मयोग' शब्द बड़ा उपयुक्त है। 'मनुस्मृति' के कर्ता को बुद्ध द्वारा बताया गया कर्मयोग पसन्द तो था, परन्तु उसने उनमें एक अपवाद रख दिया। वह यह था कि हिंसा वेद-विहित न हो तो तभी वह नहीं करनी चाहिए, वेद के आधार से की गई हिंसा हिंसा नहीं होती।

युद्ध के धार्मिक हो जाने में अकुशल कर्मपथ उपयुक्त हो गए

यज्ञ-याग की हिंसा यदि त्याज्य मानी जाती तो यज्ञ-याग करने का कारण ही न रहता। वे यज्ञ-याग किसलिए थे? इसीलिए कि युद्ध में जय मिले और जय मिलने पर पाया हुआ राज्य चिरस्थायी बन जाय। अर्थात् युद्ध की हिंसा धार्मिक न मानी जाती तो वैदिक हिंसा का कोई कारण ही न रहता और इसीलिए युद्ध को पवित्रता प्रदान करनी पड़ी।

श्रीकृष्ण कहते हैं :

स्वधर्ममपि चावेक्ष्य न विकंपितुमर्हसि।
धर्म्याद्धि युद्धाच्छ्रेयोऽन्यत्क्षत्रियस्य न विद्यते॥

अर्थात्, "और अपने धर्म का विचार करने पर भी पीछे हटना तेरे लिए योग्य न होगा। क्षत्रियों के लिए धर्म्ययुद्ध की अपेक्षा अधिक श्रेयस्कर दूसरा कुछ नहीं है।"

यदृच्छया चोपपन्नं स्वर्गद्वारमपावृतम्।
सुखिनः क्षत्रियाः पार्थ लभन्ते युद्धमीदृशम्॥

अर्थात् "और हे पार्थ, अनायास दैवगति से खुले हुए स्वर्ग के जैसा यह युद्ध भाग्यवान् क्षत्रियों को उपलब्ध होता है।"

अथ चेत्त्वमिमं धर्म्यं संग्रामं न करिष्यसि।
ततः स्वधर्मं कीर्तिं च हित्वा पापमवाप्स्यसि॥

अर्थात् "और यदि तू इस धर्मयुक्त संग्राम को नहीं करेगा तो स्वधर्म को और कीर्ति को खोकर पाप को प्राप्त होगा!"[२]

युद्ध के धार्मिक हो जाने से सब अकुशल कर्मपथों का धार्मिक हो जाना स्वाभाविक था। इसका अर्थ यह हुआ कि युद्ध को छोड़कर अन्यत्र हिंसा नहीं करनी चाहिए, युद्ध के बिना

---

१. अध्याय १२, श्लोक ५-९।

२. 'भगवद्गीता' अध्याय २। श्लोक ३१-३३।

लूट-पाट नहीं करनी चाहिए, युद्ध के अतिरिक्त व्यभिचार नहीं करना चाहिए, इसी प्रकार असत्य भाषण, चुगली, कठोर वचन आदि युद्ध के लिए उपयोगी न हों तो, यानी राजनीति के बिना उनका प्रयोग न किया जाय। परद्रव्य का लोभ तो युद्ध में बड़ा ही उपयुक्त होता है। अपनी सेना में दूसरों के प्रति यदि विद्वेष न फैलाया जाय तो सैनिक युद्ध के लिए तैयार ही नहीं होंगे और जब तक यह तीव्र मिथ्यादृष्टि उत्पन्न नहीं होती कि हम स्वधर्म के लिए, स्वराष्ट्र के लिए या इसी प्रकार के किसी काल्पनिक पवित्र कार्य के लिए लड़ रहे हैं, तब तक युद्ध में जय मिलना सम्भव नहीं है। सारांश, एक युद्ध के लिए सारे कुशल कर्मों को छोड़ देना पवित्र हो जाता है।

'अश्वत्थामा मर गया'—ऐसा सफेद झूठ बोलने के लिए युधिष्ठिर तैयार नहीं था तब श्रीकृष्ण ने उससे 'नरो वा कुञ्जरो वा' (मनुष्य या हाथी मर गया) कहलवाया। आजकल की राजनीति ऐसी ही होती है—कुछ सच्ची, कुछ झूठी। और अपने देश को आगे बढ़ाया जाय तो कोई भी अकुशल कर्म अत्यन्त पवित्र ठहर सकता है।

धार्मिक युद्ध का विकास

जैन और बौद्ध धर्मों के प्रभाव से वैदिकी हिंसा बन्द हो गई, परन्तु क्षत्रियों-क्षत्रियों के बीच का धर्मिक युद्ध इस देश में बना रहा। ऐसे धार्मिक युद्ध का विकास हजरत मुहम्मद पैगम्बर ने किया। उन्होंने कहा, आपस में युद्ध करना उचित नहीं है। इसकी प्रतिक्रिया ईसाई धर्म-युद्धों में दिखाई देती है। इन सबको देशाभिमान ने अपने अन्दर ले लिया। उसमें कोई भी कुकर्म करना उचित माना जाता है। पर इसीलिए सारी मनुष्य-जाति विषम मार्ग में फँस गई है। उसमें बाहर निकलने के लिए क्या बुद्ध के कर्मयोग को छोड़कर अन्य मार्ग हो सकता है?

❑❑❑

९

यज्ञ-याग

पौराणिक बुद्ध

हिन्दू लोग विष्णु को नौवाँ अवतार मानते हैं। 'विष्णुपुराण' में यह कथा आती है कि विष्णु ने बुद्धावतार धारण करके असुरों को मोहित किया और देवों द्वारा उनका उच्छेद करवाया। इसका सारांश 'भागवत' के निम्नलिखित श्लोक में पाया जाता है :

ततः कलौ संप्रयाते संमोहाय सुरद्विषाम्।
बुद्धो नामाऽजनसुतः कीकटेषु भविष्यति॥

अर्थात् "उसके पश्चात् कलियुग के आने पर असुरों को मोहित करने के लिए बुद्ध नामक अजन-पुत्र कीकट देश में उत्पन्न होगा।"

सामान्य हिन्दू लोग बुद्धावतार के सम्बन्ध में विशेष जानकारी नहीं रखते। शास्त्री पंडितों और पुराण श्रवण करने वाले भाविक हिन्दुओं को बुद्ध के विषय में जो कुछ जानकारी होती है वह 'विष्णुपुराण' या 'भागवत' से मिली होती है।

स्व० विष्णुशास्त्री चिपलूणकर की कल्पना

पश्चिमी देशों में मैक्समूलर के गुरु ख्यातनामा फ्रांसीसी पंडित बर्नुफ का ध्यान सबसे प्रथम बौद्ध धर्म की ओर आकर्षित हुआ था, परन्तु पर्याप्त सामग्री न मिलने के कारण वे इस धर्म की सांगोपांग जानकारी पाश्चात्यों के सामने न रख सके। तथापि पश्चिम के लोगों में यह धारणा थी कि बौद्ध धर्म केवल त्याज्य है और उस पर कोई विचार करने की आवश्यकता नहीं है, उस धारणा में श्री बर्नुफ के प्रयत्नों से काफी परिवर्तन हो गया, और उसके परिणामस्वरूप डॉ० विल्सन-जैसे ईसा-भक्त भी बौद्ध धर्म का अध्ययन करने लगे और उनके सहवास के कारण हमारे यहाँ के कालेजों से शिक्षित हुए तरुणों की बौद्ध-धर्म-विषयक कल्पना में परिवर्तन होने लगा।

मराठी के ख्यातनामा लेखक स्व० विष्णु शास्त्री चिपलूणकर बाण कवि-सम्बन्धी अपने निबन्ध में लिखते हैं :

"आर्य लोगों के मूल वैदिक धर्म के प्रति पहला मतभेद बुद्ध ने प्रकट किया। काल के प्रभाव से उनके मत का अनुसरण करने वाले बहुत-से लोग निकल आए, जिससे धर्म में फूट पड़ गई और ये नये लोग अपने को बौद्ध कहलवाने लगे। इनके नये मत क्या थे, उनका उदय, प्रसार एवं लय कब और कैसे हुआ आदि बातें इतिहासकार के लिये बड़े मनोरंजन का विषय थीं, परन्तु अब कहने से क्या फायदा? पिछली ही खेद की बात पुनः एक बार यहाँ कहनी

चाहिए कि इतिहास के अभाव में हम सारे संसार के साथ इस महान् लाभ से वंचित हो गये। अस्तु बुद्ध के विषय में यद्यपि हमारे पास कोई जानकारी नहीं है, फिर भी इतनी बात स्पष्ट है कि उसकी बुद्धि अलौकिक होगी, क्योंकि उसके प्रतिपक्षियों अर्थात् ब्राह्मणों ने भी उसे ईश्वर का साक्षात् नौवाँ अवतार मान लिया। जयदेव ने 'गीत गोविन्द' के प्रारम्भ में कहा है :

निन्दसि यज्ञविधेरहह श्रुतिजातं।
सदयहृदयदर्शितपशुघातं।
केशव धृतबुद्ध शरीर जय जगदीश हरे॥ (ध्रुव पद)

"......ईसवी सन् के प्रारम्भ में बुद्ध और ब्राह्मणों में बड़े वाद-विवाद हुए, उनमें शंकराचार्य ने बौद्ध धर्म का खंडन किया और पुन: ब्राह्मण धर्म की प्रस्थापना की। इस प्रकार बौद्धों की पराजय होने पर वे या तो स्वेच्छा से या राजाज्ञा से देश का त्याग कर गये और उनमें से कोई तिब्बत में, कोई चीन में, तो कोई लंका में जाकर बसे।"

इस उद्धरण से इसका अनुमान लगाया जा सकता है कि उस समय के अंग्रेजी भाषाभिज्ञ हिन्दुओं में बौद्ध-धर्म-सम्बन्धी धारणा क्या थी।

'लाइट आफ एशिया' का परिणाम

इसके बाद सन् १८७९ ईसवी में एड्विन् आर्नल्ड (Edwin Arnold) का 'लाइट ऑफ एशिया' (Light of Asia) नामक प्रख्यात काव्य-ग्रंथ प्रकाशित हुआ। उसके वाचन से अंग्रेजी जानने वाले हिन्दुओं में बुद्ध के प्रति आदर बढ़ गया, परन्तु यह धारणा दृढ़ होती गई कि यज्ञ-याग का विध्वंस करके 'अहिंसा परम धर्म' की प्रस्थापना के लिए बुद्ध का अवतार हुआ था। आज भी अल्पाधिक मात्रा में यह धारणा प्रचलित है। यह देखने के लिए कि इस धारणा में कितना तथ्य है, बुद्ध समकालीन श्रमणों और स्वयं बुद्ध का यज्ञ-याग के सम्बन्ध में क्या कहना था; इस पर विचार करना उचित होगा।

हरिकेशिबल की कथा

श्रमण-पंथों से केवल जैन और बौद्ध-पंथों के ही ग्रन्थ आज उपलब्ध हैं। उनमें से जैनों के 'उत्तराध्ययन सूत्र' में हरिकेशिबल की कहानी आती है। उसका सारांश इस प्रकार है—

हरिकेशिबल चाण्डाल (श्वपाक) का लड़का था। वह जैन-भिक्षु बनकर बड़ा तपस्वी हुआ। किसी समय एक मास तक उपवास करके पारण के दिन भिक्षाटन करते हुए वह एक महायज्ञ के स्थान पर पहुँच गया। उसका वह मलिन वस्त्राच्छादित कृश शरीर देखकर याजक ब्राह्मणों ने उसको धिक्कारा और वहाँ से चले जाने को कहा। वहाँ तिंदुक वृक्ष पर रहने वाला यक्ष गुप्त रूप से हरिकेशिबल के स्वर में उन ब्राह्मणों से बोला, "हे ब्राह्मणो, तुम तो केवल शब्दों का बोझ ढोने वाले हो, तुम वेदाध्ययन करते हो, पर वेदों का अर्थ तुम नहीं जानते हो।" इस पर उन अध्यापक ब्राह्मणों ने माना कि उस भिक्षु ने उनका अपमान किया है, अत: उन्होंने अपने तरुण कुमारों से कहा कि वे उसे पीट दें। उसके अनुसार वे कुमार डण्डों, छड़ियों और कोड़ों से उसे पीटने लगे। यह देखकर कोसलिक राजा की कन्या एवं पुरोहित की स्त्री भद्रा ने उनका निषेध किया। इतने में अनेक यक्षों ने आकर उन कुमारों को मार-पीटकर लहू-लुहान कर दिया। इससे ब्राह्मण डर गये और अन्त में उन्होंने हरिकेशिबल से क्षमा माँगकर उसे

अनेक पदार्थों के साथ चावल का उत्तम अन्न समर्पित किया।

वह अन्न ग्रहण करके हरिकेशिबल उनसे बोला, "हे ब्राह्मणो, तुम लोग आग जलाकर पानी से बाह्य शुद्धि प्राप्त करने की चेष्टा क्यों कर रहे हो? दार्शनिक कहते हैं कि तुम्हारी यह बाह्य शुद्धि योग्य नहीं है।"

इस पर उन ब्राह्मणों ने पूछा, "हे भिक्षु, हम किस प्रकार का याग करें और कर्म का नाश कैसे करें?

हरि०—साधु लोग छः जीवकाओं[१] की हिंसा न करके, असत्य भाषण और चोरी न करके, परिग्रह, स्त्रियाँ, सम्मान एवं माया छोड़कर दान्तपन से आचरण करते हैं। वे पाँच संवरों[२] से संवृत होकर जीवन की अभिलाषा न रखकर, देह के विषय में अनासक्त बनते हैं, और (इस प्रकार) श्रेष्ठ यज्ञ करते हैं।

ब्राह्मण—तुम्हारी अग्नि कौन-सी है, अग्नि-कुण्ड कौन-सा है? स्रुवा कौन-सी है? उपले कौन-से हैं, समिधाएँ कौन-सी हैं? शान्ति कौन-सी है? और किस होम-विधि से तुम यज्ञ करते हो?

हरि०—तपश्चर्या मेरी अग्नि है, जीव अग्नि-कुण्ड है, योग स्रुवा है, शरीर उपले हैं, कर्म समिधाएँ हैं, संयम शान्ति है। इस विधि से ऋषियों द्वारा वर्णित यज्ञ मैं करता रहता हूँ।

ब्राह्मण—तुम्हारा तालाब कौन-सा है, शान्ति-तीर्थ कौन-सा है?

हरि०—धर्म ही मेरा तालाब है और ब्रह्मचर्य शान्ति-तीर्थ। ………यहाँ स्नान करके विमल, विशुद्ध महर्षि उत्तम पद को पहुँचते हैं।' इसके अतिरिक्त यज्ञ-यागों का निषेध करने वाली एक और गाथा इसी 'उत्तराध्ययन सूत्र' के २५वें अध्याय में मिलती है। वह इस प्रकार है :

पसुबंधा सव्वे वेया जट्ठं च पावकम्मुणा।
न तं तायंति दुस्सीलं कम्माणि बलवंतिह॥

अर्थात् "सब वेदों में पशु-वध बताया गया है और यजनं पाप-कर्म से मिश्रित है। यज्ञ करने वालों के वे पाप-कर्म उनकी रक्षा नहीं कर सकते।"

हरिकेशिबल की कथा में केवल यज्ञ का निषेध किया गया है, परन्तु इस गाथा में केवल यज्ञ का ही नहीं प्रत्युत वेद का भी निषेध दिखाई देता है।

श्रमण-पंथों का वेद-विरोध

सर्व दर्शन में आये हुए चार्वाक मत के वर्णन से यह अनुमान लगाया जा सकता है कि अजित केसकम्बल नास्तिक-मत-प्रवर्तक होने से यज्ञ-यागों पर ही नहीं बल्कि वेदों पर भी

---

१. पृथ्वीकाय, अप्काय, वायुकाय, अग्निकाय, वनस्पतिकाय और त्रसकाय ये छः जीव-भेद हैं। जैन मानते हैं कि पृथ्वी-परमाणु आदि में जीव है। वनस्पतिकाय अर्थात् वृक्षादि वनस्पतिवर्ग। त्रयकाय में सब जंगम या चर प्राणियों का समावेश होता है।

२. पाँच संवर ये हैं—अहिंसा, सत्य, अस्तेय; ब्रह्मचर्य और अपरिग्रह। इन्हीं को यम कहा गया है। देखिए, साधनपाद, सूत्र ३०।

टीका-टिप्पणी करता होगा। चार्वाक-मत-प्रदर्शक जो कुछ श्लोक सर्वदर्शन में हैं उनमें से यह डेढ़ श्लोक है :

पशुश्चेन्निहतः स्वर्गं ज्योतिष्टोमे गमिष्यति।
स्वपिता यजमानेन तत्र कस्मान्न हिंस्यते॥ .....
त्रयो वेदस्य कर्तारो भण्डधूर्त निशाचराः।

अर्थात् ''अग्निष्टोम यज्ञ में मारा हुआ पशु यदि स्वर्ग चला जाता है तो उस यज्ञ में यजमान अपने बाप का वध क्यों नहीं करता? .....वेदों के कर्ता तीन हैं—भण्ड, धूर्त एवं राक्षस॥'

इससे ऐसा दिखाई देता है कि लगभग सभी श्रमण-सम्प्रदाय कम या अधिक मात्रा में वेदों का स्पष्ट निषेध करते थे, अतः उन्हें वेद निंदक कहने में कोई आपत्ति नहीं थी। परन्तु इसका प्रमाण कहीं नहीं मिलता कि बुद्ध ने वेदों की निन्दा की हो। इससे उल्टे हर जगह वेदाभ्यास का गौरव मिलता है। बुद्ध के भिक्षु-संघ में महाकात्यायन-जैसे वेद-पारंगत ब्राह्मण थे। अतः यह सम्भव नहीं लगता कि भगवान् बुद्ध वेद-निन्दा करते हों। परन्तु अन्य श्रमणों की तरह उन्हें भी यज्ञ-यागों में होने वाली गायों, बैलों तथा अन्य प्राणियों की हिंसा पसन्द न थी।

यज्ञों का निषेध

'कोसलसंयुत्त' में यज्ञ-यागों का निषेध करने वाला जो सुत्त है वह इस प्रकार है—

''बुद्ध भगवान् श्रावस्ती में रहते थे। उस समय पसेनदि कोसल राजा का महायज्ञ प्रारम्भ हुआ। उसमें पाँच सौ बैल, पाँच सौ बछड़े, पाँच सौ बछियाँ, पाँच सौ बकरे और पाँच सौ मेंढे बलिदान के लिए यूपों में बँधे हुए थे। राजा के दास, दूत और कर्मचारी दण्ड से भयभीत होकर आँसू बहाते हुए, रोते-रोते यज्ञ के काम कर रहे थे।

''वह सब देखकर भिक्षुओं ने भगवान् को बताया। तब भगवान् बोले—

अस्समेधं पुरिसमेधं सम्मापासं वाजपेयं।
निरग्गलं महारम्भा न ते होन्ति महप्फला॥
अजेलका च गावो च विविधा यत्थ हञ्ञरे।
न तं सम्मग्गता यञ्ञं उपयन्ति महेसिनो॥
ये च यञ्ञा निरारम्भा यजन्ति अनुकूलं सदा॥
अजेलका च गावो च विविधा नेत्थ हञ्ञरे॥
एतं सम्मग्गता यञ्ञं उपयन्ति महेसिनो।
एतं यजेथ मेधावी एसो यञ्ञो महप्फलो॥
एतं हि यजमानस्य सेय्यो होति न पापियो।
यञ्ञो च विपुलो होति पसीदन्ति च देवता॥

अर्थात्, ''अश्वमेध, पुरुषमेध, सम्यक्पाश, वाजपेय और निरर्गल यज्ञ बड़े खर्चीले होते हैं, परन्तु वे महाफलदायक नहीं होते। बकरे, मेंढ़े और गायों-जैसे विविध प्राणी जिसमें मारे जाते हैं उस यज्ञ के लिए सदाचारी महर्षि नहीं जाते। परन्तु जिन यज्ञों में प्राणियों की हिंसा

नहीं होती, जो लोगों को प्रिय लगते हैं और जिनमें बकरे, मेढ़े और गायें आदि विविध प्राणी नहीं मारे जाते ऐसे यज्ञों में सदाचारी महर्षि उपस्थित रहते हैं। अतः सुज्ञ पुरुष को चाहिए कि वह ऐसा यज्ञ करे। यह यज्ञ महाफलदायक होता है, क्योंकि इस यज्ञ से यजमान का कल्याण होता है, अकल्याण नहीं होता। यह यज्ञ वृद्धि पाता है और देवता प्रसन्न होते हैं।''

यज्ञ में पाप क्यों

बुद्ध का कहना था कि यज्ञ में प्राणि-वध करने से यजमान काया-वाचा-मनसा अकुशल कर्मों का आचरण करता है, इसलिए यज्ञ अमंगल है। इस सम्बन्ध में 'अंगुत्तरनिकाय' के सुत्तनिपात में एक सुत्त मिलता है। उसका रूपान्तर इस प्रकार है—

एक बार भगवान् बुद्ध श्रावस्ती के जेतवन में अनाथपिंडिक के आश्रम में रहते थे। उस समय उद्‌गत शरीर (उग्गत सरीर) ब्राह्मण ने महायज्ञ की तैयारी चलाई थी। पाँच सौ बैल, पाँच सौ बछड़े, पाँच सौ बछियाँ, पाँच सौ बकरे और पाँच सौ मेंढ़े यज्ञ में बलि देने के लिए यूपों में बाँधे हुए थे। तब उद्‌गत शरीर ब्राह्मण भगवान् के पास जाकर उनसे कुशल-समाचार पूछकर एक ओर बैठ गया और बोला, ''हे गौतम, मैंने सुना है कि यज्ञ के लिए अग्नि सुलगाना और यूप खड़ा करना महत् फलदायक होता है।''

भगवान् बोले, 'हे ब्राह्मण, मैंने भी यह सुना है कि यज्ञ के लिए अग्नि सुलगाना और यूप खड़ा करना महत् फलदायक होता है।''

यही वाक्य ब्राह्मण ने और दो बार कहा तथा भगवान् ने उसे वही उत्तर दिया। तब ब्राह्मण बोला, ''तो फिर हम दोनों एकमत हैं।''

इस पर आनन्द बोला, ''हे ब्राह्मण, तुम्हारा यह प्रश्न ठीक नहीं है। 'मैंने ऐसा सुना है', कहने के बजाय तुम ऐसा कहो कि 'मैं यज्ञ के लिए अग्नि सुलगाने और यूप खड़ा करने में लगा हुआ हूँ। इस सम्बन्ध में भगवान् मुझे ऐसा उपदेश दें जिससे मेरा चिरकाल के लिए कल्याण हो'।''

आनन्द के कहने के अनुसार ब्राह्मण ने भगवान् से प्रश्न पूछा तो भगवान् बोले, ''जो यज्ञ के लिए अग्नि सुलगाता है और यूप खड़ा करता है वह तीन दुःखोत्पादक अकुशल शस्त्र उठाता है। वे कौन-से हैं? कायशस्त्र, वाचाशस्त्र और चित्तशस्त्र। जो यज्ञ का प्रारम्भ करता है उसके मन में यह अकुशल विचार आता है कि इतने बैल, बछड़े, इतनी बछियाँ, इतने बकरे और इतने मेंढ़े मारे जायँ। इस प्रकार वह सर्वप्रथम दुःखोत्पादक अकुशल चित्तशस्त्र उठाता है। फिर वह अपने मुँह से इन प्राणियों की हत्या के लिए आज्ञा देता है और उससे दुःखोत्पादक अकुशल वाचाशस्त्र उठवाता है। इसके अनन्तर उन प्राणियों को मारने के लिए प्रथमतः स्वयं ही उन-उन प्राणियों को मारना शुरू कर देता है और उससे दुःखोत्पादक अकुशल कायशस्त्र उठाता है।

''हे ब्राह्मण, ये तीन अग्नियाँ त्याग करने, परिवर्जन करने के योग्य हैं, इनका सेवन नहीं करना चाहिए। वे कौन-सी हैं? कामाग्नि, द्वेषाग्नि और मोहाग्नि। जो मनुष्य कामाभिभूत होता है वह काया-वाचा-मनसा कुकर्म करता है और उससे मरणोत्तर दुर्गति पाता है। इसी प्रकार द्वेष एवं मोह से अभिभूत मनुष्य भी काया-वाचा-मनसा कुकर्म करके दुर्गति को पाता है।

इसलिए ये तीन अग्नियाँ त्याग करने और परिवर्जन के लिए योग्य हैं, उनका सेवन नहीं करना चाहिए।

"हे ब्राह्मण, इन तीन अग्नियों का सत्कार करें, इन्हें सम्मान प्रदान करें, इनकी पूजा और परिचर्या भली-भाँति, सुख से करें। ये अग्नियाँ कौन-सी हैं? आहवनीयाग्नि (आहुनेय्यग्गि), गार्हपत्याग्नि (गहपतग्गि) और दक्षिणाग्नि (दक्खिणेय्यग्गि)। माँ-बाप को आहवनीयाग्नि समझना चाहिए और बड़े सत्कार से उनकी पूजा करनी चाहिये। पत्नी और बच्चे, दास तथा कर्मकार गार्हपत्याग्नि समझने चाहिए और आदरपूर्वक उनकी पूजा करनी चाहिए। श्रमण ब्राह्मणों को दक्षिणाग्नि समझना चाहिए और सत्कारपूर्वक उनकी पूजा करनी चाहिए। हे ब्राह्मण, यह लकड़ियों की अग्नि कभी जलानी पड़ती है, कभी उसकी उपेक्षा करनी पड़ती है और कभी उसे बुझाना पड़ता है।[१]

भगवान् का यह भाषण सुनकर उद्‌गत शरीर ब्राह्मण उनका उपासक बन गया और बोला, "हे गौतम, पाँच सौ बैल, पाँच सौ बछड़े, पाँच सौ बछियाँ, पाँच सौ बकरे और पाँच सौ मेंढ़े आदि सब प्राणियों को मैं यूपों से मुक्त कर देता हूँ, उन्हें जीवन-दान देता हूँ। ताजी घास खाकर और ठंडा पानी पीकर वे शीतल छाया में आनन्द से रहें।

यज्ञ में तपश्चर्या का मिश्रण

बुद्ध समकालीन यज्ञ-यागों में ब्राह्मणों ने तपश्चर्या का मिश्रण किया था। वैदिक मुनि अरण्य में रहकर तपश्चर्या करने लगते तो भी सुविधानुसार बीच-बीच में छोटे-बड़े यज्ञ करते ही रहते। इसके एक-दो उदाहरण तीसरे अध्याय में हमने दिये ही हैं।[२] उनके अतिरिक्त याज्ञवल्क्य का उदाहरण ले लीजिये। याज्ञवल्क्य बड़ा तपस्वी एवं ब्रह्मनिष्ठ समझा जाता था। फिर भी उसने जनक राजा के यज्ञ में भाग लिया था और अन्त में दस हजार सुवर्णपादों के साथ एक हजार गायों की दक्षिणा स्वीकार की थी।[३]

परन्तु भगवान् बुद्ध का कहना था कि यज्ञ और तपश्चर्या का मिश्रण दुगुना दुःखकारक है। कन्दरकसुत्त में भगवान् ने चार प्रकार के मनुष्यों का वर्णन किया है—(१) जो आत्मन्तप है परन्तु परन्तप नहीं है। (२) जो परन्तप है; परन्तु आत्मन्तप नहीं है, (३) जो आत्मन्तप और परन्तप है, (४) जो आत्मन्तप भी नहीं है और परन्तप भी नहीं है।

इन चारों में पहला है कठोर तपश्चर्या करने वाला तपस्वी। वह अपने को ही नहीं परन्तु औरों को भी नष्ट नहीं होने देता। दूसरा वधिक, बहेलिया आदि वह दूसरे प्राणियों को कष्ट देता है। परन्तु स्वयं अपने को कष्ट नहीं देता। तीसरा है यज्ञ-याग करने वाला। वह अपने को भी कष्ट देता है और अन्य प्राणियों को भी। चौथा तथागत (बुद्ध) का श्रावक है। वह अपने

---

१. ये तीन अग्नियाँ ब्राह्मण-ग्रन्थों में प्रसिद्ध हैं। दक्षिणाग्निर्गार्हपत्याहवनीयो त्रयोऽग्नयः —(अमरकोश)। इनकी परिचर्या कैसे करनी चाहिए और उसका फल क्या होता है, इसकी जानकारी गृह्यसूत्रादि ग्रन्थों में मिलती है।

२. देखिए, पृष्ठ ७९-८०।

३. देखिए, 'बृहदारण्यक उपनिषद्', ३।१।१-२।

को भी कष्ट नहीं देता और दूसरों को भी नहीं देता।[1]

इन चारों का विस्तृत विवरण उस सुत्त में मिलता है। उनमें से तीसरे प्रकार के मनुष्य के वर्णन का सारांश इस प्रकार है—

भगवान् कहते हैं, "हे भिक्षुओ, आत्मन्तप और परन्तप मनुष्य कौन-सा है? कोई क्षत्रिय राजा या कोई श्रीमान् ब्राह्मण एक नवीन संस्थागार बनाता है और मुण्डन कराके खराजिन ओढ़कर शरीर पर घी-तेल चुपड़ता है और मृग की सींग से पीठ खुजलाता हुआ अपनी पत्नी तथा पुरोहित से ब्राह्मण के साथ उस संस्थागार में प्रवेश करता है। वहाँ तह गोबर से लिपी हुई भूमि पर कुछ भी बिछाये बिना सोता है। एक अच्छी गाय के एक पन्हाव (प्रसव) अथवा थन के दूध पर वह रहता है' दूसवे पन्हाव अथवा थन के दूध पर उसकी पत्नी रहती है और तीसरे पन्हाव के दूध पर पुरोहित ब्राह्मण रहता है, चौथे पन्हाव के दूध से होम करते हैं। चारों पन्हावों से बचे हुए दूध पर बछड़े को निर्वाह करना पड़ता है।

"फिर वह कहता है, 'मेरे इस यज्ञ के लिए इतने बैल मारो, इतने बछड़े मारो, इतने मेढ़े मारो, यूपों के लिए इतने वृक्ष काटो, कुशासन के लिए इतने दर्भ काटो।' उसके दास, दूत एवं कर्मकार दण्ड-भय से भयभीत होकर आँसू बहाते हुए रोते-रोते वे काम करते हैं। इसे कहते हैं आत्मन्तप और परन्तप।"

लोग गो-हिंसा नहीं चाहते थे

ये दास, दूत एवं कर्मकार यज्ञ के काम रोते हुए क्यों करते होंगे। इसलिए कि इस यज्ञ में जो पशु मारे जाते थे वे गरीब किसानों से छीनकर लिये जाते थे और उससे किसानों को बड़ा दुःख होता था। 'सुत्त-निपात' के ब्राह्मणधम्मिक-सुत्त में अति प्राचीन काल के ब्राह्मणों का आचरण बताया गया है। उसमें निम्नलिखित गाथाएँ मिलती हैं :

यथा माता पिता माता अञ्ञे वाऽपि च ञातका।
गावो नो परमा मित्ता यासु जायन्ति ओसधा॥
अन्नदा बलदा चेता वण्णदा सुखदा तथा।
एतमत्थवसं ञत्वा नास्सु गावो हनिंसु ते॥

अर्थात् "माँ, बाप, भाई और दूसरे नाते-रिश्तेदार आदि की तरह गायें भी हमारी मित्र हैं। क्योंकि खेती उन पर निर्भर करती है। वे अन्न, बल, कान्ति एवं सुख देने वाली हैं। यह कारण जानकर प्राचीन ब्राह्मण गायों की हत्या नहीं करते थे।"

इससे यह दिखाई देता है कि साधारण लोगों को गायें अपने आप्तों के समान लगती थीं और यज्ञ-यागों में उनकी अन्धाधुन्ध हत्या करना उन्हें बिलकुल पसन्द नहीं था। राजाओं और धनी लोगों ने अपनी निजी गायों की हत्या की होती तो उनके दासों एवं कर्मकारों को रोने की बहुत कम आवश्यकता रहती। परन्तु जब कि ये जानवर उन्हीं जैसे गरीब किसानों से जबर्दस्ती लिये जाते थे, इसलिए उन्हें अत्यन्त दुःख होना स्वाभाविक था। यज्ञ के लिए लोगों पर कैसे जबर्दस्ती होती थी उसकी कल्पना निम्नलिखित गाथा से हो सकेगी :

---

१. 'मज्झिमनिकाय' नं० ५१।

ददन्ति एके विसमे निविट्ठा
छेत्वा वधित्वा अथ सोचयित्वा
सा दक्खिणा अस्सुमुखा सदण्डा।
समेन दिन्नस्स न अग्घमेति॥

अर्थात् "कोई विषम मार्ग में निविष्ट होकर, मार-पीट करके, लोगों से शोक कराके, दान देते हैं। वह लोगों के आँसुओं से परिपूर्ण सदण्ड दक्षिणा समत्व से दिये गए दान का मूल्य प्राप्त नहीं कर सकती।[१] उस काल में यज्ञ-याग के समान ही उदर-निर्वाह के लिए अनेक प्राणी मारे जाते थे। गाय की हत्या करके उसका मांस चौराहे पर बेचने की प्रथा बहुत प्रचलित थी। परन्तु बुद्ध ने यज्ञ-याज्ञों का जितना निषेध किया उतना इन बातों का नहीं किया था। इससे यह नहीं समझना चाहिए कि चौराहे पर मांस बेचने की प्रथा बुद्ध को पसन्द थी। परन्तु किसी यज्ञ-याग के सामने उसका कोई महत्व नहीं था। कसाई के हाथों में जो गाय या बैल आ जाता वह गाय दूध देने वाली नहीं होती थी और वह बैल खेती के काम के लिए बेकार होता था, उनके लिए कोई आँसू नहीं बहाता था। परन्तु यज्ञ की बात अलग थी। हम इसकी कल्पना कर सकते हैं कि एक यज्ञ में पाँच सौ या सात सौ बछड़ों या बछियों के मारे जाने से खेती का कितना नुकसान होता होगा और उससे किसान कितने दुखी होते होंगे। यदि ऐसे अत्याचारों का निषेध बुद्ध ने किया हो तो उन्हें वेद-निंदक क्यों कहा जाय?

सुयज्ञ कौन-सा है?

भगवान् बुद्ध ने 'दीघनिकाय' के कूटदन्तसुत्त में यह बताया है कि राजाओं और धनी ब्राह्मणों को यज्ञ कैसे करना चाहिये। उस सुत्त का सारांश इस प्रकार है—

एक बार बुद्ध भगवान् मगध देश में घूमते हुए खाणुमत नामक ब्राह्मण ग्राम में पहुँचे। यह गाँव मगध देश के बिंबिसार नामक राजा ने कूटदन्त नामक ब्राह्मण को दान में दिया था। उस ब्राह्मण ने महायज्ञ के लिए सात सौ बैल, सात सौ बछड़े, सात सौ बछियाँ, सात सौ बकरे और सात सौ मेंढ़े लाकर रखे थे।

अपने गाँव में भगवान् के आ जाने का समाचार सुनकर खाणुमत गाँव के सब ब्राह्मण एक साथ भगवान् के दर्शनों के लिए कूटदन्त ब्राह्मण के प्रासाद के सामने से जा रहे थे। कूटदन्त को जब पता चला कि वे कहाँ जा रहे हैं, तब वह अपने नौकर से बोला, "उन ब्राह्मणों से कहो कि वे थोड़ी देर रुक जायँ, मैं भी भगवान् के दर्शनों के लिए जाना चाहता हूँ।"

कूटदन्त के यज्ञ के लिए बहुत-से ब्राह्मण जमा हो गए थे। जब उन्होंने सुना कि कूटदन्त भगवान् के दर्शन को जा रहा है तो वे उसके पास जाकर बोले, "भो कूटदन्त, क्या यह बात सच है कि तुम गौतम के दर्शन के लिए जा रहे हो?"

कूटदन्त—जी हाँ, गौतम के दर्शन के लिए जाने की मेरी इच्छा है।

ब्राह्मण—हे कूटदन्त, गौतम के दर्शन को जाना तुम्हारे लिए उचित नहीं है। यदि तुम

---

१. सेय्यथापि भिक्खवे दक्खो गोघातको वा गोघातकन्तेवासी वा गाविं वधित्वा चातुम्महापथे बिलसो विभजित्वा निसिन्नो अस्स। (सतिपट्ठानसुत्त)

उसके दर्शन करने जाओगे तो उसके यश की अभिवृद्धि और तुम्हारे यश की हानि होगी। इसलिए यह अच्छा होगा यदि गौतम ही तुमसे मिलने आ जाय और तुम उससे मिलने न जाओ। तुमने उत्तम कुल में जन्म लिया है, तुम धनाढ्य हो, विद्वान हो, सुशील हो, बहुतों के आचार्य हो, तुम्हारे पास वेद-मन्त्र सीखने के लिए चारों ओर से बहुत से शिष्य आते हैं। गौतम से तुम उम्र में बड़े हो और मगध राजा ने बहुमानपूर्वक यह गाँव तुम्हें इनाम में दिया है। अत: यही उचित है कि गौतम तुमसे मिलने आये और तुम उससे मिलने न जाओ।

कूटदन्त—अब आप मेरी बात सुनिये। श्रमण गौतम ऊँचे कुल में जन्म लेकर बड़ी सम्पत्ति का त्याग करके श्रमण बना है। वह तेजस्वी और सुशील है। वह मधुर एवं कल्याणप्रद वचन बोलने वाला है और अनेकों का आचार्य तथा प्राचार्य है। वह विषयों से मुक्त होकर शान्त हो गया है। वह कर्मवादी और क्रियावादी है। सब देशों के लोग उसका धर्म श्रवण करने के लिए आते हैं। वह सम्यक् सम्बुद्ध, विद्याचरण-सम्पन्न, लोकविद्, दम्य पुरुषों का सारथि, देव मनुष्यों का शास्ता है, इस प्रकार उसकी कीर्ति सर्वत्र फैली हुई है। बिंबिसार राजा एवं पसेनदि कोसल राजा दोनों अपने परिवारों के साथ उसके श्रावक बन गए हैं। इन राजाओं के समान ही वह पौष्करसादी-जैसे ब्राह्मणों के लिए भी पूजनीय है। इतनी उसकी योग्यता है और इस समय वह हमारे गाँव में आया है, अत: उसे हमें अपना अतिथि समझना चाहिए और अतिथि के नाते उसके दर्शनों के लिए जाकर उसका सत्कार करना हमारे लिए उचित है।

ब्राह्मण—हे कूटदन्त, तुमने गौतम की जो स्तुति की उससे हमें ऐसा लगता है कि सौ योजन चलकर भी सज्जन को उससे भेंट करना चाहिए। चलो, हम सब उसके दर्शन करने जायँ।

इस पर कूटदन्त उस ब्राह्मण-समुदाय के साथ आम्रयष्टिवन में चला गया, जहाँ भगवान् बुद्ध ठहरे थे और भगवान् से कुशल-प्रश्नादि पूछकर एक ओर बैठ गया। उन ब्राह्मणों में से कुछ लोग भगवान् को नमस्कार करके, कुछ लोग अपना नामगोत्र बताकर और कुशल - प्रश्नादि पूछकर एक ओर बैठ गए।

फिर कूटदन्त भगवान् से बोला, ''मैंने सुना है कि आपको उत्तम यज्ञ-विधि मालूम है। यदि आप हमें वह समझाकर बता देंगे तो अच्छा होगा।''

तब भगवान् ने यह कथा सुनाई—

प्राचीन काल में महाविजित नाम का एक प्रख्यात राजा हो गया है एक दिन जब वह एकान्त में बैठा तो उसके मन में यह विचार आया कि मेरे पास बहुत सम्पत्ति है, उसे महायज्ञ में व्यय किया जाय तो वह कार्य मेरे लिए चिरकाल तक हितावह एवं सुखावह होगा। उसने यह विचार अपने पुरोहित को बताया और वह बोला, ''हे ब्राह्मण, मैं महायज्ञ करना चाहता हूँ। तुम मुझे बताओ कि किस प्रकार करने से वह मेरे लिए हितावह और सुखावह होगा।''

पुरोहित बोला, ''इस समय आपके राज्य में शान्ति नहीं है, गाँव और शहर लूटे जा रहे हैं, बटमारियाँ हो रही हैं। ऐसी स्थिति में यदि आप लोगों पर कर लगायेंगे तो अपने कर्तव्य से विमुख होंगे। आप समझते हैं कि शिरश्छेद करके, कारागारों में डालकर, जुर्माना करके या देश-निकाला देकर चोरों का बन्दोबस्त किया जा सकेगा, परन्तु इन उपायों से विद्रोह को पूरी

तरह समाप्त नहीं किया जा सकता। क्योंकि जो चोर बच जायेंगे वे फिर विद्रोह कर उठेंगे। उन्हें पूरी तरह खत्म करने का सच्चा उपाय है—जो लोग आपके राज्य में खेती करना चाहते हैं, उन्हें बीज आदि वस्तुएँ पर्याप्त मात्रा में दिलाने का प्रबन्ध आप कीजिए। जो व्यापार करना चाहते हैं, उन्हें आप पर्याप्त पूँजी दिलाइये। जो लोग सरकारी नौकरी करना चाहते हैं, उन्हें उचित वेतन देकर, यथोचित कार्य में लगाइये। इस प्रकार सब लोग अपने-अपने कामों में दक्ष रहेंगे तो राज्य में विद्रोह होने की सम्भावना नहीं रहेगी। समय-समय पर कर प्राप्त होकर तिजोरी भरी रहेगी। विद्रोहियों का कष्ट दूर होने पर लोग निर्भयता से अपने दरवाजे खुले रखकर बाल-बच्चों समेत बड़े आनन्द से जीवन बितायेंगे।''

विद्रोह के विनाश का पुरोहित ब्राह्मण द्वारा बताया हुआ उपाय महाविजित राजा को पसन्द आया। अपने राज्य के खेती करने के लिए समर्थ लोगों को बीज आदि दिलाकर उसने उन्हें खेती में लगा दिया। जो लोग व्यापार कर सकते थे उन्हें पूँजी दिलाकर व्यापार की अभिवृद्धि की और जो सरकारी नौकरी के योग्य थे उन्हें सरकारी कामों में यथोचित स्थानों पर नियुक्त किया। इस उपाय को कार्यान्वित करने से महाविजित का राष्ट्र अल्प समय में ही समृद्ध हो गया। डाके और चोरियाँ नामशेष होने से कर प्राप्त होकर तिजोरी भर गई और लोग निर्भयता से अपने दरवाजे खुले रखकर अपने बाल-बच्चों को खिलाते हुए दिन बिताने लगे।

एक दिन महाविजित राजा पुरोहित से बोला, ''ब्राह्मण, तुम्हारे बताये हुए उपाय से मेरे राज्य में फैला हुआ उपद्रव नष्ट हो गया है। मेरी तिजोरी की आर्थिक स्थिति बहुत अच्छी है और राष्ट्र के सब लोग निर्भयता एवं आनन्द से रहते हैं। अब मैं महायज्ञ करना चाहता हूँ। उसका विधान तुम मुझे बताओ।''

पुरोहित बोला, ''यदि आप महायज्ञ करना चाहते हैं तो उसके लिए आप को प्रजा से अनुमति लेनी चाहिए। अतः प्रथमतः राज्य के सब लोगों को प्रगट रूप से अपनी इच्छा बताकर आप उनकी अनुमति प्राप्त कीजिये।''

राजा की इच्छा जानकर सब लोगों ने यज्ञ के लिए अनुमति दे दी। फिर पुरोहित ने यज्ञ की तैयारी की और वह राजा से बोला, ''यज्ञ के आरम्भ में आप यह विचार मन में लायें कि इस यज्ञ में बहुत सम्पत्ति खर्च होने वाली है। जब यज्ञ चल रहा हो तब आप यह न सोचें कि मेरी सम्पत्ति का नाश हो रहा है और यज्ञ के समाप्त होने पर आप यह विचार मन में न लायें कि मेरी सम्पत्ति का नाश हो गया। आपके यज्ञ में अच्छे और बुरे लोग आयेंगे, पर उनमें से सत्पुरुषों पर दृष्टि रखकर आप यज्ञ करें और अपना चित्त आनन्दित रखें।''

उस महाविजित के यज्ञ में गायें, बैल, बकरे और मेंढ़े नहीं मारे गए, पेड़ काटकर यूप नहीं बनाये गए, दर्भ के आसन नहीं बनाये गए, दासों, दूतों और मजदूरों से जबर्दस्ती काम नहीं कराया गया। जिनकी इच्छा थी, उन्होंने काम किया और जिनकी इच्छा नहीं थी, उन्होंने कुछ नहीं किया। घी, तेल, मक्खन, शहद और राब से ही वह यज्ञ समाप्त किया गया।

इसके अनन्तर राष्ट्र के धनी लोग बड़े-बड़े उपहार लेकर महाविजित राजा के दर्शनों के लिए आये। उनसे राजा बोला, ''सज्जनो, मुझे आपके उपहारों की कोई आवश्यकता नहीं है। धार्मिक कर के रूप में मेरे पास बहुत धन जमा हो गया है। उसमें से यदि आप कुछ चाहते हों तो निःसंकोच ले जाइये!''

इस प्रकार राजा ने जब उन धनवान् लोगों के उपहार लेने से इन्कार कर दिया तो वह धन खर्च करके उन्होंने यज्ञशाला के चारों ओर धर्मशालाएँ बनाईं और गरीबों को दान-धर्म किया।''

भगवान् की बताई यज्ञ की यह कथा सुनकर कूटदन्त के साथ आये हुए ब्राह्मण बोले, ''बहुत अच्छा यज्ञ! बहुत अच्छा यज्ञ!''

इसके बाद भगवान् ने कूटदन्त ब्राह्मण को अपने धर्म का सविस्तार उपदेश दिया। वह सुनकर कूटदन्त ब्राह्मण भगवान् का उपासक बन गया और बोला, ''हे गौतम, सात सौ बैल, सात सौ बछड़े, सात सौ बछियाँ, सात सौ बकरे और सात सौ मेंढे इन सब पशुओं को मैं यूपों से मुक्त करता हूँ, जीवनदान देता हूँ। ताजी घास खाकर और ठण्डा पानी पीकर वे शीतल छाया में आनन्द से रहें।''

बेकारी का नाश ही सच्चा यज्ञ है

उपर्युक्त सुत्त में महाविजित शब्द का अर्थ है ऐसा व्यक्ति, जिसका राज्य विस्तृत है। वही महायज्ञ कर सकता है। उस महायज्ञ का मुख्य विधान यह है कि राज्य में लोगों को बेकार नहीं रहने देना चाहिए। सबको अच्छे कामों में लगाना चाहिए। यही विधान अलग ढंग से 'चक्कवत्तिसीहनादसुत्त' में बताया गया है। उसका सारांश इस प्रकार है—

दृढ़नेमि नाम का एक चक्रवर्ती राजा था। बुढ़ापे में अपने लड़के का राज्याभिषेक करके वह योगाभ्यास के लिए उपवन में जाकर रहने लगा। सातवें दिन राजा के प्रासाद के सामने का देदीप्यमान चक्र अन्तर्धान हो गया। तब दृढ़नेमि का पुत्र बहुत घबराया और अपने राजर्षि पिता के पास जाकर उसने उसे वह समाचार सुनाया। राजर्षि बोला, ''बेटा, डरो मत। वह चक्र तुम्हारे पुण्यों से उत्पन्न नहीं हुआ था। यदि तुम चक्रवर्ती राजा के व्रत का पालन करोगे तो वह चक्र फिर से अपने स्थान पर आकर स्थिर रहेगा। तुम न्याय एवं समता से लोगों की रक्षा करो, अपने राज्य में अन्याय की प्रवृत्ति न होने दो, जो दरिद्र हों उन्हें (व्यवसाय का प्रबन्ध करके) धन मिले, ऐसी व्यवस्था करो और तुम्हारे राज्य में जो सत्पुरुष श्रमण ब्राह्मण हों उनके समय-समय पर कर्तव्या कर्तव्य का बोध प्राप्त करते रहो। उनका उपदेश सुनकर अकर्तव्य से दूर रहो और कर्तव्य में दक्ष रहो।''

तरुण राजा ने यह उपदेश मान्य किया। उसके अनुसार आचरण करने से वह देदीप्यमान चक्र पुनः अपने स्थान पर आ गया। राजा ने बाएँ हाथ में पानी की झारी ली और दाहिने हाथ से उस चक्र को प्रवर्तित किया। वह चक्र उसके साम्राज्य में चारों ओर घूमा। उसके पीछे-पीछे जाकर राजा ने सब लोगों को उपदेश दिया कि ''प्राणघात नहीं करना चाहिए, चोरी नहीं करना चाहिए, व्यभिचार नहीं करना चाहिए, झूठ नहीं बोलना चाहिए, यथार्थतया निर्वाह करना चाहिए।''

इसके अनन्तर वह चक्ररत्न फिर से चक्रवर्ती राजा के सभा-स्थान के सामने खड़ा हो गया। उसने राजमहल को शोभा प्रदान की।

यह चक्रवर्ती व्रत का प्रसंग सात पीढ़ियों तक चलता रहा। सातवें चक्रवर्ती ने जब संन्यास लिया तो सातवें दिन वह चक्र अन्तर्धान हो गया, इससे तरुण राजा को बड़ा दुःख

हुआ। परन्तु राजर्षि पिता के पास जाकर उसने चक्रवर्ती व्रत की जानकारी प्राप्त नहीं की। उसके अमात्यों और अन्य सज्जनों ने उसे वह चक्रवर्ती व्रत समझा दिया। वह सुनकर राजा ने लोगों की न्याय-रक्षा प्रारम्भ की, परन्तु ऐसा प्रबन्ध नहीं किया जिससे दरिद्र लोगों को काम मिल सके। इससे दरिद्रता बहुत बढ़ गई और एक मनुष्य ने चोरी की। जब लोगों ने उसे राजा के सामने खड़ा किया तो राजा ने उससे पूछा, ''रे मानव, क्या यह सच है कि तूने चोरी की है?''

वह—सच है, महाराज!

राजा—चोरी क्यों की तूने?

वह—महाराज, पेट नहीं भरता, इसलिए चोरी की।

उसे यथोचित द्रव्य देकर राजा बोला, ''इस द्रव्य से तुम अपना निर्वाह करो, अपने परिवार का पोषण करो, व्यापार, उद्योग और दानधर्म करो।''

यह बात दूसरे एक बेकार को मालूम हुई। तब उसने भी चोरी की। राजा ने उसे भी यथोचित द्रव्य दिया। लोग जान गये कि जो चोरी करता है उसे राजा से इनाम मिलता है। अतः सब लोग चोरी करने लगे। उनमें से एक को पकड़कर जब राजा के सामने लाया गया तो राजा ने सोचा, 'यदि चोरी करने वालों को मैं धन देता गया तो सारे राज्य में बेशुमार चोरियाँ होने लगेंगी। अतः इस मनुष्य का शिरच्छेद करवाना अच्छा होगा।' इसके अनुसार उसने उस मनुष्य को रस्सियों से बँधवाया, उसका सिर मुँड़वाया और रास्तों में खुलेआम उसे घुमाकर नगर के दक्षिण में उसका सिर काट डालने की आज्ञा दे दी।

वह दृश्य देखकर चोर घबरा गये। वे समझ गये कि सीधी तरह चोरी करना खतरनाक है। अतः उन्होंने तीक्ष्ण हथियार तैयार कराए और वे खुलेआम डाके डालने लगे।

इस प्रकार दरिद्र लोगों को व्यवसाय न मिलने से दारिद्र्य बढ़ता गया। दारिद्र्य के बढ़ने से चोरियाँ और लूट-मार बढ़ गईं। चोरियाँ और लूट-मार बढ़ने से शस्त्रास्त्र बढ़ गए और शस्त्रास्त्रों के बढ़ जाने से प्राण-घात बढ़ गए। प्राण-घात बढ़ने से असत्य बढ़ गया, असत्य बढ़ने से चुगलखोरी बढ़ गई, चुगलखोरी बढ़ने से व्यभिचार बढ़ गया और व्यभिचार बढ़ जाने के कारण गाली-गलौज एवं वृथा बकवास बढ़ गई। उनकी अभिवृद्धि से लोभ और द्वेष की अभिवृद्धि हो गई और उनसे मिथ्यादृष्टि बढ़ने के कारण अन्य सब असत्कर्म फैल गए।······

महाविजित राजा को पुरोहित ने जो यज्ञ-विधान बताया था उसका स्पष्टीकरण इस चक्कवत्तिसीहनादसुत्त' से होता है। लोगों से जबर्दस्ती पशु छीनकर यज्ञ में उनका वध करना सच्चा यज्ञ नहीं है, प्रत्युत राज्य के लोगों को समाजोपयोगी कामों में लगाकर बेकारी नष्ट करना ही सच्चा यज्ञ है। बलिदानयुक्त यज्ञ-यागों का लोप कब का हो चुका है। परन्तु यद्यपि सच्चा यज्ञ करने का प्रयत्न कदाचित ही दिखाई देता है। बेकारी कम करने के लिए जर्मनी और इटली ने युद्ध-सामग्री बढ़ाई, इससे फ्रांस, इंग्लैंड और अमरीका आदि राष्ट्रों को भी युद्ध-सामग्री बढ़ानी पड़ी। और अब ऐसा लगता है कि लड़ाई छिड़ जायेगी। इधर जापान ने तो चीन पर आक्रमण कर ही दिया है, और मुसोलिनी तथा हिटलर कल क्या करेंगे इसका कोई भरोसा

नहीं रहा है।[१] एक बात स्पष्ट है कि इन सबका परिणाम रण-यज्ञ में होगा और उसमें अन्य प्राणियों की अपेक्षा मनुष्य प्राणियों की आहुतियाँ अधिक पड़ेंगी। यदि इस रण-यज्ञ को रोकना हो तो लोगों को युद्ध-सामग्री न लगाकर समाजोन्नति के कामों में लगाना चाहिए। तभी बुद्ध भगवान् का बताया हुआ यज्ञ-विधान अमल में आ सकेगा। अस्तु।

यह कुछ विषयान्तर हो गया। बुद्ध के यज्ञ-विधान के स्पष्टीकरण के लिए वह उचित लगा। ऊपर दिये गए सुत्त बुद्ध के परिनिर्वाण के पश्चात् कुछ समय बाद रचे गए हैं, फिर भी उसमें बुद्ध के बताये हुए मूलभूत तत्वों का स्पष्टीकरण किया गया है। इसका विचार तो सुज्ञ ही करें कि ऐसा सुयज्ञ बताने वाले को गुरु-वेद-निन्दक कहकर उनकी अवहेलना करना कहाँ तक उचित है?

❑❑❑

---

१. ये बातें दूसरे महासमर से पहले लिखी गई थीं, उन्हें वैसा ही रहने दिया गया है—लेखक।

१०
जाति-भेद

जाति-भेद का उद्गम

ब्राह्मणोऽस्य मुखमासीद्बाहू राजन्यः कृतः।
ऊरू तदस्य यद्वैश्यः पद्भ्यां शूद्रो अजायत॥[१]

ऐसा समझा जाता है कि हिन्दुस्तान में प्रचलित जाति-भेद का मूल पुरुष-सूक्त की इस ऋचा में है। परन्तु यह धारणा गलत है। वेद-काल से पूर्व भी सप्तसिंधु प्रदेश में और मध्य हिन्दुस्तान में अहिंसा-धर्म के समान जाति-भेद धर्म भी विद्यमान था। हम पहले अध्याय में यह दिखा चुके हैं कि आर्यों के आगमन और वैदिक संस्कृति के प्रसार से अहिंसा-धर्म को कैसे अरण्यवास अंगीकार करना पड़ा था।[२] परन्तु जाति-भेद की स्थिति ऐसी नहीं थी। कुछ हेर-फेर होकर वह उसी प्रकार चलता रहा।

क्षत्रियों का महत्व

सुमेरिया में बहुधा पुजारी ही राजा होता था और सप्तसिंधु-प्रदेश में भी वही बात थी। इस प्रदेश में जो छोटे-छोटे राज्य थे उनके प्रमुख वृत्र को इन्द्र ने मार डाला और उससे इन्द्र को ब्रह्म-हत्या का पाप लग गया, ऐसा वर्णन 'महाभारत' में आता है।[३] उपर्युक्त ऋचा में यह बताया गया है कि आर्यों के आगमन से पूर्व क्या स्थिति थी। ऋषि कहता है, "एक समय विराट् पुरुष का मुख ब्राह्मण था। बाहु क्षत्रिय था उसकी जंघाएँ वैश्य थीं और उसके पाँवों से शूद्र उत्पन्न हुआ।" आर्यों के आगमन से क्षत्रियों को महत्व मिल गया और ब्राह्मणों का महत्व नष्ट हो गया। तथापि पुरोहित का काम उसके पास रहा। यह स्थिति बुद्ध-काल तक चलती रही। पालि-वाङ्मय में सर्वत्र क्षत्रियों को प्रमुख स्थान दिया गया है, और उपनिषदों में भी उसी की प्रतिध्वनि सुनाई देती है। उदाहरण के लिए यह उल्लेख देखिए :

ब्रह्म वा इदमग्र आसीदेकमेव। तदेक सन्न व्यभवत्तच्छ्रेयोरूपमत्यसृजत क्षत्रं यान्येतानि देवत्रा क्षत्राणीन्द्रो वरुणः सोमो रुद्रः पर्जन्यो यमो मृत्युरीशान इति तस्मात् क्षत्रात्परं नास्ति। तस्माद् ब्राह्मणः क्षत्रियमधस्तादुपास्ते।[४]

---

१. 'ऋग्वेद', पुरुष सूक्त, १०/९०/१२।

२. पृष्ठ २५-२८।

३. देखिए 'हिन्दी संस्कृति आणि अहिंसा', पृष्ठ १५।

४. 'बृहदारण्यक, १।४।११।

अर्थात् ''पहले केवल ब्रह्म था। परन्तु वह एक होने से उसका विकास नहीं हुआ। अतः उसने उत्कृष्ट रूप क्षत्रिय जाति उत्पन्न की। ये क्षत्रिय थे देवलोक के इन्द्र, वरुण, सोम, रुद्र, पर्जन्य, यम, मृत्यु और ईशान। अतः क्षत्रिय जाति से श्रेष्ठ दूसरी जाति नहीं है इसीलिए ब्राह्मण अपने को हल्का समझकर क्षत्रिय की उपासना करता है।''

जाति-भेद का निषेध

इस प्रकार क्षत्रिय जाति को महत्व प्राप्त हो गया था; फिर भी क्षत्रियों का प्रमुख कर्तव्य युद्ध था, जो बुद्ध को बिलकुल पसन्द नहीं था। इसलिए समूचा जाति-भेद उन्हें निरुपयोगी लगा और उसका उन्होंने सर्वथैव निषेध किया। इस बात का कोई प्रमाण नहीं मिलता कि अन्य श्रमणों के नेताओं ने बुद्ध के समान जाति का निषेध किया हो। उनके संघों में जाति-भेद के लिए कोई स्थान था ही नहीं, परन्तु उनके उपासक-वर्ग में विद्यमान जाति-भेद का उन्होंने विरोध नहीं किया था। वह काम बुद्ध ने किया। अब हम देखें कि वह उन्होंने कैसे किया।

जाति-भेद के विरुद्ध बुद्ध द्वारा बताया गया सबसे प्राचीन वासेट्ठसुत्त 'सुत्तनिपात' और 'मज्झिमनिकाय' में मिलता है। उसका सारांश इस प्रकार है—

एक बार बुद्ध भगवान् इच्छानंगल नामक गाँव के पास इच्छानंगल उपवन में रहते थे। उस समय बहुत-से प्रसिद्ध ब्राह्मण इच्छानंगल गाँव में थे। उनमें से वासिष्ठ एवं भारद्वाज नामक दो तरुण ब्राह्मणों में इस सम्बन्ध में वाद उपस्थित हुआ कि ''मनुष्य जन्म से श्रेष्ठ होता है या कर्म से?''

भारद्वाज अपने मित्र से बोला, ''हे वासिष्ठ, जिसकी माँ की ओर से और बाप की ओर से सात पीढ़ियाँ शुद्ध हों, जिसके कुल में सात पीढ़ियों में वर्णसंकर न हुआ हो, वही ब्राह्मण श्रेष्ठ है।''

वासिष्ठ बोला, ''हे भारद्वाज, जो मनुष्य शील-सम्पन्न और कर्तव्यदक्ष हो उसी को ब्राह्मण कहना चाहिए।''

बहुत वाद-विवाद हुआ। फिर भी वे दोनों एक-दूसरे को समझ नहीं सके। अन्त में वासिष्ठ बोला, ''हे भारद्वाज, हमारा यह वाद समाप्त नहीं होगा। देखो, वह श्रमण गौतम हमारे गाँव के पास रहता है। वह बुद्ध है, पूज्य है, सब लोगों का गुरु है, इस प्रकार उसकी कीर्ति सर्वत्र फैली हुई है। हम उसके पास जाकर अपना मतभेद उसे बतायें और वह जो-कुछ निर्णय दे, उसे स्वीकार करें।''

वे दोनों बुद्ध के पास गये और उनसे कुशल-प्रश्नादि पूछकर एक ओर बैठ गए। फिर वासिष्ठ बोला, ''हे गौतम, हम दोनों शिक्षित ब्राह्मण-कुमार हैं। यह तारुक्ष्य का शिष्य है और मैं पौष्करसादी का शिष्य हूँ। जाति-भेद के सम्बन्ध में हममें विवाद है। यह कहता है कि ब्राह्मण कर्म से होता है और मैं कहता हूँ कि ब्राह्मण जन्म से होता है। आपकी कीर्ति सुनकर हम यहाँ आये हैं। आप हमारे विवाद का निर्णय कीजिये।''

भगवान् बोले, ''हे वासिष्ठ, तृण, वृक्ष आदि वनस्पतियों में विभिन्न जातियाँ पाई जाती हैं। उसी प्रकार इन कीड़े-मकोड़े आदि क्षुद्र प्राणियों में भी हैं। साँपों, श्वापदों, पानी में रहने वाले मत्स्यों और आकाश में उड़ने वाले पक्षियों की भी अनेक जातियाँ हैं। उनकी भिन्नता के

चिह्न उन प्राणि-समुदायों में स्पष्ट दिखाई देते हैं। परन्तु मनुष्यों में भिन्नता का चिह्न नहीं पाया जाता। बाल, कान, नाक, मुँह, होंठ, भौंहें, गला, पेट, पीठ, हाथ, पाँव आदि अवयवों में एक मनुष्य दूसरे मनुष्य से पूर्णतया भिन्न नहीं हो सकता। अर्थात् पशु-पक्षियों में आकारादि से जैसे विभिन्न जातियाँ पाई जाती हैं वैसी मनुष्य-प्राणी में नहीं हैं। सब मनुष्यों के अवयव लगभग समान ही होने से मनुष्यों में जाति-भेद निश्चित नहीं किया जा सकता, परन्तु मनुष्य की जाति कर्म से निश्चित की जा सकती है।

"यदि कोई ब्राह्मण गायें पालकर निर्वाह करता हो तो उसे ब्राह्मण नहीं, ग्वाला कहना चाहिए। जो शिल्प-कला से उपजीविका चलाये वह कारीगर है। जो व्यापार करे वह बनिया, दूत का काम करने वाला दूत, चोरी से जीविका चलाने वाला चोर, युद्ध-कला से पेट पालने वाला योद्धा, यज्ञ-यागों से जीवन-निर्वाह करने वाला याजक और राष्ट्र पर आधार रखकर जीविका चलाने वाला राजा है। परन्तु इनमें से किसी को भी जन्म के कारण ब्राह्मण नहीं कहा जा सकता।

"जो सारे संसार के बन्धनों को काट डालता है, किसी भी सांसारिक दुःख से नहीं डरता, जिसे किसी भी बात की आसक्ति नहीं होती, उसे मैं ब्राह्मण कहता हूँ। औरों द्वारा दी गई गाली-गलौज, वध-बन्ध आदि को जो सहन करता है, क्षमा ही जिसका बल है, उसे मैं ब्राह्मण कहता हूँ। कमल-पत्र पर के जल-बिन्दु की तरह जो इहलोक के विषय-सुखों से अलिप्त रहता है, उसी को मैं ब्राह्मण कहता हूँ.....

"जन्म से कोई ब्राह्मण नहीं होता और न अब्राह्मण ही। कर्म से ही ब्राह्मण और कर्म से ही अब्राह्मण होता है। किसान कर्म से होता है, कारीगर कर्म से होता है, चोर कर्म से होता है, सिपाही कर्म से होता है, याजक कर्म से होता है, और राजा भी कर्म से ही होता है। कर्म से ही यह सारा जगत् चलता है। जिस प्रकार धुरी पर आधार रखकर रथ चलता है, उसी प्रकार सारे प्राणी अपने-अपने कर्म पर आधार रखते हैं।"

बुद्ध का यह उपदेश सुनकर वासिष्ठ और भारद्वाज उसके उपासक बन गये।

ब्राह्मण और अब्राह्मण समान हैं

पुरुष-सूक्त की उपर्युक्त ऋचा के आधार पर ब्राह्मण लोग ऐसा कहते थे कि ब्रह्मदेव के मुख से उत्पन्न होने के कारण हम चारों वर्णों में श्रेष्ठ हैं। 'मज्झिमनिकाय' के अस्सलायनसुत्त में इस सम्बन्ध में बुद्ध भगवान् का संवाद बहुत बोधप्रद है। इस सुत्त का सारांश इस प्रकार है—

एक बार बुद्ध भगवान् श्रावस्ती में अनाथपिंडिक के आराम में रहते थे। उस समय अलग-अलग देशों से पाँच सौ ब्राह्मण किसी कारण से श्रावस्ती में आ गये थे। उन ब्राह्मणों में एक प्रश्न यह उपस्थित हुआ कि यह श्रमण गौतम कहता है, चारों वर्गों को मोक्ष मिलता है, उसके साथ वाद-विवाद करके उसके इस कथन को कौन झूठा सिद्ध करेगा? अन्त में यह निश्चय हुआ कि इस काम के लिए आश्वलायन ब्राह्मणकुमार को नियुक्त किया जाय।

आश्वलायन कुमार का अध्ययन अभी-अभी पूरा हुआ था। निघुंट, छन्द-शास्त्र आदि वेदांगों समेत चारों वेद उसे कंठस्थ हो गये थे तथापि वह जानता था कि भगवान् बुद्ध के साथ

चर्चा करना सहज नहीं है। जब बुद्ध के साथ विवाद करने के लिए उसे चुना गया तब वह उन ब्राह्मणों से बोला, "भो श्रमण, गौतम धर्मवादी है, धर्मवादी लोगों से वाद करना आसान नहीं है। यद्यपि मैं वेदों में पारंगत हूँ, फिर भी गौतम के साथ वाद-विवाद करने में समर्थ नहीं हूँ।"

बड़ी देर तक विचार-विमर्श करने के बाद वे ब्राह्मण आश्वलायन से बोले, "हे आश्वलायन तुमने परिव्राजक-धर्म का अध्ययन किया है और बिना युद्ध के पराभूत होना तुम्हारे लिए उचित नहीं है।"

आश्वलायन बोला, "गौतम के साथ विवाद करना कठिन है, फिर भी आपके आग्रह के कारण मैं आपके साथ चलता हूँ।"

इसके बाद आश्वलायन उन ब्राह्मण-समुदाय के साथ भगवान् के पास गया और कुशल-समाचार आदि पूछकर वे सब एक ओर बैठ गए। फिर आश्वलायन बोला, "भो गौतम, ब्राह्मण कहते हैं, ब्राह्मण वर्ण ही श्रेष्ठ है, अन्य वर्ण हीन हैं। ब्राह्मण वर्ण ही शुक्ल है, अन्य वर्ण कृष्ण हैं। ब्राह्मणों को ही मोक्ष मिलता है, औरों को नहीं। ब्राह्मण ब्रह्मदेव के मुँह से उत्पन्न हुए हैं, वे उसके औरस पुत्र हैं। अत: वे ही ब्रह्मदेव के दायाद हैं। हे गौतम, इस सम्बन्ध में आपका क्या मत है?"

भगवान्—हे आश्वलायन, ब्राह्मणों की स्त्रियाँ ऋतुमती होती हैं, गर्भवती होती हैं, बच्चों को जन्म देती हैं और उन्हें दूध पिलाती हैं। इस प्रकार ब्राह्मणों की संतति अन्य वर्णों की संतति के समान ही माता के पेट से जन्म लेती है, फिर यदि ब्राह्मण ऐसा कहें कि वे ब्रह्मदेव के मुख से उत्पन्न हुए हैं तो क्या वह आश्चर्य की बात नहीं है?

आश्व०—हे गौतम, आप चाहे जो कहिये, पर ब्राह्मणों का यह दृढ़ विश्वास है कि ब्रह्मदेव के दायाद हैं।

भगवान्—हे आश्वलायन, यौन, काम्बोज आदि सम्भ्रान्त प्रदेशों में आर्य और दास दो ही वर्ण हैं और कभी-कभी आर्य से दास एवं दास से आर्य बन जाता है। क्या तुमने यह बात सुनी है?

आश्व०—जी हाँ, मैंने वैसा सुना है।

भगवान्—यदि ऐसा है तो फिर इस कथन के लिए क्या आधार है कि ब्रह्मदेव ने ब्राह्मणों को मुख से उत्पन्न किया और वे सब वर्गों में श्रेष्ठ हैं।

आश्व०—आपका कहना चाहे जो हो, परन्तु ब्राह्मणों की यह दृढ़ धारणा है कि केवल ब्राह्मण वर्ण ही श्रेष्ठ है और अन्य वर्ण हीन हैं।

भगवान्—क्या तुमको ऐसा लगता है कि यदि क्षत्रिय, वैश्य या शूद्र प्राणघात, चोरी, व्यभिचार, असत्य भाषण, चुगली, गाली-गलौज, वृथा बकवास करे, लोगों के धन पर दृष्टि रखे, द्वेष-बुद्धि बढ़ाये, नास्तिकता को स्वीकार करे, तो केवल वही देह-त्याग के पश्चात् नरक में जायेगा और यदि ब्राह्मण ये कर्म करें तो वह नरक में नहीं जायेगा?

आश्वलायन—हे गौतम, किसी भी वर्ण का मनुष्य ये पाप करे तो वह मरने पर नरक चला जायेगा, ब्राह्मण हो या अब्राह्मण, सभी को अपने पाप का प्रायश्चित करना पड़ेगा।

भगवान्—क्या तुम ऐसा मानते हो कि यदि कोई ब्राह्मण प्राणघात से निवृत्त हो जाय, चोरी, व्यभिचार, असत्य भाषण, चुगली, गाली-गलौज, वृथा प्रलाप, परधन का लोभ, द्वेष एवं नास्तिकता के (दस) पापों से निवृत्त हो जाय, तो केवल वही मरने के पश्चात् स्वर्ग में चला जायेगा और अन्य वर्णों के लोग इन पापों से निवृत्त हो जायें तो वे स्वर्ग नहीं जायेंगे?

आश्व०—किसी भी वर्ण का मनुष्य इन पाप-कर्मों से निवृत्त हो जाय तो वह स्वर्ग में जायेगा, पुण्याचरण का फल ब्राह्मण और अब्राह्मण दोनों को समान रूप से ही मिलेगा।

भगवान्—क्या तुम्हें ऐसा लगता है कि इस प्रदेश में केवल ब्राह्मण ही द्वेष-वैर-विरहित मैत्री-भावना कर सकता है और क्षत्रिय, वैश्य तथा शूद्र उस भावना को नहीं कर सकते?

आश्व०—चारों वर्ण मैत्री-भावना कर सकते हैं।

भगवान्—तो फिर यह कहने में क्या अर्थ है कि ब्राह्मण वर्ण ही श्रेष्ठ है और अन्य वर्ण हीन है।

आश्व०—आप चाहे जो कहिये, ब्राह्मण अपने को श्रेष्ठ समझते हैं और अन्य वर्णों को हीन समझते हैं, यह बात सही है।

भगवान्—हे आश्वलायन, कोई मूर्धाभिषिक्त राजा सब जातियों के सौ पुरुषों को एकत्र करे और उनमें से क्षत्रिय, ब्राह्मण एवं राजकुल में उत्पन्न व्यक्तियों से कहे कि, 'अजी इधर आइये और शाल या चंदन-जैसे उत्तम वृक्षों की उत्तरारणी लेकर अग्नि उत्पन्न कीजिये, और उनसे चांडाल, निषाद आदि हीन कुलों में उत्पन्न लोगों से वह कहे कि, 'अजी, इधर आओ और कुत्ते को रोटी-पानी देने के बर्तन में, सूअर को दाना-पानी देने के बर्तन में या रंगरेज के बर्तन में एरंड की उत्तरारणी से अग्नि उत्पन्न करो', तो हे आश्वलायान, क्या तुम समझते हो कि केवल ब्राह्मणादि उच्च वर्णों के मनुष्य के द्वारा उत्तम अरणी से उत्पन्न की गई अग्नि ही भास्वर एवं तेजस्वी होगी और चांडालादि हीन वर्णों के मनुष्य द्वारा एरंडादि की अरणी से उत्पन्न की गई अग्नि भास्वर एवं तेजस्वी नहीं होगी और उससे अग्नि-कार्य नहीं होंगे।

आश्व०—भो गौतम, किसी भी वर्ण का मनुष्य अच्छी या बुरी लकड़ी की उत्तरारणी बनाकर, किसी भी स्थान में अग्नि उत्पन्न करे तो वह समान रूप से ही तेजस्वी होगी और उससे समान अग्नि-कार्य हो सकेंगे।

भगवान्—यदि कोई क्षत्रिय-कुमार किसी ब्राह्मण की कन्या के साथ शरीर सम्बन्ध रखे और उस सम्बन्ध के कारण यदि उसके पुत्र हो जाय तो क्या तुम्हें ऐसा नहीं लगता कि वह पुत्र अपने माँ-बाप के समान ही मनुष्य होगा? इसी प्रकार यदि कोई ब्राह्मण-कुमार क्षत्रिय-कन्या से विवाह करे और उस सम्बन्ध से उसके पुत्र हो जाय तो क्या तुम समझते हो कि वह अपने माँ-बाप के समान न होकर और ही ढंग का होगा।

आश्व०—ऐसे मिश्रित विवाह से जो लड़का होता है वह अपने माता-पिता-जैसा ही मनुष्य होता है। उसे हम ब्राह्मण भी कह सकते हैं और क्षत्रिय भी।

भगवान्—परन्तु हे आश्वलायन, किसी घोड़ी और गधे के शरीर-सम्बन्ध से जो अलल बछेड़ा होता है, क्या उसे हम उसकी माँ-जैसा या पिता-जैसा कह सकेंगे? क्या उसे घोड़ा भी कहा जा सकेगा और गधा भी?

आश्व०—हे गौतम, उसे घोड़ा या गधा नहीं कहा जा सकता। वह एक और ही ढंग का प्राणी होता है। उसे हम 'खच्चर' कहते हैं, ब्राह्मण और क्षत्रिय से उत्पन्न बच्चे में यह बात नहीं पाई जाती।

भगवान्—हे आश्वलायन, दो ब्राह्मण भाइयों में से एक वेद-पठन किया हुआ है और अच्छा शिक्षित है तथा दूसरा अशिक्षित है, तो उनमें से किस भाई को ब्राह्मण लोग श्राद्ध तथा यज्ञ में प्रथम आमन्त्रण देंगे?

आश्व०—जो शिक्षित होगा उसी को प्रथमतः आमन्त्रण दिया जायेगा।

भगवान्—अब मान लो कि उन दो भाइयों में एक बहुत विद्वान् किन्तु दुराचारी है और दूसरा विद्वान नहीं, किन्तु अत्यन्त सुशील है, तो उन दोनों में सबसे प्रथम किसे आमंत्रण दिया जायेगा?

आश्व०—हे गौतम, जो शीलवान् होगा उसी को प्रथम आमंत्रण दिया जायेगा। दुराचारी मनुष्य को दिया हुआ दान कैसे फलदायक होगा?

भगवान्—हे आश्वलायन, प्रथमतः तुमने जाति को महत्व दिया, फिर वेद-पठन को और अब शील को महत्व देते हो। अर्थात् मैं जो चातुर्वर्ण्य-शुद्धि बताता हूँ उसी को तुमने अंगीकार किया।

भगवान् बुद्ध का यह भाषण सुनकर आश्वलायन सिर झुकाकर चुप बैठ गया। उसको समझ में न आया कि आगे क्या कहा जाय। फिर भगवान् ने असितदेवल ऋषि की कहानी सुनाई और अन्त में आश्वलायन बुद्ध का उपासक हो गया।

अधिकार लोगों से मिलना चाहिए

ब्राह्मण जाति के नेता केवल इतना कहकर ही चुप नहीं बैठते थे कि ब्राह्मण वर्ण ही श्रेष्ठ है और अन्य वर्ण हीन हैं। 'मज्झिमनिकाय' के नं० ९६ एसुकारि सुत्त से ऐसा दीखता है कि चारों वर्णों के कर्तव्य क्या हैं यह बताने का अधिकार भी वे अपने हाथों में लेते थे। उस सुत्त का सारांश इस प्रकार है—

एक बार बुद्ध भगवान् श्रावती के जेतवन में अनाथपिंडिक के आराम में रहते थे। उस समय एसुकारी नामक ब्राह्मण उनके पास गया और कुशल-क्षेम पूछकर एक तरफ बैठ गया और बोला, "हे गौतम, ब्राह्मण चार परिचर्याएँ (सेवाएँ) बताते हैं। ब्राह्मण की परिचर्या चारों वर्ण कर सकते हैं, क्षत्रियों की परिचर्या क्षत्रिय, वैश्य और शूद्र कर सकते हैं, वैश्यों की परिचर्या वैश्य और शूद्र ही करें और शूद्र की परिचर्या शूद्र ही करें। अन्य वर्णों का मनुष्य उसकी परिचर्या कैसे कर सकता है? इन परिचर्याओं के सम्बन्ध में आपका क्या मत है?

भगवान्—हे ब्राह्मण, उन ब्राह्मणों के कथन से क्या सारे लोग सहमत हैं? क्या ऐसी परिचर्याएँ बताने का लोगों ने उन्हें अधिकार दिया है?

एसुकारी—हे गौतम, ऐसा नहीं है।

भगवान्—तो फिर कहना पड़ेगा कि लोगों पर ब्राह्मण ये परिचर्याएँ वैसे ही लाद रहे हैं, जैसे मांस न खाने की इच्छा रखने वाले किसी भी गरीब मनुष्य पर उसके पड़ोसी मांस का हिस्सा लाद दें और कहें कि "यह मांस तुम खाओ और इसका मूल्य चुका दो।" मेरा कहना

यह है कि मनुष्य किसी भी वर्ण का हो, जिसकी परिचर्या करने से कल्याण होता है, अकल्याण नहीं होता, उसी की परिचर्या करना उचित है। चारों वर्णों के समझदार लोगों से पूछा जाय तो वे भी ऐसा ही मत देंगे। मैं यह नहीं कहता कि उच्चकुल, उच्चवर्ण या धनी परिवार में जन्म लेना अच्छा है या बुरा। उच्चकुल, उच्चवर्ण या धनवान् कुल में उत्पन्न मनुष्य यदि प्राणघातादि पाप करने लगे तो उसकी कुलीनता अच्छी नहीं है, यदि वह प्राणघातादि पापों से विरत हो जाय तो उसकी कुलीनता बुरी नहीं है। मैं कहता हूँ कि जिस मनुष्य की परिचर्या करने से श्रद्धा, शील, त्याग और प्रज्ञा की अभिवृद्धि होती है उसकी परिचर्या करनी चाहिए।

एसुकारी—हे गौतम, ब्राह्मण ये चार धन बताते हैं······भिक्षाचर्या ब्राह्मणों का स्वकीय धन है, बाण-तूणीर क्षत्रियों का, कृषि एवं गोरक्षा वैश्यों का और हँसिया-टोकरी शूद्रों का धन है। ये चारों वर्ण यदि अपने-अपने स्वकीय धनों के प्रति लापरवाह रहें तो चोरी करने वाले के समान अकृत्यकार होते हैं। इस सम्बन्ध में आपका क्या मत है?

भगवान्—हे ब्राह्मण, ये चार धन बताने का क्या लोगों ने ब्राह्मणों को अधिकार दे दिया है?

एसुकारी—नहीं, गौतम!

भगवान्—तो फिर ब्राह्मणों का यह कार्य मांस खाने की इच्छा न रखने वाले गरीब आदमी पर मांस का हिस्सा लादकर उससे उसकी कीमत माँगने-जैसा है। हे ब्राह्मण, मेरा कहना यह कि आर्य श्रेष्ठ धर्म ही सबका स्वकीय धन है। क्षत्रिय, ब्राह्मण, वैश्य एवं शूद्र-कुलों में जन्म लेने वाले मनुष्यों को क्रमशः क्षत्रिय, ब्राह्मण, वैश्य एवं शूद्र कहते हैं। जिस प्रकार लकड़ी, शकलिका, घास और उपलों से उत्पन्न अग्नि को क्रमशः काष्ठाग्नि, शकलिकाग्नि, तृणाग्नि और गोमयाग्नि कहते हैं उसी प्रकार ये संज्ञाएँ हैं। परन्तु इन चारों कुलों के मनुष्य प्राणघातादि पापों से निवृत्त हो जायँ तो, क्या तुम्हें ऐसा लगता है कि उनमें से केवल ब्राह्मण ही मैत्री-भावना कर सकेगा और अन्य वर्ण के लोग मैत्री-भावना नहीं कर सकेंगे?

एसुकारी—हे गौतम, ऐसा नहीं है; किसी भी वर्ण का मनुष्य मैत्री-भावना कर सकता है।

भगवान्—क्या तुम्हें ऐसा लगता है कि केवल ब्राह्मण ही नदी में जाकर स्नानचूर्ण से अपना शरीर स्वच्छ कर सकेगा और अन्य वर्णों के लोग अपना शरीर स्वच्छ नहीं कर सकेंगे?

एसुकारी—हे गौतम, ऐसी बात है। चारों वर्णों के लोग नदी में जाकर स्नानचूर्ण से अपना शरीर स्वच्छ कर सकते हैं।

भगवान्—उसी प्रकार, हे ब्राह्मण, सब कुलों के लोग तथागत के उपदेश के अनुसार चलकर न्याय्य धर्म की आराधना कर सकेंगे।

ब्राह्मणवर्ण की श्रेष्ठता की कोरी आवाज

बुद्ध भगवान् के परिनिर्वाण के पश्चात् भी बुद्ध के प्रमुख शिष्य चातुर्वर्ण्य को नहीं मानते थे। वे कहते थे कि यह चातुर्वर्ण्य कृत्रिम है। इसका एक अच्छा उदाहरण 'मज्झिमनिकाय' (नं० ८४) के मधुरसुत्त में मिलता है। उसका सारांश इस प्रकार है—

एक बार आयुष्मान् महाकच्चान मधुरा[१] के पास गुन्दावन में रहता था। मधुरा के राजा अवंतिपुत्र ने महाकच्चान की कीर्ति सुनी तो वह अपने दल-बल समेत उसके पास गया तथा कुशल समाचार आदि पूछकर एक ओर बैठ गया और बोला, "हे कात्यायन, ब्राह्मण कहते हैं कि ब्राह्मण वर्ण ही श्रेष्ठ है, अन्य वर्ण हीन हैं, ब्राह्मण वर्ण ही शुक्ल है, अन्य वर्ण कृष्ण हैं, ब्राह्मणों को ही मुक्ति मिलती है, औरों को नहीं मिलती, और ब्राह्मण ब्रह्मदेव के मुख से उत्पन्न, ब्रह्मदेव के औरस पुत्र हैं। इस सम्बन्ध में आपका क्या मत है?"

कात्यायन—हे महाराज, यह तो निरा घोष (कोरी आवाज) है! मान लीजिये कि कोई क्षत्रिय धन-धान्य या राज्य से समृद्ध हो जाता है, तो उसकी सेवा चारों वर्णों के लोग करेंगे य नहीं?

राजा—हे कात्यायन; चारों वर्णों के लोग उसकी सेवा करेंगे।

कात्यायन—इसी प्रकार अन्य किसी भी वर्ण का मनुष्य यदि धन-धान्य एवं राज्य र समृद्ध हो जाय तो उनकी सेवा चारों वर्णों के लोग करेंगे या नहीं?

राजा—चारों वर्णों के लोग उसकी सेवा करेंगे।

कात्यायन—तो फिर क्या चारों वर्णों के मनुष्य समान नहीं सिद्ध होते?

राजा—इस दृष्टि से चारों वर्ण निश्चित रूप से समान सिद्ध होते हैं। मुझे उनमें किसी भी प्रकार का भेद प्रतीत नहीं होता।

कात्यायन—इसीलिए मैं कहता हूँ कि ब्राह्मणों का यह कहना केवल घोष है कि ब्राह्मण ही श्रेष्ठ वर्ण है आदि। क्या महाराज को ऐसा नहीं लगता कि क्षत्रिय, ब्राह्मण,वैश्य और शूद्र वर्णों के लोग यदि प्राणघातादि पाप करेंगे तो उन्हें समान रूप से दुर्गति प्राप्त होगी?

राजा—चारों वर्णों में से कोई भी मनुष्य पाप-कर्म करे तो वह दुर्गति को प्राप्त होगा।

कात्यायन—ठीक है। महाराज, यदि ऐसा है तो क्या चारों वर्ण समान नहीं ठहरते? इस विषय में आपका क्या विचार है?

राजा—इस दृष्टि से चारों वर्ण निश्चित ही समान ठहरते हैं। उनमें मुझे कोई भेद नहीं दिखाई देता।

कात्यायन—चारों वर्णों में से कोई व्यक्ति प्राणाघातादि पापों से विरत हो जाय, तो वह स्वर्ग चला जायेगा या नहीं?

राजा—मैं समझता हूँ कि वह स्वर्ग चला जायेगा।

कात्यायन—और इसीलिए मैं कहता हूँ कि ब्राह्मण वर्ण को ही श्रेष्ठ कहना केवल आवाज है। हे महाराज, मान लीजिये कि आपके राज्य में चारों वर्णों में से किसी वर्ण का मनुष्य चोरी, लूट-मार, परदारागमन आदि अपराध करे और राज-पुरुष उसे लाकर आपके सामने खड़ा करें तो आप उसे (उसकी जाति का विचार न करके) उचित दंड देंगे या नहीं?

राजा—यदि वह बधार्ह हो तो मैं उसका वध कराऊँगा, दण्डनीय हो तो उसे दण्ड दूँगा और निर्वासित करने योग्य हो तो उसे निर्वासित कर दूँगा। क्योंकि तब क्षत्रिय-ब्राह्मणादि

---

१. यही आजकल की मथुरा है।

उसकी जो पहली संज्ञा थी, वह नष्ट हो गई होती है और यह सिद्ध होता है कि वह अपराधी है।

कात्यायन—तो फिर क्या ये चारों वर्ण समान नहीं हैं?

राजा—इस दृष्टि से देखने पर चारों वर्ण समान ठहरते हैं।

कात्यायन—मान लीजिये, इन चारों वर्णों में से किसी वर्ण का मनुष्य परिव्राजक हो जाय और सदाचार का पालन करने लगे तो आप उसके साथ कैसा बर्ताव करेंगे?

राजा—हम उसका वन्दन करेंगे, उसका उचित मान रखेंगे और उसे अन्न, वस्त्र आदि आवश्यक पदार्थ देंगे। क्योंकि उसकी क्षत्रिय, ब्राह्मण, वैश्य, शूद्र आदि संज्ञाएँ नष्ट होकर वह केवल श्रमण की संज्ञा से ही! पहचाना जाता है।

कात्यायन—तो फिर क्या ये चारों वर्ण समान नहीं सिद्ध होते?

राजा—इस प्रकार से ये चारों वर्ण निश्चय ही समान सिद्ध होते हैं?

कात्यायन—इसीलिए मैं कहता हूँ कि ब्राह्मण वर्ण को ही श्रेष्ठ कहना केवल घोष (आवाज) है।

इस संवाद के अनन्तर अवंतिपुत्र राजा महाकात्यायन से बोला, "हे कात्यायन, आपका उपदेश बहुत ही सुन्दर है। जैसे कोई औंधा बर्तन उर्ध्वमुख (सीधा) कर दिया जाय, ढकी हुई वस्तु को खोल दिया जाय, अथवा आँख वालों को अँधेरे में पदार्थ दिखाई दें इसीलिए मशाल सुलगा दी जाय, वैसे भवान् कात्यायन ने अनेक पर्यायों से धर्मोपदेश दिया। अतः मैं भवान् कात्यायन के धर्म एवं भिक्षु-संघ की शरण में जाता हूँ। मुझे आज से आमरण शरण गया हुआ उपासक समझिए।"

कात्यायन—महाराज, मेरी शरण में आप न जाइए। जिन भगवान् की शरण में मैं गया हूँ, उन्हीं की शरण में आप भी जाइए।

राजा—हे कात्यायन, वे भगवान् इस समय कहाँ हैं?

कात्यायन—वे भगवान् परिनिर्वाण को प्राप्त हो गए हैं।

राजा—वे भगवान् जीवित होते तो उनके दर्शनों के लिए हमने सौ योजन की भी यात्रा की होती। परन्तु अब परिनिर्वाण को प्राप्त हुए उन भगवान् की शरण में हम जाते हैं। आज से मुझे आमरण शरण में गया हुआ उपासक समझिए।

दूसरे अध्याय में दिये हुए 'अंगुत्तरनिकाय' के सुत्त से यह दिखाई देगा कि बुद्ध के जीवन-काल में मथुरा में बौद्ध धर्म का विशेष प्रसार नहीं हुआ था। अवंतिपुत्र राजा बुद्ध के परिनिर्वाण के बाद राजा बना होगा। क्योंकि यदि बुद्ध के जीवन-काल में वह सिंहासनारूढ़ हुआ होता तो बुद्ध के सम्बन्ध में उसे कुछ-न-कुछ जानकारी अवश्य रहती। उल्लिखित सुत्त के अन्तिम अंश से यह स्पष्ट होता है कि वह यह भी नहीं जानता था कि वे परिनिर्वाण को प्राप्त हो चुके हैं। बुद्ध के जीवन-काल में उसका पिता सिंहासनारूढ़ था और ब्राह्मण-धर्म को विशेष महत्व देता था, इसलिए उसने बुद्ध की ओर ध्यान नहीं दिया होगा। महाकात्यायन अवंती का रहने वाला था और मूल में वह ब्राह्मण एवं विद्वान था, इसी से तरुण अवन्तिपुत्र राजा पर उसका प्रभाव पड़ गया होगा।

श्रमण जातिभेद को नहीं तोड़ सके

उपर्युक्त चार सुत्तों में से पहले वासिष्ठसुत्त में बुद्ध भगवान् ने यह स्पष्ट करके दिखाया है कि जाति-भेद प्राकृतिक नहीं है। दूसरे 'अस्सलायनसुत्त' में ब्रह्मदेव के मुख से ब्राह्मणों के उत्पन्न होने की कल्पना को काट दिया है। तीसरे 'एसुकारिसुत्त' में वह सिद्ध किया है कि ब्राह्मणों को अन्य वर्णों के कर्तव्याकर्तव्य निश्चित करने का कोई अधिकार नहीं है। चौथे मधुर सुत्त में महाकात्यायन ने यह स्पष्ट कर दिया कि आर्थिक एवं नैतिक दृष्टि से जाति-भेद की कल्पना कैसे निरर्थक सिद्ध होती है। इन सब सुत्तों पर अच्छी तरह विचार करने से यह दिखाई देता है कि बुद्ध को या उनके शिष्यों को जाति-भेद बिल्कुल पसन्द नहीं था और उसे नष्ट करने के लिए उन्होंने बहुत चेष्टा की थी। परन्तु यह कार्य उनके बूते से बाहर का था। ब्राह्मणों ने मध्य हिन्दुस्तान में नहीं किन्तु गोदावरी-तट तक जाति-भेद को फैला दिया था और उसे पूरी तरह निकाल डालना किसी भी श्रमण-संघ के लिये सम्भव न हो सका।

श्रमणों में जाति-भेद नहीं था

तथापि ऋषि-मुनियों की परम्परा के अनुसार श्रमणों ने जाति-भेद को अपने संघ में स्थान दिया। किसी भी जाति का मनुष्य श्रमण होकर किसी श्रमण-संघ में प्रविष्ट हो सकता था। नौवें अध्याय में हम यह बता चुके हैं कि हरिकेशिबल चांडाल था और निर्ग्रन्थों (जैनों) के संघ में था। बुद्ध के भिक्षु-संघ में तो श्वपाक नामक चांडाल और सुनीति नामक भंगी-जैसे अस्पृश्य वर्गों में उत्पन्न महान् साधु थे।[१] भगवान् बुद्ध का कहना था कि हमारे संघ के महान् गुणों में एक यह है कि उसमें जाति-भेद को कोई स्थान नहीं है। भगवान् कहते थे, "हे भिक्षुओ, गंगा-यमुना, अचिरवती, सरजू (सरयू), मही आदि नदियाँ महा समुद्र में जा मिलने पर अपने-अपने नाम छोड़कर केवल महासमुद्र का नाम ले लेती हैं, उसी प्रकार क्षत्रिय, ब्राह्मण, वैश्य और शूद्र ये चारों वर्ण तथागत के संघ में प्रवेश करने पर अपने पहले के नाम-गोत्र छोड़कर केवल शाक्यपुत्रीय श्रमण के नाम से ही पहचाने जाते हैं।[२]

अशोककालीन बौद्ध-संघ में जाति-भेद नहीं था

'दिव्यावदान' में आई हुई यश अमात्य की कहानी से यह दिखाई देता है कि अशोकसमकालीन बौद्ध-संघ जाति-भेद को बिलकुल नहीं मानता था।

अशोक राजा अभी-अभी बौद्ध हो गया था और वह सब भिक्षुओं के चरण छूता था। यह देखकर यश नामक उसका अमात्य बोला, "महाराज इन शाक्य श्रमणों में सब जातियों के लोग हैं। उनके सामने आप अपना अभिसिक्त मस्तक झुकायें, यह उचित नहीं है।"

अशोक ने कोई उत्तर नहीं दिया। थोड़ी देर बाद उसने बकरों, मेढ़ों आदि प्राणियों के सिर मँगाकर उनकी बिक्री करवाई। फिर यश से मनुष्य का मस्तक मँगाकर उसे बेचने को कहा। बकरों, मेढ़ों आदि प्राणियों के सिरों की कुछ-न-कुछ कीमत आ गई, परन्तु मनुष्य का मस्तक कोई भी नहीं खरीदता था। तब अशोक ने कहा कि वह मस्तक किसी को बिना मूल्य दिया

---

१. देखिये, 'बौद्धसंघाचा परिचय' पृष्ठ २५३-५६।

२. उदान ५।५ और 'अंगुत्तर निकाय', अट्ठकनिपात।

जाय। परन्तु उसे बिना मूल्य लेने वाला भी कोई व्यक्ति यश अमात्य को नहीं मिला। यह बात उसने अशोक को बताई। तब अशोक बोला, "मनुष्य का यह मस्तक बिना मूल्य देने पर भी लोग उसे क्यों नहीं लेते?"

यश—क्योंकि उन्हें इस मस्तक से घिन आती है।

अशोक—लोग इसी मनुष्य के मस्तक से घिन करते हैं या सभी मनुष्यों के मस्तकों से वे घिन करेंगे?

यश—महाराज किसी भी मनुष्य का सिर काटकर वह लोगों के पास ले जाया जाय तो वे इसी प्रकार घृणा करेंगे।

अशोक—क्या वे मेरे सिर से भी घृणा करेंगे?

इस प्रश्न का उत्तर देने में यश झिझकने लगा। जब अशोक ने उसे अभय-दान दिया तो वह बोला, "महाराज, आपके मस्तक से भी लोग ऐसी ही घृणा करेंगे?

अशोक—तो फिर ऐसा मस्तक यदि मैं भिक्षुओं के चरणों में रखकर उनका मान करूँ तो तुम्हें बुरा मानने की क्या आवश्यकता है?

इस सम्वाद के बाद कुछ श्लोक हैं। उनमें से एक है:

आवाहकालेऽथ विवाहकाले
जातेः परीक्षा न तु धर्मकाले।
धर्मक्रियाया हि गुणा निमित्ता
गुणाश्च जातिं न विचारयन्ति॥

अर्थात्, 'लड़के और लड़की के विवाह में[१] जाति का विचार करना उचित है। धार्मिक विषय में जाति का विचार करने का कारण नहीं है, क्योंकि धार्मिक कार्यों में गुण देखने पड़ते हैं और गुण तो जाति पर निर्भर नहीं हुआ करते।

जैन-संघ ने जाति-भेद को स्वीकार किया

अन्य श्रमण-संघों में से केवल निर्ग्रन्थ-संघ की थोड़ी-सी जानकारी आज मिलती है। 'आचारांग सूत्र' की निरुक्ति से ऐसा लगता है कि इस श्रमण-संघ ने अशोक से पहले ही जाति-भेद को महत्व देना प्रारम्भ कर दिया था। जैन लोगों में यह धारणा प्रचलित है कि यह निरुक्ति भद्रबाहु ने रची थी और वह चन्द्रगुप्त का गुरु था। इस निरुक्ति के प्रारम्भ में ही जाति-भेद के विषय में बातें आती हैं उनका सारांश इस प्रकार है—

चार वर्णों के संयोग से सोलह वर्ण उत्पन्न हुए। ब्राह्मण पुरुष और क्षत्रिय स्त्री के सम्बन्ध से प्रधान क्षत्रिय या संकर क्षत्रिय उत्पन्न होता है। क्षत्रिय पुरुष और वैश्य स्त्री के सम्बन्ध से प्रधान वैश्य अथवा संकर वैश्य उत्पन्न होता है। वैश्य पुरुष और शूद्र स्त्री के सम्बन्ध से प्रधान

---

१. 'आवाह' का अर्थ है बहू को घर लाना और 'विवा' का अर्थ है अपनी कन्या का ब्याह करके उसे ससुराल भेज देना।

शूद्र अथवा संकर शूद्र उत्पन्न होता है। इस प्रकार सात वर्ण होते हैं। अब ये नव वर्णान्तर हैं—(१) ब्राह्मण पुरुष और वैश्य स्त्री से अम्बष्ठ, (२) क्षत्रिय पुरुष और शूद्र स्त्री से उग्र, (३) ब्राह्मण पुरुष और शूद्र से निषाद, (४) शूद्र पुरुष और वैश्य स्त्री से अयोगव, (५) वैश्य पुरुष और क्षत्रिय स्त्री से मागध, (६) क्षत्रिय पुरुष और ब्राह्मण स्त्री से सूत, (७) शूद्र पुरुष और क्षत्रिय स्त्री से क्षत्ता, (८) वैश्य पुरुष और ब्राह्मण स्त्री से वैदेह, (९) शूद्र पुरुष और ब्राह्मण स्त्री से चांडाल…उत्पन्न होता है।''

आज की मनुस्मृति इस निर्युक्ति की अपेक्षा बहुत ही अर्वाचीन है। तथापि ऐसा अनुमान लगाने में कोई आपत्ति नहीं है कि इस निर्युक्ति के समकाल में ब्राह्मण लोग मनुस्मृति में बताई हुई अनुलोम-प्रतिलोम जातियों की व्युत्पत्ति इसी प्रकार से लगाने की चेष्टा कर रहे थे। ऐसी दृढ़ शंका होती है कि जैनों ने यह व्युत्पत्ति ब्राह्मणों से ही ले ली होगी। जो हो, निर्ग्रन्थ श्रमणों द्वारा जाति-भेद को सम्पूर्ण सम्पति दिये जाने का यह एक अच्छा प्रमाण है।[1]

हीन जातियों को जैन-साधु-संघ में लेने की मनाही

वाले वुढ्ढे नपुंसे य की वे जड्ढे य वाहिए।
तेणे रायावगारी या उन्मत्ते य अदंसणे॥
दासे दुट्ठे या मूढे य अणत्ते जुंगिए इ य।
उबद्धए च भयए सेहनिप्फेडिया इ य॥

अर्थात—'' (१) बाल, (२) वृद्ध (३) नपुंसक, (४) क्लीव, (५) जड़, (६) व्याधित, (७) चोर, (८) राजापराधी, (९) उन्मत्त (१०) अदर्शन (?), (११) दास, (१२) दुष्ट, (१३) मूढ़, (१४) ऋणार्त (१५) जुंगित, (१६) कैदी, (१७) भयार्त्त और (१८) भगाकर लाया हुआ शिष्य; इन अठारह प्रकार के लोगों को जैन-धर्म-संघ में लेने पर रोक है, इनमें से बहुतों को बौद्ध-भिक्षु-संघ में भी नहीं लिया जा सकता। इन दो संघों की प्रवेश-विधियों (उप-सम्पदाओं) की तुलना अत्यन्त उपयुक्त होगी।[2] पर वह इस अध्याय का विषय नहीं है। उपर्युक्त अठारह प्रकार के व्यक्तियों में से केवल पन्द्रहवें का विचार आवशयक है। उस शब्द की टीका इस प्रकार है :

तथा जाति-कर्म-शरीरादिभिर्दुषितो जुंगितः। तत्र मातंग-कोलिक-बरुड-सूचिक-छिंपादयोऽस्पृश्या जाति जुंगिताः। स्पृश्या अपि स्त्री-मयूर-कुक्कुट-शुका-दिपोषका वंशवरत्रारोहण-नखप्रक्षालनसौकरिकत्व-वागुरिकत्धादिनिंदित कर्म कारिणः कर्म जुंगिताः। करचरणवर्जिताः पंगु कुब्ज-वामनक-काणप्रभृतयः शरीर जुंगितः। तेऽपि न दीक्षार्हा लोकेऽवर्णवाद संभवात्।

---

१. 'आचारांग नियुक्ति', अध्याय १, गाथा २१ से २७ तक।

२. बौद्ध-भिक्षु-संघ की प्रवेश-विधि के सम्बन्ध में देखिये, 'बुद्ध धर्म आणि संघ', पृष्ठ ५६-६०, तथा 'बौद्ध संघाचा परिचय', पृष्ठ १७-१९।

अर्थात् ''उसी प्रकार जाति, कर्म, शरीर आदि से दूषित को जुंगित समझा जाय। उसमें मातंग, मछुवा, बंसोड़, दर्जी, रंगरेज आदि अस्पृश्य जाति जुंगित हैं। स्पृश्य होकर भी जो लोग स्त्री, मोर, मुर्गी, तोता आदि पालने, बाँस और रस्सी पर कलाबाजियाँ करने, नाखून साफ करने, सूअर पालने, पारधी का काम करने आदि निंद्य कर्म करते हैं वे कर्म जुंगित हैं। हाथ-पाँव-हीन, पंगु, कुबड़े, नाटे, काने आदि शरीर जुंगित हैं। लोगों में टीका-टिप्पणी होने की सम्भावना रहने से ये भी दीक्षा देने के लिये योग्य नहीं हैं।''[१]

बौद्ध-भिक्षु-संघ में प्रवेश पाने के लिये जाति बाधक नहीं होती। कर्म निंद्य हों तो उसे वे छोड़ने ही पड़ते हैं, परन्तु उससे वह दीक्षा के लिए अयोग्य नहीं समझा जाता।

हिन्दू-समाज में अहिन्दुओं का प्रवेश

इतना होते हुए भी बौद्ध और जैन-संप्रदायों ने विदेशी लोगों को हिन्दू-समाज में ले लेने का महत्वपूर्ण कार्य किया है। ग्रीक, शक, हूण, मालव, गुर्जर आदि बाहर की जातियाँ हिन्दुस्तान से आईं और इन दो धर्मों के महाद्वार से उन्होंने हिन्दू समाज में प्रवेश किया।

प्रथमत: ये लोग जैन या बौद्ध होते और फिर यथारुचि ब्राह्मण, क्षत्रिय या वैश्य बनते। इस बात का प्रमाण मिलता है कि एक ही परिवार के एक ही भाई की सन्तानों ने क्षत्रित्व और दूसरे भाई की सन्तानों ने ब्राह्मणत्व को स्वीकार किया था।[२]

अस्पृश्यता का परिणाम

इस प्रकार जेता लोग तो हिन्दू-समाज में घुल-मिल गए, फिर भी अस्पृश्यों की स्थिति में कोई सुधार नहीं हुआ। जैन और बौद्ध श्रमणों ने उनके प्रति लापरवाही बरती जिससे दिन-प्रतिदिन अस्पृश्यों के विषय में घृणा बढ़ती गई, उन्हें नाहक सताया जाने लगा और उसका परिणाम धीरे-धीरे सारे समाज को तथा जैनों एवं बौद्धों को भुगतना पड़ा।

जैसे-जैसे जाति-भेद दृढ़ होता गया, वैसे-ही-वैसे जैन और बौद्ध इसलिए निंदनीय समझे जाने लगे कि वे सब जातियों से भिक्षा लेते हैं। जैसे-संघ में अस्पृश्य को लेने की मनाही थी, फिर भी ऐसा लगता है कि वे शूद्र को ले लेते थे। बौद्ध-संघ में तो अन्त तक जाति भेद के लिए स्थान नहीं था, पर समाज में जाति-भेद बढ़ गया और शंबूक-जैसी कथाएँ गढ़कर उन्हें लोकप्रिय पुराणों में दाखिल करना ब्राह्मणों के लिये सम्भव हो गया। धीरे-धीरे बौद्ध श्रमण पूरी तरह नष्ट हो गये और जैन श्रमण किसी प्रकार टिके रहे। परन्तु उनके हाथों समाज-संशोधन का कोई भी महत्वपूर्ण कार्य न हो सका।

---

१. 'प्रवचन सारोद्धार', द्वार १०७। यह उद्धरण मुझे मुनि श्री जिनविजय जी ने निकाल कर दे दिया, जिसके लिये मैं उनका आभारी हूँ—लेखक।

२. इस सम्बन्ध में देखिए Indian Antiquary, Vol. 40, January 1911, P.P. 7-37 में प्रकाशित Dr. D. R. Bhandarkar का 'The Foreign Elements in the Indian Population', शीर्षक लेख, विशेषत: पृष्ठ ३५-३६ पर का विषय।

अन्य देशों में भिक्षु-संघ का कार्य

बौद्ध-भिक्षु-संघ जाति-भेद के सामने हिन्दुस्तान में तो खड़ा नहीं रह सका, तथापि बाहर के देशों में उसने बहुत कार्य कर दिखाया। दक्षिण में सिंहलद्वीप, पूर्व में ब्रह्मदेश से लेकर जापान तक के देशों और उत्तर में तिब्बत, मंगोलिया आदि देशों में बौद्ध-संघ ने बहुजन-समाज को एक समय में सुसंस्कृत बना दिया था। उत्तर में हिमालय के ऊपर से और दक्षिण तथा पूर्व में समुद्र-यात्रा करके अनेक भिक्षुओं ने बौद्ध संस्कृति की ध्वजा को इन सब देशों पर फहराया था। इसका बीज बुद्ध के उपर्युक्त उपदेश में है। बुद्ध ने जाति-भेद को तनिक भी स्थान दिया होता तो उनके अनुयायी भिक्षु म्लेच्छ समझे जाने वाले देशों में संचार करके बौद्ध-धर्म का प्रसार न करते। हम कह सकते हैं कि जाति भेद से हमारी हानि तो हुई, पर पूर्वी एशियायी महाद्वीप का लाभ ही हुआ।

११[१]
मांसाहार

बुद्ध भगवान् का मांसाहार

परिनिर्वाण के दिन बुद्ध भगवान् ने चुन्द लुहार के घर सूअर का मांस खाया था और आजकल के बौद्ध भिक्षु भी न्यूनाधिक मात्रा में मांसाहार करते हैं, अत: यह प्रश्न उपस्थित होता है कि अहिंसा को परम धर्म मानने वाले बुद्ध और उनके अनुयायियों का यह बर्ताव कहाँ तक क्षम्य है। इस प्रश्न की चर्चा यहाँ करना उचित होगा।

बुद्ध ने परिनिर्वाण के दिन जो पदार्थ खाया था उसका नाम 'सूकरमद्दव' था। उस पर बुद्धघोषाचार्य की टीका इस प्रकार है:

सूकरमद्दवं ति नातितरुणस्य नातिजिण्णस्स एक जेट्ठकसूकरस्स पवत्त मंसं। तं किर मुदुं चेव सिनिद्धं च होति। तं पटियादापेत्वा साधुकं पचापेत्वा ति अत्थो। एके भणन्ति, सूकरमद्दवं ति पन मुदुओदनस्स पञ्चगोरसयूसपाचनविधानस्स नाममेतं, यथा गवपानं नाम पाकनामं ति। केचि भणन्ति सूकरमद्दवं नाम रसायनविधि, तं पन रसायनत्थे आगच्छति, तं चुन्देन भगवतो परिनिब्बानं न भवेय्या ति रसायनं पटियत्तं ति।

अर्थात् "सूकरमद्दव ऐसे सूअर का पकाया हुआ मांस है जो न बहुत तरुण है न वृद्ध, और जो बिलकुल छोटे बच्चे से उम्र में बड़ा है। मृदु एवं स्निग्ध होता है। उसे तैयार करने का अर्थ उत्तम प्रकार से पकाया समझा जाय। कई लोग कहते हैं कि पंचगोरस से बनाये हुए मृदु

---

१. इस अध्याय में लेखक के इस कथन का कि भगवान् महावीर तथा प्राचीन श्रमणादि भिक्षा के रूप में मांस ग्रहण करते थे, कई जैन विद्वानों द्वारा विरोध किया गया है। उनका यह मत है कि मूल लेखक का जैन ग्रन्थों का अर्थ गलत दिशा में जाता है। उनका मत, जो कि वैद्यक ग्रंथों और कोशों पर आधारित है कि इस अध्याय में उद्धृत धर्मग्रंथों में 'कपोत' अर्थ कबूतर नहीं है; किन्तु कपोत-जैसे भूरे रंग का एक फल 'कूष्मांड' है। उसी प्रकार से 'कुक्कुट' का अर्थ मुर्गा या मुर्गी न होकर 'बिजौरा' नामक फल है। आगे वे कहते हैं कि 'मांस' शब्द फलों के भीतर के गूदे के लिए व्यवहृत होता था। और 'अस्थि' का अर्थ हड्डी नहीं, बल्कि फलों के बीज और गुठलियाँ हैं।

साहित्य अकादमी को इस विवाद में कोई मत नहीं देना है, परन्तु यह संस्था यही न्यायोचित समझती है कि लेखक के मूल कथन को ज्यों-का-त्यों रहने दे, और साथ में दूसरा अर्थ और भाष्य देने वाला यह नोट भी प्रकाशित करे। साहित्य अकादमी को हर्ष है कि धम्मानन्द स्मारक ट्रस्ट, जिसकी अनुमति से मूल मराठी पुस्तक छापी गई थी, इस फुटनोट के प्रकाशन की भी स्वीकृति देता है।

अन्न का यह नाम है, जैसे गवपान एक विशेष पकवान का नाम है। कोई कहते हैं 'सूकरमद्दव' एक रसायन था, और रसायन के अर्थ में उस शब्द का प्रयोग किया जाता है चुन्द ने भगवान् को वह इसलिए दिया कि जिससे भगवान् का परिनिर्वाण न होने पाये।''

इस टीका में 'सूकरमद्दव' शब्द का मुख्य अर्थ सूकर-मांस ही किया गया है। तथापि बुद्धघोषाचार्य को यह विश्वास नहीं था कि वह अर्थ ठीक होगा। क्योंकि उसी समय इस शब्द के और दो अर्थ किये जाते थे। इनके अतिरिक्त और दो भिन्न अर्थ 'उदानअट्ठकथा' में पाये जाते हैं, जो इस प्रकार है:

केचि पन सूकरमद्दवं ति न सूकरमंसं, सूकरेहि मद्दित वंसकलीरो ति वदन्ति। अञ्ञे सूकरेहि मद्दितपदेसे जातं अहिच्छत्तकं ति।

अर्थात् ''कोई कहते हैं, सूकरमद्दव सूअर का मांस नहीं है। वह तो सूअरों द्वारा कुचला गया बाँस का अंकुर है। दूसरे लोग कहते हैं, वह तो सूअरों द्वारा कुचले गए स्थान पर उगा हुआ कुकुरमुत्ता (खुमी) है।''

इस प्रकार सूकरमद्दव शब्द के अर्थ के सम्बन्ध में बहुत ही मतभेद है। तथापि 'अंगुत्तरनिकाय' के पंचकनिपात में इसके लिए प्रमाण मिलता है कि बुद्ध भगवान् सूकर का मांस खाते थे। उग्ग गहपति कहता है:

मनापं मे भन्ते सम्पन्नवरसूकर मंसं तं मे भगवा पटिग्गण्हातु अनुकम्पं उपादाया ति। पटिग्गहेसि भगवा अनुकम्पं उपादाया ति।

अर्थात् ''भदन्त, बढ़िया सूअर का यह मांस उत्कृष्ट ढंग से पकाकर तैयार किया हुआ है। मुझ पर कृपा करके भगवान् उसे ग्रहण करें।'' भगवान् ने कृपा करके वह मांस ग्रहण किया।

जैन श्रमणों का मांसाहार

अन्य श्रमण-सम्प्रदायों में जो अत्यन्त तपस्वी थे उनमें प्रधानतया जैनों की गिनती होती है। फिर भी 'आचारांग सूत्र' निम्नलिखित उद्धरण से यह दिखाई देगा कि जैन-सम्प्रदाय के श्रमण भी मांसाहार करते थे:

से भिक्खू वा भिक्खुणी वा सेज्जं पुण जाणेज्जा बहुअट्ठियं मंसं वा, मच्छं वा बहुकंटकं, अस्मिं खलु पडिगाहितंसि अप्पे सियाभोयणजाए बहुउज्झिय धम्मिए। तहप्पगारं बहु अट्ठियं वा मंसं, मच्छं वा बहुकंटक, लाभेवि सन्ते णो पडिगाहेज्जा। से भिक्खू वा भिक्खुणी वा गाहावइकुलं पिंडवायपडियाए अणुपविट्ठे समाणे परो बहुअट्ठिएण मंसेण मच्छेण उवणिमंतेज्जा, आउसंतो समणा अभिकंखसि बहुअट्ठियं मंसं पडिगाहेत्तए? एयप्पगारं णिग्घोसं सोच्चा णिसम्म से पुव्वमेव आलोएज्जा, आउसोत्ति वा भइणीत्ति वा णो खलु मे कप्पइ बहुअट्ठियं मंसं पडिगाहेत्तए, अभिकंखसि से दाउं जावइयं तावइयं पोग्गलं दलयाहि मा अट्ठियाइं। से सेवं वदंतस्स परो अभिहट्टु अंतो पडिग्गहगंसि बहुअट्ठयं मंसं परिभाएत्ता णिहट्टु दलएज्जा, तहप्पगारं पडिग्गहणं पर हत्थंसि वा परपायंसि वा अफासुयं अणेसणिज्जं लाभे वि संते णो पडिगाहेज्जा। से आहच्च पडिगाहिए सियातिं णोहित्ति वएज्जा, अणोवत्ति वएज्जा। से त्तमायाय एगंतमवक्कमेज्जा। अवक्कमेत्ता अहे आरामंसि वा अहेउवस्सयंसि वा अप्पंडए जाव संताणए

मंसगं मच्छगं भोच्चा अट्ठियाइं कंटए गहाय से त्तमायाए एगंतमवक्कमेज्जा। अवक्कमेत्ता अहेज्झामथं डिलंसि वा अट्ठिरासिंसि वा किट्ठरासिंसि वा तुसरासिंसि वा गोमयरासिंसि वा अण्णयरंसि वा तहप्पगांरसि थंडिलंसि पडिलेहिय पडिलेहिय पमज्जिय तओ संजयामेव पमज्जिय पमज्जिय परि वेज्जा।

अर्थात् "पुन: उस भिक्षु को या उस भिक्षुणी को बहुत हड्डियों वाला मांस या बहुत काँटों वाली मछली मिलने पर यह ज्ञात हो जायेगा कि इसमें खाने का पदार्थ कम और फेंकने का अधिक है। इस प्रकार बहुत हड्डियों वाला मांस या बहुत काँटों वाली मछली मिल जाय तो उन्हें वह नहीं लेनी चाहिये। वह भिक्षु या वह भिक्षुणी गृहस्थ घर भिक्षा के लिए जाय तो गृहस्थ कहेगा, 'हे आयुष्मान् श्रमण, क्या यह बहुत हड्डियों वाला मांस लेने की इच्छा तुम रखते हो?' इस प्रकार का भाषण सुनकर वह पहले ही कह दे कि, 'हे आयुष्मान्, (या स्त्री हो तो) हे बहन, यह बहुत हड्डियों वाला मांस लेना मुझे शोभा नहीं देता। यदि तुम्हारी इच्छा हो तो, मुझे केवल मांस दे दो, हड्डियाँ मत दो।' इतना कहते हुए भी यदि वह गृहस्थ आग्रह के साथ देने को तैयार हो जाए तो उसे अयोग्य समझकर नहीं लेना चाहिए। यदि वह पात्र में उसे डाल दे तो उसे लेकर एक ओर जाना चाहिए और आराम या उपाश्रय में ऐसे स्थान पर बैठकर जहाँ प्राणियों के अण्डे बहुत कम होंगे, केवल मांस और मछली खाकर हड्डियाँ तथा काँटे लेकर एक ओर जाना चाहिए। वहाँ जाकर जलाई हुई भूमि पर, हड्डियों के ढेर पर, जंग खाये हुए लोहे के पुराने टुकड़ों के ढेर पर, तुस के ढेर पर, सूखे हुए गोबर के ढेर पर या इसी प्रकार के अन्य स्थंडिल पर (टीले पर) स्थान को अच्छी तरह साफ करके हड्डियाँ या वे काँटे संयमपूर्वक रख देने चाहिए।"

इसी का अनुवाद 'दशवैशालिक सूत्र' की निम्नलिखित गाथाओं में संक्षेप में किया गया है:

बहु अट्ठियं पुग्गलं अतिमिसं वा बहुकंटयं।
अच्छियं तिंदुयं बिल्लं, उच्छुखण्डं व सिंबलिं॥
अप्पे सिआ भोअणज्जाए, बहुउज्झिय धम्मियं।
दिंतिअं पसिआइक्खे न मे कप्पई तारिसं॥

अर्थात् "बहुत हड्डियों वाला मांस, बहुत काँटों वाली मछली; अस्थिवृक्ष का फल, बेल का फल, गन्ना, शाम्लि आदि पदार्थों (जिनमें खाने का भाग कम और फेंकने का अधिक होता है) के बारे में देने वाली को यह कहकर रोका जाय कि ये मेरे लायक नहीं हैं।"

मांसाहार के विषय में प्रसिद्ध जैन साधुओं का मत

गुजरात-विद्यापीठ की एक शाखा पुरातत्व-मन्दिर नाम की थी। उसकी ओर से 'पुरातत्व' नाम की एक त्रैमासिक पत्रिका निकलती थी। इस पत्रिका के सन् १९२५ के एक अंक में मैंने इस अध्याय के ढंग पर एक लेख लिखकर उसमें उपयुक्त दो उद्धरण दिए थे। वास्तव में उनकी खोज मैंने नहीं की थी। मांसाहार के विषय में चर्चा चलते समय प्रसिद्ध जैन पंडितों ने ही उनकी ओर मेरा ध्यान आकर्षित किया था और मैंने उक्त लेख में उनका प्रयोग किया था।

इस लेख के प्रकाशित होते ही अहमदाबाद के जैनियों में बड़ी खलबली मच गई। पुरातत्व-मन्दिर के संचालकों के पास उन्होंने इस अर्थ की शिकायतें भेजीं कि मैं उनके धर्म का उच्छेद करना चाहता हूँ। संचालकों ने सीधे उन शिकायतों का जवाब दे दिया, मुझे उनसे कोई कष्ट नहीं हुआ।

उस समय वयोवृद्ध स्थानकवासी साधु गुलाबचन्द्र और उनके ख्यातनामा शतावधानी शिष्य रतनचन्द्र अहमदाबाद में रहते थे। एक जैन पण्डित के साथ मैं उनके दर्शन करने गया। संध्या का समय था। जैन साधु अपने पास दीया नहीं रखते हैं, इसलिए इन दो साधुओं के मुँह स्पष्ट नहीं दीखते थे। मेरे साथ के जैन पंडित ने रतनचन्द स्वामी जी से मेरा परिचय कराया, तब वे बोले, "आपका नाम मैंने बहुत सुना है। परन्तु आपने यह लिखकर हमारे धर्म पर जो आघात किया है, कि हमारे प्राचीन साधु मांसाहार करते थे, वह कुछ अच्छा हुआ।"

मैंने कहा, "बौद्ध और जैन दो ही श्रमण-सम्प्रदाय आज विद्यमान हैं और उनके प्रति मेरे मन में कितना प्रेम है यह तो इन पंडित जी से ही पूछिये जो मेरे साथ आये हैं। परन्तु अनुसंधान के क्षेत्र में श्रद्धा, भक्ति या प्रेम बाधक नहीं बनना चाहिए। मैं नहीं मानता कि सत्य-कथन से किसी भी सम्प्रदाय की हानि होगी। मैं समझता हूँ कि सत्यार्थ को प्रकाशित करना अनुसंधानकर्ता का कर्तव्य है।"

वृद्ध साधु गुलाबचन्द कुछ दूर बैठे थे। वे वहीं से अपने शिष्य से बोले, "इन सज्जन ने उन दो उद्धरणों का जो अर्थ लगाया है वही ठीक है, आधुनिक टीकाकारों द्वारा बताये गये अर्थ ठीक नहीं हैं। इन दो उद्धरणों के अतिरिक्त और भी बहुत से स्थानों पर इस बात के प्रमाण पाये जाते हैं कि जैन साधु मांसाहार करते थे।"

इतना कहकर उन्होंने जैन सूत्रों से उद्धरण सुनाना प्रारम्भ किया। परन्तु उनके विद्वान् शिष्य ने बात बदलकर इस संवाद को खण्डित कर दिया। मैंने यह नहीं पूछा कि उनके गुरुजी द्वारा बताए गये प्रमाण कौन-से थे, क्योंकि वैसा करना मुझे अप्रासंगिक लगा।

महावीर स्वामी जी के मांसाहार के विषय में वाद

अब तो इस सम्बन्ध में भी प्रचुर प्रमाण उपलब्ध हो गए हैं कि स्वयं महावीर स्वामी मांसाहार करते थे। गुजराती 'प्रस्थान' मासिक पत्रिका के किसी पिछले कार्तिक (संवत् १९९५, वर्ष १४, अंक १) के अंक में श्री गोपालदास जीवाभाई पटेल ने '**श्री महावीर स्वामीनो मांसाहार**' नामक लेख लिखा था।

उसमें से इस विषय के साथ सम्बन्ध रखने वाली जानकारी हम यहाँ संक्षेप में देते हैं—

महावीर स्वामी श्रावस्ती नगर में रहते थे। मक्खलिगोसाल भी वहाँ पहुँच गया और वे दोनों एक-दूसरे के जिनत्व के विरुद्ध कठोर टीका करने लगे। अन्त में गोसाल ने महावीर स्वामी को शाप दिया कि मेरे तपोबल से तुम छः महीनों के अन्त में पित्त-ज्वर से मर जाओगे।' इस पर महावीर स्वामी ने उसे प्रतिशाप दिया कि 'तुम आज से सातवीं रात को मर जाओगे।' इसके अनुसार गोसाल सातवीं रात को मर गया, पर उसके प्रभाव से महावीर स्वामी को अत्यन्त जलन होने लगी और खून के दस्त शुरू हो गये।

उस समय महावीर स्वामी ने सिंह नामक अपने शिष्य से कहा, ''तुम मेंढ़िक गाँव में रेवती नामक स्त्री के पास जाओ। उसने मेरे लिए दो कबूतर पकाकर रखे हैं। वे मुझे नहीं चाहिए। तुम उससे कहना कि 'कल बिल्ली द्वारा मारी गई मुर्गी का मांस तुमने बनाया है, उतना दे दो'।''

श्री गोपालदास ने मूल 'भगवती सूत्र' का उद्धरण अपने लेख में नहीं दिया है। उसे यहाँ देना उचित होगा:

''तं गच्छह णं तुमं सीहा, मेंढ़ियगामं नगरं रेवतीए गाहावति णीए गिहे तत्थ णं रेवतीए गाहवतिणीए ममं अट्ठाए दुवे कबोय सरीरा उवक्खडिया, तेहिं नो अट्ठो। अत्थि से अन्न पारियासिए मज्जारकडए कुक्कुडमंसए तं आहराहि एएणं अट्ठो।''

अर्धमागधी का जिसे अल्प भी ज्ञान है वह यदि निष्पक्षता से यह उद्धरण पढ़े तो कहेगा कि श्री गोपालदास जी द्वारा लगाया गया अर्थ ठीक ही है;[१] पर आज श्री गोपालदास के विरुद्ध अनेक जैन पंडितों ने कठोर टीका चलाई है।

बौद्ध और जैन-श्रमणों के मांसाहार में अन्तर

जब हम यह देखते हैं कि मांसाहार के विषय में जैनों और बौद्धों में किस प्रकार का वाद चलता था, तब यही सिद्ध होता है कि श्री गोपालदास जी का ही कहना सही है।

यह उल्लेख तो आठवें अध्याय में आ चुका है कि वैशाली का सिंह सेनापति निर्ग्रन्थों का उपासक था। बुद्ध का उपदेश सुनकर वह बुद्धोपासक हुआ और उसने बुद्ध एवं भिक्षु-संघ को अपने घर आमन्त्रण देकर आदरपूर्वक उनका सन्तर्पण किया। पर निर्ग्रन्थों को यह बात अच्छी नहीं लगी। उन्होंने वैशाली नगरी में यह अफवाह उड़ाई कि सिंह ने बड़ा पशु मारकर गौतम तथा भिक्षु संघ को भोज दिया और गौतम को यह बात ज्ञात होते हुए भी उसने सिंह द्वारा दिये गए भोज को स्वीकार किया। एक सज्जन ने आकर धीरे से यह बात सिंह को बताई, तब वह बोला, ''इसमें कुछ अर्थ नहीं है। बुद्ध को बदनाम करने में निर्ग्रन्थों को आनन्द आता है, पर यह तो बिलकुल असम्भव है कि मैं जान-बूझकर भोज के लिए प्राणी की हिंसा करूँगा।''[२]

इस प्रकार का एक और उद्धरण 'मज्झिमनिकाय' के (५५वें) जीवक सुत्त में मिलता है। वह इस प्रकार है—

एक समय भगवान् राजगृह के जीवक कौमारभृत्य के आम्रवन में रहते थे। तब जीवक कौमारभृत्य भगवान् के पास गया, भगवान् को अभिवादन करके एक ओर बैठा और बोला, ''भदन्त, आप पर यह दोषारोप लगाया जाता है कि प्राणी मारकर तैयार किया हुआ अन्न आप खाते हैं, क्या वह सच है?'' भगवान् ने उत्तर दिया, ''यह आरोप बिलकुल झूठा है। जब मैं अपने लिए प्राणि-वध किया हुआ देखता हूँ, सुनता हूँ या मुझे वैसी शंका होती है तब मैं कहता हूँ कि यह अन्न निषिद्ध है।''

---

१. अर्थात् सन् १९३८ ईस्वी में।

२. देखिए, 'बुद्धलीलासारसंग्रह', पृष्ठ २७९-२८१।

इससे यह स्पष्ट होगा कि जैन लोग बुद्ध पर किस प्रकार का दोषारोप लगाते थे। जब कोई बुद्ध भगवान् को निमन्त्रित करके मांसाहार दे देता तो जैन कहते, 'श्रमण गौतम उसके लिए मारकर तैयार किया हुआ (उद्दिस्सकट) मांस खाता है!' स्वयं जैन साधु तो किसी का आमन्त्रण स्वीकार ही नहीं करते थे। रास्ते में जाते समय मिलने वाली भिक्षा वे ले लेते और उस अवसर पर मिलने वाला मांस भी खाते।

कुछ तपस्वी मांसाहार वर्ज्य करते थे

कुछ बुद्ध समकालीन तपस्वी लोग मांसाहार को निषिद्ध मानते थे। उनमें से एक तपस्वी का काश्यप बुद्ध के साथ हुआ संवाद 'सुत्त निपात' के (१४वें) आमगंध सुत्त[१] में मिलता है। उस सुत्त का भाषान्तर इस प्रकार है—

१. (तिष्य तापस) श्यामक, चिंगूलक, चीनक, पेड़ों के पत्ते, कंदमूल और फल धर्मानुसार मिलने पर उन पर निर्वाह करने वाले विलास की वस्तुओं के लिए झूठ नहीं बोला करते।

२. हे काश्यप, औरों द्वारा दिया हुआ अच्छा और भलीभाँति पकाये हुए चावलों का सुरस एवं उत्तम अन्न स्वीकार करने वाले तुम आमगन्ध (अमेध्य पदार्थ) खाते हो।

३. हे ब्रह्मबन्धु, पंछी के मांस से मिश्रित चावलों का अन्न खाते समय तुम कहते हो कि 'मेरे लिए आमगंध उचित नहीं है।' अत: हे काश्यप, मैं तुमसे पूछता हूँ कि, तुम्हारा आमगंध कैसा है?

४. (काश्यप बुद्ध—)प्राणघात, वध, छेद, बन्धन, चोरी, असत्य-भाषण, धोखा देना, फँसाना, जारण-मारण आदि का अभ्यास और व्यभिचार ही आमगंध है, न कि मांस-भोजन।

५. जिनमें स्त्रियों के विषय में संयम नहीं है, जो जिह्वा-लोलुप, अशुचिकर्म-मिश्रित, नास्तिक, विषम और दुर्विनीत हैं उनका कर्म ही आमगंध है, न कि मांस-भोजन।

६. जो रुक्ष, दारुण, चुगलखोर, मित्रदोही, निर्दय, अतिमानी, कृपण, किसी को कुछ भी न देने वाले हैं, उनका कर्म ही आमगंध है, न कि मांस-भोजन।

७. क्रोध, मद, कठोरता, विरोध, माया, ईर्ष्या, वृथा बकवास, मानातिमान और दुष्टों की संगति ही आमगंध है, न कि मांस-भोजन।

८. पापी, ऋण न चुकाने वाले, चुगलखोर, रिश्वतखोर, अधिकारी, इहलोक में कल्मष उत्पन्न करने वाले नराधम जो कर्म करते हैं वह आमगंध है, न कि मांस-भोजन।

९. जिन्हें प्राणियों के प्रति दया नहीं है, जो औरों को लूटकर सताते हैं, जो दु:शील भयावने, गाली-गलौज करने वाले और अनादर करने वाले होते हैं उनका कर्म ही आमगंध है, न कि मांस-भोजन।

---

१. इस आमगंध सुत्त में दिए गए उपदेश की तुलना ईसा मसीह के निम्नलिखित वचन से की जाय:—'जो मुँह में जाता है वह मनुष्य को भ्रष्ट नहीं करता परन्तु जो मुँह से निकलता है वह मनुष्य को भ्रष्ट करता है। मैथ्यू—१५।११।

१०. ऐसे कर्मों में आसक्त हुए, विरोध करने वाले, घात करने वाले, सदैव ऐसे कर्मों में लगे हुए कि जो परलोक में अंधकार में प्रवेश करते हैं और ऊपर पाँव, नीचे मस्तक होकर नरक में रहते हैं, ऐसे लोग जो कर्म करते हैं वही आमगन्ध है, न कि मांस-भोजन।

११. मत्स्य-मांस का आहार वर्ज्य करना, नग्न रहना, मुंडन, जटा, भभूत लगाना, खुरदरा अजिनचर्म, अग्निहोत्र की उपासना या इहलोक की अन्य विविध तपश्चर्याएँ मंत्राहुति, यज्ञ और शीतोष्ण सेवन से तप करना—ये बातें कुशंकाओं के परे न गये हुए मर्त्य को पावन नहीं कर सकतीं।

१२. इन्द्रियों में संयम रखकर तथा इन्द्रियों को पहचान कर आचरण करने वाला, धर्मस्थित, आर्जव एवं मार्दव में सन्तोष मानने वाला, संगातीत और जिसका सारा दुःख नाश हो गया है ऐसा धीर पुरुष दुष्ट एवं श्रुत पदार्थों में बद्ध नहीं होता।

१३. यह अर्थ भगवान् ने पुनः-पुनः प्रकाशित किया और उसे उस मन्त्रपारग (ब्राह्मण तापस) ने जाना। यह अर्थ उस निरागन्ध, अनासक्त और अदम्य मुनि ने रम्य गाथाओं द्वारा प्रकाशित किया।

१४. निरागंध और सब दुःखों का नाश करने वाला वह बुद्ध का सुभाषित वचन सुनकर उस (तापस) ने नम्रता से तथागत को प्रणाम किया और उसने वहीं प्रव्रज्या ले ली।

श्रमणों द्वारा किया गया मांसाहार का समर्थन

यह सुत्त बहुत प्राचीन है, परन्तु ऐसा मानने के लिए कोई दृढ़ प्रमाण नहीं कि वह खास काश्यप बुद्ध ने ही कहा होगा। इससे इतना ही समझना चाहिए कि बुद्धसमकालीन भिक्षु मांसाहार का समर्थन इस प्रकार करते थे।

इस सुत्त में तपश्चर्या को निरर्थक बताया गया है। यह मत जैन श्रमणों को पसन्द नहीं आ सकता था, क्योंकि वे बार-बार तपश्चर्या करते थे। तथापि उन्होंने मांसाहार का समर्थन इसी ढंग से किया होगा, क्योंकि वे पूर्वकालीन तपस्वियों के समान जंगल के फल-फूलों पर निर्वाह न करके लोगों की दी हुई भिक्षा पर निर्भर रहते थे, और उस समय निर्मांस-मत्स्य भिक्षा मिलना असम्भव था। ब्राह्मण लोग यज्ञ में हजारों प्राणियों का वध करके उनका मांस आसपास के लोगों में बाँट देते थे। गाँव के लोग देवताओं को प्राणियों की बलि चढ़ाकर उनका मांस खाते थे। इसके अतिरिक्त कसाई लोग ठीक चौराहे पर गाय को मार कर उनका मांस बेचते रहते। ऐसी स्थिति में पक्व अन्न की भिक्षा पर निर्भर रहने वाले श्रमणों को मांस-रहित भिक्षा मिलना कैसे सम्भव हो सकता था?

जैनों की धारणा के अनुसार पृथ्वीकाय, अप्काय, वायुकाय, अग्निकाय, वनस्पतिकाय और त्रसकाय—इस प्रकार ये छः जीव-भेद हैं (पृ० २२३)। पृथ्वीकाय अर्थात् पृथ्वीपरमाणु। इसी प्रकार जल, 'वायु और अग्नि के परमाणु सजीव हैं। वनस्पतिकाय अर्थात् वृक्षादि वनस्पति। उनके विषय में यह कहने की आवश्यकता ही नहीं है कि वे सजीव हैं। त्रसकाय का अर्थ है कीड़े-मकोड़े से लेकर हाथी तक के सभी छोटे-बड़े प्राणी। इन छः कायों में से किसी भी प्राणी की हिंसा करना जैन श्रमण पाप समझते हैं। इसलिए वे रात में दीया नहीं जलाते थे, ठंडा पानी नहीं पीते थे और इसकी बड़ी सावधानी रखते थे कि पृथ्वी परमाणु आदि का संहार न होने पाये।

परन्तु जैन उपासक खेती करते थे, अनाज बोते थे और उसे पकाकर अन्न तैयार करते थे। इस कृत्य में पृथ्वी, अप्, तेज, वायु, वनस्पति एवं त्रस—इन छहों जीवों का संहार होता था। पृथ्वी में हल चलाते समय केवल पृथ्वी परमाणु ही नष्ट नहीं होते, प्रत्युत कीड़े, चींटियाँ आदि लाखों छोटे-छोटे प्राणी मर जाते हैं। अनाज पकाते समय वनस्पति काय, अप्काय, अग्निकाय एवं वायुकाय आदि सब प्राणियों का उच्छेद होता है। ऐसा होते हुए उस अन्न की भिक्षा जैन साधु लेते ही हैं। तो फिर किसी जैन उपासक द्वारा तैयार की गई मांस भिक्षा लेने में प्राचीन जैन श्रमणों को क्या आपत्ति हो सकती थी? और क्या उसका समर्थन वे आमगन्धसुत्त के ढंग पर ही न करते?

गोमांसाहार के विरुद्ध आन्दोलन

अब हम इस पर संक्षेप में विचार करें कि मांसाहार के विरुद्ध आन्दोलन कैसे शुरू हुआ? सबसे पहले गोमांसाहार के निषेध में संभवतः बौद्धों ने ही आन्दोलन शुरू किया था। हमने नौवें अध्याय में गायों की योग्यता बताने वाली 'ब्राह्मण-धार्मिक-सुत्त' की दो गाथाएँ दी हैं। उनके अतिरिक्त गाथाएँ देखिए:

न पादा न विसाणेन नास्सु हिंसन्ति केनचि।
गावो एलकसमाना सोरता कुम्भदूहना॥
ता विसाणे गहेत्वान राजा सत्थेन घातयि॥
ततो च देवा पितरो इन्दो असुर रक्खसा।
अधम्मो इति पक्कन्दुं यं सत्थंनिपती गवे॥

अर्थात्, "भेड़ों के समान नम्र और घड़ा भर दूध देने वाली गायें, पाँव, सींग या अन्य किसी भी अवयव से किसी की हिंसा नहीं करतीं। उन्हें (ब्राह्मणों के कहने से) इक्ष्वाकु राजा ने सींग पकड़कर मार डाला। तब गायों पर शस्त्रप्रहार होने से देव, पितर, इन्द्र, असुर और राक्षस यह कहकर आक्रोश करने लगे कि अधर्म हो गया।"

बहुत समय तक ब्राह्मणों ने गोमांस नहीं छोड़ा

बौद्धों और जैनों के प्रयत्नों से गोमांसाहार का निषेध होता गया, फिर भी ब्राह्मणों में उसका निषेध होने में बहुत-सी शताब्दियों का समय लगा। प्रथमतः यह युक्ति निकाली गई कि यज्ञ के लिए दीक्षा लेने वाला गोमांस न खाये।

स धेन्वै चानडुहश्च नाश्नीयात्। धेन्वनडुहौ वाऽइदं सर्वं बिभृतस्ते देवा अब्रुवन् धेन्वनडुहौ वाऽइदं सर्वं बिभृतो हन्त यदन्येषां वयसां वीर्यं तद्धेन्वनडु हयीर्दधामेति—तस्माद्धेन्वनभृहयोर्नाश्नीयात् तदुहोवाच याज्ञवल्क्योऽश्नाम्येवाहं मांसलं चेद्भवतीति।[१]

अर्थात् "गायें और बैल नहीं खाने चाहिए। गायें और बैल यह सब धारण करते हैं। उन देवों ने कहा कि गायें और बैल यह सब धारण करते हैं अतः अन्य जाति के पशुओं का वीर्य हम गायों और बैलों में डाल दें, इसलिए गायें और बैल नहीं खाने चाहिए। परन्तु याज्ञवल्क्य कहता है, इससे शरीर मांसल होता है, इसलिए मैं (यह मांस) अवश्य खाऊँगा।"

---

१. 'शतपथ ब्राह्मण', ३।१।२।२१।

यह वाद-विवाद यज्ञशाला तक ही सीमित था। कइयों का कहना था कि दीक्षित को यज्ञशाला में प्रवेश करने पर गोमांस नहीं खाना चाहिए। परन्तु याज्ञवल्क्य को यह मत पसन्द नहीं था। मांस से शरीर पुष्ट होता है, इसलिए उसका त्याग करने को वह तैयार न था। अन्य प्रसंगों पर गोमांसाहार करने के विषय में ब्राह्मणों में कोई वाद-विवाद नहीं था। इतना ही नहीं बल्कि कोई विशेष प्रतिष्ठित अतिथि आ जाता तो बड़ा बैल मारकर उसके मांस से उसका आदर-सत्कार करने की पद्धति बहुत प्रसिद्ध थी। अकेले गौतम सूत्रकार ने गोमांसाहार का निषेध किया है, परन्तु उसे भी मधुपर्क विधि में कोई आपत्ति नहीं थी। ऐसा लगता है कि ब्राह्मणों में यह विधि भवभूति के समय तक अल्प मात्रा में प्रचलित थी। 'उत्तररामचरित' के चौथे अंक के प्रारम्भ में सौधातकि और दण्डायन का संवाद है। उसमें से कुछ अंश यहाँ दिया जाता है—

सौधातकि—क्या वसिष्ठ!

दण्डायन—फिर क्या?

सौधा०—मुझे ऐसा लगा था कि यह कोई बाघ-जैसा होगा।

दण्डा०—क्या कहते हो!

सौधा०—उसने आते ही हमारी बेचारी कपिला बछिया को झट से हड़प कर लिया।

दण्डा०—मधुपर्कविधि समांस होनी चाहिए, इस धर्म-शास्त्र की आज्ञा का बहुमान करके गृहस्थ लोग श्रोत्रिय अतिथि के आने पर बछिया या बड़ा बैल मार कर उसका मांस पकाते हैं। क्योंकि धर्म-सूत्रकारों ने ऐसा ही उपदेश दिया है।

भवभूति का समय सातवीं शताब्दी में माना जाता है। उस काल में आज के जैसा गोमांस-भक्षण का अत्यन्त निषेध होता तो वसिष्ठ द्वारा बछिया खाये जाने का उल्लेख वह अपने नाटक में न कर सकता। आज यदि ऐसा संवाद नाटक में रखा जाय तो वह नाटक हिन्दू-समाज में कहां तक प्रिय होगा?

प्राणि-वध के विरुद्ध अशोक का प्रचार

प्राणि-हिंसा के विरुद्ध प्रचार करने वाला पहला ऐतिहासिक राजा अशोक था। उसका पहला ही शिला-लेख इस प्रकार है—

''यह धर्मलिपि देवों के प्रियदर्शी राजा ने लिखवाई है। इस राज्य में किसी भी प्राणी को मारकर होम हवन और मेले नहीं करने चाहिए। क्योंकि मेलों में देवों का प्रिय प्रियदर्शी राजा बहुत दोष रखता है। कुछ मेले देवों के प्रिय प्रियदर्शी राजा को पसन्द हैं। पहले प्रियदर्शी राजा की पाकशाला में रसोई के लिए सहस्रों प्राणी मारे जाते थे। जब से यह धर्म-लेख लिखा गया, तब से केवल तीन ही प्राणी—दो मोर और एक मृग—मारे जाते हैं, वह मृग भी प्रतिदिन नहीं मारा जाता, और भविष्य में ये तीन भी तो नहीं मारे जायेंगे।''

इस लेख में अशोक ने गाय-बैलों का उल्लेख नहीं किया है। इससे यह अनुमान लगाया जा सकता है कि ब्राह्मणेत्तर वरिष्ठ जातियों में उस समय गोमांसाहार लगभग बन्द हो गया था। इतना ही नहीं बल्कि, अशोक ने यह प्रचार चलाया था कि अन्य के लिए भी किसी प्राणी का वध नहीं करना चाहिए। मैंने 'समाज' शब्द का अनुवाद 'मेला' किया है। वह पूर्णतया ठीक नहीं है, फिर भी साधारणतया ग्राह्य लगता है। आजकल जिस प्रकार महाराष्ट्र में 'जत्रा'

(मेले) और उत्तर भारत में मेले लगते हैं उसी प्रकार अशोक के समय में समाज होते होंगे। देवी, देवताओं को प्राणियों की बलि चढ़ाकर बड़ा उत्सव करने वाले 'समाज' अशोक को पसन्द नहीं थे। ऐसे मेले लगाने में उसे कोई आपत्ति नहीं थी जिनमें प्राणियों की बलि नहीं चढ़ाई जाती थी। उसका मुख्य जोर इस बात पर था कि यज्ञ या मेले में प्राणियों की हत्या न होने दी जाय।

हमारे पूर्वज निवृत-मांस नहीं थे

आजकल यज्ञ-याग लगभग बन्द हो गये हैं। परन्तु मेलों में होने वाला बलिदान आज भी अनेक स्थानों पर चल रहा है। फिर भी अन्य किसी भी देश की अपेक्षा हिन्दुस्तान के लोग अधिक निवृत्त-मांस हैं। इसमें कोई शंका नहीं कि जैनों और बौद्धों का ही धर्म-प्रचार इसका कारण रहा। आज हम शाकाहारी हैं इसलिए यह कहना, कि हमारे पूर्वज भी ऐसे ही शाकाहारी थे,वास्तविक स्थिति से मेल नहीं खाता।

चीन में सूअर का महत्व

अब खास सूअर के मांस के सम्बन्ध में चार शब्द लिखना उचित होगा। प्राचीन काल से चीनी लोग सूअर को सम्पत्ति का लक्षण समझते आये हैं। उनकी लिपि आकार-चिह्नों की बनी हुई है। इन चिह्नों के मिश्रण से विभिन्न शब्द तैयार किये जा सकते हैं। उदाहरणार्थ मनुष्य का चिह्न बनाकर उस पर तलवार का चिह्न बनाया जाय तो उसका अर्थ 'अक्षर' होता है, स्त्री के दो चिह्न बनाये जायँ तो उसका अर्थ 'झगड़ा' होता है और यदि सूअर का चिह्न बनाया जाय तो उसका अर्थ 'सम्पति' होता है। अर्थात घर में सूअर का रहना प्राचीन चीनी लोग सम्पति का लक्षण समझते थे और आज भी चीन में सूअर को उतना ही महत्व प्राप्त है।

प्राचीन हिन्दू सूअर को सम्पत्ति का भाग मानते थे

हिन्दुस्तान में सूअर को यद्यपि इतना महत्व प्राप्त नहीं हुआ था, फिर भी वह सम्पति का एक भाग समझा जाता था। अरियपरियेसनसुत्त में (मज्झिमनिकाय २६) ऐहिक सम्पति की अनित्यता का वर्णन इस प्रकार किया गया है:

किंच भिक्खवे जातिधम्मं? पुत्तभरियं भिक्खवे जातिधम्मं। दासीदासं⋯अजेलकं⋯ कुक्कुटसूकरं⋯हत्तिगवास्सलवं⋯जातरूपरजतं जातिधम्मं।

अर्थात् हाथी, गायें, घोड़े आदि सम्पत्ति में मुर्गियों और सूअरों का भी समावेश होता था। ऐसा होते हुए सूअर के मांस के प्रति इतनी घृणा कैसे उत्पन्न हुई? यज्ञ-याग में मारे जाने वाले प्राणियों में सूअर का उल्लेख पालिवाङ्मय में नहीं मिलता। अर्थात् बुद्धसमकाल में यह प्राणी अमेध्य था। परन्तु इसके लिए कोई आधार नहीं मिलता कि वह अभक्ष्य था। यदि ऐसा होता तो क्षत्रियों के घर की सम्पति में उसका समावेश न हुआ होता। सूअर के मांस का निषेध प्रथमत: धर्मसूत्रों में है।[१] और आगे चलकर इसी का अनुवाद 'मनुस्मृति आदि स्मृति-ग्रन्थों

---

१. 'काककंकगृध्रश्येना जलजरक्तपादतुण्डा ग्राम्य कुक्कुट सूकराः।' गौतमसूत्र, अ० ८। २९ 'एकखुरोष्ट्र गवयग्रामसूकरसरभगवाम्।' आपस्तम्ब धर्मसूत्र', प्रश्न १—१९ पटल ५, खण्डिका १७।२९।

में मिलता है।[१] परन्तु अरण्य सूकर का निषेध तो कभी हुआ ही नहीं। उसका मांस पवित्र माना गया है।[२]

बुद्ध पर किया जाने वाला अमिताहार का झूठा दोषारोप

यदि हम यह मान लें कि बुद्ध भगवान् ने परिनिर्वाण से पहले जो पदार्थ खाया था वह सूकर-मांस ही था, तो भी कुत्सित टीकाकारों का यह कहना कि भगवान् ने वह अजीर्ण होने तक खाया था और उसी से वे मर गए, बिलकुल झूठ है। गौतम बुद्ध द्वारा अमित आहार किये जाने का उदाहरण या प्रमाण कहीं भी नहीं मिलता। अत: यह कहना बिलकुल दुष्टता पूर्ण है कि उन्होंने केवल उसी अवसर पर वह पदार्थ हद से बढ़कर खाया था। उक्त अवसर से पहले तीन महीने तक बुद्ध भगवान् वैशाली में बहुत बीमार थे और उससे उनके शरीर में शक्ति नहीं रही थी। चुन्द का दिया हुआ भोजन तो केवल उनके परिनिर्वाण का निमित्त कारण बन गया। उसके कारण लोग चुन्द लुहार पर कोई अनुचित अभियोग न लगायें, इसलिए परिनिर्वाण से पहले भगवान् ने आनन्द से कहा था, ''हे आनन्द चुन्द लुहार से यदि कोई कहे कि हे चुन्द, तुम्हारी दी हुई भिक्षा लेकर तथागत परिनिर्वाण को प्राप्त हो गए, इसमें तुम्हारी बड़ी हानि है, और इस प्रकार चुन्द लुहार को कोई दुखी बनाए तो तुम लोग चुन्द का दौर्मनस्य इस प्रकार से नष्ट करो--तुम उससे बोलो, हे चुन्द तुम्हारा पिंडपात खाकर तथागत परिनिर्वाण को प्राप्त हो गये, यह तो वास्तव में तुम्हारा दान तुम्हारे लिए लाभदायक ही है। हमने तथागत से सुना है कि अन्य भिक्षाओं की अपेक्षा तथागत को मिली हुई दो भिक्षाएँ अधिक फलदायक एवं अधिक प्रशंसनीय हैं। वे कौन-सी हैं? पहली वह भिक्षा, जिसे लेकर तथागत ने सम्बोधि-ज्ञान प्राप्त किया और दूसरी वह भिक्षा जिसे लेकर तथागत से परिनिर्वाण प्राप्त किया।' चुन्द ने जो कृत्य किया है वह आयुष्य वर्ण, सुख, यश, स्वर्ग और स्वामित्व देने वाला समझना चाहिए। हे आनन्द, तुम लोग इस प्रकार चुन्द का दौर्मनस्य नष्ट करो।''

❑❑❑

---

१. 'मनुस्मृति', अ० ५।१९।

२. 'मनुस्मृति', अ० ३।२७०।

१२

दिनचर्या

प्रसन्न मुख-कान्ति

गौतम की बोधिसत्वावस्था अर्थात् उनके गृहवास एवं तपस्या-काल की चर्या का विचार चौथे तथा पाँचवें अध्याय में किया जा चुका है। अब इस अध्याय में बुद्धत्व प्राप्ति से लेकर परिनिर्वाण तक उनकी दिनचर्या का दिग्दर्शन करने का विचार है।

तत्व-बोध होने के बाद बुद्ध भगवान् ने बोधिवृक्ष के नीचे ही अपना आगे का जीवन-क्रम बना लिया। तपश्चर्या तो उन्होंने छोड़ ही दी थी, और पुनः कामोपभोगों की ओर जाने की वासना उनमें नहीं रही थी। अतः शरीराच्छादन के लिए पर्याप्त वस्त्र और क्षुधा-शमन के लिए पर्याप्त अन्न ग्रहण करके शेष जीवन बहुजन हितार्थ लगाने का निश्चय उन्होंने किया। बुद्ध की मुख कान्ति पर इस निश्चय का क्या परिणाम हुआ इसका वर्णन 'मज्झिमनिकाय' के अरियपरियेसनसुत्त और विनय के महावग्ग में पाया जाता है।

बुद्ध भगवान् पंचवर्गीयों को उपदेश देने के उद्देश्य से गया से वाराणसी जा रहे थे कि मार्ग में उन्हें उपक नाम का आजीवक पंथ का श्रमण मिला और बोला, "हे आयुष्मान् गौतम, तुम्हारा चेहरा प्रसन्न और अंग-कान्ति तेजस्वी दीखती है। तुम किस आचार्य के शिष्य हो।"

भगवान्—अपना धर्म-मार्ग स्वयं ही खोज निकाला है।

उपक—पर क्या तुम अरहन्त हो गए हो? क्या तुम्हें 'जिन' कहा जा सकता है?

भगवान्—हे उपक, मैंने सब पापकारक वृत्तियों को जीत लिया है, इसलिए मैं जिन हूँ।

उपक को बुद्ध के मुँह पर जो प्रसन्नता दिखाई दी थी, हम कह सकते हैं कि वह अन्त तक कायम थी।

साधारण दिनचर्या

बुद्ध भगवान् मुँह अँधेरे जाग उठते और उस समय या तो ध्यान लगाते या अपने निवास-स्थान के आस-पास चंक्रमण करते। प्रातःकाल वे गाँव में भिक्षाटन के लिएं जाते। उनके भिक्षा-पात्र में पकाये हुए अन्न की, सब जातियों के लोगों से मिली हुई जो शिक्षा एकत्रित होती वह लेकर वे गाँव से बाहर चले जाते और वहाँ भोजन करके कुछ विश्राम के पश्चात् ध्यानस्थ बैठते। संध्या के समय वे फिर यात्रा करते और रात को किसी मन्दिर या धर्मशाला में पेड़ के नीचे रह जाते।

रात्रि के तीन यामों में से पहले याम में भगवान् ध्यान लगाते या चंक्रमण करते, मध्यम याम में वे अपने दो वस्त्रों को चौहरा करके बिछा देते और हाथ सिरहाने लेकर दाहिनी करवट (पार्श्व) पर, दाहिने पाँव पर बायाँ पाँव रखकर बड़ी सावधानी से सो जाते।

सिंह-शय्या

बुद्ध की इस शय्या को सिंह-शय्या कहते हैं। 'अंगुत्तरनिकाय' के चतुक्कनिपात (सुत्त २४४) में चार प्रकार की शय्यायें बताई गई हैं—(१) प्रेत-शय्या—यह चित्त सोने वाले मनुष्यों की है। (२) कामभोगि-शय्या—कामोपभोग में सुख मानने वाले लोग बहुधा बाईं करवट पर सोते हैं, इसलिए इस शय्या को कामोपभोगि-शय्या कहते हैं। (३) सिंह-शय्या दाहिने पाँव पर बायाँ पाँव कुछ ढलता हुआ रखकर और मन में यह स्मरण रखकर कि मैं अमुक समय पर जाग उठूँगा, बड़ी सावधानी से दाहिनी करवट पर सोना सिंह-शय्या है। (४) तथागत शय्या—अर्थात् चार ध्यानों की समाधि।

इनमें से अन्तिम दो शय्याएँ बुद्ध भगवान् को पसन्द थीं। अतः वे रात्रि के समय या तो ध्यान लगाते या मध्यम याम में सिंह-शय्या को अपनाते। पुनः रात्रि के अन्तिम याम में वे चंक्रमण करते या ध्यान लगाते।

मिताहार

बुद्ध भगवान् का आहार अत्यन्त परिमित था। खाने-पीने में उन्होंने कभी अतिरेक नहीं किया और वे भिक्षुओं को यह उपदेश पुनः-पुनः देते थे। 'मज्झिमनिकाय' के कीटागिरिसुत्त (नं० ७०) से ऐसा प्रतीत होता है कि भगवान् प्रारम्भ में रात को भोजन करते थे। उसमें भगवान् कहते हैं, हे भिक्षुओ, मैंने रात्रि को भोजन छोड़ दिया है। उसमें मेरे शरीर में व्याधि कम हो गई है, जाड्य कम हो गया है, शरीर में बल आया है और चित्त को शान्ति मिलती है। हे भिक्षुओ, तुम भी ऐसा ही आचरण रखो। यदि तुम रात में भोजन करना छोड़ दोगे तो तुम्हारे शरीर में व्याधि कम होगी, जाड्य कम होगा, शरीर में बल आयेगा और तुम्हारे चित्त को शान्ति मिलेगी।''

तब से भिक्षुओं में दोपहर के बारह बजने से पहले भोजन करने की प्रथा शुरू हो गई और बारह बजने के पश्चात् भोजन करना निषिद्ध समझा जाने लगा।

चारिका

चारिका यानी यात्रा या भ्रमण। यह चारिका दो प्रकार की होती है—शीघ्र चारिका और धीमी (सावकाश) चारिका। इस सम्बन्ध में 'अंगुत्तरनिकाय' के पंचम निपात के तीसरे वग्ग के प्रारम्भ में यह सुत्त है—

भगवान् कहते हैं, ''भिक्षुओ, शीघ्र चारिका में ये पाँच दोष हैं। वे कौन-से हैं? पहले जो धर्मवाक्य न सुना हो वह नहीं सुना जा सकता और जो सुना हो उसका संशोधन (छानबीन) नहीं हो सकता। कुछ बातों का सम्पूर्ण ज्ञान नहीं मिलता। कभी-कभी उसे भयंकर बीमारी हो जाती है और मित्र नहीं मिलते। भिक्षुओ, शीघ्र चारिका में ये पाँच दोष हैं।

''भिक्षुओ, धीमी चारिका में पाँच गुण हैं। वे कौन-से हैं? पहले जो धर्मवाक्य न सुना हो वह सुना जा सकता है और जो सुना हो उसका संशोधन हो सकता है। कुछ बातों का सम्पूर्ण ज्ञान मिलता है। उसे कोई भयंकर रोग नहीं होता और मित्र मिल जाते हैं। भिक्षुओ धीमी चारिका में ये पाँच गुण होते हैं।''

बुद्ध भगवान् ने अपना बोधिसत्वावस्था का अनुभव बताया था। उनका यह निजी

अनुभव था कि शीघ्र यात्रा करने से नहीं किन्तु धीरे-धीरे यात्रा करने से लाभ होता है। इर प्रकार धीरे-धीरे यात्रा करके ही उन्होंने अन्य श्रमणों से ज्ञान प्राप्त किया और अन्त में अपन नया मध्यम मार्ग खोज निकाला।

भिक्षु-संघ के साथ चारिका

बुद्धत्व प्राप्त होने पर भगवान् ने बुद्ध गया से काशी तक यात्रा की और वहाँ पंचवर्गी भिक्षुओं को उपदेश देकर उनका संघ बनाया। उन्हें काशी में छोड़कर भगवान् अकेले राजग लौट गए, इस प्रकार की कथा 'महावग्ग' में दी गई है। परन्तु ऐसा मानने के लिए प्रब प्रमाण है कि ये पाँचों भिक्षु उस चातुर्मास के पश्चात् भगवान् के साथ थे। राजगृह में सारिपु और मोग्गल्लान ये दो प्रसिद्ध परिव्राजक बुद्ध के शिष्य बन गये और फिर बौद्ध-संघ व उन्नति आरम्भ हुई। तब से बुद्ध भगवान् के साथ बहुधा छोटा या बड़ा भिक्षु-संघ रहता ः और उनकी चारिका भिक्षु-संघ के साथ होती थी। ऐसे प्रसंग बहुत कम हैं जब भगवान् बु भिक्षु-संघ को छोड़कर अकेले रहे हों।

जंगम गुरुकुल

बुद्ध समकाल में सारे श्रमण-संघ और उनके नेता इसी प्रकार घूमते रहते थे। बुद्ध ः पहले और बुद्ध समकाल में ब्राह्मणों के गुरुकुल थे। वहाँ पर ऊँची जातियों के तरुण जाक अध्ययन करते थे। उन पर गुरुकुलों का लाभ बहुजन-समाज को बहुत थोड़ा मिलता था ब्राह्मण वेदाध्ययन करके बहुधा राजाश्रय प्राप्त करते, क्षत्रिय धनुर्विद्या सीख कर राजा कं नौकरी में प्रवेश करते और जीवक कौमारभृत्य जैसे तरुण आयुर्वेद सीखकर उच्च जातियों कं सेवा करते और अन्त में राजाश्रय प्राप्त करने की चेष्टा करते। परन्तु श्रमणों के गुरुकुर बिलकुल नहीं थे। वे यात्रा करते-करते ही शिक्षा प्राप्त करते और साधारण लोगों में मिलक धर्मोपदेश देते। इससे बहुजन-समाज पर उनका प्रभाव बहुत पड़ गया।

भिक्षु-संघ में अनुशासन

बुद्ध भगवान् के भिक्षु-संघ में अच्छा अनुशासन था। उन्हें यह बिल्कुल पसन्द नहीं थ कि भिक्षु अव्यवस्थित रूप से रहें। इस सम्बन्ध में चातुमसुत्त[१] में आई हुई कथा यहाँ संक्षेप मं देनी उचित लगती है।

भगवान् बुद्ध चातुमा नामक शाक्यों के गाँव में आमलकी वन में रहते थे। उस समय सारिपुत्त और मोग्गल्लान पाँच सौ भिक्षुओं को साथ लेकर चातुमा पहुँच गये। चातुमा के स्थानिक भिक्षुओं और सारिपुत्त-मोग्गल्लान के साथ गये भिक्षुओं में स्वागतादि की बातें होने लगीं। बैठने-उठने के स्थान कौन-से हैं, पात्र चीमर कहाँ रखे जायँ आदि की पूछताछ करते समय कोलाहल होने लगा। तब भगवान् आनन्द से बोले, "यहाँ पर यह हो-हल्ला क्यों हो रहा है, जैसा कि मछलियाँ पकड़ते समय मछुए किया करते हैं।"

आनन्द बोला, "भदन्त, सारिपुत्त और मोग्गल्लान के साथ आये हुए भिक्षुओं में बातें हो रही हैं। उनके रहने और पात्र चीवर रखने के स्थान के विषय में गड़बड़ी मची है।"

---

१. 'मज्झिमनिकाय', नं० ६७।

भगवान् ने आनन्द को भेजकर सारिपुत्त, मोग्गल्लान तथा उन भिक्षुओं को बुला लिया और उन्हें यह दण्ड दिया कि वे उसके पास न रहकर वहाँ से चले जायँ। वे सब लज्जित हुए और बुद्ध को नमस्कार करके वहाँ से जाने के लिए निकले। चातुमा के शाक्य उस समय किसी काम से अपने संस्थागार में जमा हो गए। उन्हें यह देखकर आश्चर्य हुआ कि आज ही आये हुए भिक्षु वापस जा रहे हैं और उन्होंने उनके लौटने का कारण पूछा। जब उन भिक्षुओं ने शाक्यों से कहा कि "बुद्ध भगवान् ने हमें दण्ड दिया है, इसलिए हम यहाँ से जा रहे हैं।" तो चातुमा के शाक्यों ने उन भिक्षुओं से वहीं रहने को कहा और बुद्ध भगवान् से प्रार्थना करके उनको क्षमा कराया।

धार्मिक संवाद अथवा आर्यमौन

सदैव मौन धारण करके रहने वाले मुनि बुद्ध समकाल में बहुत थे। मुनि शब्द से ही मौन शब्द बना है। यह तपश्चर्या बुद्ध को पसन्द नहीं थी। 'अविद्वान्, अनाड़ी मनुष्य मौन-धारण से मुनि नहीं होता।'[१] तथापि भगवान् का कहना था कि कुछ अवसरों पर मौन धारण करना उचित होता है। अरियपरियेसनसुत्त[२] में भगवान् कहते हैं—"हे भिक्षुओ, तुम या तो धर्म-चर्चा करो या आर्यमौन रखो।"

शांति का उदाहरण

जब बुद्ध भगवान् भिक्षु-संघ को उपदेश नहीं देते थे तब भी सारे भिक्षु अत्यन्त शांति से रहते, तनिक भी गड़बड़ी न मचती। इसका एक उत्कृष्ट उदाहरण 'दीघनिकाय' के सामञ्ञफलसुत्त में मिलता है। वह प्रसंग इस प्रकार है—

भगवान् बुद्ध राजगृह में जीवक कौमारभृत्य के आम्रवन में बड़े भिक्षु-संघ के साथ रहते थे। उस समय कार्तिक पूर्णिमा की रात में अजातशत्रु राजा अपने अमात्यों समेत प्रासाद के ऊपरी कोठे पर बैठा था। वह बोला, "कितनी सुन्दर रात है यह! क्या यहाँ कोई ऐसा श्रमण या ब्राह्मण है जो अपने उपदेश से हमारे चित्त को प्रसन्न करेगा? उस समय पूरणकस्सप, मक्खलिगोसाल, अजितकेसकंबल, पकुध कच्चायन, संजय बेलट्ठपुत्त और निगण्ठ नाथपुत्त, ये प्रसिद्ध श्रमण अपने-अपने संघों के साथ राजगृह के आस-पास रहते थे। अजातशत्रु के अमात्यों ने क्रमशः उनकी स्तुति करके उनसे मिलने जाने के लिए राजा को राजी करने का प्रयत्न किया, पर अजातशत्रु कुछ उत्तर न देकर चुप रह गया।

उस समय जीवक कौमारभृत्य वहाँ था। उससे अजातशत्रु बोला, "तुम क्यों चुप हो?"

इस पर जीवक बोला, "महाराज, ये बुद्ध भगवान् हमारे आम्रवन में बड़े भिक्षु-संघ के साथ रहते हैं। आज महाराज उनसे भेंट करें। उससे आपका चित्त प्रसन्न होगा।"

अजातशत्रु ने वाहन सिद्ध करने लिए जीवक को आज्ञा दी। उसके अनुसार जब जीवक ने सारी तैयारी की तब अजातशत्रु राजा अपने हाथी की अम्बारी में बैठकर और अन्तःपुर की स्त्रियों को विभिन्न हथिनियों पर बिठाकर बड़े दलबल समेत बुद्ध के दर्शनों के लिए निकला।

---

१. न मोनेत मुनि होति मूलहरूपो अविद्दसु 'धम्मपद' २६८।

२. 'मज्झिमनिकाय', नं० २६

जीवक के आम्रवन के पास पहुँचने पर अजातशत्रु भयभीत होकर जीवक से बोला, "हे जीवक, तुम मुझे धोखा तो नहीं दे रहे हो? तुम मुझे मेरे शत्रुओं के हवाले तो करना नहीं चाहते हो न? तुम कहते हो कि यहाँ बहुत बड़ा भिक्षु समुदाय है, पर यहाँ तो छींक, खाँसी या अन्य किसी प्रकार की आवाज सुनाई नहीं देती।"

जीवक बोला, "महाराज, डरिये नहीं। मैं आपको न तो धोखा दे रहा हूँ, और न ही शत्रुओं के हवाले कर रहा हूँ। आगे बढ़िये, आगे बढ़िये। सामने मण्डलमाल[१] में दीपक जल रहे हैं। (अर्थात् यह सम्भव नहीं हो सकता कि अजातशत्रु के शत्रु दीये जलाकर बैठे रहें।)"

जहाँ तक हाथी पर जाना सम्भव था वहाँ तक जाकर अजातशत्रु नीचे उतर गया और जीवक के आम्रवन में मण्डलमाल के द्वार तक पैदल चला गया। वहाँ खड़े रहकर उसने जीवक से पूछा, "भगवान् कहाँ हैं?"

जीवक ने कहा, "महाराज, मण्डलमाल के बीच वाले खम्भे के पास पूर्व की ओर मुँह करके भगवान् बैठे हैं।

अजातशत्रु भगवान् के पास जाकर खड़ा हुआ और मौन धारण करके शान्ति से बैठे हुए भिक्षु-संघ को देखकर बोला, "इस संघ में जो शान्ति है, उस शान्ति से (मेरा) उदयभद्र कुमार समन्वित हो। ऐसी शान्ति उदयभद्र कुमार को मिले।"

भगवान् बोले, "महाराज, आप अपने प्रेम के अनुसार ही बोले हैं।"

इसके अनन्तर अजातशत्रु और भगवान् में बहुत बड़ा संवाद हुआ, पर उसे यहाँ देने का प्रसंग नहीं है। संघ के साथ भगवान रहते थे तब भिक्षु-सम्प्रदाय में कुछ भी शोर-गुल नहीं होता था; यह बताने के लिए ही यह प्रसंग यहाँ दिया है।

भिक्षु-संघ के अनुशासन का प्रभाव

प्रातःकाल में भिक्षा के लिए जाते समय भगवान् कभी-कभी विभिन्न परिव्राजकों के आश्रमों में पधारते थे। भगवान् को देखकर परिव्राजकों के नेता अपने शिष्यों से कहते, "यह श्रमण गौतम आ रहा है, उसे शोरगुल अच्छा नहीं लगता, अतः तुम लोग जोर-जोर से बातें न करके शान्त रहो।"

ऐसे ही एक प्रसंग का वर्णन 'मज्झिमनिकाय' के महासकुलुदायिसुत्त (नं० ७७) में है। उसमें बुद्ध की दिनचर्या की दूसरी भी कुछ बातों का स्पष्टीकरण किया गया है, अतः उसका सारांश संक्षेप में यहाँ दिया जाता है—

भगवान् राजगृह में वेणु-वन के कलन्दक निवाप में रहते थे। उस समय कुछ प्रसिद्ध परिव्राजक मोरनिवाप में परिव्राजकों के आश्रम में रहते थे। एक दिन सुबह भगवान् राजगृह में भिक्षाटन के लिए निकले। भिक्षाटन का समय अभी नहीं हुआ था, इसलिए भगवान् रास्ते में उन परिव्राजकों के आश्रम में गये। वहाँ सकुलुदायि[२] अपनी बड़ी परिव्राजक-सभा में बैठा

---

१. मंडलमाल एक तंबू के आकार का मंडप होता था, जिसकी भूमि आस-पास की भूमि से ऊँची बनाई जाती थी।

२. सकुलं+उदायि अर्थात कुलीन उदायि।

था और वे परिव्राजक राजकथा, चोरकथा, महामात्यकथा, सेनाकथा, भयकथा, युद्धकथा आदि ऊटपटाँग बातें[१] जोर-जोर से कह रहे थे। सकुलुदायि ने आश्रम से कुछ दूरी पर भगवान् को देखा और वह अपने शिष्यों से बोला, ''देखो भाइयो, जोर से मत बोलो, शोर-गुल बन्द करो। ये श्रमण गौतम आ रहे हैं। उन्हें धीमे बोलना प्रिय है और धीर भाषण की वे स्तुति करते हैं। यदि हम गड़बड़ी न मचायेंगे तभी वे इस सभा में आना उचित समझेंगे।''

वे परिव्राजक शान्त हो गए और भगवान् वहाँ पहुँच गए जहाँ सकुलुदायि परिव्राजक था। तब सकुलुदायि भगवान् से बोला, ''भगवान् आइये! भगवान् का स्वागत हो! भगवान् चिरकाल के पश्चात् हमारी सभा में आये हैं। आपके लिए यह आसन प्रस्तुत है, इस पर विराजिए।''

उस आसन पर भगवान् बैठ गए और अपने पास बैठे हुए सकुलुदायि परिव्राजक से बोले, ''उदायि, यहाँ पर तुम्हारी क्या बातें चल रही थीं?''

उदायि बोला, ''भगवान् हमारी बातें जाने दीजिए। वे दुर्लभ नहीं हैं। पर मुझे एक बात का स्मरण होता है। कुछ समय पहले विभिन्न सम्प्रदायों के श्रमण ब्राह्मण एक कौतूहशाला[२] में इकट्ठे हो गए थे। उनमें यह प्रश्न उठा कि पूरणकस्सप, मक्खलि गोसाल, अजितकेसकम्बल, पकुधकच्चायन, संजय बेलपुट्ठ, निगण्ठ नाथपुत्त और श्रमण गौतम-जैसे बड़े-बड़े संघों के नेता आज राजगृह के पास वर्षा वास के लिए रह रहे हैं, यह अंगमगध के लोगों का बड़ा भाग्य समझना चाहिए। पर इन नेताओं में ऐसा कौन है जिसका उचित मान श्रावक रखते हैं? और श्रावक उसके आश्रय में कैसे रहते हैं?''

इस पर कुछ लोग बोले, ''यह पूरणकस्सप ख्यातनामा नेता है। पर श्रावक उसका मान नहीं रखते और उसके आश्रय में नहीं रहना चाहिए। उनमें झगड़े होते रहते हैं।'' इसी प्रकार कुछ अन्य लोगों ने भी बताया कि मक्खलिगोसाल आदि नेताओं के श्रावकों में भी कैसे झगड़े होते थे। अन्त में कुछ लोग बोले, ''यह श्रमण गौतम प्रसिद्ध नेता है। इनके श्रावक इनका उचित मान रखते हैं, और इनके आश्रय में रहते हैं। एक बार गौतम बड़ी सभा में धर्मोपदेश दे रहे थे। वहाँ श्रमण गौतम के एक श्रावक को खाँसी आई। उसे घुटने से दबाकर दूसरा धीरे से बोला, गड़बड़ी मत मचाओ, हमारे शास्ता (गुरु) धर्मोपदेश दे रहे हैं।' जिस समय श्रमण गौतम सैकड़ों लोगों की परिषद् में धर्मोपदेश देते हैं, उनके श्रावकों को छींक या खाँसी का भी शब्द सुनाई नहीं देता। लोग बड़े आदर से उनका धर्म सुनने को तत्पर रहते हैं।......''

भगवान्—हे उदायि, मेरे श्रावक मेरे साथ आदर से बर्ताव करते हैं और मेरे आश्रय में रहते हैं। तुम्हारे विचार में इसके क्या कारण होंगे?

उदायि—मैं समझता हूँ, इसके पाँच कारण होंगे। ये कौन-से हैं? (१) भगवान् अल्पाहार करने वाले हैं और अल्पाहार के गुण बताते हैं। (२) वे कैसे भी चीवरों से सन्तुष्ट

---

१. तिरच्छानकथा। अनिय्यानिकत्ता सग्ग-मोक्ख-मग्गानं तिरच्छावभूता कथा ति तिरच्छान कथा।'अट्ठकथा'।

२. वाद-विवाद का स्थान।

रहते हैं और वैसे सन्तोष के गुण बताते हैं। (३) जो भिक्षा मिलती है उससे सन्तुष्ट रहते हैं और वैसे सन्तोष के गुण बताते हैं। (४) निवास के लिए मिले हुए स्थान में सन्तुष्ट रहते हैं और वैसे सन्तोष के गुण बताते हैं। (५) एकान्त में रहते हैं और एकान्त के गुण बताते हैं। इन पाँच कारणों से भगवान् के श्रावक भगवान् का मान रखते हैं और उनके आश्रय में रहते हैं, ऐसा मुझे लगता है।

भगवान्—हे उदायि, केवल श्रमण गौतम अल्पाहारी है और अल्पाहार के गुण बताता है इसलिए श्रावक मेरा मान रखकर मेरे आश्रय में रहते होते तो मेरे श्रावकों में मुझसे भी अत्यन्त अल्प आहार करने वाले जो श्रावक हैं उन्होंने मेरा मान न रखा होता और वे मेरे आश्रय में न रहते।

हे उदायि, केवल इसीलिए मेरे श्रावक मेरा मान रखकर मेरे आश्रय में रहते होते कि जो चीवर मिलता है उसी से श्रमण गौतम सन्तुष्ट रहता है और वैसे सन्तोष के गुण बताता है, तो मेरे श्रावकों में जो लोग श्मशान से कचरे के ढेर से या बाजारों में से चीथड़े जमा करके उनके चीवर बनाते और पहनते हैं, उन्होंने मेरा मान न रखा होता और वे मेरे आश्रय में न रहते, क्योंकि मैं कभी-कभी गृहस्थों द्वारा दिए गए वस्त्रों के चीवर भी ओढ़ता पहनता हूँ।

हे उदायि, श्रमण गौतम मिलने वाली भिक्षा से सन्तुष्ट रहता है और वैसी सन्तुष्टि के गुण बताता है, इसीलिए मेरे श्रावक मेरा मान रखकर मेरे आश्रय में रहते होते तो उनमें जो केवल भिक्षा पर ही निर्भर रहते हैं, छोटा घर या मान रखकर मेरे आश्रय में न रहते, क्योंकि कभी-कभी गृहस्थों का आमन्त्रण स्वीकार करके मैं अच्छा अन्न खाता हूँ।

हे उदायि, श्रमण गौतम मिले हुए रहने के स्थान में सन्तोष मानता है और जैसे सन्तोष के गुण बताता है, इसलिए मेरे श्रावक मेरा मान रखकर मेरे आश्रय में रहते होते तो उनमें जो लोग पेड़ के नीचे या खुले स्थानों में रहते हैं और आठ महीनों तक आच्छादित स्थान में प्रवेश नहीं करते, वे मेरा मान रखकर मेरे आश्रय में न रहते, क्योंकि मैं कभी-कभी बड़े विहारों में भी रहता हूँ।

हे उदायि, श्रमण गौतम एकान्त में रहकर एकान्त के गुण बताता है, इसीलिए यदि मेरे श्रावक मेरा मान रखकर मेरे आश्रय में रहते होते तो उनमें जो अरण्य में ही रहते हैं, केवल पखवाड़े में एक दिन प्रतिमोक्ष के लिए संघ में आते हैं, वे मेरा मान रखकर मेरे आश्रय में न रहते, क्योंकि मैं कभी-कभी भिक्षुओं, भिक्षुणियों, उपासकों, उपासिकाओं, राजाओं, मन्त्रियों, अन्य संघों के नेताओं और उनके श्रावकों से मिलता रहता हूँ।

परन्तु हे उदायि, दूसरे पाँच गुण ऐसे हैं जिनके कारण मेरे श्रावक मेरा मान रखकर मेरे आश्रय में रहते हैं—(१) श्रमण गौतम शीलवान् है। (२) वह यथार्थतया धर्मोपदेश करता है। (३) वह प्रज्ञावान् है। इसलिए मेरे श्रावक मुझे मानते हैं और मेरे आश्रय में रहते हैं। (४) इसके अतिरिक्त मैं अपने श्रावकों को चार आर्यसत्यों का उपदेश देता हूँ और (५) आध्यात्मिक उन्नति के विभिन्न प्रकार बताता हूँ। इन पाँच गुणों के कारण मेरे श्रावक मेरा मान रखते हैं और मेरे आश्रय में रहते हैं।

भिक्षु-संघ के साथ रहते समय भगवान् की दिनचर्या

सब परिव्राजकों को यह ज्ञात हो चुका था कि भगवान् बुद्ध अपने संघ में कैसे

अनुशासन रखते हैं इस सुत्त से यह स्पष्ट होगा कि भगवान् जब अन्य परिव्राजकों की परिषद् में जाते तब वे भी बड़ी शान्ति से रहते थे। बुद्ध भगवान् कभी-कभी गृहस्थों का आमन्त्रण और गृहस्थों द्वारा दिया हुआ वस्त्र स्वीकार करते थे, तथापि अल्पाहार करने, अन्न-वस्त्रादि की सादगी और एकान्तवास की प्रियता के विषय में भी उनकी ख्याति थी। वे जब भिक्षु-संघ के साथ यात्रा करते तब गाँव से बाहर, उपवन में या ऐसे ही अन्य सुविधाजनक स्थान में रहते थे। रात को ध्यान-समाधि समाप्त करके मध्यम याम में ऊपर बताए अनुसार सिंह-शय्या करते और मुँह अंधेरे उठकर फिर से चंक्रमण करते या ध्यान-समाधि में निमग्न हो जाते।

प्रात:काल के समय भगवान् उस गाँव या शहर में बहुधा अकेले ही भिक्षाटन के लिए जाते और मार्ग में या भिक्षाटन करते समय प्रसंग के अनुसार गृहस्थों को उपदेश देते। सिगालोवादसुत्त भगवान् ने मार्ग में ही बनाया था और कसिभारद्वाजसुत्त तथा अन्य ऐसे ही सुत्तों में ग्रथित उपदेश उन्होंने भिक्षाटन करते हुए दिया था।

पेट के लिए पर्याप्त भिक्षा मिलने पर भगवान् गाँव से बाहर जाकर किसी पेड़ के नीचे या ऐसे ही अन्य स्थान में बैठकर उस अन्न को खा लेते और विहार में आकर थोड़ी देर विश्राम करके ध्यान-समाधि में कुछ समय बिताते। सायंकाल के समय उनसे मिलने के लिए गृहस्थ लोग आते और उनसे धार्मिक संवाद करते। ऐसे ही अवसरों पर सोणदण्ड, कूटदण्ड आदि ब्राह्मणों द्वारा बृहत् ब्राह्मण समुदाय के साथ बुद्ध से भेंट करके धार्मिक चर्चा की गई थी, इसका प्रमाण 'दीघनिकाय' में मिलता है। जिस दिन गृहस्थ नहीं आते थे उस दिन भगवान् बहुधा अपने साथ के भिक्षुओं को धर्मोपदेश देते।

फिर एक-दो दिन बाद भगवान् यात्रा के लिए निकल पड़ते और इस प्रकार पूर्व में भागलपुर, पश्चिम में कुरुओं का कल्माषदम्य नामक शहर, उत्तर में हिमालय और दक्षिण में विंध्य के प्रदेश में आठ महीने तक भिक्षुसंघ के समेत यात्रा करते रहते।

वर्षा-वास

बुद्ध भगवान् ने जब उपदेश देना प्रारम्भ किया तब उनके भिक्षु वर्षा-काल में एक स्थान पर नहीं रहते थे। चारों दिशाओं में घूमकर धर्मोपदेश देते रहते थे। अन्य सम्प्रदायों के श्रमण वर्षा काल में एक स्थान पर रहते थे, अत: साधारण जनों को बुद्ध भिक्षुओं का यह आचरण अच्छा नहीं लगा। वे भिक्षुओं पर टीका-टिप्पणी करने लगे, तब उनके सन्तोष के लिए बुद्ध भगवान् ने यह नियम बनाया कि भिक्षु लोग वर्षा-काल में कम-से-कम तीन मास एक स्थान पर रहें।[१]

'महावग्ग' में वर्षा-वास की जो कथा आई है उसका यह सारांश है। पर ऐसा नहीं लगता कि यह कथा पूर्णतया सच्ची होगी। एक तो यह कि सारे श्रमण वर्षा-काल में एक ही स्थान पर रहते हों सो बात नहीं थी और दूसरे यह कि भगवान् के बनाये इस नियम में भी बहुत-से अपवाद हैं। चोरों से या इसी प्रकार का कोई अन्य कष्ट उपस्थित होने पर वर्षा-काल में भिक्षु अन्यत्र जा सकते हैं।

---

१. 'बौद्धसंघाचा परिचय', पृष्ठ २४ देखिए।

बुद्ध भगवान् ने जब उपदेश प्रारम्भ किया तब उनकी विशेष ख्याति नहीं थी, इसलिए वे या उनका छोटा-सा भिक्षु-समुदाय वर्षा-वास के लिए एक स्थान पर नहीं रह सकते थे। जब चारों ओर उनकी ख्याति हो गई तब प्रथमतः अनाथपिंडिक श्रेष्ठी ने श्रावस्ती के पास जेतवन में उनके लिए एक बड़ा विहार बनवाया।[१] और कुछ समय के पश्चात् विशाखा उपासिका ने उसी शहर के पास पूर्वाराम नाम का प्रासाद बनाकर वह बौद्ध-संघ को समर्पित कर दिया। भगवान् बुद्ध अपने बुढ़ापे में बहुधा इन दो स्थानों में रहकर वर्षा-काल बिताते थे। अन्य स्थानों के उपासकों द्वारा निमन्त्रित किये जाने पर भगवान् बुद्ध वर्षा-काल के लिए उनके यहाँ भी जाते थे। बरसात के दिनों के लिए झोपड़ियाँ बनाकर लोग भिक्षुओं के निवास का प्रबन्ध करते। भगवान् के लिए एक अलग झोपड़ी होती, जिसे गन्धकुटी कहते थे।

वर्षा-काल में आस-पास के उपासक बुद्ध-दर्शन के लिए आते और धर्मोपदेश सुनते। परन्तु वे नित्य विहार में लाकर भिक्षा नहीं देते थे। भिक्षुओं और बुद्ध भगवान् को प्रथा के अनुसार भिक्षाटन करना पड़ता, क्वचित ही गृहस्थों के घर से आमन्त्रण मिलता।

बीमार भिक्षुओं की पूछ-ताछ

भिक्षुओं में से यदि कोई बीमार होता तो बुद्ध भगवान् दोपहर को ध्यान-समाधि पूरी करके उसके स्वास्थ्य के बारे में पूछ-ताछ करने जाते। एक बार महाकाश्यप राजगृह में पप्पली गुहा में बीमार था। उस समय भगवान् वेणुवन में रहते थे। सायंकाल के समय महाकाश्यप का स्वास्थ्य पूछने के लिए भगवान् के जाने की कथा 'बोज्झंगसंयुत्त' के चौदहवें सुत्त में आई है और पंद्रहवें सुत्त में एक अन्य अवसर पर भगवान् के महामोग्गल्लान का समाचार पूछने के लिए जाने की कथा है। इन दोनों को भगवान् ने सात बोध्यंगों का स्मरण कराया और उससे उनकी बीमारी दूर हो गई।

कुछ दिवसों का एकान्तवास

हम यह ऊपर कह चुके हैं कि भगवान् जब यात्रा में होते या वर्षा-काल में एक स्थान पर रहते तब दोपहर को एक-दो घंटे और रात्रि के प्रथम तथा अंतिम यामों में बहुत-सा समय ध्यान-समाधि में बिताते थे। इसके अतिरिक्त 'अनापानस्मृतिसंयुत्त' के नौवें सुत्त में यह कथा आई है कि भगवान् एक बार वैशाली के पास महावन की कूटागार शाला में रहते समय पन्द्रह दिन तक एकान्त में रहे थे। केवल भिक्षाटन लाने वाले एक भिक्षु को ही उन्होंने अपने पास आने की अनुमति दे दी थी। इसी सुत्त के ग्यारहवें सुत्त में इस प्रकार उल्लेख आता है—

एक बार भगवान् इच्छानंगल गाँव के पास इच्छानंगल वन में रहते थे। वहाँ भगवान् भिक्षुओं से बोले, "हे भिक्षुओ, मैं तीन मास तक एकान्त में रहना चाहता हूँ। मेरे पास केवल पिण्डपात लाने वाले भिक्षु को छोड़कर अन्य कोई न आये।" उन तीन मासों के पश्चात् भगवान् एकान्त से बाहर आये और भिक्षुओं से बोले, "यदि अन्य संप्रदायों के परिव्राजक आप लोगों से पूछें कि इस वर्षा-काल में कौन-सी ध्यान-समाधि करते रहे, तो आप उनसे

---

१. 'बुद्धलीलासार संग्रह' पृष्ठ १६७-१७९ देखिए।

कहिये कि भगवान् आनापानस्मृतिसमाधि[१] करते रहे।''

उल्लिखित सुत्त में भी कहा गया है कि भगवान् पंद्रह दिन तक आनापानस्मृतिसमाधि करते थे। इसका अर्थ इतना ही था कि लोग उक्त समाधि का महत्व समझ जायँ। पंद्रह दिन या तीन मास तक उसकी भावना करने से भी जी नहीं ऊबता और उससे शरीर-स्वास्थ्य अच्छा रहता है।

एक अन्य प्रसंग पर भगवान् के भिक्षु-संघ को छोड़कर अकेले पारिलेय्यक वन में जाकर रहने का उल्लेख छठे अध्याय में आ ही चुका है। इससे ऐसा दीखता है कि भगवान् कभी-कभी ऐसे स्थानों पर एकान्त में जाकर रहते थे, जहाँ उन्हें कोई पहचानता नहीं था। परन्तु जब सर्वत्र उनकी प्रसिद्धि हो गई और सब लोग उन्हें पहचानने लगे तब संघ में रहते समय ही कुछ काल तक उन्होंने संघ से अलिप्त रहने का उपक्रम शुरू किया होगा। परन्तु उनके पैंतालीस वर्ष के कार्यकाल में ऐसे प्रसंग बहुत नहीं थे।

आजकल[२] काया-कल्प का बहुत बोल-बाला हो गया है। मनुष्य को महीना या डेढ़ महीना एक कमरे में बन्द करके रखा जाता है और पथ्य के साथ औषधोपचार किया जाता है। उससे मनुष्य पुनः तरुण हो जाता है, ऐसी लोगों में धारणा है। इस प्रकार के काया-कल्प के साथ भगवान् के एकान्तवास का कोई सम्बन्ध नहीं है, क्योंकि भगवान् उस अवधि में औषधोपचार नहीं करते थे। वे तो केवल आनापानस्मृतिसमाधि की भावना करते रहते थे।

बहुत काल तक एकान्त में रहने की प्रथा सिंहल द्वीप, ब्रह्मदेश या स्याम में क्वचित् ही पाई जाती है, पर वह तिब्बत में प्रचलित है। इतना ही नहीं बल्कि कहीं-कहीं उसका अतिरेक भी दिखाई देता है। कुछ तिब्बती लामा वर्षों तक किसी गुहा या ऐसे ही अन्य स्थान में अपने को बन्द कर लेते हैं और सब सिद्धियाँ प्राप्त करने का प्रयत्न करते हैं।

बीमारी

भगवान् के बीमार होने का उल्लेख बहुत कम स्थानों में मिलता है। एक बार राजगृह के पास वेणुवन में वे बीमार थे। 'बोजझंगसंयुत्त के सोलहवें सुत्त में यह कथा आती है कि उस समय महाचुन्द ने उनके कहने पर उन्हें सात बोध्यंग कह सुनाये और उससे वे ठीक हो गये।

'विनयपिटक' के 'महावग्ग' में ऐसा उल्लेख आता है[३] कि भगवान् कुछ बीमार थे और जीवक कौमारभृत्य ने उन्हें जुलाब की दवा दी थी। 'चुल्लवग्ग' में देवदत्त की कथा है। उसने गृध्रकूट पर्वत पर से भगवान् के ऊपर एक बहुत बड़ा पत्थर फेंका था। उसके टुकड़े-टुकड़े होकर एक चिप्पी भगवान् के पैर में लगी और उससे भगवान् बीमार हो गये। इस डर से कि कहीं देवदत्त भगवान् की हत्या न कर दें, कुछ भिक्षुओं ने भगवान् के निवास-स्थान के चारों

---

१. आन यानी आश्वास और अपान यानी प्रश्वास। उन पर सधने वाली समाधि को 'आनापानस्मृतिसमाधि' कहते हैं। इसका विधान 'समाधि-मार्ग' (पृष्ठ ३८-४८) में आ चुका है।

२. सन् १४० के आस-पास।

३. देखिए, 'बौद्धसंघाचा परिचय', पृष्ठ ३४।

ओर पहरा देना शुरू किया। उसकी हलचल देखकर भगवान् ने आनन्द से पूछा, ''ये भिक्षु यहाँ क्यों घूम रहे हैं?'' आनन्द ने उत्तर दिया, ''भदन्त, ये भिक्षु यहाँ इसलिए पहरा दे रहे हैं कि आपके शरीर को कोई कष्ट या हानि न पहुँचने पाये।''

भगवान् ने आनन्द से कहकर उन भिक्षुओं को अपने पास बुला लिया और वे उनसे बोले, ''मेरी देह की चिन्ता करने का कोई कारण नहीं है। मेरी यह अपेक्षा नहीं है कि मेरे शिष्यों द्वारा मेरी रक्षा हो। अतः तुम यहाँ पहरा देने के बजाय अपने काम पर चले जाओ।''

'विनयपिटक' की इन कथाओं के लिए सुत्तपिटक में आधार नहीं मिलता। जुलाब की दवा वाली बात तो बिल्कुल साधारण है और देवदत्त की कथा, हो सकता है उसे अत्यन्त अधम ठहराने के लिए गढ़ी गई हो। वह सच्ची हो तो भी ऐसा नहीं लगता कि उस घाव से भगवान् बहुत दिन बीमार रहे हों। इस प्रकार की इन छोटी-सी बीमारियों को छोड़ दिया जाय तो हम कह सकते हैं कि बुद्ध होने के बाद भगवान् का स्वास्थ्य कुल मिलाकर अच्छा था।

आरोग्य का कारण

बुद्ध भगवान् और उनके शिष्य सब जातियों के लोगों द्वारा दी गई भिक्षा लेते थे और दिन में एक बार भोजन करते थे। ऐसा होते हुए भी उनका स्वास्थ्य अच्छा रहता था और मुखचर्या प्रसन्न दिखाई देती थी। इसका प्रमाण निम्नलिखित काल्पनिक संवाद है—

(प्रश्न)—**अरञ्ञे विचरन्तानं सन्तानं ब्रह्मचारिनं।**
एकभत्तं भुञ्जमानानं केन वण्णो पसीदति॥

अर्थात ''अरण्य में रहते हैं, ब्रह्मचर्य का पालन करते हैं, और एक बार भोजन करते हैं, इतना होते हुए भी साधुओं की कान्ति कैसे प्रसन्न रहती है?''

(उत्तर)—**अतीतं नानुसोचन्ति नप्पजप्पन्ति नागतं।**
पच्चुपन्नेन यापेन्ति तेन वण्णो पसीदति॥

अर्थात ''वे अतीत का शोक नहीं करते, अनागत बातों के विषय में बकवास नहीं करते और वर्तमान में सन्तोष से रहते हैं, इसलिए उनकी कान्ति प्रसन्न रहती है।''[१]

अन्तिम बीमारी

बुद्ध भगवान् की अन्तिम बीमारी का वर्णन 'महापरिनिब्बानसुत्त' में आया है।[२] उस वर्ष बरसात से पहले भगवान् राजगृह में थे। वहाँ से बड़े भिक्षु-संघ के साथ यात्रा करते हुए वे वैशाली पहुँचे और पास के बेलुव नामक गाँव में स्वयं वर्षा-वास के लिए रहे। उन्होंने भिक्षुओं को उनकी सुविधा के अनुसार वैशाली के आस-पास रहने की अनुज्ञा दे दी। उस बरसात में भगवान् बहुत बीमार हो गये, परन्तु उन्होंने अपनी जाग्रति को विचलित नहीं होने दिया। भिक्षु-संघ को देखे बिना परिनिर्वाण को प्राप्त होना उन्हें उचित नहीं लगा और उसके अनुसार उन्होंने वह व्याधि सहन करके अपनी आयु के पीछे कुछ दिन बढ़ा लिये। इस बीमारी से जब भगवान् ठीक हो गए, तो आनन्द उनसे बोला, ''भदन्त, यह देखकर मुझे

---

१. देखिए, 'देवातासंयुत्त', वग्ग १, सुत्त १०।
२. देखिए, 'बुद्धलीलासारसंग्रह', पृष्ठ २९२-३१२।

सन्तोष होता है कि आप बीमारी से स्वस्थ हो गए। आपकी इस बीमारी से मेरा जी दुर्बल हो गया था। मुझे कुछ सूझता नहीं था और धार्मिक उपदेश की भी विस्मृति होने लगी थी। तथापि मुझे यह आशा थी कि भिक्षु-संघ को अन्तिम उपदेश दिये बिना भगवान् निर्वाण को प्राप्त नहीं होंगे।''

भगवान्—हे आनन्द, भिक्षु-संघ मुझसे कौन-सी बातें जानने की इच्छा रखता है। मैंने अपना धर्म खोलकर बता दिया है, उसमें कोई बात छिपाकर नहीं रखी है। जिसे ऐसा लगता हो कि वह भिक्षु-संघ का नायक बने और भिक्षु-संघ उस पर अवलम्बित रहे, वही भिक्षु-संघ को कुछ अन्तिम बातें कहेगा। परन्तु हे आनन्द, तथागत की यह इच्छा नहीं है कि वह भिक्षु-संघ का नायक बने या भिक्षु-संघ उस पर अवलम्बित रहे। अत: तथागत भिक्षु-संघ को अन्त में क्या कहेगा? हे आनन्द, अब मैं जीर्ण एवं वृद्ध हो गया हूँ। अस्सी बरस की अवस्था हो गई है। टूटा-फूटा छकड़ा जैसे बाँस के टुकड़े जोड़ देने से किसी तरह चलता रहता है, वैसे मेरा काय (शरीर) जैसे तैसे चल रहा है। जिस समय मैं निरोध-समाधि की भावना करता हूँ, उसी समय मेरी देह को कुछ अच्छा लगता है। इसलिए आनन्द, अब तुम लोग अपने पर ही अवलम्बित रहो, आत्म-निर्भर बनो। आत्मा को ही द्वीप बनाओ, धर्म को ही द्वीप बनाओ। आत्मा की ही शरण में जाओ, धर्म की ही शरण में जाओ।

ऐसी स्थिति में भी भगवान् बेलुव गाँव से वैशाली लौट गए। वहाँ आनन्द को भेजकर उन्होंने भिक्षु-संघ को महावन की कूटागार शाला में एकत्रित किया और बहुत-सा उपदेश दिया। इसके पश्चात भगवान् भिक्षु-संघ के साथ भांडग्राम, हस्तिग्राम, आम्रग्राम, जंबुग्राम, भोगनगर आदि स्थानों की यात्रा करते हुए पावा नाम की नगरी में चुन्द लुहार के आम्रवन में जाकर ठहर गए। चुन्द के घर भगवान् को और भिक्षु संघ को आमन्त्रण था। चुन्द ने जो पकवान बनवाये थे उनमें 'सूकरमद्दव' नाम का एक पदार्थ था। उसे खाते ही भगवान् अतिसार की व्याधि से पीड़ित हो गए। तथापि उन वेदनाओं को सहन करके भगवान् ने कुकुत्था एवं हिरण्यवती नामक दो नदियों को पार किया और कुसिनारा तक यात्रा की। यहाँ मल्लों के शालवन में उस रात्रि के पश्चिम याम में बुद्ध भगवान् परिनिर्वाण को प्राप्त हो गए। इस प्रकार भगवान् के अत्यन्त बोधप्रद एवं कल्याणप्रद जीवन का अन्त हो गया।

❑❑❑

परिशिष्ट १

गौतम बुद्ध के जीवन-चरित्र में आये हुए 'महापदान सुत्त' के खण्ड

अपदान (संस्कृत अवदान) का अर्थ है सच्चरित्र। अर्थात् महापदान का अर्थ हो गया महापुरुषों के सत्-चरित्र। 'महापदानसुत्त' में गौतम बुद्ध से पहले के छः बुद्धों और गौतम बुद्ध के चरित्र प्रारम्भ में संक्षेप में दिये हैं। गौतम बुद्ध से पहले सिखी, विपस्सी, वेस्सभू, ककुसंघ, कोणागमन, और कस्सप ये छः बुद्ध हो गए। इसमें से पहले तीन क्षत्रिय और शेष ब्राह्मण थे। उनके गोत्र, आयु, उन वृक्षों के नाम (जिनके नीचे बैठकर वे बुद्ध हुए थे) उनके दो मुख्य शिष्य, उनके संघों की भिक्षु-संख्या, उनके उपस्थायक (सेवक भिक्षु), माता-पिता, उस काल का राजा एवं राजधानी आदि के नाम आदि की जानकारी इस सुत्त के प्रारम्भ में दी गई है और फिर विपस्सी बुद्ध का चरित्र विस्तार के साथ दिया है। उस पौराणिक चरित्र के जो खण्ड गौतम बुद्ध के जीवन में जोड़ दिये गए हैं उनका सारांश हम यहाँ देते हैं।[१]

: १ :

भगवान् बोले, "हे भिक्षुओ, इससे पहले के इक्यानबेवें कल्प में अर्हत् सम्यक् संबुद्ध विपस्सी भगवान् ने इस लोक में जन्म लिया। वह जाति का क्षत्रिय और गोत्र से कौण्डिन्य था। उसकी आयुर्मर्यादा अस्सी हजार बरस की थी। वह पाटली वृक्ष के नीचे अभिसंबुद्ध हो गया। खण्ड एवं तिस्स नामक उसके दो अग्रश्रावक थे। उसके शिष्यों के तीन समुदाय थे; जिनमें से पहले में अड़सठ लाख, दूसरे में एक लाख और तीसरे में अस्सी लाख थे। ये सभी क्षीणाश्रव थे। अशोक नामक भिक्षु उसका अग्र उपस्थायक था, बंधुमा नामक राजा पिता था, बंधुमती नाम की रानी माता थी और बंधुमा राजा की राजधानी का नाम बंधुमती था।

: २ :

(१) और भिक्षुओ, विपस्सी बोधिसत्व ने तुषित देवलोक से च्युत होकर, स्मृतिमान् जाग्रत होकर, माता के उदर में प्रवेश किया। यह तो यहाँ स्वभाव-नियम है।

(२) भिक्षुओ, जब बोधिसत्व तुषित देवलोक से च्युत होकर माता की कोख में प्रवेश करता है, तब देव, मार ब्रह्मा, श्रमणों, ब्राह्मणों और मनुष्यों से भरे हुए इस संसार में देवों के प्रभाव से भी अधिक अप्रमाण एवं विपुल आलोक प्रादुर्भूत होता है। विभिन्न जगतों के बीज के जो देश सदैव अन्धकारमय एवं घोर तिमिरयुक्त होते हैं, जहाँ इतने बड़े प्रतापी तथा महानुभाव

---

१. इस सारे सुत्त का मराठी भाषान्तर श्री चिं० वै० राजवाड़े-कृत 'दीघनिकाय' भाग २, (ग्रन्थ-सम्पादक व ग्रन्थ प्रकाशक मंडली नं० ३८०, ठाकुरद्वार रोड, बम्बई २) में दिया गया है।

चन्द्रसूर्यों का प्रभाव नहीं पड़ता, वहाँ भी देवों के प्रभाव से बढ़कर अप्रमाण एवं विपुल प्रकाश प्रादुर्भूत होता है। उस प्रदेश में उत्पन्न हुए प्राणी उस प्रकाश से एक-दूसरे को देखकर यह जान जाते हैं कि उनके अतिरिक्त और भी प्राणी यहाँ हैं। यह दश सहस्र संसारों का समुदाय हिलने लगता है और उन सब संसारों में देवों के प्रभाव को पीछे छोड़ने वाला अप्रमाण एवं विपुल प्रकाश प्रादुर्भूत होता है। यह स्वभाव-नियम है।

(३) भिक्षुओ, यह स्वभाव नियम है कि जब बोधिसत्व माता के उदर में प्रवेश करता है तब उसे और उसकी माता को मनुष्यों या अमनुष्यों से कष्ट न पहुँचे, इसलिए चार देवपुत्र रक्षा के लिए चारों दिशाओं में रहते हैं। यह स्वभाव-नियम है।

(४) भिक्षुओ, जब बोधिसत्व माता के उदर में प्रवेश करता है तब उसकी माता स्वाभाविकतया शीलवती होती है, वह प्राणघात, चोरी, व्यभिचार, असत्य भाषण एवं मद्य-पान से मुक्त रहती है। यह स्वभाव-नियम है।

(५) भिक्षुओ, जब बोधिसत्व माता के उदर में प्रवेश करता है तब उसकी माता के अन्तःकरण में पुरुष के विषय में कामासक्ति उत्पन्न नहीं होती और कोई भी पुरुष काम-विकारयुक्त चित्त से बोधिसत्व की माता का अतिक्रमण नहीं कर सकता। यह स्वभाव-नियम है।

(६) भिक्षुओ, जब बोधिसत्व माता के उदर में प्रवेश करता है, तब उसकी माता को पाँच सुखोपभोगों का लाभ होता है। उन पंच-सुखोपभोगों से सम्पन्न होकर वह उनका उपभोग करती है। यह स्वभाव-नियम है।

(७) भिक्षुओ, जब बोधिसत्व माता के उदर में प्रवेश करता है तब उसकी माता को कोई भी व्याधि नहीं होती। वह सुखी एवं निरुपद्रवी होती है और अपनी कोख में रहने वाले सर्वेन्द्रिय संपूर्ण बोधिसत्व को देखती है; जैसे किसी असली अष्टकोण घिसकर तैयार की हुई, स्वच्छ, शुद्ध, सर्वाकारपरिपूर्ण बैडूर्यमणि (वैदूर्य्य) में नीला, पीला, लाल या सफेद धागा पिरोया जाय तो यह मणि और वह धागा आँखों वाले मनुष्य को स्पष्ट दिखाई देता है, वैसे बोधिसत्व की माता अपने उदर के बोधिसत्व को स्पष्ट देखती है। यह स्वभाव-नियम है।

(८) भिक्षुओ, बोधिसत्व के जन्म को सात दिन होने पर उसकी माता का देहान्त होता है और वह तुषित देवलोक में जन्म लेती है। यह स्वभाव-नियम है।

(९) भिक्षुओ, जिस प्रकार साधारण स्त्रियाँ नौवें या दसवें महीने प्रसूत होती हैं उस प्रकार बोधिसत्व की माता प्रसूत नहीं हुई। दस महीने परिपूर्ण होने के बाद ही वह बोधिसत्व को जन्म देती है। यह स्वभाव-नियम है।

(१०) भिक्षुओ, अन्य स्त्रियाँ जैसे बैठी हुई या लेटी हुई अवस्था में प्रसूत होती हैं वैसे बोधिसत्व की माता प्रसूत नहीं होती। वह खड़े-खड़े प्रसूत होती है। यह स्वभाव-नियम है।

(११) भिक्षुओ, जब बोधिसत्व माता के उदर से बाहर निकलता है तब प्रथमतः उसे देव ले लेते हैं और फिर मनुष्य उठा लेते हैं। यह स्वभाव-नियम है।

(१२) भिक्षुओ, जब बोधिसत्व माता के उदर से बाहर निकलता है तब भूमि पर पड़ने से पहले ही चार देवपुत्र उसे ले लेते हैं और माता के आगे रख कर कहते हैं, ''देवि, आनन्द

मना, तेरे महानुभाव पुत्र हो गया है।'' यह स्वभाव-नियम है।

(१३) भिक्षुओ, बोधिसत्व जब माता के उदर से बाहर निकलता है तब वह उदरोदक, श्लेष्मा, रुधिर या अन्य गन्दगी से लथपथ नहीं होता, वह तो शुद्ध और स्वच्छ रूप में बाहर आता है। भिक्षुओ, रेशमी वस्त्र पर बहुमूल्य रत्न रखा जाय तो वह उस वस्त्र को मलिन नहीं बनाता और वह वस्त्र उस रत्न को गंदा नहीं बनाता, क्योंकि वे दोनों शुद्ध होते हैं। इसी प्रकार बोधिसत्व जब बाहर निकलता है तब वह शुद्ध होता है। यह स्वभाव-नियम है।

(१४) भिक्षुओ, बोधिसत्व जब माता की कोख से बाहर निकलता है तब अंतरिक्ष से दो उदक-धाराएँ नीचे आती हैं; जिनमें एक शीतल और दूसरी उष्ण होती है। यह धाराएँ बोधिसत्व एवं उसकी माता को धो डालती हैं। यह स्वभाव-नियम है।

(१५) भिक्षुओ, जन्म लेते ही बोधिसत्व अपने पैरों पर सीधा खड़ा रहकर उत्तर की ओर सात पग चलता है—उस समय उस पर श्वेत छत्र पकड़ा जाता है—और सब दिशाओं की ओर देखकर वह गरज़ता है, ''मैं संसार में अग्रगामी हूँ, श्रेष्ठ हूँ, यह अन्तिम जन्म है, अब पुनर्जन्म नहीं है।'' यह स्वभाव-नियम है।

(१६) भिक्षुओ, जब बोधिसत्व माता के उदर से बाहर निकलता है तब देव, मार ब्रह्मा (आदि बातें विभाग २ के अनुसार)·····

: ३ :

भिक्षुओ, विपस्सी राजकुमार का जन्म होते ही बंधुमा राजा को यह समाचार दिया गया कि, ''महाराज, आपके पुत्र हो गया है, उसे महाराज देखें!'' भिक्षुओ, बन्धुमा राजा ने विपस्सी कुमार को देखा और ज्योतिषी ब्राह्मणों को बुलाकर उसके लक्षण देखने को कहा।

ज्योतिषी बोले, ''महाराज, आनन्द मनाइये, आपके महानुभाव पुत्र हुआ है। आपका यह महान् सौभाग्य है कि आपके कुल में ऐसा पुत्र उत्पन्न हुआ है। यह कुमार बत्तीस महापुरुष-लक्षणों से युक्त है। ऐसे महापुरुष की दो ही गतियाँ होती हैं, तीसरी नहीं होती। वह यदि गृहस्थाश्रम में रहे तो धार्मिक धर्म राजा, चारों समुद्रों से वेष्टित पृथ्वी का मालिक, राज्य में शान्तिस्थापना करने वाला, सात रत्नों से समन्वित चक्रवर्ती राजा हो जाता है। उसके सात रत्न ये होते हैं—चक्ररत्न, हस्तिरत्न, अश्वरत्न, मणिरत्न, स्त्रीरत्न, गृहपतिरत्न, और सातवाँ परिणायकरत्न।[१] उसके हजार से भी अधिक शूरवीर, शत्रु-सेना का मर्दन करने वाले पुत्र होते हैं। वह समुद्र तक फैली हुई इस पृथ्वी को दण्ड और शस्त्र के बिना धर्म से जीतकर राज्य करता है। परन्तु यदि वह प्रव्रज्या ले ले तो वह इस संसार में अर्हन् सम्यक् सम्बुद्ध एवं अविद्यावरण दूर करने वाला होता है।

महाराज, सुनिये वे बत्तीस लक्षण कौन-से हैं—

(१) यह कुमार सुप्रतिष्ठितपाद है, (२) इसके पादतल के नीचे सहस्र आरों, नेमियों और नाभियों से सम्पन्न तथा सर्वाकार परिपूर्ण चक्र है, (३) इसकी एड़ियाँ लम्बी हैं, (४) उँगलियाँ लम्बी हैं, (५) हाथ, पाँव मृदु तथा कोमल, (६) जाले के समान हैं, (७) पाँवों के

---

१. परिणायक का अर्थ है प्रधान मन्त्री।

टखने शंकु के समान वर्तुलाकार हैं, (८) जाँघें हिरनी की जाँघों-जैसी हैं, (९) खड़े रहकर, बिना झुके, यह अपनी हथेलियों से अपने घुटनों को स्पर्श कर सकता है, उन्हें यह सहला सकता है, (१०) इसका वस्त्र गुह्य कोश से ढका है, (११) इसकी कान्ति सोने-जैसी है, (१२) चमड़ी सूक्ष्म होने से इसके शरीर में धूल नहीं लगती, (१३) इसके रोम-कूप में एक-एक ही बाल उगा है, (१४) इसके बाल ऊर्ध्वाग्र, नीले, अंजन वर्ण, घुँघराले, और दाहिनी ओर झुके हुए हैं, (१५) इसके गात्र सरल हैं, (१६) इसके शरीर के सात भाग ठोस हैं, (१७) इसके शरीर का अगला आधा भाग सिंह के अगले भाग के समान है, (१८) इसके कंधे के ऊपर का प्रदेश ठोस है, (१९) यह न्यग्रोध वृक्ष के समान वर्तुलाकार है, जितनी उसकी ऊँचाई उतनी उसकी परिधि और जितनी परिधि उतनी ऊँचाई होती है, (२०) इसके कन्धे समान रूप से मुड़े हुए हैं, (२१) इसकी रसना उत्तम है, (२२) चिबुक सिंह की ठोड़ी-जैसी है, (२३) इसके चालीस दाँत हैं, (२४) वे सीधे हैं, (२५) वे निरन्तर हैं, (२६) वे शुभ्र हैं, (२७) इसकी जिह्वा लम्बी है, (२८) यह ब्रह्म-स्वर है, करवीक पक्षी के स्वर के समान इसका स्वर मधुर है, (२९) इसकी आँखों के डेले नीले हैं, (३०) इसकी पलकें गाय की पलकों के समान हैं, (३१) इसकी भौंहों में मुलायम रुई के रेशों के समान श्वेत रोयें उगे हैं, (३२) इसका मस्तक उष्णीषाकार (अर्थात् बीच में कुछ ऊँचा) है।

: ४ :

फिर हे भिक्षुओ, बंधुमा राजा ने विपस्सी कुमार के लिए तीन प्रासाद बनवाये—एक बरसात के लिए, एक जाड़े के लिए और एक गरमी के लिए। इन प्रासादों में पंचेन्द्रियों के सुख के सारे पदार्थ रखवा दिये गये। भिक्षुओ, बरसात के लिये बनवाये गए प्रासाद में विपस्सी कुमार वर्षा ऋतु के चार महीनों में केवल स्त्रियों द्वारा बजाये जानेवाले वाद्यों से परिवारित होकर रहता था, प्रासाद से नीचे नहीं उतरता था।

: ५ :

और भिक्षुओ, सैकड़ों-हजारों वर्षों के बाद विपस्सी कुमार सारथी को बुला कर बोला, "हे मित्र सारथे, अच्छे-अच्छे यान प्रस्तुत रखो, प्रकृति शोभा देखने के लिये हम उद्यान में जायँगें।" सारथि ने यान तैयार किये और विपस्सी कुमार रथ में बैठकर उद्यान की ओर जाने के लिए निकल पड़ा। मार्ग में एक गोपानसी के समान झुके हुए, भग्न शरीर, लकड़ी के सहारे काँपते हुए चलने वाले, रोगी गतवयस्क बूढ़े मनुष्य को देखकर वह सारथि से बोला, "इस मनुष्य की स्थिति ऐसी क्यों है? इसके बाल और शरीर तो औरों के समान नहीं हैं।"

सारथि—महाराज, यह बूढ़ा मनुष्य है।

विपस्सी—मित्र सारथे, बूढ़े का क्या अर्थ है?

सारथि—बूढ़े का अर्थ यह है कि उसे अब अधिक दिन जीना नहीं है।

विपस्सी—क्या मैं भी ऐसा ही जराधर्मी हूँ?

सारथि—महाराज, हम सभी जराधर्मी हैं।

विपस्सी—तो फिर सारथे, अब उद्यान की ओर नहीं जाना है। चलो, राजमहल में लौट चलें।

सारथि—अच्छी बात है, महाराज!

इतना कहकर सारथि रथ लेकर अन्त:पुर में चला गया। वहाँ विपस्सी कुमार दुखी और उद्विग्न होकर विचार करने लगा कि, इस जन्म को धिक्कार है, जिसके कारण जरा उत्पन्न होती है।

बंधुमा राजा सारथि को बुलाकर बोला—''क्यों मित्र सारथे, क्या कुमार का मन उद्यान में प्रसन्न रहा? क्या उसे उद्यान में आनन्द हुआ?''

सारथि—नहीं, महाराज!

राजा—क्यों? उसने उद्यान की ओर जाते समय क्या देखा?

सारथि ने सारी घटना कह सुनाई। तब बन्धुमा राजा ने विपस्सी कुमार के पंचेन्द्रियों के सुख और अधिक बढ़ा दिए जिससे कि वह परिव्राजक न होने पाए। फिर विपस्सी कुमार उन सुखों में मग्न हो गया।

और भिक्षुओ, सैकड़ों-हजारों वर्षों के बाद विपस्सी कुमार पुन: उद्यान में जाने के लिये निकला। मार्ग में उसने एक ऐसा मनुष्य देखा जो रोगी, पीड़ित, बहुत बीमार, अपने मल-मूत्र में लोटने वाला, दूसरों से उठाया जाने वाला था और जिसके वस्त्र ठीक करने का कार्य लोग कर रहे थे। उसे देखकर वह सारथि से बोला, ''इसे क्या हुआ है? इसकी आँखें या स्वर औरों के समान नहीं हैं।''

सारथि—यह रोगी है।

विपस्सी—रोगी का अर्थ क्या है?

सारथि—रोगी का अर्थ यह है कि इस स्थिति में इसके लिए पहले की तरह आचरण रखना कठिन है।

विपस्सी—मित्र सारथे, क्या इसके-जैसा मैं भी व्याधिधर्मी हूँ?

सारथि—महाराज, हम सभी व्याधिधर्मी हैं।

विपस्सी—तो फिर, अब उद्यान में नहीं जाना है, अन्त:पुर की ओर रथ ले चलो।

उसके अनुसार सारथि रथ लेकर अन्त:पुर की ओर चला गया। वहाँ विपस्सी कुमार दुखी एवं उद्विग्न होकर विचार में मग्न हो गया कि इस जन्म को धिक्कार है जिसके कारण व्याधि प्राप्त होती है।

सारथि से बंधुमा राजा को जब यह समाचार ज्ञात हुआ, तब उसने विपस्सी कुमार के सुख-साधन और भी बढ़ाये इसलिए कि कुमार राज-त्याग करके प्रव्रज्या न ले ले।

और भिक्षुओ, सैकड़ों-हजारों वर्षों के बाद विपस्सी कुमार पहले के समान ही तैयारी करके उद्यान में जाने के लिये निकला। मार्ग में उसने देखा कि बड़े लोगों का एक समूह रंग-बिरंगे वस्त्रों की पालकी तैयार कर रहा है। अत: उसने सारथि से पूछा, ''ये लोग रंग-बिरंगे वस्त्रों की पालकी क्यों तैयार कर रहे हैं?''

सारथि—महाराज, वहाँ पर एक मृत मनुष्य है (इसलिये)।

विपस्सी—तो फिर उस मृत मनुष्य के पास रथ ले चलो।

उसके अनुसार सारथि रथ उधर ले गया। उस मृत मनुष्य को देखकर विपस्सी बोला, ''मित्र सारथे, मृत का क्या अर्थ होता है?''

सारथि—अब वह अपने माता-पिताओं या अन्य नातेदारों को दिखाई नहीं देगा अथवा वह भी उन्हें नहीं देख सकेगा।

विपस्सी—मित्र सारथे, क्या मैं भी मरणधर्मी हूँ। क्या राजा-रानी और अन्य सम्बन्धियों को मैं दिखाई नहीं दूँगा? और क्या मैं उन्हें देख नहीं सकूँगा?

सारथि—नहीं महाराज!

विपस्सी—तो फिर अब उद्यान में नहीं जाना है। यह रथ अन्तःपुर की ओर ले चलो।

इसके अनुसार सारथि रथ को अन्तःपुर की ओर ले गया। वहाँ विपस्सी कुमार दुखी एवं उद्विग्न होकर सोच में पड़ गया कि इस जन्म का धिक्कार है, जिसके कारण जरा, व्याधि और मरण प्राप्त होते हैं।

जब बन्धुमा राजा को सारथि से यह बात मालूम हो गई तब उसने कुमार के सुख-साधन और भी बढ़ाये.......आदि।

और भिक्षुओ, सैकड़ों-हजारों वर्षों के अनन्तर पुनः सारी तैयारी करके विपस्सी कुमार सारथि के साथ उद्यान में जाने के लिए निकला। मार्ग में एक परिव्राजक को देखकर वह सारथि से बोला, ''यह पुरुष कौन है? इसका सिर और वस्त्र औरों के समान क्यों नहीं है?''

सारथि—महाराज, यह प्रव्रजित है।

विपस्सी—प्रव्रजित का अर्थ क्या है?

सारथि—प्रव्रजित वह है जो ऐसा समझता है कि धर्मचर्या अच्छी है, समचर्या अच्छी है, कुशलक्रिया अच्छी है पुण्य क्रिया अच्छी है, अविहिंसा अच्छी है, भूतदया अच्छी है।

विपस्सी—तो फिर रथ उसके पास ले चलो।

इसके अनुसार सारथि प्रव्रजित के पास रथ ले गया। तब विपस्सी कुमार ने उससे पूछा, ''तुम कौन हो? तुम्हारा सिर और वस्त्र औरों की तरह नहीं है।''

प्रव्रजित—महाराज मैं प्रव्रजित हूँ। मैं ऐसा मानता हूँ कि धर्मचर्या, समचर्या, कुशलक्रिया, पुण्यक्रिया, अविहिंसा और भूतानुकम्पा अच्छी है।

''ठीक है!'' कहकर विपस्सी कुमार सारथि से बोला, ''मित्र सारथि, तुम रथ लेकर अन्तःपुर की ओर लौट जाओ। मैं बाल और मूँछ-दाढ़ी मुँड़वाकर, काषाय वस्त्र धारण करके अनागरिक (गृह-वियुक्त) प्रव्रज्या लिये लेता हूँ।

सारथि रथ को लेकर अन्तःपुर की ओर चला गया, पर विपस्सी राजकुमार ने वहीं प्रव्रज्या ले ली।

: ६ :

और भिक्षुओ, विपस्सी बोधिसत्व जब एकान्त में सोच रहा था तब उसके मन में विचार आया कि, लोगों की स्थिति अत्यन्त दयनीय है। वे जन्म लेते हैं, बूढ़े होते हैं, फिर भी यह नहीं जानते कि इस दुःख से कैसे छुटकारा कर लेना चाहिए। वे यह बात कब जानेंगे?

और भिक्षुओ, विपस्सी बोधिसत्व इसका विचार करने लगा कि जरा-मरण किससे उत्पन्न होता है। तब उसने प्रजा-लाभ से जाना कि जन्म आने पर जरा-मरण आता है। और जन्म कैसे आता है? भव के कारण। भव कैसे आता है? उपादान के कारण? उपादान तृष्णा के कारण, तृष्णा वेदना के कारण, वेदना स्पर्श के कारण, स्पर्श षडायतन के कारण, षडायतन नामरूप के काएण और नामरूप विज्ञान से उत्पन्न होता है। विपस्सी बोधिसत्व ने यह कारण-परम्परा अनुक्रम से जान ली। इसी प्रकार उसने यह भी जाना के जन्म से तो जरा-मरण नहीं आता, भव न हो तो जन्म नहीं होता, विज्ञान न हो तो नामरूप नहीं होता। और इससे उसके मन में धर्मचक्षु, प्रजा, विद्या और आलोक उत्पन्न हो गए।

: ७ :

और भिक्षुओ, अर्हत, सम्यक् सम्बुद्ध विपस्सी भगवान् के मन में धर्मोपदेश देने का विचार आया पर इसे ऐसा लगा, यह गम्भीर दुर्दर्श, समझने के लिये कठिन, शान्त, प्रणीत, तर्क द्वारा समझ में न आने-जैसा निपुण पण्डितों के ही जानने योग्य धर्म मैंने प्राप्त कर लिया है। पर ये लोग विलास में फँसे हुए, विलास में आनन्द मानने वाले हैं, इनके लिए कारण-परम्परा, प्रतीत्यसमुत्पाद, उपाधियों का त्याग, तृष्णा का क्षय, विराग, निरोध, निर्वाण भी इनके लिए दुर्गम है। यदि मैं धर्मोपदेश करूँ और वे इसे न समझ सकें तो मुझे ही कष्ट होगा, मुझ ही को क्लेश होगा।

और भिक्षुओ, विपस्सी भगवान् के मन में अचानक निम्नलिखित गाथाएँ आईं जो उसने पहले कभी नहीं सुनी थीं—

जो मैंने प्रयास से प्राप्त किया है वह औरों को नहीं बताना चाहिए।

राग-द्वेष से भरे हुए लोगों को इस धर्म का बोध सहज रूप से नहीं होगा।

यह धर्म प्रवाह से उलटी दिशा में आने वाला, निपुण गम्भीर दुर्दर्श और अणुरूप है, यह अन्धकार से घिरे हुए कामासक्तों को दिखाई नहीं देगा।

हे भिक्षुओ, इस विचार से अर्हन्त, सम्यक् सम्बुद्ध विपस्सी भगवान् का चित्त धर्मोपदेश की ओर न जाकर अकेले रहने की ओर मुड़ गया। उसका यह विचार जानकर महाब्रह्मा अपने मन में बोला, "अरे रे संसार का नाश हो रहा है। विनाश हो रहा है। क्योंकि अर्हन् सम्यक् सम्बुद्ध विपस्सी भगवान् का मन धर्मोपदेश करने की ओर न जाकर एकाकी रहने की ओर जाता है।"

अत: हे भिक्षुओ, जैसे कोई बलवान् पुरूष खिंचे हुए हाथ को फैलाता है या फैले हुए को खींच लेता है, उतनी ही त्वरा से महाब्रह्मा ब्रह्मलोक से अन्तर्धान होकर विपस्सी भगवान् के सामने प्रकट हो गया और अपना उपवस्त्र एक कंधे पर रखकर, दाहिना घुटना भूमि पर टेककर हाथ जोड़कर भगवान् से बोला, "भगवान्, धर्मदेशना करो। सुगत धर्म-देशना करो! कुछ प्राणी ऐसे हैं जिनकी आँखें धूल से भरी हुई नहीं हैं। वे इसलिए नष्ट हो रहे हैं कि उन्हें धर्म सुनने को नहीं मिलता है। ऐसे धर्म जानने वाले लोग तुम्हें मिलेंगे।"

विपस्सी भगवान् ने अपने मन का विचार तीन बार प्रकट किया। ब्रह्मदेव ने तीन बार भगवान् से वैसी ही प्रार्थना की। तब भगवान् ने ब्रह्मदेव की प्रार्थना जानकर और प्राणियों की

दया के कारण बुद्ध नेत्रों से जगत् का अवलोकन किया तो उसे ऐसे प्राणी दिखाई दिये जिनकी आँखें धूल से कम भरी हुई हैं, जिनकी बहुत भरी हुई हैं, जो तीक्ष्ण इन्द्रियों के हैं, जो मृदु इन्द्रियों के हैं, जो अच्छे आकार के हैं, जो बुरे आकार के हैं, जो समझाने के लिए सरल हैं, जो समझाने के लिए कठिन हैं, और कुछ ऐसे, जो परलोक एवं बुरी बातों का भय रखने वाले हैं। जिस प्रकार कमलों से भरे हुए सरोवर में कुछ कमल पानी के अन्दर डूबे हुए रहते हैं, कुछ पानी के स्तर पर आते हैं और कुछ पानी से ऊपर उठे हुए होते हैं, पानी का स्पर्श उन्हें नहीं होता उसी प्रकार विपस्सी भगवान् ने विभिन्न प्रकारों के प्राणी देखे।

और भिक्षुओ, विपस्सी भगवान् के मन का यह विचार जानकर ब्रह्मदेव ने निम्नलिखित गाथाएँ कहीं—

''जिस प्रकार शैल पर, पर्वत के मस्तक पर खड़े होकर आस-पास के लोगों की ओर देखा जाता है, उसी प्रकार हे सुमेध, धर्ममय प्रासाद पर चढ़कर चारों ओर देखने वाले तुम शोक-रहित होकर जन्म तथा जरा से पीड़ित जनता को देखो।

''हे वीर, उठो! तुमने संग्राम जीत लिया है। तुम ऋणमुक्त सार्थवाह हो।''

अतः जगत् में संचार करो।

''भगवान् धर्मोपदेश करो, जानने वाले अवश्य होंगे।''

और भिक्षुओ, अर्हन् सम्यक् सम्बुद्ध विपस्सी भगवान् ने ब्रह्मदेव को गाथाओं में उत्तर दिया—

''उनके लिये अमरत्व के द्वार खुल गये हैं। जिन्हें सुनने की इच्छा हो वे भावना रखें।''

''हे ब्रह्मदेव, मैंने लोगों को इसलिए श्रेष्ठ प्रणीत धर्म का उपदेश नहीं दिया कि उससे कष्ट होगा।''

और भिक्षुओ, यह जानकर कि विपस्सी भगवान् ने धर्मोपदेश करने का वचन दिया है, वह महाब्रह्मा भगवान् को अभिवादन और प्रदक्षिणा करके वहीं अन्तर्धान हो गया।

इन सात खण्डों में से तीसरे खण्ड की रचना पहले की गई होगी, क्योंकि वह त्रिपिटक के सबसे प्राचीन 'सुत्तनिपात' ग्रन्थ के सेल सुत्त में मिलता है। यही सुत्त 'मज्झिमनिकाय' (नं० ९२) में आया है। उससे पहले के (९१) 'ब्रह्मयुत्तसंयुत्त' और 'दीघनिकाय' के अम्बट्ठसुत्त में भी इसका उल्लेख पाया जाता था। बुद्धकालीन ब्राह्मणों में इन लक्षणों का महत्व बहुत माना जाता था। अतः यह दिखाने के लिए कि बुद्ध के शरीर पर ये सारे लक्षण थे, बुद्ध के पश्चात् एक-दो शताब्दियों के अनन्तर ये सुत्त बनाये गए होंगे और फिर इस 'महापदानसुत्त' में दाखिल किये गए होंगे। गौतम बोधिसत्व के बुद्ध हो जाने पर ब्राह्मण पंडित उनके लक्षण देखते थे। पर इस सुत्त में यह बताया गया है कि विपस्सी कुमार के लक्षण उसके जन्म के पश्चात् तुरन्त ही देखे गये थे। इससे एक बड़ी असंगति उत्पन्न हुई है। वह यह कि उसके चालीस दाँत हैं, वे सीधे हैं, उनमें विवर नहीं है और उसकी डाढ़ें शुभ्र हैं—यह चार लक्षण उनमें वैसे ही रह गए। इस सुत्तकार को इस बात का स्मरण नहीं रहा कि किसी बच्चे के जन्म के साथ दाँत नहीं होते हैं।

इसके बाद **दूसरा खण्ड** तैयार किया गया होगा। इसमें जो स्वभाव-नियम बताये गए हैं वे 'मज्झिमनिकाय' के अच्छरियअब्भुतधम्मसुत्त में (नं० १२३) मिलते हैं। बोधिसत्व को विशेष महत्व प्रदान करने के लिए वे रचे गए हैं। इनमें से केवल दो—उसकी माता ने खड़े-खड़े उसे जन्म दिया और उसके सात दिन के होने पर वह चल बसी—ही वास्तव में घटित हुए होंगे, शेष सब कविकल्पना होगी।

इसके बाद या इससे आगे-पीछे कुछ काल के पश्चात् लिखा हुआ **सातवाँ खण्ड** है। 'मज्झिमनिकाय' के अरियपरियेसनसुत्त में, 'निदानवग्ग संयुत्त' में (६/१) और 'महावग्ग' के प्रारम्भ में मिलता है। यह दिखाने के लिए की ब्रह्मदेव की प्रार्थना पर बुद्ध ने धर्मोपदेश देना प्रारम्भ किया, इस खण्ड की रचना हुई थी। मैंने अपनी पुस्तक 'बुद्ध धर्म आणि संघ' में प्रकाशित पहले भाषण में यह दिखा दिया है कि मैत्री, करुणा, मुदिता और उपेक्षा—इन चार उदात्त मनोवृत्तियों के विषय में यह एक रूपक है।

इसके बाद आता है **चौथा,** तीन प्रासादों वाला खण्ड। इसका उल्लेख 'अंगुत्तर-निकाय' के तिकनिपात (सुत्त ३८) और 'मज्झिमनिकाय' के मागन्दिय सुत्त (नं० ७५) में आया है। इसमें पहले सुत्त में ऐसा उल्लेख है कि, 'जब मैं पिता के घर था, मेरे रहने के लिए तीन प्रासाद थे।' पर दूसरे सुत्त में केवल इतना ही उल्लेख आया है कि 'युवावस्था में मैं तीन प्रासादों में रहता था।' उसमें पिता का उल्लेख नहीं है। शाक्यों के राजा वज्जियों जितने सम्पन्न नहीं थे और इसके लिए भी कहीं प्रमाण नहीं मिलता कि वज्जियों के तरुण कुमार भी इस प्रकार मौज-विलास में रहते थे। इसके विपरीत, ओपम्मसंयुत्त (वग्ग १, सुत्त ५) में ऐसा वर्णन आता है कि वे अत्यन्त सादगी से रहते थे और भोगविलास की बिलकुल परवाह नहीं करते थे। भगवान् कहते हैं, ''भिक्षुओ, इस समय लिच्छवि लकड़ी के कुन्दों के तकिये बनाकर रहते हैं और बड़ी सावधानी एवं उत्साह के साथ कवायद सीखते हैं। इससे मगध का अजातशत्रु राजा उन पर धावा नहीं बोल सकता। परन्तु भविष्य में लिच्छवि सुकुमार (नाजुक) बनेंगे और उनके हाथ-पाँव कोमल होंगे। वे मुलायम बिछौनों पर रुई के तकिये लेकर सोयेंगे, तब अजातशत्रु राजा उन पर आक्रमण करने में समर्थ होगा।

वज्जियों-जैसे सम्पन्न गणराजा जब इतनी सावधानी से रहते थे, तब यह सम्भव नहीं हो सकता कि, उनकी तुलना में बहुत निर्धन शाक्य राजा बड़े-बड़े प्रासादों में भोग-विलास में रहते हों। स्वयं शुद्धोदन को ही जहाँ खेती करनी पड़ती थी, वहाँ वह अपने लड़के को कैसे तीन प्रासाद बनाकर दे सकता था? अत: इसमें कोई शंका नहीं कि यह प्रासादों की कल्पना बुद्ध के जीवन-चरित्र में पीछे से आ गई है। यह नहीं कहा जा सकता कि वह 'महापदानसुत्त' से ली गई।

उपरोक्त **छठे खण्ड** और 'निदानवग्गसंयुत्त' के नम्बर ४ से ६ तक के सुत्त बिल्कुल एक ही हैं, इससे यह स्पष्ट होता है कि इस 'महापदानसुत्त' से ही ये सुत्त लिए गए होंगे। ''निदानवग्गसंयुत्त' के दसवें सुत्त में यह कहा गया कि गौतम बुद्ध से पहले के छहों बुद्धों को विचार करते समय जैसे यह प्रतीत्यसमुत्पाद की कारण परम्परा मिल गई थी, वैसे ही वह गौतम को भी बोधिसत्वावस्था में ही प्राप्त हो गई थी। परन्तु 'महावग्ग' के प्रारम्भ में ही यह उल्लेख आता है कि बुद्ध होने के अनन्तर गौतम यह कारण-परम्परा अपने मन में लाये। ऐसा

लगता है कि यह प्रतीत्यसमुत्पाद गौतम बुद्ध के परिनिर्वाण से एक-दो शताब्दियों बाद लिखा गया था और फिर उसे महत्व दिलाने के लिए पहले के बुद्ध-चरित्र में उसे समाविष्ट किया गया। धीरे-धीरे स्वयं बुद्ध के चरित्र में भी उसे विशेष महत्व दिया जाने लगा। इसका परिणाम इतना ही हुआ कि चार आर्यसत्यों का सीधा-सादा दर्शन पीछे पड़ गया और इस गहन दर्शन को अकारण महत्व प्राप्त हो गया।

उद्यान-यात्रा का **पाँचवाँ खण्ड** त्रिपिटक-वाङ्मय में गौतम बुद्ध के जीवन-चरित्र के साथ बिल्कुल नहीं जोड़ा गया है। यह 'ललितविस्तर', 'बुद्ध-चरित्र' और 'जातक' की निदान-कथा में जैसे-का-तैसा या थोड़ा-बहुत अतिशयोक्ति के साथ लिया गया। इनमें से अन्तिम पुस्तक में तो **'ततो बोधिसत्तो सारथि सम्म को नाम एसो पुरिसो केसा पिस्स न यथा अञ्ञेसं ति महापदाने आगतनयेन पुच्छित्वा,** कहा गया है। इससे यह सिद्ध होता है इन सब ग्रन्थकारों ने यह प्रसंग 'महापदानसुत्त' से ले लिया है।

जैसा कि पहले खण्ड में बताया गया है, गौतम बुद्ध के अग्रश्राजकों आदि के नाम इस सुत्त की प्रस्तावना में ही दिये गए हैं। उसमें कहा गया है कि गौतम बुद्ध क्षत्रिय थे और इसलिए उनके पिता की राजधानी कपिलवस्तु थी, फिर उनके गोत्र का नाम गौतम बताया गया है। इसकी चर्चा हमने चौथे अध्याय में की है और यह सिद्ध कर दिखाया है कि शुद्धोदन शाक्य कपिलवस्तु में कभी नहीं रहता था। शाक्यों का गोत्र आदित्य था और उन्हें शाक्य नाम से ही विशेषतया पहचाना जाता था। यदि वैसा न होता तो बुद्ध भिक्षुओं को शाक्यपुत्रीय श्रमण की संज्ञा न मिलती। बुद्ध का गोत्र यदि गौतम होता तो उन्हें गौतम या गौतमक श्रमण कहा जाता।

❑❑❑

परिशिष्ट २
वज्जियों की अभ्युन्नति के सात नियम

भगवान् राजगृह में गृध्रकूट पर्वत पर रहते थे, उस समय अजातशत्रु राजा वज्जियों पर आक्रमण करने की सोच रहा था। उस सम्बन्ध में बुद्ध भगवान् का मत जानने के लिए उसने अपने वस्सकार नामक ब्राह्मण अमात्य को भगवान् के पास भेज दिया। उस अमात्य ने अजातशत्रु का विचार भगवान् को निवेदित किया। तब आनन्द भगवान् को पंखा झल रहा था, उसकी ओर देखकर भगवान् बोले, ''आनन्द, क्या तुमने सुना है कि वज्जी लोग बार-बार सभा करते हैं और इकट्‌ठे होते हैं?''

आनन्द—जी हाँ भदन्त, मैंने सुना है कि वज्जी बार-बार सभा करते और इकट्ठे होते हैं।

भगवान्—क्या वज्जी समग्र इकट्‌ठे होते हैं, समग्र उठते हैं और समग्र रूप से अपने काम करते हैं?

आनन्द—जी हाँ भदन्त, ऐसा मैंने सुना है।

भगवान्—वज्जी कहीं ऐसा तो नहीं करते कि जो विधान उन्होंने नहीं किया है उसके सम्बन्ध में यह कहें कि इसे हमने किया है? अथवा, अपने बनाये विधान को वे तोड़ते नहीं हैं?

आनन्द—जी हाँ भदन्त, मैंने सुना है कि वज्जी विधान के अनुसार चलते हैं।

भगवान्—क्या वृद्ध राजनीतिज्ञों का मान वज्जी रखते हैं? और क्या उनकी सलाह को वे स्वीकार करते हैं।

आनन्द—जी हाँ भदन्त, वज्जी लोग वृद्ध राजनीतिज्ञों का मान रखते हैं और उनका कहना मानते हैं।

भगवान्—वे अपने राज्य की विवाहित या अविवाहित स्त्रियों पर अत्याचार तो नहीं करते?

आनन्द—भदन्त, मैंने सुना है कि वज्जियों के राज्य में स्त्रियों पर बलात्कार नहीं होता।

भगवान्—वज्जी अपने नगर और नगर से बाहर के देव-स्थानों का उचित संरक्षण करते हैं न?

आनन्द—मैंने सुना है कि वे अपने देव-स्थानों का उचित ध्यान रखते हैं।

भदन्त—अपने राज्य में आये हुए अर्हन्त सुख से रहें और न आये हुए अर्हन्तों को राज्य में आने के लिए प्रोत्साहन मिले, इसलिए क्या वज्जी ऐसा प्रबन्ध रखते हैं कि जिससे अर्हन्तों को किसी प्रकार कष्ट न पहुँचने पाये, इसकी सावधानी वज्जी रखते हैं।

तब भगवान् वस्सकार अमात्य से बोले, ''हे ब्राह्मण, एक बार वैशाली में रहते समय मैंने अभ्युन्नति के इन सात नियमों का उपदेश वज्जियों को दिया था। जब तक वज्जी इन

नियमों के अनुसार आचरण रखेंगे तब तक उनकी उन्नति ही होगी, अवनति नहीं होगी।''

वस्सकार बोला, ''हे गौतम, इनमें से एक नियम का भी अनुसरण वज्जी करें तो उनकी उन्नति होगी, अवनति नहीं होगी, फिर यह कहने की आवश्यकता ही नहीं है कि इन सातों नियमों के पालन से उनकी उन्नति होगी।''

सात नियमों पर भाष्य

इन सात नियमों पर की बुद्धोघोषाचार्य-कृत अट्ठकथा का सारांश—

(१) **बार-बांर एकत्रित होते हैं** यह न कहकर कि कल एकत्र आ गए थे, परसों भी आ गए थे, अतः आज फिर किसलिए एकत्र हो जायँ वे इकट्ठे हो जाते हैं। यदि वे इस प्रकार इकट्ठे न हो जायँ तो चारों ओर से आने वाले समाचार उनको ज्ञात नहीं होते। अमुक गाँव या नगर की सीमा को लेकर विवाद उपस्थित हुए हैं या चोर विद्रोह कर रहे हैं आदि समाचार ध्यान में नहीं आते। शासकों को असावधान जानकर चोर भी लूट-पाट करते हैं। इससे शासकों की अवनति होती है। पुनः-पुनः एकत्र आ जाने से सब समाचार तुरन्त ज्ञात हो जाते हैं और सेना को भेजकर प्रबन्ध रखा जा सकता है। शासकों को सचेत जानकर चोर भी टोलियाँ बनाकर नहीं रहते और टोलियाँ तोड़कर भाग जाते हैं। इस प्रकार शासकों की उन्नति होती है।

(२) **समग्र एकत्र होते हैं आदि**। आज कुछ काम है, या मंगल-कार्य है, ऐसा कहकर जी न चुराते हुए एकत्र होने के लिए नगाड़े का स्वर कान में पड़ते ही सब एकत्र होते हैं। एकत्र होने पर विचारपूर्वक सब कामों को पूरा किये बिना यदि वे चले जायँ तो उनके बारे में यह नहीं कहा जा सकता कि वे 'समग्र उठते हैं।' वैसा न करते हुए सारे काम समाप्त करके एकत्र उठते हैं, समग्रता से अपने काम करते हैं, अर्थात् किसी राजा का कोई काम होता है तो अन्य सारे राजा उसकी मदद के लिए जाते हैं। अथवा दूसरे राज्य से कोई अतिथि आये तो उसके आदर-सत्कार के लिए सब उपस्थित रहते हैं।

(३) न बनाया हुआ विधान आदि। अर्थात् ऐसी चुंगी या कर नहीं लेते जो पहले से नियत न की गई हो। पहले से निश्चित किये हुए कर ही लेते हैं। बनाये हुए कानून को भंग नहीं करते, कानून के अनुसार ही हम चलते हैं। अर्थात् यदि चोर कहकर किसी को पकड़ लाते हैं तो उसकी जाँच-पड़ताल किये बिना उसे सजा नहीं देते। इस प्रकार लोगों को उपद्रव पहुँचता है। (लोग उपद्रुत होते हैं) जिससे वह सीमान्त प्रदेश में जाकर स्वयं विद्रोही बनते हैं या विद्रोहियों की टोलियों में शामिल होकर राज्य पर धावा बोल देते हैं। इस प्रकार शासकों की अवनति होती है। विधान के अनुसार चलने से समय पर कर प्राप्त होता है, तिजोरी बढ़ती है और उससे सेना का तथा अन्य खर्च भली-भाँति चलता है।

वज्जियों का विधान यह था कि किसी को चोर कहकर पकड़ लाया जाता तो वज्जी राज्य उसे सजा न देकर विनिश्चिय महामात्यों को सौंप देते थे। वे अधिकारी इस बात की अच्छी जाँच करते कि वह सचमुच चोर है या नहीं और यदि वह चोर न होता तो उसे छोड़ देते और यदि चोर होता तो अपना कोई मत प्रकट न करके उसे व्यावहारिकों को सौंप देते। वे भी उसी प्रकार जाँच करते और वह चोर न होता तो उसे छोड़ देते तथा चोर होता तो उसे अन्तःकारिक नाम के अधिकारियों को सौंप देते थे। वे भी उसकी जाँच करके वह चोर न

होता तो उसे छोड़ देते और चोर होता तो उसे अष्ट कुलिकों के हवाले कर देते। वे भी उसी प्रकार जाँच करके वह चोर सिद्ध होता तो उसे सेनापति को सौंप देते, सेनापति उपराजा को और उपराजा राजा को सौंप देता। यदि वह चोर न होता तो राजा उसे छोड़ देता और यदि वह चोर साबित होता तो प्रवेणी पुस्तक (विधान-ग्रन्थ) पढ़ने को कहता। उस पुस्तक में अमुक कृत्य के लिए अमुक दण्ड बताया हुआ होता था। उसके अनुसार राजा उस चोर को दण्ड देता था। प्राचीन वज्जियों का विधान ऐसा था।

(४) यदि अपने यहाँ के वृद्ध राजनीतिज्ञों का मान न रखा जाय और बारम्बार उनसे भेंट न की जाय तो उनसे परामर्श नहीं प्राप्त हो सकता। इससे शासकों की अवनति होगी। पर जो लोग बुजुर्गों से सलाह लेते हैं वे यह भली-भाँति जानते हैं कि अमुक अवसर पर कैसा आचरण रखना चाहिए, और इससे उनकी उन्नति होती है।

(५) विवाहित या अविवाहित स्त्रियों पर बलात्कार होने से राज्य के लोग असन्तुष्ट रहते हैं। लोग कहते हैं, 'हमने जिन लड़कियों का पालन-पोषण किया उन्हें ये शासक बलात् अपने घर में ले जाकर रखते हैं' और फिर वे सीमा-प्रदेशों में जाकर विद्रोह करते हैं या विद्रोहियों से मिलते हैं और राज्य पर धावे बोलते हैं। जहाँ स्त्रियों पर अत्याचार नहीं होता, शासकों से उन्हें संरक्षण प्राप्त होता है वहाँ लोग निश्चिन्तता के साथ अपने काम करते हैं और उससे राज्य की सम्पत्ति की अभिवृद्धि होती है।

(६) देवस्थानों का उचित ध्यान रखने से देवता राज्य की रक्षा करते हैं।

(७) अर्हन्तों को किसी प्रकार से कष्ट नहीं पहुँचने देते इसका अर्थ यह कि उनके-निवास स्थान के आस-पास के पेड़ कोई न काटे, जाल बिछाकर मृगों को न पकड़े, तालाब में मछलियाँ न पकड़े आदि के सम्बन्ध में सावधानी रखते हैं।

'अट्ठकथा' में वज्जियों के विधान पर कुछ विस्तृत टीका है। चोर को पकड़ने पर उसकी जाँच क्रमशः विनिश्चय महामात्य, व्यावहारिक, अंतःकारिक, अष्टकुलिक, सेनापति, उपराजा और राजा ये सात प्रकार के अधिकारी करते थे। यह कहना कठिन है कि अष्टकुलिक आजकल की ज्यूरी (पंचों) के जैसे थे या कुछ और प्रकार के थे। अन्य अधिकारियों की अधिकार-सीमा के विषय में कुछ भी पता नहीं चलता। राजा तो गणराजाओं का अध्यक्ष होता था। इसकी जानकारी कहीं नहीं मिलती कि यह राजा कितने वर्षों तक अध्यक्ष रहता था। वज्जियों के विधानों की एक पुस्तक लिखी हुई थी, पर यह बड़े दुःख की बात है कि वह पुस्तक बिलकुल नष्ट हो गई। ग्रीक लोगों के समान हमारे पूर्वजों में यदि राज्य-व्यवस्था या शासन-प्रबन्ध का प्रेम होता तो इन गणराजाओं का इतिहास लुप्तप्राय न हो जाता।

यह बात महत्वपूर्ण है कि स्त्रियों पर बलात्कार न होने की सावधानी वज्जी लोग रखते थे। हम अनुमान लगा सकते हैं कि जब गणराजा अव्यवस्थित ढंग से आचरण करने लगे तब गरीब लोगों की स्त्रियों पर अत्याचार होने लगे। इससे लोगों को एकसत्तात्मक शासन-प्रणाली अच्छी लगने लगी। महाराजा अधिक-से-अधिक अपने शहर की कुछ स्त्रियों को अन्तःपुर में ले जाकर रखता था, पर वे गणराजा समूचे देश-भर में फैले हुए थे, अतः किसी गाँव की स्त्री उनके अत्याचारों से मुक्त नहीं रह सकती थी। इसलिए लोगों ने स्वेच्छा से

एकसत्तात्मक शासनप्रणाली को स्वीकार किया होगा।

जब ये राजा अव्यवस्थित ढंग से आचरण करने लगे तो उनमें फूट पड़ना स्वाभाविक था, वज्जी गणराजाओं में वस्सकार ब्राह्मण ने फूट डाली और उससे अजातशत्रु के लिए उनको हराना बहुत सरल हो गया। वज्जियों के गणराज्य का लय होने पर शीघ्र ही मल्लों का गणराज्य भी नष्ट हो गया। इस प्रकार प्राचीन गणसत्तात्मक राज्यों का नाश हो गया और उसके संगठनों तथा विधानों की केवल साधारण-सी जानकारी बौद्ध-वाङ्मय में बची रही।

बौद्ध संघ के एकत्र आकर संघ-कृत्य करने की प्रणाली 'विनयपिटक' में दी गई है, उससे यह अनुमान लगाया जा सकता है कि वज्जी आदि गणराजा कैसे इकट्ठे होते थे और अपनी सभा का काम कैसे चलाते थे?

❑❑❑

परिशिष्ट ३

अशोक का भाबरू शिला-लेख और उसमें निर्दिष्ट सूत्र

भाबरू स्थान जयपुर राज्य के एक पहाड़ी प्रदेश में है। वहाँ रहने वाले भिक्षु-संघ के अशोक राजा से सन्देश माँगने पर सम्भवत: अशोक ने यह सन्देश भेजा था और उसे एक शिला पर खुदवा लिया था। इस प्रकार के सन्देश अशोक सम्भवत: बार-बार भेजा करता था, पर उनमें से जो उसे महत्वपूर्ण लगते उन्हीं को वह शिलाओं या शिला-स्तंभों (लाटों) पर खुदवाता था। अशोक ने मौखिक या लिखित रूप से ऐसे सन्देश भी भिजवाये होंगे कि इस शिला-लेख में निर्देशित सूत्र मगध देश के बौद्धों को भी पढ़ने चाहिए। परन्तु उसने उन्हें खुदवाया नहीं था; क्योंकि इसका समाचार उसे सदैव मिलता रहता था कि आस-पास के लोग क्या करते हैं और क्या पढ़ते हैं। उसके लिए उसने विशेष अधिकारियों की नियुक्ति की थी परन्तु राजपूताना-जैसे दूर के प्रदेशों से समाचार आने में विलम्ब लगता था, इसलिए इस प्रकार का एक शिलालेख वहाँ रहना अशोक को उचित लगा होगा। मैं अपनी समझ के अनुसार इस शिला-लेख का भाषान्तर यहाँ दे रहा हूँ।

भाबरू शिला-लेख का भाषान्तर

''प्रियदर्शी मगध राजा संघ को अभिवादन करके संघ का स्वास्थ्य और सुख निवास पूछता है। भदन्त, आप जानते ही हैं कि बुद्ध, धर्म तथा संघ के प्रति मुझमें कितना आदर एवं भक्ति है। भगवान् बुद्ध का सारा ही वचन सुभाषित है। पर भदन्त, मैं जिसका निर्देष यहाँ कर रहा हूँ, वह केवल इसीलिए है कि सद्धर्म चिरस्थायी हो और इसीलिए बोलना उचित लगता है। भदन्त, ये धर्मपर्याय (सूत्र) हैं—विनयसमुकसे, अलियवसानि, अनागतभयानि, मुनिगाथा, मोनेयसूते, उपतिसपसिने, और भगवान् बुद्ध का यह भाषण जो उन्होंने राहुल को दिए हुए उपदेश में असत्य भाषण के विषय में किया था। इस सूत्रों के सम्बन्ध में भदन्त मेरी इच्छा यह है कि बहुत से भिक्षु और भिक्षुणियाँ उन्हें बारम्बार सुनें और कण्ठस्थ करें। इसी प्रकार उपासक और उपासिकाएँ भी करें। भदंत, यह लेख मैंने खुदवाया है। इसीलिए कि मेरा अभिहित (सन्देश) सब लोग जानें।

इन सात सुत्तों में से पहला है विनयसमुत्कर्ष अथवा धर्मचक्र-प्रवर्तन। इसका रूपान्तर पाँचवें अध्याय में दिया जा चुका है। शेष सुत्तों के रूपान्तर हम क्रमश: देते हैं।

अलियवसानि अथवा अरियवंससुत्त

यह सुत्त 'अंगुत्तरनिकाय' के चतुक्कनिपात में आता है। इसका रूपान्तर (भाषान्तर) इस प्रकार है—

भिक्षुओ, ये चार आर्यवंश अग्र तथा बहुत दिनों के वंश हैं। वे प्राचीन तथा असंकीर्ण हैं। वे न कभी संकीर्ण हुए, न संकीर्ण होते हैं और न ही संकीर्ण होंगे ही। उन्हें कहीं भी

श्रमण और ब्राह्मणों ने दोष नहीं लगाया है। वे चार कौन-से हैं? यहाँ पर भिक्षु सहज मिलने वाले चीवर से सन्तुष्ट होता है, ऐसी सन्तुष्टि की स्तुति करता है, चीवर के लिये अयोग्य आचरण नहीं करता, चीवर के न मिलने पर त्रस्त नहीं होता, मिलने पर लोभी न बनकर, मत्त न होकर, आसक्त न होकर, चीवर में दोष जानकर केवल मुक्ति के लिये उसका प्रयोग करता है और अपनी उस प्रकार की सन्तुष्टि से आत्मस्तुति और परनिन्दा नहीं करता। जो ऐसे सन्तोष में दक्ष, सावधान, सचेत एवं स्मृतिमान होता है, हे भिक्षुओ, उसी को प्राचीन उग्र आर्यवंश के अनुसार आचरण रखने वाला भिक्षु कहते हैं।

पुनरपि, भिक्षुओ, भिक्षु सहज मिलने वाली भिक्षा से सन्तुष्ट होता है, ऐसी सन्तुष्टि की स्तुति करता है, भिक्षा के लिए अनुचित आचरण नहीं करता, भिक्षा के न मिलने पर त्रस्त नहीं होता, मिलने पर लोभी न बनकर, मत्त न होकर, आसक्त न होकर, अन्न में दोष जानकर केवल मुक्ति के लिए अन्न सेवन करता है। फिर अपनी उस प्रकार की उस सन्तुष्टि से आत्मस्तुति और परनिन्दा नहीं करता। जो इस प्रकार के सन्तोष में दक्ष, सावधान, सचेत एवं स्मृतिवान होता है, भिक्षुओ, उसी को प्राचीन अग्र आर्यवंश के अनुसार आचरण रखने वाला भिक्षु कहते हैं।

पुनरपि, भिक्षुओ, चाहे जिस प्रकार के निवास-स्थान से भिक्षु सन्तुष्ट रहता है, उस प्रकार की सन्तुष्टि की स्तुति करता है, निवास-स्थान के लिए अयोग्य आचरण नहीं करता। निवास-स्थान के न मिलने पर त्रस्त नहीं होता, मिलने पर लोभी न बनकर, मत्त न होकर, आसक्त न होकर, निवास-स्थान में दोष जानकर केवल मुक्ति के लिए उसका प्रयोग करता है और अपनी उस प्रकार की उस सन्तुष्टि से आत्म-स्तुति और परनिन्दा नहीं करता। जो ऐसे सन्तोष में दक्ष, सावधान, सचेत एवं स्मृतिमान होता है उसी को प्राचीन अग्र आर्यवंश के अनुसार आचरण रखने वाला भिक्षु कहते हैं।

पुनरपि, भिक्षुओ, भिक्षु समाधि-भावना में आनन्द मानता है, भावना-रत होता है, क्लेश नष्ट करने में आनन्द मानता है, क्लेश नष्ट करने में रत होता है। फिर उस प्रकार की उस भावनारमता से आत्मस्तुति और परनिन्दा नहीं करता। जो उस आनन्द में दक्ष, सावधान, सचेत एवं स्मृतिमान् होता है, उसी को प्राचीन अग्र आर्यवंश के अनुसार आचरण रखने वाला भिक्षु कहते हैं।

भिक्षुओ, ये हैं चार आर्यवंश—जिन्हें किन्हीं भी श्रमणों और ब्राह्मणों ने दोष नहीं लगाया है।[१]

भिक्षुओ, इन चार आर्यवंशों से समन्वित भिक्षु यदि पूर्व दिशा में जाता है तो वही अरति को जीतता है, अरति उसे नहीं जीतती। पश्चिम, उत्तर, दक्षिण दिशा में जाता है तो वही अरति को जीतता है, अरति उसे नहीं जीतती। यह क्यों? इसलिए कि धीर अरति और विजय प्राप्त करता है।

---

१. ब्राह्मण प्राचीन वंश-परम्परा को बहुत महत्व देते हैं। पर वह परम्परा महत्व की नहीं है, इस सुत्त में वर्णित आर्य-वंश-परम्परा ही महत्व की है, उसे श्रमण ब्राह्मण दोष नहीं लगा सकते। इस प्रकार का ध्वन्यर्थ यहाँ है।

धीर को जीतने वाली अरति नहीं है, अरति धीर पर विजय प्राप्त नहीं कर सकती। अरति को जीतने वाला धीर अरति पर विजय प्राप्त करता है।

सब कर्मों का त्याग करने वाले और रोग-द्वेषादि का निरसन करने वाले उस धीर के मार्ग में कौन आ सकता है? शुद्ध सोने की मुद्रा-जैसे उस पुरुष को कौन दोष लगायेगा? देवता भी उसकी प्रशंसा करते हैं और ब्रह्मदेव भी उसकी प्रशंसा करता है।

अनागता भयानि

यह सुत्त 'अंगुत्तरनिकाय' के पंचकनिपात में आता है। इसका रूपान्तर (भाषान्तर) इस प्रकार है—

भिक्षुओ, देखने वाले भिक्षु में ये पाँच अनागत भय अप्राप्त पद की प्राप्ति के लिए, जो नहीं जानता है उसे जानने के लिए, जिसका साक्षात्कार नहीं हुआ है उसके साक्षात्कार के लिए, अप्रमत्तता से, उद्यम-शीलता से, और मन लगाकर आचरण करने के लिए पर्याप्त है। वे पाँच कौन-से हैं?

यहाँ पर भिक्षुओ, भिक्षु ऐसा विचार करता है कि अभी मैं तरुण एवं यौवन-सम्पन्न हूँ, पर एक समय ऐसा आयेगा जब इस शरीर को जरा प्राप्त होगी। वृद्ध के लिए, जराजीर्ण के लिए बुद्ध के धर्म का मनन सुकर नहीं है, अरण्य में एकान्तवास में रहना सुकर नहीं है, उस अनिष्ट, अप्रिय दशा के आने से पहले ही मैं अप्राप्त पद की प्राप्ति के लिए जो नहीं जानता है उसे जानने के लिए, जिसका साक्षात्कार नहीं हुआ है उसके साक्षात्कार के लिए प्रयत्नशील रहूँ तो अच्छा है। जिससे कि वृद्धावस्था में भी मैं सुख से रह सकूँगा। यह प्रथम अनागत भय, देखने वाले भिक्षु से—मन लगाकर आचरण करवाने के लिए पर्याप्त है।

पुनरपि, भिक्षुओ, भिक्षु ऐसा विचार करता है कि अभी मैं नीरोग हूँ, मेरी जठराग्नि अच्छी और प्रयत्न के लिए अनुकूल है। पर एक समय ऐसा आता है जब यह शरीर व्याधिग्रस्त होता है। व्याधिग्रस्त के लिए बुद्ध के धर्म का मनन सुकर नहीं है, अरण्य में, एकांतवास में रहना सुकर नहीं है। वह अनिष्ट अप्रिय स्थिति प्राप्त होने से पहले ही मैं—प्रयत्नशील रहूँ तो अच्छा है। जिससे कि मैं रुग्णावस्था में भी सुख से रह सकूँगा। यह दूसरा अनागत भय, देखने वाले भिक्षु से—मन लगाकर आचरण करवाने को पर्याप्त है।

पुनरपि, भिक्षुओ, भिक्षु ऐसा विचार करता है कि अभी तो सुभिक्ष है, भिक्षा सहजता से मिलती है, भिक्षा का निर्वाह चलाना सरल है, पर एक समय ऐसा आता है जब दुर्भिक्ष होता है, अनाज नहीं होता, भिक्षा मिलना कठिन हो जाता है, भिक्षा पर निर्वाह चलाना सरल नहीं होता। ऐसे दुर्भिक्ष के समय लोग उधर चले जाते हैं जहाँ से सुभिक्ष हो। फिर वहाँ भीड़ होती है। वैसे स्थान में बुद्ध के धर्म का मनन सुकर नहीं होता, अरण्य में, एकान्तवास में, रहना सुकर नहीं होता, वह अनिष्ट अप्रिय परिस्थिति प्राप्त होने से पहले ही—प्रयत्न करना अच्छा है जिससे कि मैं दुर्भिक्ष में भी सुख से रह सकूँगा। यह तीसरा अनागत भय, देखने वाले भिक्षु—मन लगाकर आचरण करवाने को पर्याप्त हैं।

पुनरपि, भिक्षुओ, भिक्षु जैसा विचार करता है कि आज लोग मुदित मन से, झगड़ते हुए, दूध और पानी के समान सख्य भाव से परस्पर के प्रति प्रेम दृष्टि रखकर रहते हैं। पर एक समय ऐसा आता है जब कोई भयावना विद्रोह खड़ा हो जाता है। लोग अपना सामान-

असबाब लेकर यान द्वारा या पैदल इधर-उधर भागने लगते हैं। ऐसे संकट के समय लोग वहाँ इकट्ठे होते हैं जहाँ सुरक्षित स्थान मिले। फिर वहाँ भीड़ होती है। वैसे स्थान में बुद्ध के धर्म का मनन सुकर नहीं होता, अरण्य में एकांतवास में रहना सुकर नहीं होता, वह अनिष्ट अप्रिय परिस्थिति प्राप्त होने से पहले ही—प्रयत्न करना अच्छा है जिससे कि उस संकट में भी मैं सुख से रह सकूँगा। यह चौथा अनागत भय देखने वाले भिक्षु से मन लगाकर आचरण करवाने के लिए पर्याप्त हैं।

पुनरपि, भिक्षुओ, ऐसा विचार करना है कि आज तो संघ समग्र, समुदित, बिना झगड़े के एक ध्येय से चल रहा है, पर एक काल ऐसा आता है जब संघ में फूट पड़ती है। संघ में फूट पड़ने पर बुद्ध का धर्म-मनन सुकर नहीं होता, अरण्य में, एकान्तवास में रहना सुकर नहीं होता। वह अनिष्ट, अप्रिय परिस्थिति प्राप्त होने से पहले ही—प्रयत्न करना अच्छा है जिससे कि उस प्रतिकूल परिस्थिति में भी मैं सुख से रह सकूँगा। यह पाँचवाँ अनागत भय है, देखने वाले भिक्षु से—मन लगाकर आचरण करवाने के लिए पर्याप्त है।

भिक्षुओ, देखने वाले भिक्षु से ये पाँच अनागत भय अप्राप्त पद की प्राप्ति के लिए, जो नहीं जाना है उसे जानने के लिये, जिसका साक्षात्कार नहीं हुआ है उसके साक्षात्कार के लिए अप्रमत्तता से, उद्यमशीलता से और मन लगाकर आचरण करवाने के लिए पर्याप्त है।

मुनिगाथा

यह सुत्त मुनिसुत्त के नाम से 'सुत्तनिपात' में मिलता है। इसका भाषान्तर इस प्रकार है—

स्नेह से भय उत्पन्न होता है और घर से गंदगी होती है, अतः अनागरिकता और निःस्नेहता ही मुनि का दर्शन जानना चाहिए। १।

जो व्यक्ति उद्भूत मनोदोष का उच्छेद करके उसे फिर से नहीं बढ़ने देता और उसके प्रति स्नेह नहीं रखता, उस एकाकी रहने वाले को मुनि कहते हैं। उस महर्षि ने शान्ति-पद देख लिया। २ ।

पदार्थों और उनके बीजों[1] को जानकर जो उन्हें स्नेह (आर्द्रता) नहीं देता, सचमुच जन्मक्षयान्तदर्शी मुनि है। वह तर्क छोड़कर नामाभिधान (जन्म) प्राप्त नहीं करता। ३ ।

जो सब अभिनिवेश जानता है और उनमें से एक की भी इच्छा नहीं रखता वह वीततृष्ण निर्लोभी मुनि अस्थिर नहीं होता, क्योंकि वह उस पार चला जाता है। ४ ।

जो सब जीतने वाला, सब जानने वाला, सुबुद्धि, सब पदार्थों से अलिप्त रहने वाला, सर्वत्यागी और तृष्णा के क्षय से मुक्त हुआ होता है उसे सुज्ञ लोग मुनि कहते हैं। ५ ।

प्रज्ञा ही जिसका बल है, जो शील एवं व्रत से सम्पन्न, समाहित, ध्यानरत, स्मृतिमान, संग से मुक्त, काठिन्य-रहित एवं अनाश्रय होता है उसे सुज्ञ लोग मुनि कहते हैं। ६ ।

---

१. पालि शब्द '**पमाय**' है। टीकाकार ने उसका अर्थ लगाया है '**हिंसित्वा वधित्वा**'। परन्तु प्र पूर्वक मा धातु का अर्थ होता है मापना, यथार्थतया जानना।

जो एकाकी रहने वाला, अप्रमत्त, मुनि, निंदा और स्तुति से विचलित न होने वाला, सिंह के समान शब्दों से न डरने वाला, वायु के समान अलिप्त रहने वाला है, जो औरों का नेता है पर जिसका कोई नेता नहीं है ऐसे व्यक्ति को सुज्ञ लोग मुनि कहते हैं। ७ ।

जिसके विषय में लोग चाहे जो बातें कहें तो भी जो घाट पर स्थित स्तम्भ के[१] समान स्थिर रहता है, जो वीतराग और सुसमाहितेन्द्रिय है उसे लोग मुनि कहते हैं। ८ ।

जो स्थितात्मा ढरकी[२] के समान सीधा जाता है, पाप- कर्मों का तिरस्कार करता है, विषम और सम को परखता है, उसे सुज्ञ लोग मुनि कहते हैं। ९ ।

छोटा हो या मध्यम वयस्क, जो संयतात्मा मुनि पाप नहीं करता, जो यतात्मा क्रोध नहीं करता और अन्य किसी को क्रुद्ध नहीं बनाता, उसे सुज्ञ लोग मुनि कहते हैं। १० ।

जो औरों के दिये हुए अन्न पर उपजीविका चलाने वाला है, जो पकाये हुए अन्न में से प्रारम्भ, मध्य या अन्त में भिक्षा मिलने पर स्तुति अथवा निन्दा नहीं करता उसे सुज्ञ लोग मुनि कहते हैं। ११ ।

जो मुनि स्त्री-संग से विरत होता है, तरुण होते हुए भी कहीं बद्ध नहीं होता, मद प्रमाद से विरत और मुक्त होता है उसे सुज्ञ लोग मुनि कहते हैं। १२ ।

जिसने इहलोक को जानकर परमार्थ को देखा है, प्रवाह और समुद्र तरके जो तादृग्भाव को प्राप्त हो गया है, जिसने बन्धन (ग्रंथियाँ) तोड़ डाले हैं, जो अनाश्रित और अनास्रव है उसे सुज्ञ लोग मुनि कहते हैं। १३ ।

पत्नी को पालने-पोसने वाले गृहस्थ और निर्मम मुनि दोनों का रहन-सहन और वृत्ति बहुत भिन्न होती है, क्योंकि प्राणघातक न होने देने के विषय में गृहस्थ संयम का पालन नहीं करता, जब कि मुनि सदैव प्राणियों की रक्षा करता है। १४ ।

जिस प्रकार आकाश में उड़ने वाला नीलग्रीव मोर हंस के वेग से नहीं जा सकता, उसी प्रकार गृहस्थ एकान्त में, वन में ध्यान करने वाले भिक्षु मुनि का अनुकरण नहीं कर सकता। १५ ।

मोनेय्यसुत्त

यह 'नालकसुत्त' नाम से 'सुत्तनिपात' में आया है। इसकी प्रास्ताविक गाथाएँ २० हैं। उनका भाषान्तर मैं यहाँ नहीं देता हूँ। जिज्ञासु मित्र 'विधि ज्ञान विस्तार' (मराठी पत्रिका) का जून १९३७ का अंक देखें। उसमें इस सुत्त का प्रास्ताविक गाथाओं समेत भाषान्तर दिया गया है। नालक असित ऋषि का भानजा था। वह अल्पवयस्क था तब गौतम बोधिसत्व का जन्म हुआ था। असित ऋषि ने बोधिसत्व का भविष्य बताया था कि वह महान् मुनि होगा और नालक को गौतम बुद्ध के धर्म का अनुसरण करने का उपदेश दिया था। नालक अपने मामा

---

१. नदी के घाटों पर चौकोने या अठकोने खंभे बनाये जाते थे जिन पर सब जातियों के लोग स्नान करते समय अपनी पीठ को घिसते थे।

२. ढरकी (Shuttle) विषम तथा सम धागों (तानों-बानों) में से सीधी जाती है। धागों में बद्ध नहीं होती।

की बात पर श्रद्धा रखकर गौतम बोधिसत्व के बुद्ध होने तक तापसी बनकर रहा और जब गौतम को बुद्ध-पद प्राप्त हुआ तब उनके पास जाकर उसने मौनेय के विषय में प्रश्न पूछे। उन प्रश्नों से इस सुत्त का प्रारम्भ होता है।

मैंने यह जाना कि असित का यह वचन (कि तुम श्रेष्ठ मुनि होगे) यथार्थ है, अतः सब वस्तुजात से परे गए हुए गौतम से मैं पूछता हूँ। १ ।

हे मुने, मैं पूछता हूँ कि गृह-त्याग करके भिक्षा पर निर्वाह चलाने वाले के लिए उत्तम पद मानेय कौन-सा है? तुम मुझे वह बताओ। २ ।

भगवान् बोले, मैं तुम्हें बताता हूँ कि मौनेय कौन-सा है। वह दुष्कर एवं दुरभिसम्भव है, तथापि मैं तुम्हें यह बताता हूँ, तुम सम्हालकर आचरण करो और दृढ़ बन जाओ। ३ ।

गाँव में कोई निन्दा करे या स्तुति करे, तो भी सबके प्रति समान भाव रखो, क्रोध को मन-ही-मन में रखो और शांत तथा निरभिमानी बनो। ४ ।

जलने वाले अरण्य की अग्नि-ज्वालाओं के समान गाँवों में स्त्रियाँ घूमती हैं। वे मुनि को मोहित करती हैं। तुम इसकी सावधानी रखो कि वे तुम्हें अपने मोह में न फँसायें। ५ ।

छोटे-बड़े कामोपभोग को छोड़कर स्त्री-संग से विरत हो जाओ। स्थिर चर प्राणियों का विरोध एवं आसक्ति छोड़ो। ६ ।

अपने उदाहरण से यह जानो कि जैसा मैं हूँ, वैसे ये हैं, और जैसे वे हैं वैसा मैं हूँ, और किसी को न मारो अथवा मरवाओ। ७ ।

जिस इच्छा तथा लोभ में सामान्य जन बद्ध होता है उस इच्छा एवं लोभ का त्याग करके चक्षुष्मन्त यह नरक तरकर उस पार जाये। ८ ।

पेट भरकर बहुत ज्यादा न खाने वाले, मिताहारी, अल्पेच्छ और अलोलुप बनो। इच्छा छोड़कर तृप्त हुआ अनिच्छ ही शांत होता है। ९ ।

मुनि को चाहिए कि वह भिक्षाटन करके वन में जाये और वहाँ पेड़ के नीचे आसन पर बैठे। १० ।

वह ध्यानरत धीर पुरुष वन में आनन्द माने। वह पेड़ के नीचे बैठकर मन को सन्तोष देते हुए ध्यान लगाये। ११ ।

फिर रात समाप्त होने पर वह गाँव में आये। वहाँ मिलने वाले आमन्त्रण या भेंट से उल्लसित न हो। १२ ।

मुनि को चाहिए कि वह गाँव के परिवारों से बहुत हेल-मेल न रखे, भिक्षा के सम्बन्ध में कुछ न बोले, सूचक शब्दों का प्रयोग न करे। १३ ।

भिक्षा मिले तो भी अच्छा, न मिले तो भी अच्छा। वह दोनों के विषय में समभाव रखता है और (अपने रहने के) पेड़ के पास आता है। १४ ।

हाथ में भिक्षा-पात्र लेकर घूमने वाले को चाहिए कि वह गूँगा न होते हुए भी गूँगे के समान रहे और मिलने वाली अल्प भिक्षा का तिरस्कार तथा दाता का अनादर न करे। १५ ।

श्रमण (बुद्ध) ने इसका स्पष्टीकरण किया है कि हीन-मार्ग कौन-सा है और उत्तम मार्ग कौन-सा है। संसार के उस पार दो बार नहीं जाया करते, तो भी ज्ञान एक ही प्रकार का

नहीं हुआ करता। १६ ।

जिस भिक्षु को आसक्ति नहीं होती, जिसने संसार-स्रोत तोड़ दिया है और जो कृत्याकृत्यों से मुक्त हो गया है उसे परिदाह नहीं रहता। १७ ।

भगवान् बोले, "तुम्हें मैं मौनेय बताता हूँ। क्षुर-धारा के ऊपर का मधु चाटने वाले मनुष्य के समान सावधान रहो। जीभ तालू में लगाकर भी भोजन में संयम रखो। १८ ।

सावधान चित्त बनो, पर साथ ही बहुत चिन्तन भी मत करो। हीन विचारों से मुक्त, अनाश्रित और ब्रह्म-परायण बनो। १९ ।

एकान्तवास तथा श्रमणोपासना (ध्यान-चिंतन) की रुचि रखो। एकाकीपन को मौन कहते हैं। यदि एकाकी रहने में तुम्हें आनन्द आने लगे। २० ।

तो ध्यानरत काम-त्यागी धीरों का वचन सुनकर तुम दश दिशाओं को प्रकाशित बनाओगे। फिर भी (उस पद को पहुँचा हुआ) मेरा श्रावक ही (पाप-लज्जा) और श्रद्धा बढ़ाये। २१ ।

यह नदियों की उपमा से जाना जाय। नाले तो प्रपातों और घाटियों में से बहुत शोर मचाते हुए बहते हैं, पर बड़ी नदियाँ धीमे से बहती हैं। २२ ।

जो छिछला होता है वह शब्द करता है, पर जो गम्भीर होता है वह धीमा ही रहता है। मूढ़ व्यक्ति अधजल गगरी के समान छलकता है, परन्तु सुज्ञ व्यक्ति जलह्रद के समान शांत होता है। २३ ।

श्रमण (बुद्ध) जो बहुत बोलता है वह उचित एवं उपयुक्त जानकर बोलता है, वह जानकर धर्मोपदेश देता है और जानकर बहुत बोलता है। २४ ।

पर जो संयतात्मा जानते हुए भी अधिक नहीं बोलता वह मुनि मौन के लिए योग्य है, उस मुनि ने मौन जान लिया। २५ ।

उपतिसपसिने

यह 'सारिपुत्तसुत्त' के नाम से 'सुत्तनिपात' में आता है। 'अट्ठकथा' में इसे 'थेरपञ्ह' भी कहा गया है। इससे ऐसा लगता है कि इसे 'सारिपुत्तपञ्ह' या उपतिस्सपरञ्ह' भी कहते होंगे। इसका भाषान्तर इस प्रकार है—

आयुष्मान् सारिपुत्त बोला, "ऐसा मधुर भाषी, सन्तुष्ट[१] एवं संघ का नेता शास्ता मैंने इससे पहले न देखा है, न सुना। १ ।

सारे तम का नाश करके श्रमण धर्म में रत हुआ यह सदेवक जगत को एक ही चक्षुष्मान् दिखाई देता है। २ ।

उस बुद्ध पद को प्राप्त हुए, अनाश्रित एवं अदामिक संघ-नायक के पास मैं अनेक बुद्ध मनुष्यों की हितेच्छा में प्रश्न पूछने आया हूँ। ३ ।

---

१. **संतुष्ट शब्द के लिए मूल में 'तुसितो' शब्द है। परन्तु 'अट्ठकथा' में 'तुसिता' शब्द है, जिसका अर्थ किया गया है 'तुषित देवलोक से इहलोक में आया हुआ।'**

संसार से ऊबकर पेड़ के नीचे, श्मशान में या पर्वतों की गुहाओं में एकान्तवास सेवन करने वाले भिक्षु के लिए। ४ ।

उन अच्छे-बुरे स्थानों में कौन-से भय होते हैं? उन निःशब्द प्रदेशों में कौन-से भयों से उस भिक्षु को नहीं डरना चाहिए? ५ ।

अमृत दिशा में जाने के लिए सुदूर प्रदेशों में निवास करने वाले भिक्षु को कौन से विघ्न सहन करने चाहिए? ६ ।

उस दृढ़ निश्चयी भिक्षु की वाणी कैसी हो? उसका रहन-सहन कैसा हो? और उसका शील तथा व्रत कैसा हो? ७ ।

जैसे सुनार रूपा आग में डालकर उसके अन्दर की हल्की चीज निकाल देता है वैसे समाहित, सावध एवं स्मृतिमान् भिक्षु कौन-से अभ्यास-क्रम (पाठ्य-क्रम) को स्वीकार करके अपना मालिन्य जला डाले? ८ ।

भगवान् बोले, ''हे सारिपुत्त, संसार से ऊबकर एकान्तवास सेवन करने वाले सम्बोधिपरायण भिक्षु का जो कर्तव्य मुझे प्रतीत होता है वह मैं तुम्हें बताता हूँ। ९ ।

एकान्तवास में रहने वाला स्मृतिवान् धीर भिक्षु पाँच भयों से न डरे। मच्छरों के काटने, साँपों, मनुष्यों द्वारा दिये जाने वाले कष्टों, चौपायों। १० ।

और परधर्मियों से न डरे। परधर्मियों के अनेक भीषण कृत्य देखकर भी विघ्न सहन करे। ११ ।

रोग—भूख से उत्पन्न होने वाले कष्ट, जाड़ा और गरमी वह सहन करे। उन विघ्नों से अनेकविध बाधा होने पर भी अनागरिक रहकर वह अपने उत्साह और पराक्रम को दृढ़ बनाये। १२ ।

वह चोरी न करे, झूठ न बोले, स्थिरचर प्राणियों पर मैत्री की भावना करे और मन के कलुष को मारपक्षीय जानकर दूर करे। १३ ।

वह क्रोध एवं अतिमान के वश में न चला जाय, उन्हें जड़मूल से उखाड़ फेंकने और निश्चित रूप से वृद्धि-मार्ग-गामी बनकर प्रिय-अप्रिय सहन करे। १४ ।

कल्याणप्रिय मनुष्य को चाहिए कि वह प्रजा को महत्व देकर उन विघ्नों को सहन करे, एकान्तवास में असन्तोष प्रतीत हो तो उसे भी सहन करे, और चार शोकप्रद बातें सहन करे। १५।

(वे इस प्रकार हैं—) मैं आज क्या खाऊँगा और कहाँ भोजन करूँगा? पिछली रात को नींद न आने से कष्ट हुआ, आज कहाँ सोऊँगा? अनागरिक शैक्ष्य (सेख) इन (चार) वितर्कों को त्याग दे। १६ ।

समय-समय पर अन्न तथा वस्त्र मिले तो वह उसमें अनुपात रखे, अल्प-सन्तुष्ट बने। और लोग क्रोध आने-जैसा कृत्य करें तो भी, उन पदार्थों से मन का रक्षण करने वाला और गाँव में संयम से रहने वाला भिक्षु कठोर वचन न बोले। १७ ।

वह अपनी दृष्टि पैरों में रखे, चंचलता से न चले, ध्यानरत एवं जाग्रत रहे, उपेक्षा का अवलम्बन करके चित्त को एकाग्र बनाये, तर्क एवं चांचल्य का नाश करे। १८ ।

वह स्मृतिमान् अपने दोष दिखाने वाले का अभिनन्दन करे, सब्रह्मचारियों के प्रति कठोरता न रखे, प्रसंग के अनुसार अच्छे शब्द कहे, लोगों के वाद-विवाद में जाने की इच्छा न रखे। १९ ।

तदनन्तर स्मृतिमान् जगत् के पाँच रजों का त्याग करना सीखे। (अर्थात्) रूप, शब्द, गंध, रस एवं स्पर्श (इन पाँच रजों का) लोभ वह न रखे। २० ।

इन पदार्थों की चाह छोड़कर वह स्मृतिमान् सुविमुक्त चित्त, समय-समय पर सद्धर्म का चिन्तन करने वाला, एकाग्रचित्त भिक्षु अंधकार का नाश करने में समर्थ होगा, ऐसा भगवान् ने कहा। २१ ।

राहुलोवाद सुत्त

इसे 'चूलराहुलोवाद' और 'अम्बलट्ठिक राहुलोवाद' भी कहते हैं यह 'मज्झिमनिकाय' में है। इसका सारांश इस प्रकार है—

एक बार बुद्ध भगवान् राजगृह के पास वेणुवन में रहते थे और राहुल अम्बलट्ठिका[१] नामक स्थान पर रहता था। एक दिन संध्या समय ध्यान-समाधि समाप्त करके भगवान् राहुल के निवास स्थान पर चले गए। दूर से भगवान् को आते देखकर राहुल ने आसन बिछाया और पैर धोने के लिए पानी रख दिया। भगवान् पधारे और उस स्थान पर बैठकर उन्होंने पाँव धोये। राहुल भगवान् को नमस्कार करके एक ओर बैठ गया।

भगवान् ने पाँव धोने के बर्तन में स्वल्प पानी रख छोड़ा और राहुल से बोले, "राहुल, क्या तुम स्वल्प पानी देखते हो?"

"जी हाँ, भदन्त!" राहुल ने उत्तर दिया।

"राहुल, जिन्हें झूठ बोलने में लज्जा नहीं आती, उनका श्रामण्य इस पानी के समान त्याज्य है।"

फिर उस बर्तन को औंधा करके भगवान् बोले, "राहुल, जिन्हें झूठ बोलने में लज्जा नहीं आती उनका श्रामण्य इस बर्तन के समान औंधा समझना चाहिए।"

फिर उसे सीधा करके भगवान् बोले, राहुल, क्या तुम यह रिक्त पात्र देखते हो?"

"जी हाँ, भदन्त!" राहुल ने उत्तर दिया।

"राहुल, जिन्हें झूठ बोलने में लज्जा नहीं आती, उनका श्रामण्य इस पात्र के समान रीता है।"

"हे राहुल, लड़ाई के लिए सज्ज किया हुआ राजा का बड़ा हाथी, पाँवों से लड़ता है, मस्तक से लड़ता है, कानों से लड़ता है, दाँतों से लड़ता है, पूँछ से लड़ता है। पर केवल सूँड़ को अलग रखता है। तब महावत को ऐसा लगता है कि यह इतना बड़ा राजा का हाथी सब अवयवों से लड़ता है, केवल सूँड़ को अलग रखता है, संग्राम-विजय के लिए इसने अपना जीवन समर्पित नहीं किया है। यदि वह हाथी अन्य अवयवों के साथ सूँड़ का भी प्रयोग करे

---

१. 'अट्ठकथा' में कहा गया है कि यह एक प्रासाद था, पर यह संभव नहीं लगता। ऐसा लगता है कि वह राजगृह के पास का एक गाँव था।

तो महावत समझता है कि हाथी ने संग्राम-विजय के लिए अपना जीवन समर्पित किया है, अब इसमें कोई त्रुटि नहीं रही है।[१] इसी प्रकार मैं कहता हूँ कि जिन्हें झूठ बोलने में लज्जा नहीं आती, उन्होंने कोई भी पाप नहीं छोड़ा है।[२] अतः हे राहुल, तुम ऐसा अभ्यास करो कि मैं हँसी-ठट्ठे में भी झूठ नहीं बोलूँगा।

''राहुल, दर्पण का क्या उपयोग होता है?''

''प्रत्यवेक्षण करने के लिए, भदन्त!'' राहुल ने उत्तर दिया।

''इसी प्रकार, राहुल, पुनः पुनः प्रत्यवेक्षण (सोच-विचार) करके काया, वाचा एवं मनसा कर्म करने चाहिए।

''हे राहुल, जब तुम काया, वाचा अथवा मनसा कोई कर्म करना चाहो, तब प्रथमतः उसका प्रत्यवेक्षण करो और यदि ऐसा अनुभव हो कि वह आत्म परहित में बाधा डालने वाला और परिणामतः दुःख-कारक है, तो उसका आचरण बिल्कुल न करो। पर यदि ऐसा दिखाई दे कि वह आत्मपरहित में बाधक नहीं है और अन्त में सुखकारक है तो उसे अपने आचरण में लाओ।

''काया, वाचा अथवा मनसा कर्म का प्रारम्भ करने पर भी उसका प्रत्यवेक्षण करो और यदि ऐसा प्रतीत हो कि यह आत्मपरहित में बाधक है और परिणामतः दुःखकारक है, तो उसे वहीं छोड़ दो। परन्तु यदि ऐसा दिखाई दे कि वह आत्मपरहित में बाधक नहीं है और अन्त में सुखकारक है तो उसे बार-बार करते रहो।

''काया, वाचा अथवा मनसा कर्म करने पर भी तुम उसका प्रत्यवेक्षण करो और यदि ऐसा दिखाई दे कि वह कायिक अथवा वाचसिक कर्म आत्मपरहित में बाधक तथा अन्त में दुःखकारक है तो शास्ता या विद्वान् सब्रह्मचारियों के पास जाकर तुम उस पाप का आविष्कार करो (उसे स्वीकार करो) और इसकी सावधानी रखो कि वह कर्म फिर से तुमसे न होने पाये।

''यदि वह मनःकर्म हो तो उसके लिए पश्चाताप करो, लज्जा करो और फिर से उस विचार को मन में न आने दो। परन्तु काया, वाचा अथवा मनसा किया हुआ कर्म आत्मपरहित में बाधक कर्म है और अन्त में सुखकारक है ऐसा दिखाई दे तो मुदित मन से उस कर्म को पुनः पुनः करना सीखो।''

''हे राहुल, अतीत काल में जिन श्रमण ब्राह्मणों ने अपने कायिक, वाचसिक तथा मानसिक कर्मों को परिशुद्ध किया, उन्होंने पुनः-पुनः प्रत्यवेक्षण करके ही उन्हें परिशुद्ध किया था, भविष्य-काल में जो श्रमण ब्राह्मण इन कर्मों को परिशुद्ध बनायेंगे वे पुनः-पुनः प्रत्यवेक्षण करके ही उन्हें परिशुद्ध बनायेंगे। इस समय जो ब्राह्मण इन कर्मों को परिशुद्ध बनाते हैं वे पुनः-

---

१. 'अट्ठकथा' में इसका यह अर्थ लगाया गया है कि हाथी कानों से बाणों को रोकता है और पूँछ से बाँधे हुए पत्थर या लोहे के डंडे से तोड़-फोड़ करता है।

२. यदि श्रमण असत्य को रखकर अन्य पापों को छोड़ दे तो वह सच्चा योद्धा नहीं है, उसने श्रामण्य के लिए अपना जीवन समर्पित नहीं किया है।

पुनः प्रत्यवेक्षण करके ही उन्हें परिशुद्ध बनाते हैं। इसलिए हे राहुल, पुनः-पुनः प्रत्यवेक्षण करके कायिक, वाचसिक और मानसिक कर्मों को परिशुद्ध बनाना सीखो।" भगवान् ने ऐसा कहा। आयुष्मान् राहुल ने मुदित मन से भगवान् के भाषण का अभिनन्दन किया।

इन सात सुत्तों में से 'सुत्तनिपात' में आये हुए तीन सुत्त—'मुनिगाथा', 'नालकसुत्त' और 'सारियसुत्त' पद्य में हैं और शेष चार गद्य में हैं। गद्य सुत्तों में पुनरुक्ति बहुत पाई जाती है, उस काल के वाङ्मय की यह पद्धति समझनी चाहिए, क्योंकि जैनों के सूत्रों में और कुछ स्थानों पर उपनिषदों में भी ऐसी पुनरुक्ति हुई है। परन्तु वह त्रिपिटक में इतनी अधिक है कि पढ़ने वाले को ऐसा लगता है, यह सब पूर्ववत् होगा और उस पुनरुक्ति में कोई बात वैसी ही रह जाती है, उसकी ओर पाठक का ध्यान नहीं जाता। उदाहरण के लिए इस 'राहुलोवाद सुत्त' में कायिक, वाचसिक एवं मानसिक कर्मों के प्रत्यवेक्षण से वे ही बातें पुनः-पुनः आई हैं। परन्तु कायिक तथा वाचसिक अकुशल कर्मों के विषय में यह कहा गया है कि यदि उसका आचरण किया जाय तो शास्ता या विद्वान् सब्रह्मचारियों के पास जाकर उसका आविष्कार किया जाय और वैसा कर्म पुनः न होने दिया जाय। मानसिक अकुशल के लिए यह नियम लागू नहीं है। क्योंकि 'विनयपिटक' में कायिक और वाचसिक दोषों के लिए ही आविष्कारादि (पापदेशना आदि) प्रायश्चित बताये गए हैं, मनोदोषों के लिए प्रायश्चित विधान नहीं है। उसके लिये प्रायश्चित यही है कि उसके लिये पश्चात्ताप किया जाय, लज्जा की जाय, और वैसा अकुशल विचार फिर से मन में न लाया जाय। कायिक एवं वाचसिक अकुशल कर्मों और मानसिक अकुशल कर्मों के बीच का यह अन्तर 'राहुलोवाद सुत्त' को ऊपरी तौर पर पढ़ने वाले के ध्यान में नहीं आयगा।

यह कहना कठिन है कि अशोक के समय में ये सब सुत्त ऐसे ही थे या संक्षिप्त। पर इसमें शंका नहीं है कि वे संक्षिप्त हों तो भी सारभूत बातें ये ही थीं। 'सुत्तपिटक' के प्राचीनतम सुत्तों को पहचानने के लिए ये सात सुत्त बहुत उपयुक्त हैं।

❑❑❑

परिशिष्ट ४
सन्दर्भ-विवरण

(इस परिशिष्ट में धर्मानन्द कोसम्बी के विभिन्न ग्रन्थों के उन सन्दर्भों का पूर्ण विवरण दिया गया है, जो मूल पुस्तक में आए हैं। बाईं ओर निर्दिष्ट मूल पुस्तक की पृष्ठ संख्या दी गई है।

बौद्ध संघाचा परिचय
'खुज्जुत्तरा और सामावती'

२३७-२४५ मागंदिय नामक एक ब्राह्मण अनजान में भगवान् बुद्ध को विवाह-योग्य वर जानकर अपनी लड़की मागंदिया को उनके पास ले गया। उनकी बात सुनकर भगवान् बोले, ''हे ब्राह्मण, तृष्णा, असंतोष और काम-विकार देखकर स्त्रियों की संगति में मुझे सुख नहीं लगता। मैं समझता हूँ कि यह अमेध्य पदार्थों से भरा हुआ शरीर पाँवों से भी छूने लायक नहीं है।·

भगवान् की बातों से मागंदिया को बड़ा क्रोध आ गया और वह उनकी शत्रु बन गई। आगे चलकर उसका सौन्दर्य देखकर उदयन राजा ने उससे विवाह कर लिया। उदयन राजा की दूसरी रानी सामावती और उसकी दासी खुज्जुत्तरा भगवान् बुद्ध की उपासिकाएँ थीं। अत: उनके विरुद्ध मागंदिया ने राजा को भड़काने का बहुत प्रयत्न किया; परन्तु उनकी नि:सीम मैत्री-भावना के कारण राजा का हृदय -परिवर्तन न हुआ। अन्त में मागंदिया ने सामावती के महल में आग लगवा दी; जिसमें सामावती और उसकी सखियाँ जलकर मर गईं। उदयन राजा को जब इस बात का पता चला तो उसने मागंदिया के रिश्तेदारों को जमा किया और मागंदिया के सामने सबको मरवा डाला तथा अन्त में मागंदिया को भी मौत के घाट उतार दिया।

१६५-१६८ 'महाकात्यायन'—इसी घटना का विस्तार है।

३०-३१ सोण ने भगवान् बुद्ध को नमस्कार करके कात्यायन की माँगें उनके सामने रखीं। तब भिक्षुओं को इकट्ठा करके भगवान् बोले, ''आज वे सब प्रत्यन्त जनपदों में पाँच भिक्षुओं के समुदाय को (इनमें एक विनयधर रहे) उपसम्पदा देने की अनुज्ञा मैं देता हूँ। प्रत्यन्त जनपद इस प्रकार है—पूर्व में कजंगल नाम का शहर, फिर महाशाल; और तदनन्तर प्रत्यन्त जनपद। दक्षिण दिशा में श्वेत कर्णिक नाम का शहर और फिर प्रत्यन्त जनपद।

पश्चिम में स्थूल (थूण) नाम का ब्राह्मण-ग्राम और फिर प्रत्यन्त जनपद। उत्तर में उगीरध्वज नामक पर्वत और फिर प्रत्यन्त जनपद।''

२०३ 'महाकप्पिन'—इसी घटना का वर्णन है।

भद्दा कुण्डलकेसा

२१४-२१७ भद्दा का जन्म राजगृह के श्रेष्ठिकुल में हुआ था। शत्रुक नाम के चोर को, जो कि राज पुरोहित का लड़का था, जब चोरी के अपराध में पकड़कर फाँसी देने के लिए शहर से बाहर ले जाया जाने लगा तो उसे देखकर भद्दा उस पर बहुत आसक्त हुई और कोतवाल को एक हजार कार्षापण देकर उसने शत्रुक को छुड़वा लिया। परन्तु शत्रुक का मन चोरी में ही लगा हुआ था। अत: वह उसे लेकर शहर से दूर एक पहाड़ की चोटी पर गया। भद्दा ने उसे समझाने की बहुत चेष्टा की; पर वह न माना। अन्त में उसने (भद्दा ने) उसे आलिंगन देने का बहाना करके पहाड़ की चोटी पर से नीचे गिरा दिया। तब वनदेवियाँ बोलीं :

'न सो सब्बेसु ठानेसु पुरिसो होति पण्डितो।
इत्थी पि पण्डिता होति, तत्थ तत्थ विचक्खणा॥

अर्थात्, ''सब स्थानों में पुरुष बुद्धिमान् होता हो सो बात नहीं। कभी-कभी चांडाल स्त्री भी अपनी बुद्धिमानी दिखाती है।''

इसके बाद भद्दा निर्ग्रन्थों के आश्रम में गई और उसने अपने बाल निकाल डाले। जब वे बाल फिर उगने लगे तो वे कुण्डलाकार बन गए। इससे लोग उसे 'कुण्डल केसा' कहने लगे। जब सारिपुत्त ने वाद-विवाद में भद्दा को हरा दिया तो वह बौद्ध भिक्षुणी बन गई।

१५४ इसी का विस्तृत वर्णन है।

सुजाता सेनानी दुहिता

२३६ 'प्रथम शरण गईं उपासिकाओं में सुजाता सेनानी दुहिता पहली है। इसका जन्म उरुवेला प्रदेश के सेनानी के घर में हुआ था। युवावस्था में एक बरगद के पेड़ पर रहने वाले देवता से उसने यह मिन्नत मानी थी कि यदि उसे अच्छा वर मिले और प्रथमत: लड़का हो जाय तो उस देवता को प्रतिवर्ष उचित उपहार दिया जायेगा। उसकी इच्छा पूर्ण हुई तब अपनी मिन्नत पूरी करने के लिए उसने केवल दूध का पायस (खीर) तैयार किया और बरगद के उस पेड़ के नीचे का स्थान साफ करने के लिए अपनी दासी को भेजा। उस दिन बोधिसत्व गौतम उस वृक्ष के नीचे बैठे थे। उन्हें देखकर दासी को ऐसा लगा कि सुजाता की मिन्नत को स्वीकार करने के लिये स्वयं वृक्ष देवता ने अवतार ले लिया है। उसने दौड़ते हुए घर जाकर अपनी मालकिन से यह घटना बता दी। जब सुजाता दासी के साथ दूध का पायस लेकर वहाँ पहुँची तो उसने यह जान लिया कि वृक्ष

के नीचे देवता नहीं, किन्तु परम तपस्वी बोधिसत्व ही हैं; फिर भी उसने बड़े भक्ति-भाव से बोधिसत्व को दूध का पायस समर्पित किया। यह भिक्षा ग्रहण करके बोधिसत्व इसी रात को बुद्ध पद को पहुँच गए।

७-८ इसी का वर्णन विस्तार के साथ है।

१७ यही उल्लेख है।

संघ-सामग्री

३७-४३ भगवान् बुद्ध को जब यह बात बताई गई तब वे बोले, ''ऐसे प्रसंग पर संघ-सामग्री करनी चाहिए। यह संघ-सामग्री इस प्रकार हो—सब एकत्र हो जायँ। भिक्षु बीमार हो तो भी वह उपस्थित रहे। तब समर्थ भिक्षु-संघ से विज्ञप्ति करे, 'भदन्त संघ मेरी बात की ओर ध्यान दे। जिस बात के लिए संघ में झगड़ा हुआ था, इसे यह भिक्षु स्वीकार करता है। इससे अपने दोष का प्रायश्चित किया है। यदि संघ उचित समझे तो संघ इस बात को खत्म करके संघ-सामग्री करे।' यह विज्ञप्ति हो गई। इसके बाद तीन बार प्रकट करके कोई आपत्ति न उठाये तो ऐसा समझना चाहिए कि संघ-सामग्री हो गई।''

उपालि ने पूछा कि ''संघ-सामग्री कितने प्रकार की होती है?'' तब भगवान् बोले, ''संघ-सामग्री दो प्रकार की होती है—अर्थवियुक्त एवं अर्थयुक्त। जिस बात पर झगड़ा हुआ होता है उसका मूल कारण खोजे बिना जो सामग्री की जाती है वह अर्थवियुक्त है; पर जिस बात पर झगड़ा हुआ होता है उसका मूल कारण खोजकर जो सामग्री की जाती है वह अर्थयुक्त समझनी चाहिए।''

प्रवारणा

२४-२६ तब भगवान् बोले, ''ए भिक्षुओ, अन्य परिव्राजकों की भाँति मूक व्रत नहीं लेना चाहिए। वर्षा-काल समाप्त होने पर देखे हुए, सुने हुए या परिशंकित दोषों की प्रवारणा करनी चाहिए। वही तुम्हारे लिए उचित होगी। वह प्रवारणा इस प्रकार है—समर्थ भिक्षु संघ से विज्ञप्ति करे, 'भदन्त संघ मेरी बात पर ध्यान दे। आज प्रवारणा का दिन है। यदि संघ उचित समझे तो आज प्रवारणा करे।' फिर सबसे वृद्ध भिक्षु एक कन्धे पर उत्तरासंग डालकर घुटने टेक कर बैठे और कहे, 'आयुष्मान् संघ को मेरे जो दोष दिखाई या सुनाई दिए हों अथवा उनके सम्बन्ध में शंका हुई हो, उन्हें दिखाने के लिए मैं विनती (प्रवारणा) करता हूँ। मुझ पर अनुकम्पा करके संघ मुझे वे दोष दिखाये; यदि मुझे वे उचित जान पड़े तो मैं उनका यथोचित प्रायश्चित करूँगा।' इस प्रकार वह तीन बार कहे। तरुण भिक्षु 'आयुष्मान संघ' के बजाय 'भदन्त संघ' कहे। उस समय कोई किसी के दोष बता दे तो वह उन्हें सीधी तरह स्वीकार करे और संघ से

क्षमा माँगे। इस प्रकार वर्षा-काल के अन्त में संघ में एकता की स्थापना की जाय।''

५२-५३ भगवान् आगे बोले, ''जब तक संघ की स्थापना को हुए बहुत समय नहीं बीतता, संघ का विस्तार बड़ा नहीं होता, संघ का लाभ बड़ा नहीं होता, संघ में पाण्डित्य का प्रसार नहीं होता, तब तक उसमें पाप-धर्म का प्रवेश नहीं होता। इस समय संघ पाप-धर्म से मुक्त है, शुद्ध है।

मानत्त (संघ का सन्तोष)

४७ इस प्रकार परिवास समाप्त होने पर भिक्षु को चाहिए कि वह अपने परिवास पूर्ण करने की खबर संघ को कर दे। फिर संघ उसे छः रात्रियों का मानत्त देता है—अर्थात् उस भिक्षु को चाहिए कि वह संघ को सन्तुष्ट करने के लिए परिवास की रात्रियों के समान और छः राते (कम-से-कम अरुणोदय के समय) विहार के बाहर व्यतीत करे।

२५३-२५६ 'श्वपाक' ने अपने सम्बन्ध में जो गाथाएँ लिखी हैं उन्हें विस्तार के साथ दिया गया है।

१७-१९ 'भिक्षुप्रव्रज्या' की विधि विस्तार के साथ बताई है।

वर्षा-वास (चातुर्मास्य)

२४ बरसात के दिनों में इधर-उधर घूमकर भिक्षु हरी घास को कुचलते थे, जिससे कई छोटे-छोटे कीड़ों का नाश होता था, इसलिए लोग उस पर टीका-टिप्पणी करने लगे। अतः भगवान् ने यह नियम बनाया कि आषाढ़ की पूर्णिमा के दिन प्रथम-वर्षा-वास शुरू हो और उससे एक माह बाद दूसरा वर्षा-वास। वर्षा-वास शुरू होने के बाद भिक्षु को तीन महीने तक एक ही स्थान पर रहना चाहिये।

३४ उस समय भगवान् का शरीर रोगातुर हो गया था। जब जीवक को इसका पता चला तो उसने उन्हें विरेचन (जुलाब की दवा) देकर स्वास्थ्य प्रदान किया और प्रद्योत की भेजी हुई वस्त्रों की जोड़ी भगवान् को समर्पित कर दी।

हिन्दी संस्कृति आणि अहिंसा

१७-१९ इन्द्र और दासों के सम्बन्ध में कुछ विस्तार के साथ वर्णन किया गया है।

१९-२० 'ऋग्वेद' का उल्लेख इस प्रकार है :

'त्वाष्ट्रस्य चिद्विश्वरूपस्य गोनामा चक्राणस्त्रीणि शोर्षा परा वर्क' (ऋग्वेद, १०।८।८-९)

'तैत्तिरीय संहिता' में आया हुआ उल्लेख इस प्रकार है :

''विश्वरूपो वै त्वाष्ट्रः पुरोहितो देवानामासीत् स्वस्त्रीयोऽसुराणां..... तस्मादिंद्रोऽबिभेदीदृङ् वै राष्ट्रं वि परावर्त्तयतीति तस्य वज्रमादाय

शीर्षाण्यच्छिनत्.......तं भूतान्यभ्य कोशब्रह्महन्निति:।"

(अर्थात् विश्व रूप नामक त्वष्टा का लड़का और असुरों का भानजा देवों का पुरोहित था.......इस डर से कि वह विद्रोह करेगा, इन्द्र ने उसके सिर काट डाले........तब लोग 'ब्रह्महा' कहकर इन्द्र की निंदा करने लगे। (तै० सं० काण्ड २।५।१)

२२-२५ 'ऋग्वेद' की ऋचाओं (८।९६।१३-१५) में बताया गया है कि इन्द्र ने बृहस्पति की सहायता से श्रीकृष्ण की सेनाओं का मुकाबला किया और उन्हें हरा दिया तथा कृष्ण की गर्भवती स्त्रियों को मार डाला। ('यः कृष्ण गर्भा निरहन्' ऋ० १।१०१।१) इससे विपरीत 'भागवत' (दशम स्कन्ध) में बताया गया है कि श्रीकृष्ण ने गोवर्धन पर्वत को ऊपर उठाकर इन्द्र की वर्षा से गोकुल की रक्षा की थी।

३७-३८ परीक्षित राजा का वर्णन 'अथर्ववेद' में इस प्रकार मिलता है:

राज्ञो विश्वजनीनस्य यो देवो मर्त्यां अति।
वैश्वानरस्य सुष्टुतिमा सुनोता परिक्षित:॥ ७॥
परिच्छन्न: क्षेममकरोत्तम आसनमाचरन्।
कुलायन्कृण्वन्कौरव्य: पतिर्वदति जायया॥ ८॥
कतरत्ते आहराणि दधिमन्थां परिश्रुतम्।
जाया: पतिं विपृच्छति राष्ट्रे राज्ञ: परिक्षित:॥ ९॥
अभीवस्व: प्रजिहीते यव: पक्व: पथो बिलम्।
जन: स भद्रमेधति राष्ट्रे राज्ञ: परिक्षित:॥ १०॥

अथर्व० काण्ड २०, सूत्र १२७

अर्थात् "सब लोगों में सर्वश्रेष्ठ सार्वभौम वैश्वानर परीक्षित राजा की उत्तम स्तुति मन लगाकर सुनो। (७) पति पत्नी से कहता है कि जब यह कौरव राजा गद्दी पर बैठा तब उसने अन्धकार को बन्धन में डालकर लोगों के घर सुरक्षित किये। (८) परीक्षित राजा के राष्ट्र में पत्नी पति से पूछती है, 'तुम्हारे लिये दही लाऊँ या मक्खन?' (९) परीक्षित राजा के राज्य में बहुत-सा जौ रास्ते के किनारे पड़ा हुआ होता है। (इस प्रकार) परीक्षित के राज्य में लोगों के सुख की अभिवृद्धि हो रही है। (१०)"

ब्राह्मण धम्मिक सुत्त

३९-४० एक बार भगवान् बुद्ध श्रावस्ती में रहते थे। उस समय कोसल देश के कुछ वयोवृद्ध ब्राह्मण उनके पास गये और उन्होंने पूछा, "क्या आजकल के ब्राह्मण प्राचीन ब्राह्मण-धर्म का अनुसरण कर रहे हैं?" तब भगवान् ने कहा, "नहीं।" अत: उन्होंने भगवान् से प्रार्थना की कि वे प्राचीन ब्राह्मण-धर्म के विषय में बतायें।

तब भगवान् बोले,

"प्राचीन ऋषि संयमशील और तपस्वी होते थे। विलास के पदार्थों को छोड़कर वे आत्मचिन्तन करते। उन ब्राह्मणों के पास पशु या धन-धान्य नहीं होता था। स्वाध्याय ही उनका धन-धान्य होता और ब्रह्मरूपी थाती का वे पालन करते····वे ब्राह्मण एकपत्नीव्रत होते थे। वे स्त्री को खरीदते नहीं थे। उसी स्त्री से विवाह करते जिससे उन्हें सच्चा प्रेम होता। वे ऋतुकालाभिगामी होते थे···· "

"परन्तु उनकी प्रकृति बिगड़ती गई। राज-वैभव, अलंकृत स्त्रियाँ, उत्तम घोड़ों वाले रथ, अच्छे मकान आदि उपभोग्य वस्तुओं का लालच ब्राह्मणों को हो गया। उन्होंने मंच तैयार करके ओक्काक राजा को यज्ञ करने को कहा। तब राजा ने अश्वमेध, पुरुषमेध, वाजपेय आदि यज्ञ किये···· "

"आगे चलकर ब्राह्मणों ने लोभवश होकर ओक्काक राजा को गोमेध यज्ञ करने को बाध्य किया। भेड़ों-जैसी गरीब गायों को सींगों से पकड़वाकर राजा ने यज्ञ में मार डाला। जब गायों पर शस्त्रपात हुआ तो देव, पितर, इन्द्र, असुर और राक्षस आदि सबने चिल्लाना शुरू कर दिया कि 'अधर्म हो गया!' पहले तीन ही रोग थे—इच्छा, भूख और जरा। परन्तु पशु-यज्ञ के प्रारम्भ से रोगों की संख्या अट्ठानबे हो गई···· "

"जहाँ ऐसी बात होती है वहाँ लोग याजक की निन्दा करते हैं। इस प्रकार धर्म का विपर्यास होने के कारण शूद्र और वैश्य अलग-अलग हो गए। क्षत्रिय भी अलग पड़ गए, और पत्नी पति की अवगणना करने लगी। क्षत्रियों और ब्राह्मणों को गोत्र का रक्षण होता था (वे कुल-धर्म के अनुसार आचरण रखते थे); परन्तु (पशुवध के बाद) कुल-प्रवाद का भय छोड़कर वे लोभवश हो गए।"

४८-५० इसी का विस्तार किया गया है।

१७०-१७२ लगभग सभी पाश्चात्य विद्वानों का यह मत है कि 'भगवद्गीता' की ब्राह्मी स्थिति या स्थितप्रज्ञ-वर्णन के श्लोक बौद्ध ग्रन्थों के आधार पर लिखे गए हैं और 'ब्रह्मनिर्वाणमृच्छति' वाले अन्तिम श्लोक के वाक्य से यह मत उचित जान पड़ता है। इसमें स्मृति-विभ्रम, निराहार आदि शब्दों के अर्थ बौद्ध परिभाषा को जाने बिना ठीक-ठीक समझ में नहीं आ सकते।····

वसुबन्धु का मित्र पुरगुप्त था। उसने अपने पुत्र बालादित्य और महारानी को वसुबन्धु से बौद्ध दर्शन की शिक्षा दिलाई। बाद में बालादित्य ने युद्ध न करने की इच्छा से 'भगवद्गीता' का निर्माण किसी ब्राह्मण से करवाया और वही बाद में 'महाभारत' में आ गई।

१५ इसी का वर्णन कुछ विस्तार से आया है।

बुद्ध लीला सार संग्रह

१६०-१६५ इसी को विस्तार के साथ दिया है।

१७९-१८८ इसी का विस्तार किया गया है।

देवदत्त

१८७-१८८ जब भगवान् बुद्ध को मार डालने की सारी तरकीबें असफल रहीं तो देवदत्त ने संघ में फूट डालने की एक युक्ति की। वह अपने साथी समुद्रदत्त के साथ भगवान् के पास गया और उन्हें प्रणाम करके बोला, "भगवान्, भिक्षुओं को ऐहिक सुखों से पूर्णतया अलिप्त रखने के लिए मैंने ये पाँच नियम बनाये हैं। आप आज्ञा करें कि सब भिक्षुओं को इन नियमों का पालन करना ही चाहिए।

(१) भिक्षु सदैव अरण्यों में ही रहें। (२) वे आजन्म भिक्षा पर ही निर्वाह चलायें, किसी के आमन्त्रण पर वे उसके घर भोजन के लिये न जायँ। (३) यावज्जीवन रास्ते में पड़े हुए चिथड़ों से वस्त्र बनायें, गृहस्थों से वस्त्र न लें। (४) आजन्म पेड़ के नीचे ही रहें, झोपड़ी या घर में न रहें। (५) मत्स्य-मांस का ग्रहण न करें। इन पाँच नियमों के पालन में जो आनाकानी करे उसे दोषी ठहराया जाय।"

भगवान् बोले, "मुझे ऐसा नहीं लगता कि उन पाँच नियमों से आध्यात्मिक उन्नति में कोई सहायता होगी, परन्तु जिसकी इच्छा हो, वह इन नियमों का पालन भले ही करे, मुझे उससे कोई आपत्ति नहीं है।"

भगवान् इन नियमों को संघ पर लागू करने के लिए तैयार नहीं हैं इस बात का ढिंढोरा पीटकर देवदत्त ने कुछ भिक्षुओं को अपने मत में मिला लिया और वह उन्हें लेकर राजगृह से चला गया। तब भगवान् बुद्ध ने सारिपुत्त और मोग्गल्लान को गया भेजा और वे उन भिक्षुओं को उपदेश देकर वापस ले गए।

२७९-२८१ यही कहानी दी गई है।

१६७-१७९ अनाथपिंडिक और विशाखा मिगार माता की कहानियाँ विस्तार के साथ दी गई हैं।

अनाथपिंडिक ने भगवान् बुद्ध के लिए जेत राजकुमार का उद्यान लेने के लिए उसकी भूमि स्वर्णमुद्राओं से पाट दी थी। इतनी उसकी भक्ति थी। बाद में यह जेतवन उसने भिक्षु-संघ को दान में दे दिया।

विशाखा मिगार माता के ससुर निर्ग्रन्थों के उपासक थे परन्तु उन्होंने विशाखा को बुद्ध भगवान् की उपासना करने की स्वतन्त्रता दे दी थी। अन्त में बुद्ध का उपदेश सुनकर वे भी उनके उपासक बन गए।

परिनिर्वाण

२९२-३१२ इसी का विस्तार किया गया है।

बुद्ध धर्म आणि संघ

पंचस्कन्ध

९०-९१ रूप, वेदना, संज्ञा, संस्कार और विज्ञान इन पाँच पदार्थों को पंचस्कन्ध कहते हैं।

पृथ्वी, अप्, तेज और वायु इन चार महाभूतों को और उनमें उत्पन्न पदार्थों को रूपस्कन्ध कहते हैं।

सुखकारक वेदना, दुःखकारक वेदना, और अपेक्षा वेदना, इन तीन प्रकार की वेदनाओं को वेदनास्कन्ध कहते हैं।

घर, पेड़, गाँव आदि विषयक कल्पनाओं को संज्ञा-स्कन्ध कहते हैं।

संस्कार यानी मानसिक संस्कार, इसके तीन प्रकार हैं—कुशल, अकुशल, और अव्याकृत, अर्थात् जो कुशल भी नहीं हैं और अकुशल भी, जैसे कुछ पदार्थों में रुचि होना और कुछ में अरुचि।

विज्ञान का अर्थ है जानना। विज्ञान छः हैं :—चक्षु-विज्ञान, श्रोत्र-विज्ञान, प्राण-विज्ञान, जिह्वा-विज्ञान, कार्य-विज्ञान और मनोविज्ञान। इन छः विज्ञानों के समुदाय को विज्ञान-स्कन्ध कहते हैं।

जब ये पाँच स्कन्ध वासनायुक्त होते हैं तब उन्हें उपादान-स्कन्ध कहते हैं। उनके आचरण से पुनर्जन्म होता है। इस जन्म में कुशलाकुशल कर्म करने से अगले जन्म में पाँच उपादान-स्कन्धों का प्रादुर्भाव होता है। जब वासना का समूल उच्छेद होता है तब इन स्कन्धों को उपादान-स्कन्ध न कहकर केवल स्कन्ध कहा जाता है; क्योंकि उनके कारण पुनर्जन्म की सम्भावना नहीं रहती। अर्हत्पद प्राप्त होने पर वासना का समूल उच्छेद होता है। अर्हत्पद को प्राप्त होने वाले व्यक्तियों के पंचस्कन्ध उनकी मृत्यु तक रहते हैं। परन्तु अकुशल संस्कार अर्हत्पद की प्राप्ति के साथ ही पूर्णतया नष्ट होते हैं। मृत्यु के समय अर्हतों के पंचस्कन्धों का विलय निर्वाण में होता है। अर्थात् उनसे नये पंचस्कन्धों का उदय नहीं होता है।

९४-९९ चार आर्य सत्यों की जानकारी विस्तार के साथ दी गई है।

प्रवेश-विधि या प्रव्रज्या

५६-६० पहले सात भिक्षुओं को भगवान् बुद्ध ने स्वयं दीक्षा दे दी थी। उस समय केवल 'एहि भिक्षु' वाक्य से ही प्रव्रज्या-विधि हो जाती थी। फिर जब भिक्षुओं की संख्या बढ़ने लगी तो भगवान् ने पुराने भिक्षुओं को ही नये उम्मीदवारों को प्रव्रज्या देने की अनुज्ञा दे दी। उसकी विधि यह होती थी कि वह उम्मीदवार पहले सिर मुँड़ा लेता था, फिर घुटने टेककर और हाथ जोड़कर तीन बार कहता, 'बुद्धं सरणं गच्छामि' (संघ के संस्थापक के नाते) (मैं बुद्ध की शरण जाता हूँ।) 'धम्मं सरणं गच्छामि' (मैं धर्म की शरण जाता हूँ), 'संघ सरणं गच्छामि' (संघ की शरण जाता हूँ।)

फिर जब भोजन या अन्य हीन लाभों के लालच से लोग संघ में भरती होने लगे तो उनके लिए नये-नये नियम बनाने पड़े। उनके अनुसार उम्मीदवार को पहले किसी भिक्षु को अपना उपाध्याय बनाना पड़ता है, फिर उसे अनेक बार उपदेश दिया जाता, फिर यह देखा जाता है कि उसे कुष्ठ, गंड, किलास, क्षय, अपस्मार, नपुंसकत्व, आदि बीमारियाँ तो नहीं हैं। भिक्षु बनने की इच्छा रखने वाला व्यक्ति स्वतन्त्र ऋण-मुक्त वयः प्राप्त होना चाहिए, उसे माता-पिता की आज्ञा प्राप्त करनी चाहिए, वह राजा का सैनिक नहीं होना चाहिए आदि। उनके लिए बहुत-से कड़े नियम कर दिये गये हैं।

समाधि मार्ग

६८-६९ अभिधर्म का कहना है कि मैत्री, करुणा और मुदिता इन तीन भावनाओं के कारण पहले तीन ही ध्यान साध्य होते हैं और उपेक्षा भावना के कारण केवल चौथा ध्यान मिलता है। बुद्धघोषाचार्य ने इसी बात को स्वीकार किया है। उनके कहने के अनुसार पहले तीन ध्यान पहली तीन भावनाओं में से एक भावना द्वारा प्राप्त कर लेने पर उपेक्षा-भावना का आरम्भ करना होता है, और उसके कारण केवल चौथा ध्यान प्राप्त होता है।

उल्लिखित सुत्त से यह स्पष्ट हो जाता है कि मैत्री-भावना के साथ उपेक्षा और उपेक्षा भावना के साथ प्रीति रह सकती है।

पाँच नीवरण

३१-३५ (१) कामच्छंद (काम विकार)

(२) व्यापाद (क्रोध)

(३) थीनमिद्ध (आलस्य)

(४) उद्धेच्च (भ्रांतता)

(५) विचिकिच्छा (संशयग्रस्तता)

३८-४८ आनापान स्मृति भावना विस्तार के साथ समझाई गई है।

अशुभ भावना

उद्धमातक अर्थात् फूला हुआ शव, **विनीलक** अर्थात् नीला हुआ शव, **विपुब्बक** अर्थात् ऐसा शव जिसमें पीप भर गया हो, **विच्छिद्दक** अर्थात् ऐसा प्रेत जिसमें छेद हो गये हों, **विक्खायितक** अर्थात् विभिन्न प्राणियों द्वारा कुछ-कुछ खाया गया प्रेत, **विक्खित्तक** अर्थात् ऐसा शव जिसके अवयव इधर-उधर पड़े हुए हैं, **हतविक्खित्तक** अर्थात् ऐसा प्रेत जिसके अवयव प्राणियों या शस्त्रों द्वारा काटकर इधर-उधर फेंके गए हैं, **लोहितक** अर्थात् ऐसा शव जिसमें से रक्त बहता रहता है, **पुलवक** अर्थात्

ऐसा शव जिसमें कीड़े पड़ गए हैं, **अट्ठिक** अर्थात् हड्डियों का कंकाल या उसका कोई भाग। इस प्रकार ये दस अशुभ हैं। इन पर ध्यान लगाना ही अशुभ भावना है। ऐसे शरीरों में से कोई शरीर दिखाई देने पर उसे अपनी तरह देखकर और फिर उसी को आँखों के सामने रखकर चिन्ता करने से यह ध्यान साध्य होता है। स्त्री को पुरुष का और पुरुष को स्त्री का मृत शरीर देखकर ध्यान साध्य नहीं होगा, अतः ऐसा शरीर वर्ज्य समझा जाय। सजातीय प्रेत पर ध्यान रखकर यदि वह आँखों के सामने न आये तो उसका जो अंश प्रधानतया, आँखों के सामने आयेगा उसी पर ध्यान करके यह समाधि साध्य की जाय।

❑❑❑

नामानुक्रमणिका

(ग्रन्थों और उद्धरणों के सन्दर्भ बताने वाले पालिसुत्तों आदि के नाम इस अनुक्रमणिका में सम्मिलित नहीं किये गए हैं।)

नामानुक्रमणिका

आ

छ

ज

झ

ड

त

द

ध

न

प

भ

म

य

व

❑❑❑